本书得到"中央高校基本科研业务费专项资金"资助
（ supported by "the Fundamental Research Funds for the Central Universities"）

本书为北京高校中国特色社会主义理论研究协同创新中心（中国政法大学）阶段性成果

本书为教育部高校示范马克思主义学院和优秀教学科研团队建设项目（重点选题）
"'思想道德修养与法律基础'课教学资源建设研究"（项目编号：19JDSZK037）阶段性成果

传统中国道德教育七论

Seven Discussions on Traditional Chinese Moral Education Thought

虞花荣 著

社会科学文献出版社

SOCIAL SCIENCES ACADEMIC PRESS (CHINA)

前　言

　　思想政治教育是我国改革开放以后建立和发展起来的一门新兴学科，经过四十多年的努力，学科建设已经获得长足的发展，但在学科基础理论和理论基础建设方面还较弱。思想政治教育主要包括思想教育、政治教育和道德教育等内容系统，由于篇幅的限制，本研究主要聚焦于道德教育。

　　道德教育是思想政治教育的核心内容之一。思想政治教育是具有中国特色的新学科，在中国的土地和人文环境中施行，因而道德教育除了运用伦理学、教育学、心理学等相关理论外，还需要从中国传统文化中吸收养分，挖掘其传统文化的根脉。但从这一领域的研究现状看，一方面，既有的研究大多从德育发展史或伦理思想史的角度梳理各个历史阶段道德教育思想的内容，进行横向列举式分析，缺少从思想家个体入手，从其丰富思想中挖掘道德教育思想内在联系，厘清思想内部脉络，从而建构完整道德教育思想体系的研究；另一方面，既有的研究大多从中国哲学、伦理学的视角展开研究，缺少在思想政治教育话语体系和框架模式下展开的研究。

　　本书运用思想政治教育学科的话语体系和框架模式，探讨道德教育的中国传统文化基因。本书以孔子、孟子、庄子、董仲舒、朱熹、陆九渊、王阳明七位思想家的道德教育思想为研究对象，探讨每一位思想家道德教育思想产生的背景，教育的内容、方法和目标等，从而建构每一位思想家的道德教育思想体系。希望通过研究，为推动"第二个结合"的深入发展贡献力量，夯实思想政治教育的理论基础，增强思想政治教育的实效。具体来说，第一，增强道德教育的理论基础和传统文化的张力。对中国历史上各位思想家道德教育思想的研究，有助于从传统文化中吸收养分，探索道德教育的规律，增强道德教育的理论基础，推动实现传统文化的创造性转化、创新性发展。第二，促进传统文化中道德教育研究话语体系的转换。原有的研究大多从伦理学、中国哲学或是教育学的视角展开。道德教育是思想政治教育内容的重要组成部分，思想政治教育学科需要用自己学科的话语体系去研究、解读传统文化中的道德教育资源，夯实本学科的学科基础。第三，引导人们追寻有意义的人生。中国传统的道德教育不仅是个人修身的问题，它把修身、齐家、治国、平天下紧密结合起来，呈现道德政治化和政治道德化的特征。个人的生命不仅属于个体，还属于家庭、家族、社会和国家，中国传统的道德教育把个人的自我价值和社会价值紧密结合起来，强调个人的社会担当和责任，它对人们在享乐主义、个人主义流行的当下，思考如何过有意义的人生具有重要的导向作用。第四，助力培养公民的责任意识和协作精神，塑造和谐的社会关系。法安天下，德润人心。道德教育可以增强人们的互助精神、责任意识和合作精神，增进社会成员间的理解和信任，推动和谐社会的构建。

本书在成书的过程中，由于时间和篇幅的问题，没能对各位思想家道德教育思想的当代价值予以详细的阐述，只能留待将来进一步研究。

目　录

导　言

当前学界对"道德教育""德育""思想政治教育"这几个概念的认识比较模糊，缺乏清晰的界定，德育与思想政治教育的概念常常被混用，这不仅会削弱教育工作的针对性和实效性，而且也不利学科建设和理论研究。明晰这三者的内涵，厘清这三者关系，对本研究尤为重要。确定本研究究竟以"道德教育"还是"德育"或"思想政治教育"为研究对象是开展本研究的前提和基础。为此，需要对"道德教育""德育""思想政治教育"三者关系进行辨析，这里从历史、比较和意义三个角度进行比较和分析。

一　"道德教育""德育"与"思想政治教育"的历史考察

这三个概念的出现是特定历史条件的产物，是在完全不同的历史场域下，人们出于不同的目的而提出的。要厘清这三个概念，首先要了解这三个概念产生的背景和历史演变。

1."道德教育"的历史演变

"道德教育"在我国有着悠久的历史传统。早在春秋战国时期，思想家们就提出了道德教育的思想并躬身实践。春秋战国时期，诸侯争霸，连年战争，人民困苦。思想家们为了挽救社会危机，纷纷提出了自己的学说。提高民众的道德水平，强调道德教化是当时很多思想家比较认同的方案。孔子提出了以"仁""礼"为核心的道德教育思想。"仁"是孔子思想的核心内容，是最高的道德准则，它通过外在的规范和制度即"礼"来体现。孔子说："克己复礼为仁。"① 这实际上就是提倡以克制和礼让的态度来调和社会矛盾。在具体的社会生活中，孔子提出了一系列的道德原则和规范，如孝、悌、爱等，来引导人们的生活。《论语·学而》记载："弟子，入则孝，出则悌，谨而信，泛爱众，而亲仁，行有余力，则以学文。"② 孟子在性善论的基础上，提出了"仁、义、礼、智"四德。董仲舒扩充为"仁、义、礼、智、信"，后称"五常"。这些道德规范成为中国价值体系中最核心的因素。《大学》开篇即指出："大学之道，在明明德，在亲民，在止于至善……古之欲明明德于天下者，先治其国。欲治其国者，先齐其家。欲齐其家者，先修其身。欲修其身者，先正其心。欲正其心者，先诚其意。欲诚其意者，先致其知。致知在格物。物格而后知至，知至而后意诚，意诚而后心正，心正而后身修，身修而后家齐，家齐而后国治，国治而后天下平。"③ 这里反复论述了修养的步骤及其实践效果，即所谓的"八条目"。"格物""致知""诚意""正心""修身"讲的是自我的道德修养，"齐家""治国""平天下"则是内在道德修养的外化。"八条目"将修身与治国、平天下联系在一起，将个人的修养与政治理想结合起来，体现了儒家"内圣外王"的人格理想，强调社会担当。可见，中国传统道德教育呈现政治化的特征。

2. "德育"的历史演变

"德育"概念源于西方。18 世纪七八十年代，康德把遵从道德法则培养自由人的教育称为"道德教育"（moral education）。这是近代以来西方世界第一次出现"德育"一词。1860 年英国学者斯宾塞（H. Spencer）在《教育论》中明确把教育划分为"智育"（intellectual education）、"德育"（moral education）、"体育"（physical education）。自此，"德育"便成为西方教育中的一个基本概念，其含义为"道德教育"，与"智育""体育"相区别而存在。20 世纪初"德育"一词传入我国。"德育"在中国最早出现在 1902 年的《钦定京师大学堂章程》中："外国学堂于知育体育之外，

---

① 杨伯峻. 论语译注 [M]. 北京：中华书局，2015：174.
② 杨伯峻. 论语译注 [M]. 北京：中华书局，2015：6.
③ 李学勤. 十三经注疏 [M]. 北京：北京大学出版社，1999：1592.

尤重德育"。① 1904 年，王国维在《叔本华之哲学及其教育学说》一文中，提及"德育"；1906 年，他在《论教育之宗旨》中正式使用"德育"一词，将"德育""智育（知育）""美育"合称为"心育"，与"体育"相提并论。自 1912 年蔡元培提出"五育"并举思想后，"德育"一词成为我国教育界的常用术语。综上可见，近代我们使用"德育"一词时，其内涵与西方一致，限指"道德教育"，与"智育""体育"等相对。新中国成立以来，由于受苏联教育模式的影响，"德育"内涵不断扩大，经历了从"德育即政治教育"到"德育即思想政治教育"，再到"德育即思想、政治和品德教育"的演变。近 20 年来，德育内涵更有不断泛化的趋势，又被赋予法治、心理、职业生涯教育等诸多内容。德育概念的泛化，使人们在使用德育概念时认识模糊，对其界定不明，出现了"德育"与"思想政治教育"混用的情况。为了确定研究对象，当下人们在谈论德育时，又衍生出了广义、狭义或"大德育""小德育"之说。狭义德育，谓之"小德育"，仅指道德教育；广义德育，谓之"大德育"。对于"大德育"的范围人们也认识不一，至今没有一个统一的意见。这种情况既不利于德育理论研究和学科的发展，也不利于德育实践的推进。

　　3. "思想政治教育"的历史演变

　　"思想政治教育"这一概念是在无产阶级革命及社会主义建设中经过长期演变而形成的。1847 年马克思和恩格斯创立共产主义者同盟时，在其章程中提出了"宣传工作"的概念。列宁创立布尔什维克党时，提出了"政治工作"和"政治教育工作"两个概念。新中国成立后同时使用以上多种概念。1951 年，全国第一次宣传工作会议提出了"思想政治工作"的概念，但这只是诸多提法中的一种。党的十一届三中全会之后，"思想政治工作"成为统一提法，同时也开始出现"思想政治教育"这一术语。"思想政治教育"概念正规化，始于 1984 年高校"思想政治教育专业"的设置。思想政治教育学科以马克思主义理论为基础，吸收了伦理学、政治学、心理学和教育学等学科理论知识。对于思想政治教育的定义有不同的表述，如《思想政治教育学原理》中提出："思想政治教育这一社会实践

---

① 舒新成. 中国近代教育史资料 ［M］. 北京：人民教育出版社，1962：549.

活动，就是一定的阶级或政治集团，为实现一定的政治目标，有目的地对人们施加意识形态的影响，以期转变人们的思想，进而指导人们行动的社会行为。"① 张耀灿等认为："思想政治教育是指一定的阶级、政党、社会群体用一定的思想观念、政治观点和道德规范对其成员实施有目的、有计划、有组织的影响，使他们形成符合一定社会、一定阶级所需要的思想品德的社会实践活动。"② 孙其昂认为："思想政治教育是指一定政党或集团组织开展的，对所属成员进行以政治为核心的思想教育，培育新人，动员大家为当前和长远目标而奋斗的社会实践活动。"③ 虽然这些表述不一，但都强调其意识形态的内涵，强调其具有鲜明的思想性和政治性。当前思想政治教育涵盖诸多领域，包括思想、政治、道德、法治、心理等诸多方面，在不同的场景下内涵大小不同。思想政治教育也有广义和狭义之分。狭义的"思想政治教育"仅指思想教育和政治教育，它与"品德教育""纪律教育""法制教育"相并列，是狭义的"思想政治教育"。④ 广义的"思想政治教育"包含思想、政治、道德、法治、心理等诸多方面，但在具体的场景中，所指范围也并不完全一致，有时指思想、政治、道德教育，有时指思想、政治、道德、法治教育，有时指思想、政治、道德、法治、心理教育。目前比较通行的是广义"思想政治教育"。广义"思想政治教育"与广义"德育"内容基本一致。"思想政治教育"名称和内涵的演变是与社会主要矛盾的变化紧密相关的。新民主主义革命时期，"思想政治教育"是"宣传工作"、"政治工作"和"政治教育工作"，服务于政治动员和战争的需要。新中国成立初期，"思想政治教育"除了上述表述外，还增加了"思想政治工作"的表述。改革开放以来，统一为"思想政治工作"或"思想政治教育"，是为了增进社会成员的政治认同，服务于经济建设和社会发展。随着社会的发展，"思想政治教育"的具体任务和

① 国家教委思想政治工作司 . 思想政治教育学原理 ［M］. 北京：高等教育出版社，1991：4.

② 张耀灿，徐志远 . 思想政治教育及其相关重要范畴的概念辨析 ［J］. 思想·理论·教育，2003，（Z1）：10-13.

③ 孙其昂 . 思想政治教育学基本原理 ［M］. 南京：河海大学出版社，2004：5.

④ 江泽民论有中国特色社会主义（专题摘编）［M］. 北京：中央文献出版社，2002：267.

内涵还将发生进一步的变化。①

二　"德育"与"思想政治教育"的比较

明晰概念的内涵，澄清模糊认知有利于推动理论研究和实践工作的进一步深入。"道德教育"就是狭义的"德育"，也就是说"德育"包含了"道德教育"，因此这里主要就"德育"（广义）与"思想政治教育"（广义）这两个容易混同的概念进行比较。

第一，两者教育特性、理论基础相同但学科归属不同。两者都是意识形态教育，都属于上层建筑，具有明显的时代性、阶级性和综合性。② 马克思主义理论是两者根本的理论基础。但从学科归属来看，两者是两个相对独立的体系，德育涉及伦理学和教育学领域，属于教育学的范畴；思想政治教育涉及政治学和教育学领域，属于马克思主义理论一级学科下的二级学科。

第二，两者着眼点和依据一致但工作方式方法不同。德育和思想政治教育都是在把握人的身心发展规律的基础上解决人的思想认识问题。但两者具体的工作方式方法不同。德育以促进学生身心健康发展为出发点，以塑造、教育、培养为主要形式，使学生行为与社会主义道德规范相协调、相适应。德育工作的对象主要是在校学生，包括大中小学学生。思想政治教育往往从政治高度出发，以说教与实践相结合的形式，纠正各种错误思想，使社会成员形成与社会发展需求相一致的思想观念、政治观点、道德品质等，维护社会的和谐与稳定。思想政治教育的对象是全体成员，涵盖学校、企业、军队、社区等各个领域。

第三，两者内容基本一致但内容的侧重点和时效性不同。德育和思想政治教育都包含思想教育、政治教育、道德教育、法治教育、心理教育等诸多方面，涉及意识形态教育的所有领域，但内容的侧重点和时效性不

① 王宇翔，唐莉莉. "德育"与"思想政治教育"理论边界的思考 [J]. 华北水利水电大学学报（社会科学版），2017，（01）：63-65.
② 杨国欣. 德育与思想政治教育比较及现实意义 [J]. 中国特色社会主义研究，2009，（01）：104-108.

同。德育侧重于道德教育，注重个体内在的修养和品行，强调个体的自觉性和自主性。德育内容虽紧密结合社会生活实际，但总体上保持内容的连贯性、系统性和稳定性。而思想政治教育侧重于思想教育和政治教育，注重外在的政治要求和意识形态的灌输，强调群体的共同性和一致性。由于党和国家在不同时期工作的侧重点和要求不同，思想政治教育的内容随着国家方针政策的变化而作出及时调整，体现出一定程度的针对性、时效性。

三 区分和澄清概念的意义

从历史起源来看，思想政治教育与德育两个概念的内涵存在着较大的差异性，但在现实发展过程中二者出现类同性，导致了概念上的混淆和使用中的混乱。因此，区分和澄清这两个概念，对于加强理论建构、增强教育的针对性和实效性均具有重要意义。

1. 有利于廓清理论边界，加强理论建构

思想政治教育与德育两个概念的演变、内涵的扩大，使得二者的边界变得模糊，产生了一些理论问题。第一，两个概念内涵的扩大和混用以及不同的场景内涵大小的变换，使人们在理论探讨中无法在一个共同的语境下讨论问题。第二，理论体系构建存在问题。广义的德育包含政治教育、思想教育、道德教育和心理教育等诸多内容，那么理论上德育原理就应当从上述各方面进行理论架构，但在教育学领域还没有一本德育学著作以这种架构来构建自己的理论体系。在这个领域可资借鉴的西方德育理论主要讨论的是道德教育，所以当前很多学者在论述德育过程或德育心理机制等问题时往往只讨论了泛化的道德教育过程或心理机制。思想政治教育也涵盖政治教育、思想教育、道德教育、心理教育等诸多方面的内容，政治教育、思想教育的心理机制并不等同于道德教育的心理机制，因为两者理论体系不同。厘清这两者的理论边界，澄清认识，有利于夯实理论基础，推进各自的理论建构。

2. 有利于走出实践误区，增强教育的针对性和实效性

从教育实践看，由于两个概念的混用，出现了一些认识误区。第一，

在内容上，用政治觉悟、政治理想教育替代道德教育。在教育实践中，政治和意识形态的内容多，知识性的内容多，而道德的内容少，品行培养的内容少。道德教育成为道德理论和道德规范的灌输，实践体认的时间少，影响教育实效。第二，在方法上相互越位、互相混用。当前存在着用政治灌输来进行道德教育，用道德教育的方法来解决心理问题等方法越位、混用的情况。良好品行的培养，道德修养的提高与世界观、人生观的形成，政治觉悟的提高各属于不同层面的问题，其过程与机制不同，因而手段、方法、途径也应该不一样。具体来说，思想政治教育从政治要求的高度，引导人们树立正确的世界观、人生观、价值观，培养人们坚定正确的政治信念和政治信仰，主要应采用宣传、灌输、疏导、转化、实践等方式，培养社会主义建设者和接班人，化解社会矛盾，维护社会稳定。德育从促进学生身心健康发展的角度出发，使人形成良好的品德，应采用传承、陶冶、体验、感染等方式，达到育人的目的。如果教育活动都用一样的方式方法，会使教育效果大打折扣。德育内容的泛化对教师来说也是巨大的挑战。德育教师需要掌握道德教育、政治教育、思想教育、心理教育等诸多科目的教学内容和教学方法，这超出了教师的个体能力范围。第三，在评价标准上适用对象较乱，缺少针对性，如用思想政治教育标准考量道德教育问题，用知识的掌握程度考察道德水平和政治觉悟，对心理问题进行价值判断等。混乱的评价标准一方面加剧了教师的误判、"误诊"现象，另一方面也易引发学生的逆反心理。澄清概念，有利于走出实践误区，增强教育实效性。

3. 有利于确定研究对象，推动本研究的开展

本研究究竟以"道德教育"还是"德育"或是"思想政治教育"为研究对象，是一个让人纠结的问题。为此，需要对这三个概念进行仔细辨析。道德教育在我国历史悠久，始于春秋战国时期。"道"与"德"的连用最早出现于《管子》《庄子》《荀子》各书中。如荀子在《劝学篇》中说，"故学至乎《礼》而止矣，夫是之谓道德之极"。[①] 孔子、孟子、荀子等都强调道德教化的作用。中国传统的道德教育不仅是道德修养问题，更

———————

① 张觉. 荀子译注 [M]. 上海：上海古籍出版社，2012：6.

蕴含着儒家学者的政治理想，道德教育与政治理想是紧密联系的，具有政治化的特征。德育产生于 18 世纪的西方，与"智育""体育"相对，德育即为道德教育，被借鉴到中国后，其内涵不断扩大，扩大为包括意识形态教育所有领域的范畴，包含道德教育、政治教育、思想教育、心理教育等诸多方面。思想政治教育包含政治教育、思想教育、道德教育、心理教育等方面，和广义的德育范围基本一致。综上可见，"道德教育"最符合中国历史中道德教育的原义和实际情况。如用"德育"，容易造成混乱：一方面它的内涵时大时小，没有确定性；另一方面，狭义的德育来源于西方，以伦理学和心理学为理论基础，不符合中国历史的情况。"思想政治教育"是一个现代的概念，如用它去套用古代社会生活，会给人以"嫁接"之感。经过比较分析，本研究以"道德教育"为研究对象，通过对传统道德教育理论和实践的研究，挖掘其中的精华，发挥其现实价值，为更好推进"第二个结合"作出努力。本研究后文中出现的"德育"均为"道德教育"的简称，非为他义。

第一论　孔子道德教育思想

孔子（前 551—前 479），子姓，孔氏，名丘，字仲尼，春秋时期鲁国陬邑（今山东省曲阜市）人，祖籍宋国栗邑（今河南省夏邑县）；父叔梁纥，母颜氏；中国古代思想家、政治家、教育家，儒家学派创始人。孔子创立了以仁为核心的道德学说，是儒家道德教育思想的开山鼻祖，对后世道德教育的发展产生了重要影响。

一　孔子道德教育思想形成的条件

任何思想理论的形成都有其现实依据和历史条件。孔子生活的春秋时期是中国古代社会的大转型期，旧的奴隶制一步步走向瓦解，新的封建制正在形成。周王室衰微，各诸侯国争霸，社会贫富差距扩大，百姓生活困苦。在这种背景下，孔子对社会的现状和人类的未来深感忧虑。他年少立志，刻苦学习，在吸收西周"以德配天""敬德保民"以及礼乐教化思想的基础上提出了自己的道德教育思想，以恢复社会合理秩序，化解社会危机。

（一）社会背景

孔子道德教育思想的形成有其特定的社会背景。春秋战国时期是中国历史上一个充满变革和动荡的时期，社会政局动荡，矛盾错综复杂，礼崩乐坏。在这一时期，出现了学术下移。

政治上王室衰弱，诸侯争霸，社会上矛盾重重。马克思主义认为，生产力决定生产关系，经济基础决定上层建筑。周朝的宗法制和分封制已经不能适应新生产力的发展需要，但是封建制生产关系的物质条件还没能在奴隶社会完全成熟，社会正处在一个矛盾错综复杂的时期。首先是新兴地主阶级与奴隶主阶级之间的矛盾。新兴地主阶级代表着新生产力的发展方向，因经济地位的提升而开始要求政治权力。于是，新兴地主阶级中的代表人物在各国变法，为其谋求政治地位，从而为封建制的经济基础提供保障。如魏国李悝变法、楚国吴起变法和秦国的商鞅变法等，这些变法的共同特点是打击旧贵族的政治势力，其实质都是为封建制生产关系和新兴地主阶级服务。其次是在奴隶制旧社会中的矛盾。一是奴隶主贵族之间的矛盾，各诸侯国都意识到土地对于国家政权的重要性，因此各国致力于兼并、抢占土地，导致天下连年征战，平民饱受战乱之苦，社会秩序陷入混乱。为了争夺权力，诸侯国的统治者内部也钩心斗角，尔虞我诈，臣弑君、子杀父等违背伦理纲常的事件屡见不鲜。统治者的贪婪与争夺导致人心不稳，道德沦丧。二是奴隶主贵族与奴隶之间的矛盾，奴隶主的苛政、连年征战与繁重赋税，使奴隶生活在水深火热之中。面对天下无道、社会动荡、国家混乱和民生多艰的局面，孔子开始思考如何恢复社会秩序、改善统治阶级与普通民众之间的关系等问题，以使社会回到有序局面。

经济上，生产力的发展带来了生产关系的重大变革。从农业来看，铁犁牛耕的使用和水利的运用促进了农业生产率的提高，为一家一户小农经济的普及提供可能，也使更多的人从物质生产中解放出来，转而从事精神生产。随着土地的私有化，封建生产关系开始形成。公元前594年，鲁国实行初税亩制度，开始承认私有土地的合法性，这意味着周朝的井田制走向瓦解。公田被荒置，人们去开垦私田，一些人由平民变为地主。诸侯之间通过战争兼并、掠夺土地，并将部分土地以军功的形式赏赐给功臣和武将。这些占有土地生产资料的人改变了以往的剥削形式，开始把土地租给农民耕种，收取地租，封建制的土地关系开始形成，新兴地主阶级开始崛起。在手工业方面，青铜工艺比较发达。青铜器在铸范的制作、合金原料的配比选择、冶铸的技巧上非常讲究，合范铸造、熔模铸造、焊接等多项技术的出现，错金、错银、包金、鎏金、镶嵌、刻镂等新工艺的使用，使青铜器制作呈现出新的面貌。此外，随着生产力的发展、社会分工和城乡对立的出现，商业得到了空前的发展。城市的数量不断增加，规模日益扩大，城市的商业特点日趋明显，都邑逐渐发展成为工商业大都会。为了适应商业发展的需要，各国大量铸造金属货币，实行各自的度量衡制。经济的发展为人们思想的解放奠定了物质基础。

"礼崩乐坏"是当时社会思想文化的主要特征，是生产关系变革在思想文化上的反映。在春秋后期，人们对"礼"的"僭越"已是司空见惯。例如，按周礼的规定，奴隶主贵族到宗庙跳舞，在舞蹈队列组成人数方面有严格的等级规定：天子舞队为八佾（每佾 8 人，共 64 人），诸侯舞队为六佾（48 人），大夫舞队为四佾（32 人）。当时，鲁国新兴地主阶级头面人物季氏，身为大夫，却在宗庙里跳八佾之舞，这是对周礼明目张胆的僭越。故孔子气愤地说："八佾舞于庭，是可忍也，孰不可忍也？"① 西周礼乐制度的设定是宗法制的配套设施，礼乐文化是为宗法等级制度服务的。礼乐制度被破坏，礼乐失去维系社会稳定的作用，进而导致社会失序，道德失范，人们精神无处安放，行为无所依从。孔子所处的时代是学术下移的时代。春秋以前的商周时期，知识文化掌握在奴隶主阶级手中，具体地说，掌握在一批被称作"巫""史"的手中，他们既是中国古代的政治家，又是中国古代的宗教家，还是中国古代的自然科学家和人文学者，也就是说，此时的思想界为宗教神权所垄断。春秋末期，随着奴隶制社会的逐渐解体，奴隶主王权日益衰落，导致了原来在官府任职的文化人失去了地位和工作，纷纷离开宫廷和都城，流落到民间和异乡，"天子失官，学在四夷"。学术下移使文化知识从"巫""史"的手中解放出来，不再为极少数统治者所垄断，开始向更广泛的社会阶层传播，使更多的人有了受到教育、获得知识的机会，从而造就了一大批不同于"巫""史"的新一代知识分子，形成了一个新的有着广泛社会联系和社会影响的士阶层。而各诸侯国的统治者为了巩固自己的统治，扩大自己的影响，竞相争取这些新兴知识分子的支持和帮助，允许他们自由讲学，发表各种见解，探讨各种问题，因而出现了"处士横议"的学术风气。这种自由的学术文化环境，推动了中国古代学术思想的繁荣和进步，造就了中国古代文化史上"诸子蜂起、百家争鸣"的时代。

---

① 杨伯峻. 论语译注［M］. 北京：中华书局，2015：34.

（二）理论渊源

任何一种理论都是思想家们在吸收借鉴前人成果的基础上进行创造，提出自己的新理论、新见解、新观点，从而不断丰富人类知识宝库的。孔子道德教育思想吸收借鉴了西周时期的"以德配天"和"敬德保民"以及礼乐教化等观念。

1. 对西周德治理论的继承与发展

"以德配天"和"敬德保民"是西周时期的德治理论，它既是对夏商天命神权思想的继承和发展，也是对夏商统治者政治失败的教训的总结。在夏商时期，由于生产力发展水平和人们的认识水平较低，人们以宗教世界观认识世界，解释各种自然和社会现象。统治阶级将主流意识形态建立在宗教文化的基础上，利用天命神权为政权合法性论证，"有夏服天命"①，"天命玄鸟，降而为商"②。统治阶级宣称其政权来源于天命，从而建立起人们对于政治体制的认同。在西周取代殷商之后，西周面临的重要问题是如何证明其政权的合法性，使臣民信服西周的统治，以及如何更好地治理国家，以免重蹈夏商统治者的覆辙。周公对夏商的天命神权观念进行回应，提出"惟命不于常"③的解释，即天命授予的对象是可变的，如果接受天命的君主没有按照天意行事，那么上天就会改变他的地位。西周之所以获得执掌政权，是因为西周接受了新的天命。"文王在上，于昭于天，周虽旧邦，其命维新"。④ 关于如何获得天的支持，周公提出"皇天无亲，惟德是辅"的观点⑤，即天命的归属并不是殷商所认为的天与人之间有血缘关联，而是要求统治者以德获得天命的支持，统治者通过实行德政来获得上天与臣民的认可。同时，周公对殷商统治失败的原因给出解释："惟不敬厥德，乃早坠厥命。"⑥ 因为殷商的统治者不敬重德行，因此失去天命支持，丧失了政权。

---

① 王世舜，王翠叶，译注. 尚书 [M]. 北京：中华书局，2012：224.
② 王秀梅，译注. 诗经 [M]. 北京：中华书局，2015：816.
③ 王世舜，王翠叶，译注. 尚书 [M]. 北京：中华书局，2012：195.
④ 王秀梅，译注. 诗经 [M]. 北京：中华书局，2015：576.
⑤ 王世舜，王翠叶，译注. 尚书 [M]. 北京：中华书局，2012：462.
⑥ 王世舜，王翠叶，译注. 尚书 [M]. 北京：中华书局，2012：224.

在为政权合法性正名之后，西周还面临着政权延续性问题。对于如何巩固政权，周公提出："肆惟王其疾敬德。王其德之用，祈天永命。"① 即统治者用德政向上天祈求长久的福命。为什么要以德祈天？为什么有了德就能够祈天永命？因为天命是遵从民意的，而民心又是向往德政的。君主要做到"敬德保民"，才能够使政权永固。"敬德保民"是对君主的要求。一是对祖先，要"明德恤祀"②，要怀着对祖先和上天的恭敬之心，严格按照祭祀的礼节仪式，谨慎地祭祀祖先与上天。二是对自身，要勤于政事、选贤任能、修养德行，要具备天子的品德，做天下臣民的表率。三是对民众，要"爱小人之依，能保惠于庶民"③，同时要"克明德慎罚，不敢侮鳏寡"④。君主要关怀黎民，爱护鳏寡，彰显德教，劝民为善，同时谨慎地使用刑罚，使刑罚适中。在关于刑罚的论述中，周公提到"元恶大憝，矧惟不孝不友"⑤。在西周的德治理念中，不孝不友是最大的罪恶，父慈、子孝、兄友、弟恭是基本的人伦道德规范，如有违背，必须予以严惩。需要指明的是，西周所提出的"以德配天"与"敬德保民"思想中的"德"是对君主和统治阶级所要求的政德，是出于维护政治统治的需要而提出的思想观念，与孔子所讲的道德有所区别。孔子继承了"以德配天"的思想，他以天命作为"德"的来源，以天命作为其开展道德教育的依据。在此基础上，孔子发展了"敬德保民"的思想，敬德也不再局限于对君主的政治要求，修德立身不再是君主所专有，而成为人人都可以且应当修养的道德。孔子也发展了西周的人伦道德规范，将其从家庭中延伸到社会生活中，他主张"弟子，入则孝，出则悌，谨而信，泛爱众，而亲仁"⑥。

2. 对西周礼乐教化思想的吸收与借鉴

西周的礼乐教化思想是孔子道德教育思想的直接理论来源。子曰："周监于二代，郁郁乎文哉！吾从周。"⑦ 孔子主张"克己复礼"，复兴的

① 王世舜，王翠叶，译注．尚书［M］．北京：中华书局，2012：225.
② 曾长秋，周含华．中国德育通史简编［M］．长沙：湖南人民出版社，2011：6.
③ 王世舜，王翠叶，译注．尚书［M］．北京：中华书局，2012：246.
④ 王世舜，王翠叶，译注．尚书［M］．北京：中华书局，2012：255.
⑤ 王世舜，王翠叶，译注．尚书［M］．北京：中华书局，2012：181.
⑥ 杨伯峻．论语译注［M］．北京：中华书局，2015：6.
⑦ 杨伯峻．论语译注［M］．北京：中华书局，2015：41.

就是周礼。孔子吸收了周礼中蕴含的政治伦理、社会伦理和家庭伦理精髓，又发展了礼乐教化的形式，以文化的形式呈现教育内容。《左传》记载："周礼尽在鲁矣。吾乃今知周公之德与周之所以王也。"① 孔子生活在保存周礼最为完整，礼乐文化最为浓厚的鲁国，深受礼乐文化的影响。孔子自小习礼为乐，《史记》记载："孔子为儿嬉戏，常陈俎豆，为礼容。"② 其后，孔子曾适周问礼，适齐闻韶，对于礼乐文化的研究有很高的造诣。

礼最早起源于祭祀，是一种宗教仪式。进入阶级社会以后，原始宗教仪式的礼就演变成维护阶级社会政治秩序和社会秩序的礼。③ 周礼的基本原则是"尊尊"和"亲亲"，其作用在于帮助人们分辨亲疏远近、消除思想疑虑、分辨事物异同和明确是非对错，反映的是宗法等级观念。"道德仁义，非礼不成；教训正俗，非礼不备；分争辩讼，非礼不决；君臣、上下、父子、兄弟，非礼不定，宦学事师，非礼不亲；班朝治军，莅官行法，非礼威严不行；祷祠祭祀，供给鬼神，非礼不诚不庄。"④ 周礼是上层建筑中的核心内容，涉及道德、风俗、法律、政治、人伦、军事和祭祀等社会生活的方方面面。在礼的教化中，西周统治者设置专门的机构与职位来保证礼的实施。不论是在学校中传授"六艺"，还是在中央行政机构设置大司徒来执掌国家教化事务，在地方行政机构设置乡大夫、乡师、州长和党政等官职，其教化的主要内容都是礼。简言之，礼乐教化是自上而下的政教风化活动。于时人而言，要想成为一个社会的人，必须遵从周礼。

乐教与礼教并行，礼的作用在于规范人们的外在行为，带有一定的强制性，而乐的功能则在于统合人心、陶冶人的情感。在古人看来，乐与人的内心情感密切相关，乐蕴涵着道德伦理。"凡音者，生于人心者也，乐者，通伦理者也。"⑤ 古代的乐教与今天的音乐不同，乐是指集诗、歌、舞于一体的人文文化，"诗，言其志也；歌，咏其声也；舞，动其容也"。⑥

① 司马迁 . 史记 [M]. 北京：中华书局，1997：1515.
② 司马迁 . 史记 [M]. 北京：中华书局，1997：1906.
③ 王新山，王玉婷，纪武昌 . 中国古代思想政治教育史论 [M]. 武汉：武汉大学出版社，2016：12.
④ 胡平生，张萌，译注 . 礼记 [M]. 北京：中华书局，2017：5.
⑤ 胡平生，张萌，译注 . 礼记 [M]. 北京：中华书局，2017：716.
⑥ 胡平生，张萌，译注 . 礼记 [M]. 北京：中华书局，2017：736.

乐有感化人心和协调思想情感的功能，一定的礼仪往往伴随着一定的乐舞，运用艺术感染的形式使礼制内容更易于为人所接受。礼乐并重的本质是情理交融，礼乐教化的过程是一个思想影响、政治教育、道德感化和心理调适的过程。①

（三）个人经历

孔子道德教育思想的形成不仅受到当时社会环境的影响，而且与孔子的人生境遇密切相关。孔子出生在鲁国的一个没落贵族家庭，三岁丧父，家境贫苦，由母亲抚养长大。孔子曾说："吾少也贱，故多能鄙事。"② 为了谋生，孔子从小就去各个地方打杂，当过管理仓库和牛羊的小吏。虽然家境破落，地位低贱，但他从小立有大志，学习刻苦。他后来回忆说："吾十有五而志于学。"③ 他的这种学习志向，是与他所处的邹鲁文化氛围相联系的。鲁国保存了比其他诸侯国更多的西周鼎盛时期的典章制度和礼乐文化。这种文化氛围，使孔子有一个比较好的学习环境，也使孔子产生了对西周文化传统的依恋，从而造成了孔子思想中的矛盾：一方面面对现实的社会人生想要改变；另一方面又总是希望更多地保留西周时的文化内容。他说："周监于二代，郁郁乎文哉！吾从周。"④

孔子青年时期以广博的礼乐知识闻名于鲁，做过专门办丧事赞礼的"儒"。因而，他后来创立的学派被称为"儒家"。他中年聚徒讲学，从事教育活动。为实现政治理想，他五十一岁为中都宰，然后升为司空，再到大司寇，兼行摄相事，积极推行自己的政治主张。然而，他在"夹谷之会"和"堕三都"事件中，因触及各方利益而被离间，不得已而离鲁。但是，孔子并未放弃理想，而是环游列国继续宣扬其政治主张，终不得用而返鲁，专心致力于教育事业，整理《诗》《书》，删、修《春秋》，以传述六艺为终身志业，通过培养人才去继续实现其社会理想。孔子去世后，其弟子及再传弟子把他及其弟子的言行语录和思想记录下来，整理编成《论

---

① 张世欣．中国古代思想道德教育史［M］．杭州：浙江大学出版社，2010：51．
② 杨伯峻．论语译注［M］．北京：中华书局，2015：131．
③ 杨伯峻．论语译注［M］．北京：中华书局，2015：17．
④ 杨伯峻．论语译注［M］．北京：中华书局，2015：41．

语》，被后世奉为儒家经典。

二 孔子道德教育思想的理论体系

孔子道德教育思想是中华传统文化的重要组成部分，其内涵十分丰富，它在吸收借鉴西周的德治和礼乐教化思想的基础上，以天命论为哲学依据，以人性论为逻辑起点，以"仁"为核心，形成了富有时代特色的道德教育理论体系。

（一）"道""德"的内涵

要研究孔子道德教育思想，首先要了解孔子道德的含义。在孔子这里，"道"与"德"是分开使用的，没有连用。《论语》中孔子多次提到了"道"与"德"。其中，"道"在不同的语境下有不同的具体内涵，但是究其本质，"道"主要指仁道。关于"德"的内涵，孔子则明确指出"中庸之为德"，认为"德"的最高表现和落实是"中庸"，并由此提出了"执两用中"的方法论。

1. "道"

在对孔子道德教育思想的诠释中，"道"的地位至关重要。从字面来看，"道"这个字由两部分构成，一个是"辶"，意思是"走过去""通过"；另一个是"首"，意思是"头""首要的"。"道"本义为道路，含有引导、导向的意义。"道"在《论语》中大约出现了一百次，归纳起来主要有两重含义。一是天道。康有为曾说过："故二千年来，得见孔子之道者寡矣。以为孔子专言形体，而不知其言灵魂；以为孔子专言人世，而不知其多言天神。"[1] 这是说孔子之道并不是像人们理解的那样只讲人道不提天道，而且在康有为看来，天道是根基，人道皆发端于天道。在《论语》中，"天道"指的是一种自然法则——天运行的规范、规则，同时也是宇宙万物遵循的规律。孔子认为，人应当顺应天道，理解并遵循这些不变的自然法则。二是人道。在《论语》中，孔子讲天道，最终的落脚点是为了

---

① 康有为. 康有为全集：第 6 集 [M]. 北京：中国人民大学出版社，2007：536.

人自身的完善。所以，孔子多讲人道，其人道思想内涵丰富，包括治国之道和为人之道两个层面。在治国之道中，孔子认为君主应该以仁爱之心对待百姓，通过自身的德行来感化人民，实现"为政以德"的理想状态。孔子非常推崇先王之道，即先王的治国理念和行为准则，这些先王包括尧、舜、禹、汤、文、武等，他们通过道德的力量来治理国家，强调道德教化的重要性。此外，孔子的治国之道非常强调"礼"的重要性，认为礼是维护社会秩序与社会和谐的基础。孔子的为人之道主要体现在个人修养和人际关系的处理上。孔子以"仁"作为个人修养的核心，认为人要有仁爱之心，在家要孝顺父母，出外要顺从兄长；要通过学习和反省来不断提高自己的道德修养；在情感、行为和思想上都要保持适度，避免走向极端。在人际关系处理上应遵循"己欲立而立人，己欲达而达人"①"己所不欲，勿施于人"② 的忠恕之道。此外，孔子还强调在延续、拓展"道"的过程中，人发挥着积极、创造性的作用。人要做"道"的继承者、传播者和弘扬者。正所谓"人能弘道，非道弘人"。③ 总而言之，《论语》中"道"无论是天道还是人道，其中心的、更高的层面是对"仁"的关注与追求。因此，《论语》中所讲的"道"更多地指仁道。

2. "德"

在孔子的道德教育思想中，"德"是一个核心概念。所谓"德"是基于"仁"的要求，通过自我修养，培养好的道德，并把这种好的道德，外化为政治行为，治理国家，造福人民。"子曰：'道之以政，齐之以刑，民免而无耻；道之以德，齐之以礼，有耻且格'。"④ 用道德来引导，用礼仪来规范，这是治民的最好办法。可见，孔子之德不仅指个人品性，还指为政以德，强调政治责任。孔子将泰伯和周文王作为至德的代表。"泰伯，其可谓至德也已矣。三以天下让，民无德而称焉。"⑤ 泰伯多次把君位让给别人，民众简直找不出合适的词语来称赞他，所以孔子赞赏他有至德。此

① 杨伯峻. 论语译注［M］. 北京：中华书局，2015：95.
② 杨伯峻. 论语译注［M］. 北京：中华书局，2015：178.
③ 杨伯峻. 论语译注［M］. 北京：中华书局，2015：244.
④ 杨伯峻. 论语译注［M］. 北京：中华书局，2015：17.
⑤ 杨伯峻. 论语译注［M］. 北京：中华书局，2015：116.

外，周文王虽然已经得到天下的三分之二，却仍然向殷纣王称臣，因此孔子认为周文王的道德达到了最高境界。人为什么要践"德"呢？孔子认为这是天命的要求，天命是德的根源，德是天与人之间的联结方式，只要能够理解"德"并践行"德"，人就能够顺从"天命"。在这里能看出西周天命观对孔子的影响。孔子非常重视德，就连对马的评价，也强调德行标准："骥不称其力，称其德也。"①

在孔子看来，"德"的最高的表现和落实，在于"中庸"："中庸之为德也，其至矣乎！"② 所谓"中庸"，指的是不偏不倚的日常生活态度，其基本内容就是在待人处事上既不要"过"又不要"不及"。"中庸"实际上是孔子提出的看待社会现实、解决社会矛盾的方法论，就是人们常说的"中庸之道"。"中庸之道"的总特征，就是承认矛盾，而又调和矛盾，达到矛盾双方的和谐。用孔子的话说即"执两用中"，"执其两端，用其中于民"。"执两用中"的方法论集中体现出孔子的辩证法思想。一方面，"执两"是"用中"的前提和基础。"执两"即是在认识事物与解决问题时，重视对立着的矛盾双方（"两端"）。"吾有知乎哉？无知也。有鄙夫问于我，空空如也。我叩其两端而竭焉。"③ 孔子对"执两"的方法身体力行，当人们向他提问时，孔子总是从事物的不同方面加以分析、思考，然后把问题综合起来予以回答。他认为，如果处理问题只抓住矛盾的一个方面，而丢掉另一个方面，就会造成危害："攻乎异端，斯害也已。"④ 另一方面，"用中"是"执两"的目的和归宿。"执两"就是为了"用中"。所谓"中庸"意即"用中"。"用中"既不是一味地折中与调和，也不是机械僵化地取两端平均值，而是在两端之间巧妙地找到平衡点而做到恰好、正好。"用中"的结果，就是"和"，守中致和，和而不同。孔子强调要把中庸之道贯彻于人的生活、人的活动的方方面面，通过"用中"以达到"和"。在做学问上，孔子说："学而不思则罔，思而不学则殆。"⑤ 在做人上，他

---

① 杨伯峻. 论语译注 [M]. 北京：中华书局，2015：225.
② 杨伯峻. 论语译注 [M]. 北京：中华书局，2015：94.
③ 杨伯峻. 论语译注 [M]. 北京：中华书局，2015：132.
④ 杨伯峻. 论语译注 [M]. 北京：中华书局，2015：25.
⑤ 杨伯峻. 论语译注 [M]. 北京：中华书局，2015：25.

说："不得中行而与之，必也狂狷乎！狂者进取，狷者有所不为也。"① 在人际关系上，他认为："君子和而不同，小人同而不和。"② 在文化问题上，他认为："质胜文则野，文胜质则史；文质彬彬，然后君子。"③ 在政治问题上，他说："礼之用，和为贵。先王之道，斯为美。"④ 孔子的中庸之道，是中国古代智慧的体现，它主张协调矛盾双方，反对激化矛盾双方，希望人们用一种比较平稳温和的方式解决矛盾问题，这在当时那样一种社会大变革背景下，不免显得保守，但如果从人类生活的全程看，这一思想闪耀着人类智慧之光。

（二）理论基础

孔子道德教育思想的形成建立在天命论和人性论的基础之上。孔子的天命观既承认天的客观性和主宰性，又强调人的主观能动性，肯定了人的意义和价值，为道德教化的开展提供了哲学依据和理论支撑。孔子的人性论强调后天因素对人的影响，凸显了道德教育的必要性。上天赋予人先验的德性禀赋，人应当顺应天命，通过努力"下学而上达"，最终达到天人合一的境界。

1. 哲学依据：天命论

孔子的天命观念既有对传统天命神学思想的继承，又有其新的解释和发展。"君子有三畏：畏天命，畏大人，畏圣人之言。"⑤ "五十而知天命。"⑥ 从这些表述中可以看出，在孔子的思想中保留着传统天命观念的痕迹。但在《论语》的大多数论述中，孔子是将"天"与"命"分开来讲的，由此形成了两个有联系而又意义不同的范畴，这是孔子思想与传统天命观念不同的新内容。孔子的天命观包含"天"和"命"两部分内容。

孔子所讲的"天"有两层含义：一是自然之"天"，是宇宙万物运动

① 杨伯峻．论语译注［M］．北京：中华书局，2015：202．
② 杨伯峻．论语译注［M］．北京：中华书局，2015：203．
③ 杨伯峻．论语译注［M］．北京：中华书局，2015：89．
④ 杨伯峻．论语译注［M］．北京：中华书局，2015：10．
⑤ 杨伯峻．论语译注［M］．北京：中华书局，2015：255．
⑥ 杨伯峻．论语译注［M］．北京：中华书局，2015：17．

变化的规律与法则。"天何言哉？四时行焉，百物生焉，天何言哉？"① 天不曾说话，四季周而复始，百物蓬勃生长，这说明万物的生长、四季的变化发展都遵循其固有的自然规律，此即自然之"天"。这里，他把天明确还原为自然世界，不主张对"天"作神秘主义的理解，尤其反对把"天"作为人格化的神来理解。二是"意志之天"，即有意志的人格神，赏罚分明，能够主宰人的祸福和社会的兴衰。如《论语·八佾》中记载："王孙贾问曰：'与其媚于奥，宁媚于灶，何谓也？'子曰：'不然；获罪于天，无所祷也。'"② 意思是说要顺从天意，不然就会被天惩罚。《论语·颜渊》中子夏曾说："商闻之矣，死生有命，富贵在天。"③ 子夏认为人的生死祸福都是由天主宰，要听天认命，而不能逆天而行。孔子虽然认为意志之天主宰人的命运和社会的兴衰，但并不否认人的主动性，他认为"事在人为"，天虽不测，但是人之努力是可测的，尽人之力就会有所成就。孔子对天之认知并没有流于迷信而陷入非理性思考中，而是以理性的态度强调人的作用，由"天"转至"天道"继而提出人道，摆脱原始迷信而进入文明。

孔子讲的"命"，大都关于人事。因为他认为人对宇宙现象并不能有所知，他因此也不谈。《论语》中"命"一字并不多见，主要有两种含义。一是指生命，寿命。如《论语·雍也》中孔子说："有颜回者好学，……不幸短命死矣。"④ 孔子的得意门生颜回好学，但寿命短，不幸去世，这里的"命"即指寿命。二是指命运，使命。孔子说："道之将行也与，命也；道之将废也与，命也。"⑤ 人的政治理想能否得到实现，是由"命"来决定的。综上可知，孔子所说的"命"，不管是指人的生命、寿命，还是指命运，都是客观存在的，不以人的意志为转移。也就是说，人的活动并不是随心所欲的，而要受到"命"的支配。孔子在肯定"命"之客观性的同时，强调人的主观能动性。"命"虽不能改变，但可为人所认识和掌握，

---

① 杨伯峻. 论语译注［M］. 北京：中华书局，2015：271.
② 杨伯峻. 论语译注［M］. 北京：中华书局，2015：40.
③ 杨伯峻. 论语译注［M］. 北京：中华书局，2015：180.
④ 杨伯峻. 论语译注［M］. 北京：中华书局，2015：81.
⑤ 杨伯峻. 论语译注［M］. 北京：中华书局，2015：226.

他强调"知命"，希望从客观必然性中获得一种自由。他说："四十而不惑，五十而知天命。"① 这就是说，人们通过长期的生活、实践，可以逐渐地认识到"命"，对客观的必然性和规律性有了一种自觉性、主动性的认识。相反，"不知命，无以为君子也"。② 他把"知命"作为衡量君子的一个标准。

综合上述对孔子天命观的分析可知，孔子之"天""命"实质是客观性，是天对人的主宰，对此孔子并不是消极被动，听天由命，而是以积极主动的态度提出了应对的措施。第一，畏天。"君子有三畏：畏天命，畏大人，畏圣人之言。"③ 这里的"畏"是指敬畏，"畏天命"居于"三畏"之首，"畏天命"体现了孔子对传统天命观念的继承，仍然保留了天的最高意志、能主宰一切的权威。第二，"知命"。"五十而知天命"。天命虽不可抗，但可以通过知识的积累、人生经验的累积来认识、把握。第三，"尽人事"。孔子将人们的视线从对"天命鬼神"的关注上拉回现实社会中，强调尽人事的作用。"季路问事鬼神。子曰：'未能事人，焉能事鬼？'曰：'敢问死。'曰：'未知生，焉知死？'"④ 在对话中，孔子认为人比鬼重要，如果人事还没处理好，就不用考虑鬼事。这不是说鬼事不需要考虑，而是说相较于当下的人事而言，鬼事虚无缥缈，不好把握，还不如把握当下，把握好当下之人事。生死的道理亦是如此。孔子用反问巧妙回答对生死的态度，强调生的重要性。在孔子看来，天命虽仍有其意志性和必然性，但人们能够通过自身的努力去了解它、认识它、把握它，他认可但不强调天的神性，因此他的教育对象没有陷入宗教的窠臼。

2. 逻辑起点：人性论

轴心时代百家争鸣，思想家们从各个角度进行研究和探讨，以寻求理想的社会制度。孔子是首位从人性的角度提出自己主张的思想家。孔子认为自己上承天命，但在天与人之间，他对人有着更多的关注，相对于借助于天的方式，他更希望通过人的力量来实现他的思想主张。孔子道德教育

---

① 杨伯峻. 论语译注 [M]. 北京：中华书局，2015：17.
② 杨伯峻. 论语译注 [M]. 北京：中华书局，2015：305.
③ 杨伯峻. 论语译注 [M]. 北京：中华书局，2015：255.
④ 杨伯峻. 论语译注 [M]. 北京：中华书局，2015：165.

思想是以"人"为中心构建的，研究人、改造人必然要关注人性问题。因而，对人性的研究成为孔子道德教育思想的逻辑起点。

孔子关于人性的观点集中在《论语·阳货》篇中的论述："性相近也，习相远也。"① 孔子的这八字论述，没有给人性下一个明确的定义，后续也没有展开具体的论证，使后世儒者在阐发他的人性思想时基于不同视角形成了不同观点，引来无数争论。这里基于以往的研究，从两方面开展讨论。一方面，关于人性问题，孔子并没有指出人性是善还是恶，只认为人的本性是相近的。孔子虽然没有对人性善恶这一问题给予明确答复，但是他认为人性的本质应该是合乎天命、顺应天道的，人性是自然性与道德性的统一。《中庸》记载："天命之谓性，率性之谓道，修道之谓教。"② "性相近"至少包括三层含义：第一，人性是天地所成，并不是人力所为；第二，既然人性是由天地形成的，那么它就是普遍的；第三，由天地所成的人性，虽然是与生俱来的，但是并不意味着它是一成不变的，外界环境对人性的变化有着重要的影响。另一方面，孔子关于"习相远"的言论是其关于人性问题的再发现，它肯定了这样的一个事实：人性既具有相对稳定性，也是动态可变的。孔子认为人性中蕴藏着一种天赋的德性，"天生德于予"，③ "人之生也直"④。这种天赋的德性只是向善的可能，并不必然表现为善，也就是说人的德性是彼此相近的，其性可上可下，从善从恶的关键在于后天所受的教育。这就是说与生俱来的天赋人性是相似的，但个体在实际生存发展过程中表现出来的价值倾向和行为后果可能有较大的差别，这是由后天环境的浸染和教育的影响所导致的。"君子周而不比，小人比而不周。"⑤ "君子喻于义，小人喻于利。"⑥ 君子和小人的差距就在于个体在生存发展过程中面对不同的环境和利欲作出了不同的价值判断和选择。

① 杨伯峻．论语译注［M］．北京：中华书局，2015：263．
② 张凤娟．大学·中庸·礼记［M］．呼和浩特：内蒙古人民出版社，2007：35．
③ 杨伯峻．论语译注［M］．北京：中华书局，2015：107．
④ 杨伯峻．论语译注［M］．北京：中华书局，2015：89．
⑤ 杨伯峻．论语译注［M］．北京：中华书局，2015：24．
⑥ 杨伯峻．论语译注［M］．北京：中华书局，2015：56．

（三）教育内容

"仁"是孔子道德教育思想的核心内容，在《论语》中提到"仁"的次数高达一百多次。冯友兰认为："论语中亦常以仁为人之全德之代名词。"① 张岱年指出："仁非诸德之总称，其本身亦自为一德。不过是最高的德，所以兼涵诸德。"② 这充分凸显了"仁"对于孔子思想的重要性。孔子道德教育思想以"仁"为中心展开，包括"仁""礼""为政以德"三部分内容。

1．"仁"

孔子将"仁"视为儒家伦理道德体系的基石和核心，将"仁"贯穿在他的全部思想体系中，并把"仁"作为个人修养、社会交往和国家治理的最高原则和最终目标。所以，人们又常称孔子的学说为仁学。在《论语》中，孔子分别从不同角度和层次揭示了"仁"的内涵，它包含着丰富的内容。

第一，"仁"是德性的统称，是最高道德原则。孔子说："能行五者（恭、宽、信、敏、惠）于天下，为仁矣。"③ 在孔子看来，这五种德性是实现"仁"的关键，如果一个人能够处处践行这五种品德，便是一个有仁德的人了。作为最高道德原则的"仁"，可以统摄作为社会普遍道德规范的恭、宽、信、敏、惠、义、礼、智、信，集道德规范于一体。

第二，"仁"表示一种内在的道德情感，体现为仁者"爱人"。《论语》中记载："樊迟问仁，子曰：'爱人'。"④ 在孔子看来，"仁"是一种爱人的道德情感。对于如何爱、怎样爱，孔子有具体的论述："入则孝，出则悌，谨而信，泛爱众，而亲仁。"⑤ 在家要孝顺父母，出外要敬爱师长，说话谨慎，言而有信，和所有人友爱相处，亲近那些有仁德的人。由此可知，孔子的"爱人"是有层级的，是一种圈层结构，由爱亲始，由爱

---

① 冯友兰．中国哲学史［M］．上海：华东师范大学出版社，2000：51．
② 张岱年．中国哲学大纲［M］．南京：江苏教育出版社，2005：249-250．
③ 杨伯峻．论语译注［M］．北京：中华书局，2015：265．
④ 杨伯峻．论语译注［M］．北京：中华书局，2015：188．
⑤ 杨伯峻．论语译注［M］．北京：中华书局，2015：6．

有血缘关系的人而推及爱没有血缘关系的人，由宗法血缘关系扩大为一般社会关系，其中最根本的就是孝悌。"孝弟也者，其为仁之本与！"① 孝是仁的根本，只有做到了孝顺父母，尊敬兄长，才有可能去"爱"别人。也就是说，一个人首先要在家里成为一个对父母尽"孝"的人，然后推己及人，才有可能去关爱别人。提倡"亲亲"之爱，是出于人的本性，出于血缘关系，是人与人之间关系的起始处，在此基础上才能"泛爱众"。

孔子在谈及作为道德情感的"仁"时，并非局限于"爱人"的一面，也有"恶人"的一面。子曰："唯仁者能好人，能恶人。"② 有仁德的人能够依据道德规范对于不同的人和事作出不同的价值评判，并且表现为内心的情感喜恶。这里的"仁"不仅是情感上的喜恶，更是理性的价值判断，情感的喜恶建立在理性判断的基础之上。在孔子看来，"仁"并不是泛滥的情爱，而是有标准有底线的，是一种融理于情的爱，是建立在客观公正的价值判断基础之上的爱；"仁"也不是抽象的道德原则，而是寓情于理，体现为对人自身的关怀。因而，"仁"是情感和理性共同作用的统一体。仁者心正，他怀着一颗仁德的心，站在客观立场上看待人和事，对人对事能做到公平公正，不偏不倚。

第三，"仁"体现为一种道德自觉。孔子认为一个人能否成为有仁德的人，关键在于个人能否自觉主动地进行道德修养。"为仁由己，而由人乎哉？"③ "仁远乎哉？我欲仁，斯仁至矣。"④ "君子求诸己，小人求诸人。"⑤ 从这些论述可见，在道德修养上，"仁"是人自身所产生的一种来自精神自觉的主体意识，这种强调要求自己而不强求别人的精神，是承认人的主观能动作用的表现，能够成为个人不断完善自身道德修养进而实现"仁"的源泉动力。

第四，"仁"是一种崇高的道德境界和道德追求。成为一个仁人有着很高的道德要求，孔子不轻易以仁许人。当孟武伯询问孔子，孔子的弟子

① 杨伯峻. 论语译注 ［M］. 北京：中华书局，2015：3.
② 杨伯峻. 论语译注 ［M］. 北京：中华书局，2015：50.
③ 杨伯峻. 论语译注 ［M］. 北京：中华书局，2015：178.
④ 杨伯峻. 论语译注 ［M］. 北京：中华书局，2015：110.
⑤ 杨伯峻. 论语译注 ［M］. 北京：中华书局，2015：241.

是否能达到"仁"的要求时，孔子只是一一回应其弟子的能力与才干，而不以"仁"许之。而对于自己是否为仁人的回答，孔子自谦："若圣与仁，则吾岂敢。"① 这即是说他认为自己也很难达到"仁"的境界，当然这是他自谦的说法。这表明，"仁"在孔子那里是一种只有极少数人才能攀登的道德高峰。虽然孔子认为一般人很难达到"仁"的境界，但这并不意味着"仁"是不值得追求的，"仁"是个人才干不能代替的道德品质。换句话说，"仁"代表着一种做人的发展方向，只有常怀道德自觉，坚定道德信念，践行道德认知，才可以逐渐向"仁"接近。孔子讲"为仁由己"，强调的就是人可以通过践行"忠恕之道"来实现自身道德的完善。为了追求"仁"，志士仁人甚至可以牺牲生命。"朝闻道，夕死可矣。"② 这里的"道"指的是儒家的"仁义之道"。早上得知"道"，晚上死去也未尝不可。这里体现了伟大的探索精神，更是一种追求真理的献身精神。"志士仁人，无求生以害仁，有杀身以成仁。"③ 志士仁人为了践仁，可以不惜牺牲生命，杀身成仁，舍生取义。"仁"是志士仁人追求的道德理想。

第五，"忠恕之道"是"仁之方"。对于如何行"仁"，孔子提出了"忠恕之道"，其本质在于推己及人。"己欲立而立人，己欲达而达人。"④ 意思是说自己所希望达到的，也要使别人能达到，这是推己及人的肯定方面，孔子称之为"忠"，即"尽己为人"。"己所不欲，勿施于人。"⑤ 意思是说自己所不愿的事情，就不要加在别人身上，这是推己及人的否定方面，孔子称之为恕。推己及人的这两个方面合在一起，就叫作忠恕之道，即是"仁之方"。"忠恕"相互补充、相互规定、相互包含。循此之道，不仅可以处理好人际关系，而且还能达到"齐家、治国、平天下"之理想。因此，孔子曾对自己的学生说："吾道一以贯之。"曾子对此作过解释："夫子之道，忠恕而已矣。"⑥ 孔子致力于通过宣扬仁学来重新构建社会秩序，而"忠恕之道"是践行仁道的方法，是"仁之方"。从以上分析可知，

① 杨伯峻. 论语译注［M］. 北京：中华书局，2015：112.
② 杨伯峻. 论语译注［M］. 北京：中华书局，2015：53.
③ 杨伯峻. 论语译注［M］. 北京：中华书局，2015：237.
④ 杨伯峻. 论语译注［M］. 北京：中华书局，2015：95.
⑤ 杨伯峻. 论语译注［M］. 北京：中华书局，2015：178.
⑥ 杨伯峻. 论语译注［M］. 北京：中华书局，2015：55.

孔子的"忠恕之道"是以本人自身为尺度，来调节人的行为。这就产生一个问题，本人的尺度是否为别人的尺度，尺度是否需要客观性、公正性？我们不能站在现代对孔子提出苛求，但可以激发我们对现今道德评判标准客观性的思考。

总而言之，孔子的"仁"思想内涵丰富，是贯通孔子思想体系的精髓，虽然"仁"的真正实现是极其不容易的，但是可以把"仁"作为自身不断完善的方向，通过践行忠恕之道来逐渐靠近"仁"。

2. "礼"

中国素有"文明古国，礼仪之邦"的美誉，"礼"的传统历史悠久。在传统社会中，"礼"包括了社会政治制度、道德规范、风俗习惯等所有社会领域的方方面面。钱穆指出："要了解中国文化，必须站到更高来看到中国之心。中国的核心思想就是'礼'，它是整个中国人世界里一切习俗行为的准则，标志着中国的特殊性。"[①] 在"礼"文化形成过程中，儒家发挥了至关重要的作用。在礼崩乐坏的春秋时期，孔子在继承和改造周礼的基础上形成了丰富的礼学思想。"礼"是孔子思想的重要组成部分，其地位仅次于仁，[②] 在《论语》中出现 75 次。综合《论语》中各处"礼"的含义，主要包括以下三个方面。

首先，"礼"是礼治制度。孔子把礼作为治国安民的主要手段，强调"为国以礼""齐之以礼""约之以礼"。《论语·学而》篇指出："有子曰：'礼之用，和为贵。先王之道，斯为美；小大由之。有所不行，知和而和，不以礼节之，亦不可行也。'"[③] 这里，孔子把以礼治国作为古代圣贤的君主治国之道。孔子不仅重视"礼"，而且在历考夏、商、周以来统治阶级对"礼"的损益的基础上，将"礼"与"仁"相结合，形成包含礼仪、礼节以及各种典章制度的条绪节文，成为维护后期奴隶制宗法等级秩序和道德标准的重要手段。这些礼仪制度以"亲亲""尊尊""贵贵"为基本原则。孔子认为尊卑上下、长幼亲疏各有分寸而不淆乱，就是理想的社会秩序。"礼"的基本精神就是追求社会和谐。在推行礼仪制度时，孔子特

① 邓尔麟. 钱穆与七房桥世界 [M]. 北京：社会科学文献出版社，1995：7.
② 《论语》中"仁"出现 104 次。
③ 杨伯峻. 论语译注 [M]. 北京：中华书局，2015：10.

别强调君主的示范作用。他在《论语·子路》篇中论述道："上好礼，则民莫敢不敬；上好义，则民莫敢不服；上好信，则民莫敢不用情。"① 孔子将奉"礼"作为君主重要的素质和德行，君主率先垂范能起到示范作用。由此可见，君主是否奉礼是一个国家稳定，百姓安居的重要指标。

其次，"礼"是个人准则。在孔子看来，"礼"是个体安身立命的基础。他曾多次告诫弟子："不学礼，无以立。"② "不知礼，无以立也。"③孔子认为，春秋末期价值失范的主要原因是礼的形式化和虚假性。为此，孔子强调礼必须以仁为基础，提出"克己复礼为仁。"他要求人们按照"礼"的要求，自觉地克制自身不合理的欲望，约束自己不合理的言行举止，进行自我修养，完善自己的人格，从而达到"仁"的境界。需要注意的是，"克"是有意识的克制和约束，而不是无目的的扼杀；"己"强调的是不合理的欲望和言行举止，并不是一切欲望。"克己"是一种对自然欲求的道德约束，是对道德行为有选择的要求，是为了达到"复礼为仁"的终极目的。这里"仁"与"礼"是紧密联结，相辅相成的，"仁"是"礼"的本质和归宿，"礼"则是"仁"的外在形式和表现。在《论语·八佾》篇中，孔子说："人而不仁，如礼何？人而不仁，如乐何？"④ 一个人没有仁爱之心，再好的礼仪技巧也是无用的，人没有了仁爱之心，再美妙的音乐也没有作用。只有达到"仁"与"礼"的统一，才能实现"仁"的精神世界和现实世界的统一。

最后，"礼"是人类文明进步的标志。孔子把好礼、行礼作为人区别于禽兽的标志，是人类文明的体现。在侍奉父母之礼方面，孔子说："今之孝者，是谓能养。至于犬马，皆能有养。不敬，何以别乎？"⑤ 礼教的根本精神就是"敬"，孔子认为是否有"敬"是人和动物的区别。如果没有"敬"，赡养父母与饲养犬马就没有区别。孔子希冀人们在社会生活中不仅凭本能行事，而且要遵循"礼"这一社会规范，做到"非礼勿视，非礼勿

---

① 杨伯峻. 论语译注 [M]. 北京：中华书局，2015：194.
② 杨伯峻. 论语译注 [M]. 北京：中华书局，2015：258.
③ 杨伯峻. 论语译注 [M]. 北京：中华书局，2015：305.
④ 杨伯峻. 论语译注 [M]. 北京：中华书局，2015：35.
⑤ 杨伯峻. 论语译注 [M]. 北京：中华书局，2015：20.

听，非礼勿言，非礼勿动"。①

3. 为政以德

在孔子看来，仁德不能仅仅局限于个人的道德修养上，还应当外化为政治实践，这就形成了他的德治理念，"为政以德"。"为政以德"是孔子的"仁"的观念在现实世界中的进一步落实和展开。孔子所讲的"为政以德"，不是针对民众的道德修养，而是对统治者的道德修养的要求。在《论语》中记录了一段他与子路的对话："子路问君子。子曰：'修己以敬。'曰：'如斯而已乎？'曰：'修己以安人。'曰：'如斯而已乎？'曰：'修己以安百姓。修己以安百姓，尧舜其犹病诸？'"② 在这里，孔子再三强调的是统治者的"修己"，而不是民众的"修己"。"为政以德"既要求为政者自身品德高尚，自上而下率先垂范，同时也要求统治者实行德治。

一方面，为政者要品德高尚。首先，品德高尚是为政者的责任和义务。"苟正其身矣，于从政乎何有？不能正其身，如正人何？"③ "其身正，不令而行；其身不正，虽令不从。"④ 为政者有教化百姓的职责，要求品行高尚，如果他不能"身正"，那百姓"虽令不从"。其次，为政者品德高尚能影响民众、感化民众，赢得民心。"道德的力量必须通过社会道德楷模的感化而起作用，而统治阶层作为社会道德楷模率先垂范无疑最有利于发挥道德的感化作用。"⑤ "君子之德风，小人之德草。草上之风，必偃。"⑥ 为政者严格要求自己，率先践行道德可以感化民众，使他们自觉践行道德，实现道德教化的目的。"为政以德，譬如北辰，居其所而众星共之。"⑦ 统治者"为政以德"能够得到百姓的拥护，赢得民心。为政者率先垂范、自觉践行道德伦理并充分发挥道德的政治功能，能够引领社会道德风尚，提升社会道德水平，有利于社会秩序的和谐稳定。正如陈来先生所言：

---

① 杨伯峻. 论语译注 [M]. 北京：中华书局，2015：178.
② 杨伯峻. 论语译注 [M]. 北京：中华书局，2015：229.
③ 杨伯峻. 论语译注 [M]. 北京：中华书局，2015：198.
④ 杨伯峻. 论语译注 [M]. 北京：中华书局，2015：195.
⑤ 刘湘溶，易学尧. 论儒家道德理论的建构逻辑及其当代启示 [J]. 湖南大学学报（社会科学版），2019，（06）：28-33.
⑥ 杨伯峻. 论语译注 [M]. 北京：中华书局，2015：186.
⑦ 杨伯峻. 论语译注 [M]. 北京：中华书局，2015：16.

"为政以德并不是泛指以道德治理国家，而是特指为政者以自己的道德作为人民的表率。"① "身教"重于"言教"是孔子道德教育思想中的重要主张。

另一方面，为政者要"道之以德"。这即是说为政者要实行德治。"德治"与"法治"相对。孔子主张以德治，而不是刑罚来治理国家。这是因为"德治"相对刑罚而言更有优越性。"道之以政，齐之以刑，民免而无耻；道之以德，齐之以礼，有耻且格。"② 在孔子看来，以刑罚来管制民众，民众就只会寻求免于刑罚惩治的方法而没有羞耻心。只有通过"德治"，让人们懂得善恶观念而"知耻"，才能使老百姓既"有耻"（具备起码的道德意识），又不超越社会规范（"且格"），这才是社会长治久安之道。

与"为政以德"相关联的一项重要内容是"选贤任能"。"选贤任能"是保证德治推行的必要手段，只有德才兼备的贤人上位才能实现天下盛世。"舜有臣五人而天下治。武王曰：'予有乱臣十人。'"③ 舜有五位贤臣，武王有十位贤臣就使天下得到有效治理。这里孔子以历史上的贤君圣王为例来论证"选贤任能"的重要意义。

（四）教育方法

孔子在三十岁这一年开始招收弟子讲学，以期改变当时礼崩乐坏的社会现状，创私人办学讲学之先河。孔子一生招收了众多弟子，一般说孔子门下弟子三千。他培养了很多杰出的人才，如颜回、子贡、子路等，他们都在各自的领域取得了卓越的成就。孔子在自己的教学生涯中，积累了丰富的教学经验，提出了诸多教学方法，对后世产生了深远的影响。

1. 有教无类，因材施教

"有教无类"④ 出自《论语·卫灵公》篇，一般解释为"不论贤愚贵

---

① 陈来.儒家的政治思想与美德政治观［J］.中国哲学史，2020，（01）：16-25.
② 杨伯峻.论语译注［M］.北京：中华书局，2015：17.
③ 杨伯峻.论语译注［M］.北京：中华书局，2015：124.
④ 杨伯峻.论语译注［M］.北京：中华书局，2015：247.

贱都给予教育"①。即是说无论贫富贵贱、相貌美丑、资质高低都可以受教育。很明显，"有教无类"强调的是人人都有受教育的权利。春秋末年，在"礼崩乐坏"的社会背景下，孔子收徒讲学，用"有教无类"的君子之学打破"学在官府"的教育垄断，把受教育的范围扩大到平民，实现了教育平权，这不仅可以促进社会流动，而且还有助于培育良好社会风尚，"此实一大解放也"。②

孔子的"有教无类"思想的提出是历史和理论发展的必然要求。春秋时期文化下移，过去仅在奴隶主贵族中传播的文化开始走向民间，一些有识之士开始在民间讲学，一些寒门子弟也积极求学来提升自己。孔子开办私学并广收门徒就顺应了这种历史潮流。孔子的"有教无类"思想的提出也和他的出身有关，他虽为贵族出身，但从小处于贫寒境地；虽穷困潦倒但自幼好学，终成一代思想大师。所以孔子提出"有教无类"，也是希望能够帮助更多像他一样家境贫寒但有上进心的子弟得到接受教育的机会，使他们通过教育来获取人生智慧、改变人生命运。"有教无类"思想也是孔子核心思想在教育实践中的体现。一方面，"有教无类"思想是孔子"仁"思想的体现。孔子说，"仁"即"爱人"，"泛爱众，而亲仁"，"爱人"与教育相结合就是要坚持"有教无类"，让更多的人去获得受教育的权利。另一方面，"性相近也，习相远也"的人性论是"有教无类"思想的理论依据。孔子认为，每个人的先天本性是相近的，但后天环境、教育等因素的不同会使人的品性相差甚远。重视道德教化，能促进良好品性的形成。

孔子招收学生，坚持"有教无类"，将教育的权利扩及平民百姓。"自行束脩以上，吾未尝无诲焉。"③ 意思是说，凡是愿意学习的人，不论智愚资质、等级高低，只要愿意交"束脩"，即十条肉干，就可以收他做学生。孔子的学生来自各国，社会身份多种多样，有出身贵族的冉求、子贡、司马牛、孟懿子、南宫敬叔等，有出身平凡的子夏、曾参等，但更多的是出

---

① 罗竹风. 汉语大词典 [M]. 上海：汉语大词典出版社，1997：3871.
② 冯友兰. 中国哲学史 [M]. 上海：华东师范大学出版社，2000：28.
③ 杨伯峻. 论语译注 [M]. 北京：中华书局，2015：100.

身贫苦的寒门子弟，如孔子最喜爱的弟子颜回，身着芦衣为父推车的闵子骞等。孔子招收学生也不论智愚、年龄，孔门三千弟子，其年龄上下相差很大，弟子之间领悟力也有较大区别，但只要愿意求学，孔子都把他们收为弟子。

对于"有教无类"思想可以从两个层面来理解：从教育的理想和价值层面来看，"教"应当是"无类"的，它代表人们对教育公平的向往与追求；从现实的实践层面来看，"教"却是有"类"（分别）的，这体现在孔子"因材施教"的教育实践中。"因材施教"是"有教无类"原则在具体教学实践中的延伸。在具体教学实践中，不能千人一法，而应根据每个学生的个性特点和差异，"因材施教"。所谓"因材施教"，就是从教育对象的不同特点和实际情况出发，有针对性地施教。"因材施教"是以承认教育对象在品性素养、知识结构、认识能力等方面存在差异为前提条件的。在教育实践中孔子总是针对不同的学生给予不同的教育方法和内容。《为政篇》载，孟懿子问孝，子曰"无违"①；孟武伯问孝，子曰"父母唯其疾之忧"②；子游问孝，子曰："今之孝者是谓能养，至于犬马皆能有养，不敬何以别乎？"③；子夏问孝，子曰："色难。有事弟子服其劳，有酒食先生撰，曾是以为孝乎？"④ 这里分别记述了孟懿子、孟武伯、子游、子夏四人关于"孝"的提问，而孔子的回答却不一样。之所以如此，是因为这几位学生在尽孝过程中存在的问题各不相同。孟懿子不懂孝道，表现为"违礼"；孟武伯不懂孝道，表现为常使父母担忧；子游不懂孝道，表现为不能敬重父母；子夏不懂孝道，表现为不能对父母和颜悦色。孔子的不同回答，正是对症下药，因材施教。又如《先进篇》载，子路和冉有曾分别向孔子请教关于"闻斯行诸"的问题，孔子的回答也不一样。他回答子路时说："有父兄在，如之何其闻斯行之？"⑤ 而回答冉有时，则果断地说："闻斯行诸。"⑥ 对于孔子的两种不同回答，其学生公西华感到不可理解，便向

① 杨伯峻. 论语译注 [M]. 北京：中华书局，2015：18.
② 杨伯峻. 论语译注 [M]. 北京：中华书局，2015：20.
③ 杨伯峻. 论语译注 [M]. 北京：中华书局，2015：20.
④ 杨伯峻. 论语译注 [M]. 北京：中华书局，2015：21.
⑤ 杨伯峻. 论语译注 [M]. 北京：中华书局，2015：170.
⑥ 杨伯峻. 论语译注 [M]. 北京：中华书局，2015：170.

孔子请教，孔子曰："求（冉有）也退，故进之；由（子路）也兼人，故退之。"① 子路性格鲁莽，勇敢而有力气，做事有时不免轻率，所以孔子要他在听到一件该做的事时最好向父兄请教后才去做。而冉有个性谦退，遇事往往畏缩，因此孔子要他在听到一件该做的事后立刻去做。此处一"进"一"退"，即是因材施教，针对学生的不足采取不同的方法，以帮助学生解决自己的问题。

2. 愤启悱发，循循善诱

在道德教育中，孔子反对长篇大论地泛泛说理，主张进行启发式教育。孔子的启发式教育即愤启悱发，循循善诱。"愤启悱发"出自《论语·述而》，"不愤不启，不悱不发"②。意思是说当学生经过冥思苦想而又想不通时，就去启发他；当学生经过思考有所体会而说不出来时，就去开导他。可见，"愤启悱发"法侧重的是启发教育的时机问题。也就是说，在教学的过程中，不是教师一味灌输，而是尊重学生的自觉性和主动性，在学生遇到困难、遭遇瓶颈时才给予启发。孔子认为只有在学生处于期待、准备的状态时，启发才有效果，否则"举一隅不以三隅反"，纵然给予启发也无济于事。如《学而》篇载："子贡曰：'贫而无谄，富而无骄，何如？'子曰：'可也；未若贫而乐，富而好礼者也。'"③ 案例中子贡曾思考过如何处贫与处富的问题，他的结论是："贫"而不表现出谄媚之态，"富"而不表现出骄傲情绪，但他对此结论拿不准，故请教于孔子。孔子的答复既基本肯定了他的想法，又对之予以引导，认为若能做到"贫而乐，富而好礼"，那就更理想了。这个答复，将子贡关于处贫与处富的思考引向了更高境界，收到了"愤启悱发"的良好效果。子夏向孔子请教"巧笑倩兮，美目盼兮，素以为绚兮"的例子也是"愤启悱发"法运用的典型案例。

子夏问曰："'巧笑倩兮，美目盼兮，素以为绚兮。'何谓也？"子

① 杨伯峻. 论语译注［M］. 北京：中华书局，2015：170.
② 杨伯峻. 论语译注［M］. 北京：中华书局，2015：100.
③ 杨伯峻. 论语译注［M］. 北京：中华书局，2015：13.

曰："绘事后素。"曰："礼后乎?"子曰:"起予者商也，始可与言诗
已矣。"①

子夏问孔子："巧笑倩兮，美目盼兮，素以为绚兮"是什么意思？孔
子说："先有白色底子然后再画花。"子夏若有所思再问道："是不是礼乐
的产生在仁义之后呢？"孔子听后说："卜商，你真是能启发我的人，现在
可以和你讨论《诗经》了。"这里孔子并没有主动教子夏《诗经》，而是
在子夏自己学习了《诗经》，但还有困惑和疑虑而向他请教的时候，通过
"绘事后素"简单的解释，引导子夏自己思考，在子夏领悟到"礼后乎"
的时候，孔子才和子夏探讨《诗经》。当子夏自己读了《诗经》且有困惑
而请教时，正是启发教育的时机来临的时刻，此时教育事半功倍。

"愤启悱发"法关注教育时机的把握。当教育时机来临时，孔子主张
通过诘问、引用史实、比喻说理等方式进行启发诱导，以达到教育目的，
此即"循循善诱"。颜渊曾深有体会地说："夫子循循然善诱人，博我以
文，约我以礼，欲罢不能。"② 孔子"循循善诱"法的独特之处在于"诘
问"。所谓"诘问"即是在学生提问时，教师不直接回答，而是让学生自
己提出解决问题的意见，并引导学生逐渐深入认识问题的性质和实质，从
而帮助学生自然而然地引出答案。如子张问达："子张问：'士何如斯可谓
之达矣？'子曰：'何哉，尔所谓达者？'子张对曰：'在邦必闻，在家必
闻。'"③ 子张问："士要怎样才可以说是通达了呢？"孔子追问："你所说
的通达是什么呢？"子张回答说："在诸侯的国家一定有名声，在大夫的封
地一定有名声。"这里孔子用问题来回复问题，引导学生深入思考，帮助
学生加深认识，同时培养学生的独立思考能力。孔子的"诘问"式启发教
育法与苏格拉底的"产婆术"④ 类似，但比苏格拉底的"产婆术"早几十
年。除诘问外，孔子还常常以比喻来启发学生。他善于用生动的比喻启发

① 杨伯峻. 论语译注 [M]. 北京：中华书局，2015：37.
② 杨伯峻. 论语译注 [M]. 北京：中华书局，2015：133.
③ 杨伯峻. 论语译注 [M]. 北京：中华书局，2015：187.
④ 苏格拉底把自己比喻成"知识的产婆"，自己虽然不能生产出知识，却能通过"助产"
来帮学生获得知识。

学生认识抽象的道理，如以"岁寒，然后知松柏之后凋"① 教育学生坚贞不屈，以"逝者如斯夫"② 勉励学生珍惜时间等。孔子恰当地运用比喻解释深奥的知识，以熟悉的事物来解释抽象的道理，而不是直接灌输，很好地发挥了启发教育的作用。此外，孔子还常常运用现实生活中的事物来举例，启发学生，使深奥的道理浅显易懂，贴近生活实际。在孔子的教学过程中，生活中的一切事物诸如吃饭、穿衣、饮酒，丧葬、婚嫁等都可以拿来举例，如："乡人饮酒，杖者出，斯出矣。"③ "唯酒无量，不及乱。"④ 这是以饮酒为例，讲酒礼文化，前者是说要尊长让贤，后者则强调不可过量饮酒，因为过量则醉，醉则昏乱丧德。他还用堆土成山的事例来说明持之以恒的重要性，鼓励学生在学习和道德修养上要坚持不懈："譬如为山，未成一篑，止，吾止也。譬如平地，虽覆一篑，进，吾往也。"⑤

孔子的启发式教育法以愤启悱发为前提和基础，循循善诱是愤启悱发的深入和发展，愤启悱发侧重的是教育时机，循循善诱关注的是教育的手段，两者相辅相成，缺一不可，共同推进教育效果的实现。

3. 见贤思齐，躬身自省

孔子不仅强调教育者对被教育者实施道德教育，而且还重视受教育者的主观努力和自觉修养。他认为人在接受教育的同时，还应该进行自我监督与反省，也就是"修己"。《论语》载："子路问君子。子曰：'修己以敬'。曰：'如斯而已乎？'曰：'修己以安人。'曰：'如斯而已乎？'曰：'修己以安百姓。修己以安百姓，尧舜其犹病诸？'"⑥ 在这段孔子与子路的对话中，孔子把修己作为君子的标准，并且提出了"修己以敬""修己以安人""修己以安百姓"三个递进的层次。可见，"修己"是君子立身处世和管理政事的关键所在。只有"修己"，才能安身立命，使老百姓得到安乐。如何修己呢？孔子提出了"内省"和"自讼"等方法。

---

① 杨伯峻. 论语译注 [M]. 北京：中华书局，2015：140.
② 杨伯峻. 论语译注 [M]. 北京：中华书局，2015：137.
③ 杨伯峻. 论语译注 [M]. 北京：中华书局，2015：153.
④ 杨伯峻. 论语译注 [M]. 北京：中华书局，2015：150.
⑤ 杨伯峻. 论语译注 [M]. 北京：中华书局，2015：137.
⑥ 杨伯峻. 论语译注 [M]. 北京：中华书局，2015：229.

在道德修养的方法问题上，孔子强调"内省"或"自省"，即自我反省，是内心的自我反思，不是一种外在的行为。首先，人的自省以主体自觉为前提。没有主体的自觉，自我反思无法进行。孔子在《论语·颜渊》篇中说："内省不疚，夫何忧何惧？"① 当自己的行为合乎道德规范的时候，那就问心无愧、心安理得了，还有什么可忧惧的呢？要进行自省，反思自己的行为是否符合道德规范必须以主体有反省的自觉意识为前提。其次，自省时时处处都可进行。自省并非闭门思过，随时随地都可进行。"见贤思齐焉，见不贤而内自省也。"② 看见贤人多向他学习，看见不贤之人便对照进行自我反思，看自己有没有相同的毛病，随时随地进行自省。这里也说明内省需要一定的参照物，由参照物自省更能有针对性，有的放矢。最后，自省是一个持续性过程。自省并非一次性行为，而是长期的持续的过程。"吾日三省吾身，为人谋而不忠乎？与朋友交而不信乎？传不习乎？"③ 每天多次反省自己的行为，看看有没有尽忠守信复习知识。可见，道德修养是一个持续积累的过程，要达到那种"无终食之间违仁，造次必于是，颠沛必于是"④ 的境界，不是几次自省就能达到的，而是需要长期的持续的努力。

孔子也重视"自讼"的自我修养的方法。"自讼"出自《论语·公冶长》："吾未见能见其过而内自讼者也。"⑤ 所谓"自讼"就是自己对自己的言行、是非曲直有个明确的认识，对自己的过错进行自我责备，也就是道德上的自我谴责，是一种善于解剖自己、严于律己的品质。"自讼"是以"自省"为基础的，在"自省"的过程中发现问题，然后自行判断、判决，采取相应的自我处罚和补救行动。"自讼"的过程可分为三个层次：知过、责过、改过。"自讼"首先要知过，不知过"自讼"无法进行。孔子认为人皆有过，君子、圣人也不能幸免。"君子之过也，如日月之食焉。"⑥ 君子的过错，如同日食月食那样经常出现，更何况普通人。这是

① 杨伯峻. 论语译注 [M]. 北京：中华书局，2015：179.
② 杨伯峻. 论语译注 [M]. 北京：中华书局，2015：56.
③ 杨伯峻. 论语译注 [M]. 北京：中华书局，2015：4.
④ 杨伯峻. 论语译注 [M]. 北京：中华书局，2015：51.
⑤ 杨伯峻. 论语译注 [M]. 北京：中华书局，2015：77.
⑥ 杨伯峻. 论语译注 [M]. 北京：中华书局，2015：294.

"自讼"修养方法提出的理论前提。虽然人都会犯错，但知错却很难。知过意味着发现自己的过错且能有勇气面对并承认错误。"小人之过也必文"，① 小人面对过错时因顾及面子或其他原因而拒绝承认错误，把过错掩盖起来，文过饰非，甚至把过错推到别人头上。知过是在自省的基础上，了解到自己的过错，坦然面对错误，承认错误，为下一步行动做准备。"自讼"的第二层次是责过。这是在剖析自己过错的基础上进行自我裁决，作出对自己的惩罚，也就是道德上的自我谴责。子曰："已矣乎，吾未见能见其过而内自讼者也。"② 这里，孔子认为他还没有看见过能够看到自己的错误而又能从内心责备自己的人，足见自讼之艰难。"自讼"的第三层次是改过。改过是自讼实际效果的体现。孔子主张有过就要改。"过，则勿惮改。"③ "过而不改，是谓过矣。"④ 有过错而不改正，才是真正的过错。反之过而改之，不是过。这就是说一个人不要害怕改过，而且要勇于改过，善于改过，从速改过，这样才能使自己成为一个道德高尚的人。有了过错而能够改正是值得赞扬的行为。"君子之过也，如日月之食焉：过也，人皆见之；更也，人皆仰之。"⑤ 君子犯了错而能改正，人人都仰望他尊敬他。孔子要人知过、改过的思想在今天仍具有教育意义。

（五）理想人格

孔子十分重视理想人格的塑造，希望通过塑造人们共同景仰的人格典范，引导社会成员攀登道德高峰。孔子所向往的高尚人格，是"圣人"和"君子"两种类型。"圣人"居于最高层次，"君子"次之。但在孔子看来圣人是很难达到的境界，他说："圣人，吾不得而见之矣；得见君子者，斯可矣。"⑥ "圣人"是少数人才可达到的人格境界，而"君子"则是一般人应当努力达到的人格高度。因君子可实现性强，孔子特别重视对君子这一理想人格的塑造，《论语》中关于"君子"一语，先后出现 107 次之多。

---

① 杨伯峻. 论语译注 [M]. 北京：中华书局，2015：290.
② 杨伯峻. 论语译注 [M]. 北京：中华书局，2015：77.
③ 杨伯峻. 论语译注 [M]. 北京：中华书局，2015：8.
④ 杨伯峻. 论语译注 [M]. 北京：中华书局，2015：244.
⑤ 杨伯峻. 论语译注 [M]. 北京：中华书局，2015：294.
⑥ 杨伯峻. 论语译注 [M]. 北京：中华书局，2015：108.

1. 君子

"君子"这一说法产生于西周初期，指有政治地位和高贵身份的男子。孔子将道德的属性注入君子的内涵，"君子"内涵由以"位"为主转变为以"德"为主。在《论语》中，孔子关于君子应具备的德行有很多论述，其中最核心的是仁、智、勇。"子曰：'君子道者三，我无能焉；仁者不忧，知者不惑，勇者不惧。'"① 后来《中庸》把"知、仁、勇"这三德合称为"三达德"，更凸显了三德的重要。

其一，"仁"是君子人格的核心。君子人格的一切特征都是在"仁"的基础上形成的。"君子去仁，恶乎成名？君子无终食之间违仁，造次必于是，颠沛必于是。"②"志于道，据于德，依于仁。"③"仁"是成就君子人格的根本所在。"仁"不仅是德目，而且是由多种道德品质所组成的德性的总称，包括孝悌、恭、宽、信、敏、惠等多重德目。在多重德目中以孝悌为根本。"君子务本，本立而道生。孝弟也者，其为仁之本与！"④孝悌是"仁之本"。一个在家孝顺父母、尊敬兄长的人，对外也很少会违背仁德犯上作乱。仁者"爱人"⑤。仁者以仁爱之心待人，亲亲而"泛爱众"，推己及人，践行忠恕之道，"博施于民而能济众"，从而达到理想道德境界。君子之"仁"不仅是内在的德性，还表现为外在的德行，体现了内圣与外王⑥的统一。

其二，"知"是君子人格的灵魂。在孔子看来，身为君子还须具备高超的智慧与道德理性能力——"知"。孔子说："知（智）者不惑。"⑦ 君子即为"知者"。"知者"之所以"不惑"就在于以下几点。第一，"知者"能辨别是非、善恶。"知者"具备理性认知和辨别是非的能力，具备

---

① 杨伯峻. 论语译注 [M]. 北京：中华书局，2015：223.

② 杨伯峻. 论语译注 [M]. 北京：中华书局，2015：51.

③ 杨伯峻. 论语译注 [M]. 北京：中华书局，2015：99.

④ 杨伯峻. 论语译注 [M]. 北京：中华书局，2015：3.

⑤ 杨伯峻. 论语译注 [M]. 北京：中华书局，2015：188.

⑥ "内圣外王"一词最早出现于《庄子》，"是故内圣外王之道，暗而不明，郁而不发，天下之人，各为其所欲焉，以自为方"。见陈鼓应. 庄子今注今译：上[M]. 北京：商务印书馆，2016：984. 但这并不影响用它来解释孔子学说。无论是孔子、孟子还是其他的儒家学者，他们都十分推崇"内圣外王"之道，这一思想逐渐演化为儒家的精神内涵。

⑦ 杨伯峻. 论语译注 [M]. 北京：中华书局，2015：141.

道德理性，因而能够分清事物的是非曲直，而不至于颠倒黑白。第二，"知者"能认识自己。孔子认为要做到智，重要的是认识自己。具有自知之明，正确地认识自己，方能认识他人。在孔子看来，认识自己比"使人知己""知他人"更为重要。第三，"知者"能审时度势。"不知命，无以为君子。"① 君子是通达世理的人，能够"识时势"，在具体的道德境遇中，能够权衡利弊得失，分清轻重缓急，知道先后顺序，迅速判断当下应该完成的最重要的任务。在孟子看来，孔子正是具有"识时势"之"知者不惑"的典范。

其三，"勇"是君子人格的风范。孔子认为，身为君子必须果敢刚强，刚直不阿，但君子之勇需要以仁义礼智为规范，否则便是小人之勇、匹夫之勇。"君子之勇"的内涵丰富，包括以下几点。第一，君子勇而有仁。在孔子看来，"仁"乃全德、德性的总称，统摄其他德性。君子之勇是在"仁"的统摄之下，为实现和维护仁义而产生的顽强刚毅的意志。"仁者必有勇，勇者不必有仁。"② 孔子认为"仁者"必有勇，但"勇者"不一定有仁。只有勇且有仁的那些人，才称得上是君子。"志士仁人，无求生以害仁，有杀身以成仁。"③ 能做到杀身成仁，便是君子之勇。第二，君子勇而有义。"义"作为君子应该践履的道德准则，即做事应合理正当、符合规范，强调的是一个人的价值取向，要求君子的价值取向必须符合正义，它是"仁"的具体表现形式。"君子之于天下也，无适也，无莫也，义之与比。""君子喻于义，小人喻于利。"④ "见义不为，无勇也。"⑤ 这是说君子之勇，是勇且义。君子应坚守"义"这一道德原则，见义勇为。第三，君子勇而有礼。孔子认为"礼"对于规范和约束人的行为，调节和处理人际关系具有重要作用，也是君子的行为规范。君子"勇而有礼"，说明君子之勇并非自大狂妄、粗鲁莽撞，而是在敬畏的同时有所担当，表达的是一种敬畏之心。第四，君子勇而有智。"好勇不好学，其蔽也乱"。⑥ 不好

---

① 杨伯峻. 论语译注 [M]. 北京：中华书局，2015：305.
② 杨伯峻. 论语译注 [M]. 北京：中华书局，2015：211.
③ 杨伯峻. 论语译注 [M]. 北京：中华书局，2015：237.
④ 杨伯峻. 论语译注 [M]. 北京：中华书局，2015：56.
⑤ 杨伯峻. 论语译注 [M]. 北京：中华书局，2015：30.
⑥ 杨伯峻. 论语译注 [M]. 北京：中华书局，2015：267.

学则无智，无智而有勇，是有勇无谋，小人之勇，只会犯上作乱而已。第五，君子勇而有耻。孔子认为，君子要"行己有耻"，① 要有知耻之心，即有道德的自觉，有所为有所不为。

在孔子看来，"君子"是普通人通过努力可以达到的人格高度，可实现性强，因此他对君子理想人格的塑造特别重视，不仅设计了君子人格的多维标准，还在言传身教中点明了实现君子人格的途径，即修己、博学、力行、内省。

第一，修己。《论语》中记载："子路问君子。子曰：'修己以敬'。曰：'如斯而已乎？'曰：'修己以安人。'曰：'如斯而已乎？'曰：'修己以安百姓。修己以安百姓，尧舜其犹病诸。'"② 子路向孔子请教君子之道，孔子用三个"修己"进行了回答。可见，孔子认为君子是积极的弘道者，在内不断提高修养，完善自身，成就君子人格；在外兼济他人，胸怀天下，使百姓安乐，实现有道之治。"修己"体现了君子的道德自觉性，而"安人""安百姓"则体现了君子的社会责任感和历史使命感，君子在修养自身的同时兼济天下，是内圣与外王的统一。

第二，博学。博学是君子修身重要的途径。孔子曾说："好仁不好学，其蔽也愚；好知不好学，其蔽也荡；好信不好学，其蔽也贼；好直不好学，其蔽也绞；好勇不好学，其蔽也乱；好刚不好学，其蔽也狂。"③ 一个人即使拥有仁、知、信、直、勇、刚等良好的品质，但如果不学以明理，也会出现愚、荡、贼、绞、乱、狂六种弊病。所以，君子要不断学习，提高自身素质和道德修养，实现自我超越。

第三，力行。力行以成君子。力行其实就是实践。君子不断学习、养德的最终目的就是为了付诸"行"这一实践。一方面，理论知识正确与否需要在力行中检验；另一方面，德性修养需要力行而外化。子曰："力行近乎仁。"④ 孔子认为，身体力行称得上仁德。孔子强调"躬行君子"，反

---

① 杨伯峻. 论语译注 [M]. 北京：中华书局，2015：201.
② 杨伯峻. 论语译注 [M]. 北京：中华书局，2015：229.
③ 杨伯峻. 论语译注 [M]. 北京：中华书局，2015：267.
④ 张凤娟. 大学·中庸·礼记 [M]. 呼和浩特：内蒙古人民出版社，2007：59.

对空谈和言行不一。"君子耻其言而过其行"。① 君子以说得多，做得少为耻辱。同时作为君子应该讷言敏行②，三思而后行，考虑周全再去行动，不要夸夸其谈而不付诸行动。

第四，内省。孔子曾说"君子求诸己，小人求诸人"，"求，责也。"③君子向内苛责自身，而小人则向外苛责他人，可见"自省"是成就君子的重要一环。君子通过内省不断完善自身。"见贤思齐焉，见不贤而内自省也。"④ 君子在对比中反思、检讨自己。孔子说："君子有九思：视思明，听思聪，色思温，貌思恭，言思忠，事思敬，疑思问，忿思难，见得思义。"⑤ 孔子从视、听、色、貌、言、事、疑、忿、得九个方面阐述提高个人修养的途径，为君子自省指明了具体路径。君子"自省"的直接目的在于"改过"。人非圣贤孰能无过，"过，则勿惮改"。⑥ 君子在自省、改过的过程中不断提高自身的道德修养。

孔子的君子观阐述了什么样的人是君子以及如何成为君子等一系列问题，向人们展示了古之君子的风貌，"翩翩君子"形象跃然纸上，显现了孔子无穷的智慧和巨大的人格魅力。君子风貌和精神已经融入了中国人的血脉中，千百年来成为无数仁人志士追求的理想和目标。

2. 圣人

"圣人"是孔子道德教育思想体系中的终极人格目标，在孔子看来，"圣人"目标表达的是一种人格培育的至高理想，但并不具备现实性。孔子所认可的"圣人"屈指可数，仅有泰伯、周公等寥寥数人，所以孔子说"圣人，吾不得而见之矣；得见君子者，斯可矣"。⑦ 可见"圣人"是一种超越性的理想境界。圣人高高在上，平常人很难企及。孔子的思想体系对圣人的关注不多。《论语》中共提到"圣人"4次，"圣"4次，加起来就是8次。对于孔子自己是不是圣人的疑问，他自谦地回答："若圣与仁，.

---

① 杨伯峻 . 论语译注［M］. 北京：中华书局，2015：223.
② "君子欲讷于言而敏于行。"见杨伯峻 . 论语译注［M］. 北京：中华书局，2015：58.
③ 杨伯峻 . 论语译注［M］. 北京：中华书局，2015：241.
④ 杨伯峻 . 论语译注［M］. 北京：中华书局，2015：56.
⑤ 杨伯峻 . 论语译注［M］. 北京：中华书局，2015：256.
⑥ 杨伯峻 . 论语译注［M］. 北京：中华书局，2015：8.
⑦ 杨伯峻 . 论语译注［M］. 北京：中华书局，2015：108.

则吾岂敢？"① 孔子清醒认识到自己作为现实存在的人，理论上是不可能具有"圣人"这样的德行和水准的。由"圣人不得见""吾岂敢"这些论述可知，圣人有着极高的标准和要求，主要表现为德行和事功两个方面。下面以孔子与子贡的对话来阐述圣人的具体要求。

> 子贡曰："如有博施于民而能济众，何如？可谓仁乎？"子曰："何事于仁，必也圣乎！尧、舜其犹病诸！夫仁者，己欲立而立人，己欲达而达人。能近取譬，可谓仁之方也已。"②

这段对话是说如果有人能广泛地施爱于人民而又能救济人民，那他不仅是仁人，而且还是圣人，尧舜都难以做到。仁德的人凡事都能从切近的生活中将心比心，推己及人，推行仁道。这其中既有德行的要求，又有事功的体现。从德行来看，圣人就是仁人，就是要行仁。圣人拥有一颗仁爱之心，能够通达万物、了解自然，也能体察人性，洞悉社会，"仁"的修养达到极致。圣人以仁爱为出发点，从爱自己的亲人到爱与自己没有血缘关系的其他人，最终建立一个让天下人都能做到"孝亲""爱人""安人""济众"的理想社会。从德行出发，在完成一系列仁行后，达到了建立事功的效果。"仁爱"的最高境界是"圣"，而"圣"的目标是"博施于民而能济众"。德行与事功相互促进，相互成全，对圣人来说，缺一不可。德行与事功两方面要求的结合就是后来儒家所反复称道的内圣与外王的有机的统一。

三　对孔子道德教育思想的思考

孔子作为先秦儒家的创始人，被世人称赞为"德侔天地，道冠古今"。他的思想和理念一直影响着中国人的思维和行动，成为中国传统文化的重要组成部分。孔子一生对教育，主要是道德教育付出最多，对后世影响也

---

① 杨伯峻. 论语译注 [M]. 北京：中华书局，2015：112.
② 杨伯峻. 论语译注 [M]. 北京：中华书局，2015：94.

最大，孔子的道德教育思想对于现代社会依然具有借鉴价值。但与此同时，历史上对于孔子的争议从未停止过。这种质疑和争议并不是简单否定，而是一种复杂的文化反思。

（一）孔子的仁爱①思想中是否包含有平等性？

近代以来，许多学者认为孔子的仁爱是有差等之爱，由孝悌为始，逐渐扩展到他人，如水的波纹一般，由圆心向边缘依次递减。是否如此呢？这是一个值得思考的问题。要回答这个问题，先要了解"仁爱"思想的内涵。

孔子首先将"仁"定义为"爱人"。"樊迟问仁。子曰：'爱人。'"②仁者"爱人"是如何实现的呢？在行"仁"的方法上，孔子指出："夫仁者，己欲立而立人，己欲达而达人。能近取譬，可谓仁之方也已。"③"譬"是一种基于"类"的相似比较，要想实现"仁"，就必须确立人我之间的相似关系，只有在人己类同的基础上，才能进一步以爱己之心爱人、以立己之心立人。"能近取譬"是实现"仁"的基本方法，"仁"的深层逻辑实际上是基于人我类同的"推类"，即在考虑自己有某种需要之时，也推想他人之需，人与己、我与他者之间的"需要"在某种程度上是平等的，这就是孔子所讲的"忠"。而当仲弓问"仁"时，孔子又进一步将"仁"阐释为"己所不欲，勿施于人"，即从自身感受出发推测他人的感受，己不欲者他人也不欲，所以勿施于他人，以自己的内心所需观照他人，将自己与他人之欲放于平等的视角来看待，这展现出一定的人己平等思想，此即孔子所提倡的"恕"。"忠"与"恕"从人与己的"欲"与"不欲"展开讨论，两者相结合体现了"仁者爱人"之本，在一定程度上展现了人与己具有的平等人格。孔子的"仁爱"思想中以"人我类同"为基础的"忠恕之道"阐发了人与人之间人格的平等，可见孔子的"仁爱"思想不能仅用"差等之爱"来概括，也蕴含了某种平等性。此外，在"为仁"的

---

① 孔子虽没有直接提出"仁者爱人"的思想，但他间接表述了，为了阐述的方便，本文使用了仁爱的表述。
② 杨伯峻. 论语译注［M］. 北京：中华书局，2015：188.
③ 杨伯峻. 论语译注［M］. 北京：中华书局，2015：95.

工夫修养论方面，孔子提出"克己复礼为仁""为仁由己"，认为仁之德性修养是自觉的、自主的，每个人都可以通过自我约束达到"仁"，这也体现了孔子"仁爱"思想在道德修养上的平等性。

"仁爱"思想蕴含一定平等性，但这又引发了另外一个问题：每个个体都是独特的、有差异的，你所欲非我所欲，我所不欲可能是他所欲，忠恕之道的推行可能成为家长制而体现为不平等，没有尊重个体的差异。当今社会中流行的说法"有一种冷叫妈妈觉得你冷"，就是这种情况的体现。妈妈出于对孩子的关爱，以自己的感受——冷来推测孩子冷，因而嘱咐孩子多穿衣服，但孩子与妈妈年龄不同，对气温的感受也不同，妈妈冷但孩子不一定冷。如果把妈妈之爱心强加于孩子身上，那就实际忽视了孩子的个体需求，是不平等的体现。仁爱思想是孔子思想的核心，是中国传统文化的重要组成部分。我们不能奢求一个理论能解决所有问题。孔子在春秋末期奴隶制社会等级制度下，提出仁爱思想，这在当时具有重要的进步意义。对孔子仁爱思想进行借鉴时，一方面我们要取其精华，另一方面要结合现今社会的多元化需求进行创新和发展，给予人们更多选择的主动权。

（二）孔子所提倡的"忠"是一味地顺从吗？

"忠"是孔子伦理道德学说中重要的组成部分，是中国传统伦理道德的一个重要范畴。而人们对忠的认识比较模糊，往往将"忠"等同于"愚忠"，把谈"忠"视同于迂腐，以致有意回避，刻意不谈"忠"，并且自觉不自觉地将孔子视为"忠君"乃至"愚忠"的始作俑者。因此，有必要重新认识孔子的"忠"。

孔子对忠的论述主要记载在《论语》中，该书 12 篇提到"忠"字，分散在 16 章之中，共出现 18 次，内涵丰富。第一，"忠"是处理人际关系的原则。在孔子看来，"忠"即忠诚，言行一致，是为人处世的准则，安身立命之本。"言忠信，行笃敬，虽蛮貊之邦，行矣；言不忠信，行不笃敬，虽州里，行乎哉"。[①] 说话忠诚无欺，行动认真亲切，即使在边野落后的地方也行得通，否则在本乡本土也难立足。"居处恭，执事敬，与人

---

① 杨伯峻. 论语译注［M］. 北京：中华书局，2015：235.

忠，虽之夷狄，不可弃也。"① 这一原则在任何场合都适应，哪怕是去边远的地方也不能废弃它。"忠"在孔子所生活的春秋末期，成为人们共同认可的一种美德。孔子说："十室之邑，必有忠信如丘者焉。"② 即便是在一个只有十户人家的小地方，一定有像他一样忠信诚实的人。因而，孔子将"忠"作为教育弟子的四项重要内容之一。《论语》记载："子以四教：文，行，忠，信。"③ 第二，"忠"是职业道德规范。孔子认为为政者要担当好自己的社会角色、履行好道德责任，做到忠于职守。子张问政，孔子回答说："居之无倦，行之以忠。"④ 这即是说，为政者对待分内的本职事务要尽职尽责、不懈怠，执行政令要全心全意、尽心竭力。第三，"忠"是权责相当的双向伦理关系。"忠"不是单向度的付出，它要求交往双方承担对等的权责。这是孔子对"忠"的第二重含义的深入和发展。春秋末期，君臣关系是一种重要而特殊的人际关系，如何处理、规范二者的关系，有着很大的不确定性，因为当时的诸侯国君对臣尚未形成绝对的伦理关系。对于齐景公治国的困惑，孔子告诉他说："君君、臣臣、父父、子子。"⑤ 也就是说，君要像做君的样子，臣要像做臣的样子，父亲要像做父亲的样子，儿子要像做儿子的样子；担当不同的社会角色，就要承担不同的社会责任。君臣、父子各有自己的责任和定位，权责对等，不是臣、子单方面的绝对服从和效忠。在鲁定公问君臣关系时，孔子的回答明确了君臣关系具体如何对等："君使臣以礼，臣事君以忠。"⑥ 孔子认为君应首先做到"使臣以礼"，方可要求臣"事君以忠"。反之，臣可不忠。君臣关系为一种双向的伦理关系，臣"事君"之"忠"有前提条件，不是盲目地无条件无原则地绝对服从、顺从。更进一步说，在权责相当的双向伦理关系中，还各有侧重，对君、父而言更强调责任，对臣、子而言，更强调权利。当季康子问怎样才能使臣民尽忠时，孔子的回答更是强调了君主的榜

① 杨伯峻. 论语译注 [M]. 北京：中华书局，2015：201.
② 杨伯峻. 论语译注 [M]. 北京：中华书局，2015：77.
③ 杨伯峻. 论语译注 [M]. 北京：中华书局，2015：107.
④ 杨伯峻. 论语译注 [M]. 北京：中华书局，2015：185.
⑤ 杨伯峻. 论语译注 [M]. 北京：中华书局，2015：184.
⑥ 杨伯峻. 论语译注 [M]. 北京：中华书局，2015：43.

样示范作用："孝慈，则忠。"① 做国君的先对父母孝顺，对儿女慈爱，臣民才会对国君表示忠心。君主在君臣关系中具有主动性、先导性，要发挥示范作用，也就是说君主在君臣关系中承担更大的责任，有着更高的要求。对臣、子而言，当发现君、父存在某些缺失时，要忠言相谏。"忠焉，能勿诲乎？"② 意思是说如果忠于某人，那发现他某些缺失或错误时，要对他进行劝告和谏言。"勿欺也，而犯之。"③ 相反如果对人只阿谀奉承，那就不是忠诚待人了。臣不是一味地顺从、服从君，还可以表达不同的意见，对君主进行劝谏。第四，忠以社会大义为重。"忠"的衡量标准为社会大义。孔子主张"道不同，不相为谋"，④ 提倡"危邦不入，乱邦不居。天下有道则见，无道则隐"，⑤ 对无礼之君、暴君表现出不合作的态度，不以失去人格和道义来迎合和讨好君主。孔子对管仲的评价也可以看出这一点。齐桓公杀了管仲的前主人公子纠，管仲"不能死，又相之"。孔子认为："管仲相桓公，霸诸侯，一匡天下，民到于今受其赐。"⑥ 孔子没有斥责管仲对故主不忠，反而许其为"仁"。可见孔子并不看重忠于某个主人，而是以社会大义为重。

综上所述，人们对孔子之"忠"的质疑主要来自君臣关系方面。孔子的"事君以忠"是有条件的"忠"，不是后世所说的臣对君的那种丧失人格的"愚忠"，而是立足于臣之人格独立基础上的尽职尽责、恪尽职守，以社会大义为衡量标准，是有前提条件的双向的伦理关系。长期以来，人们总是自觉不自觉地将孔子视为"忠君"的始作俑者，乃至把那种"君让臣死，臣不得不死；君让臣亡，臣不得不亡"的绝对"愚忠"亦归咎于孔子，这是对孔子"忠"观念的极大误读。

（三）孔子所讲的"克己"是要摒弃的人一切欲望吗？

"克己复礼"是孔子思想的核心观点。一提到"克己复礼"，就有人认

① 杨伯峻．论语译注［M］．北京：中华书局，2015：28.
② 杨伯峻．论语译注［M］．北京：中华书局，2015：213.
③ 杨伯峻．论语译注［M］．北京：中华书局，2015：221.
④ 杨伯峻．论语译注［M］．北京：中华书局，2015：247.
⑤ 杨伯峻．论语译注［M］．北京：中华书局，2015：121.
⑥ 杨伯峻．论语译注［M］．北京：中华书局，2015：218.

为孔子的"克己"是对人之欲望的漠视，是禁欲主义。果真如此吗？

"克己复礼"的说法，来自论语中孔子与颜渊的一段对话。"颜渊问仁。子曰：'克己复礼为仁'。"① 孔子认为人只要努力约束自己，使自己的行为符合礼的要求，就可以达到仁的境。要回答"克己"是否摒弃人的一切欲望的问题，就要对"克己"进行具体的分析。"克"即是克制、约束的意思。"己"，自己，既是道德主体，又是各种欲望的载体。"克己"就是克制自己的欲望，发挥道德主体——"己"的主观能动性，提高道德修养。"仁远乎哉？我欲仁，斯仁至矣。"② 克制自己的欲望是克制人的一切欲望吗？要搞清这个问题，就要将欲望进行分类。对于不同的欲望、不同的主体，孔子的主张并不相同。《论语》中，人的欲望大致可以分为两类：贪欲以及各种自然、正常的欲望。贪欲与"仁"是对立的，是不自然、不正常的过度的欲望。《论语》中共有五处关于贪欲的论述。③ 欲望过度便是贪欲，会吞噬或消解人的道德自觉性。一个有贪欲的人，是不会有追求"仁"的愿望与动力的："枨也欲，焉得刚？"④ 相反，如果一个人以求"仁"为目标，就不会有贪欲、贪念："欲仁而得仁，又焉贪？"⑤ 孔子认为必须要克制贪欲，追求"仁"的目标。各种自然、正常的欲望包括色欲、食欲、富贵欲等。孔子认为色欲最危险，主张对它们保持戒备、警惕，即"戒"或"易"。"君子有三戒：少之时，血气未定，戒之在色；及其壮也，血气方刚，戒之在斗；及其老也，血气既衰，戒之在得。"⑥ 但戒备或警惕不等于取消或否定色欲，而是要合乎"礼"，也就是说对色欲保持警惕之心，控制在一定限度之内。对于食欲与富贵欲来说，孔子分不同的主体给予不同的要求。对于普通百姓来说，食欲与富贵欲是应当的、合理的。统治者有义务满足他们的食欲，让他们富庶起来。对民应"富而后教"。⑦ 对士或君子而言，孔子有更高的要求，要求他们能够见利思义，

① 杨伯峻. 论语译注［M］. 北京：中华书局，2015：178.
② 杨伯峻. 论语译注［M］. 北京：中华书局，2015：110.
③ 杨伯峻. 论语译注［M］. 北京：中华书局，2015：67、186、210、215、303-304.
④ 杨伯峻. 论语译注［M］. 北京：中华书局，2015：67.
⑤ 杨伯峻. 论语译注［M］. 北京：中华书局，2015：303.
⑥ 杨伯峻. 论语译注［M］. 北京：中华书局，2015：255.
⑦ 杨伯峻. 论语译注［M］. 北京：中华书局，2015：196.

以义为上。"不义而富且贵，于我如浮云。"① "谋道不谋食……君子忧道不忧贫"。② 虽然对士或君子而言，孔子认为应该把谋道和求义放在"利"（食欲与富贵欲）之上，但并不能因此就认为孔子提倡君子应该过禁欲苦行的生活。一方面，在孔子看来，谋道、求义与求利是不矛盾的，是一致的。"邦有道，贫且贱焉，耻也；邦无道，富且贵焉，耻也。"③ "谋道"而"有道"，"有道"即社会正义是个人富贵的合理性、正当性的前提与保证。君子在有"道"的国家，一定是富且贵的。另一方面，孔子并不反对士或君子谋求食物或富贵的合理、正常的欲求，只是要求在利益面前不忘记道义，希望他们以"道"的方式获得利益或者是作为"谋道"的结果而享用利益。④

综上所述，孔子的"克己"不是克制一切欲望，提倡苦行僧式的禁欲主义，而是克制贪欲、私欲，克制一切过度的不合理的欲望。自然的、正当的、合理的欲望，任何主体都是可以欲求的。在社会多元化的今天，在资本的推动下，消费主义横行，娱乐主义霸道，人们满足于即时感官的快乐，肆意挥霍金钱、时间、青春，丧失了人的主体精神。重温和借鉴孔子的思想，对于克制不合理的过度的欲望，反思人类的生活方式，寻找人的意义和价值具有重要作用。

---

① 杨伯峻. 论语译注 [M]. 北京：中华书局，2015：104.
② 杨伯峻. 论语译注 [M]. 北京：中华书局，2015：245.
③ 杨伯峻. 论语译注 [M]. 北京：中华书局，2015：121-122.
④ 晏玉荣. 试论孔子以礼克己的思想 [J]. 郑州大学学报（哲学社会科学版），2015，（02）：16-17.

第二论 孟子道德教育思想

孟子（约公元前 372—前 289），姓孟名轲，字子舆（一说字子车、子居），战国时期邹国（今山东省邹城市）人，是中国古代著名的哲学家、思想家、教育家、政治家，儒家学派的代表人物之一，后世将其称为"亚圣"。孟子积极投身道德教育，不仅授徒讲学，培养出了乐正子、公孙丑、万章等优秀的学生，还与弟子一起著书立说，著《孟子》七篇。孟子的道德教育思想和学说对唐宋之后的中国产生了深刻且巨大的影响。今天，研究孟子的道德教育思想，对更新道德教育方法，反思道德实践中的具体问题，培养理想的道德人格具有重要的现实意义。

一 孟子道德教育思想形成的条件

孟子的道德教育思想系统完备，理论深邃，对培育中华民族独特的民族品格具有重要的贡献。当代哲学家冯友兰先生在《中国哲学史》一书中谈道："孟子在中国历史中之地位，如柏拉图之在西洋历史，其气象之高明亢爽亦似之。"① 当然，任何思想理论的形成都不是偶然的，它们都有其历史必然性。孟子的道德教育思想也不是无源之水、无本之木，它也有着清晰的理论逻辑脉络和客观的社会现实基础。

（一）社会背景

孟子生活在战国中叶，这是一个社会大变革大动荡的时期，旧的社会秩序已经被破坏，而新的社会秩序尚未建立起来，此时复杂的政治斗争、

---

① 冯友兰. 中国哲学史 ［M］. 上海：华东师范大学出版社，2000：87.

社会经济的发展和文化交流的活跃为孟子道德教育思想的产生和发展提供了现实土壤。

政治上，春秋战国时期礼崩乐坏、天下大乱、战争频繁、矛盾交织。首先，各诸侯国之间的矛盾尖锐。周王室逐渐失去了天下共主的地位，国家的最高权力下移至各诸侯国，出现了上下凌替、阶层变异的政治格局大变迁。"天下有道，则礼乐征伐自天子出；天下无道，则礼乐征伐自诸侯出。"① 各诸侯国为了扩大自己的势力范围频繁发动兼并战争，兵学在战国时期获得了大发展。以《荀子》《商君书》等为代表的诸子百家的著作都谈及用兵策略，颇能说明一定的问题。司马光在《资治通鉴》对各国兼并战争进行了描述："楚、赵、魏、韩、燕同伐秦，攻函谷关。秦人出兵逆之，五国之师皆败走。"② 其次，统治集团内部的矛盾错综复杂，君臣之间、大臣与大臣之间为了争夺权力、土地和资源明争暗斗，尔虞我诈。最后，统治集团与普通百姓之间的矛盾逐步激化。连年不断的兼并战争使百姓生活在水深火热之中，百姓不仅要承担沉重的赋税徭役，而且沦为了兼并战争的牺牲品，他们劳苦终年却食不果腹。"今也制民之产，仰不足以事父母，俯不足以畜妻子；乐岁终身苦，凶年不免于死亡。"③ 然而，统治者为赢取兼并战争的胜利继续大肆搜刮民众，《孙子兵法》中记载："凡兴师十万，出征千里，百姓之费，公家之奉，日费千金；内外骚动，怠于道路，不得操事者，七十万家。"④ 在混乱的社会中，人们钩心斗角、追名逐利、道德沦丧。韩非子认为："上古竞于道德，中世逐于智谋，当今争于气力。"⑤ 面对惨淡的社会现实，孟子和他的弟子周游列国，著书立说，发表见解，企图唤醒人们的道德良知，改变混乱的社会局面。正如美国学者在《新全球史》一书中所说的："正是这一时期的政治混乱才迫使那些思想者不断反思社会的本质以及人们在社会所应该承担的角色。"⑥

---

① 杨伯峻. 论语译注 [M]. 北京：中华书局，2015：252.
② 司马光. 资治通鉴 [M]. 北京：中华书局，2013：66.
③ 杨伯峻. 孟子译注 [M]. 北京：中华书局，2016：18.
④ 骈宇骞，等，译. 孙子兵法·孙膑兵法 [M]. 北京：中华书局，2007：98.
⑤ 高华平，王齐洲，张三夕，译注. 韩非子 [M]. 北京：中华书局，2015：702.
⑥ 杰里·本特利，郝伯特·齐格勒. 新全球史：第3版 [M]. 北京：北京大学出版社，2007：196.

经济上，生产力进一步发展，带来生产关系的变革。战国时代，随着铁器的逐渐普及，铁制农具开始广泛运用，耕犁和牛耕方式得到推广，生产力大大提高，促进了农业、手工业和商业的发展。农耕技术的进步，在诸子文献中有所体现，孟子《滕文公上》："许子以釜甑爨，以铁耕乎？"①《荀子·富国》："掩地表亩，刺屮殖谷，多粪肥田，是农夫众庶之事也。"②《庄子·天地》描写了机械灌溉的场景："有械于此，一日浸百畦，用力甚寡而见功多……凿木为机，后重前轻，挈水若抽；数如泆汤，其名为槔。"③ 农业生产力的提高和铁制工具在手工业中的应用，推动了手工业的发展。在战国手工业的内部，有了冶金、木工、漆工、陶工、皮革、煮盐和纺织等更为细致的专业分工，从其经营主体看，可分为官营和民营两大类。《周礼·考工记》记载："凡攻木之工七，攻金之工六，攻皮之工五，设色之工五，刮摩之工五，搏埴（制造陶器、瓦器）之工二。"④ 工匠间的分工协作，有利于生产效率和产品质量的提高，也映射出当时手工业的繁荣。农业和手工业的发展，社会分工的日益细致与精密，又促进了当时贸易交换关系的发展。正如《孟子·滕文公上》所说，农民不从事手工业生产，可"以粟易械器"，⑤ 而手工业者不耕田也能"以其械器易粟"。⑥为了适应贸易和交换的需要，各国铸造了大量的金属钱币，商品经济的发展成为一种必然趋势。生产力的提高促进农业、手工业和商业发展的同时，也必然带来生产关系的变革。伴随着井田制的崩溃，土地私有、买卖的出现，阶级关系发生了相应变化，奴隶逐渐转化为农民，奴隶主贵族转化为地主，封建生产关系逐渐形成。

文化上，思想解放，"百家争鸣"。春秋战国时期，思想解放，"百家争鸣"的局面是多因素综合作用的结果。首先，政治的割据分裂为思想活跃提供了社会土壤。随着周王室的衰落，七雄争霸并立，政治割据分裂无法维持统一局面，思想上也无法达到大一统。因而，思想文化始终处于比

① 杨伯峻. 孟子译注 [M]. 北京：中华书局，2016：132.
② 张觉. 荀子译注 [M]. 上海：上海古籍出版社，2012：124.
③ 陈鼓应. 庄子今注今译：上 [M]. 北京：商务印书馆，2016：371.
④ 杨天宇. 周礼译注 [M]. 上海：上海古籍出版社，2004：601.
⑤ 杨伯峻. 孟子译注 [M]. 北京：中华书局，2016：132.
⑥ 杨伯峻. 孟子译注 [M]. 北京：中华书局，2016：132.

较宽松自由的发展环境，思想的争锋、激荡没有遭到官方的限制和打压。其次，士人阶层的扩大，为思想交锋提供了人才储备。春秋战国以前，社会权力集中在奴隶主贵族手中，通过血亲制与世袭制来完成权力的更替，而受教育的权力牢牢控制在奴隶主贵族手中，"学在王官""官学一体"阻隔了下层民众与知识的接触。春秋战国时代，政治的动荡使得周王室衰微，部分奴隶主破产，沦为普通百姓，"天子失官，学在四夷"。一些失去经济来源的贵族开始依靠向他人传授"知识"以获取生存资料，形成了一股聚徒讲学之风。同时在政治动荡中大量书籍也从宫室流向民间。官学失位，私学兴起，平民有机会学到更多的知识，由此产生了一批新的士人。随着士人阶层不断扩大，社会力量开始重组。最后，养士的社会风气为士人提供了施展才华的舞台。战国时期，各诸侯国为达富国强兵的目的都重视人才，广纳贤士为其出谋划策、革新变法。士人无论国别、地位，也无论思想流派、价值主张，都有机会畅所欲言、自由探讨。而随着士人群体的不断扩大，他们开始追求社会地位和政治认可，向统治者"兜售"自己的思想和主张，这两方不谋而合。稷下学宫就是这一时期的产物。在稷下学宫，各个流派自由发表自己的观点、主张，思想之间的相互争锋、碰撞、交融，呈现"百家争鸣"的盛况。一些思想家在思想的交锋中独立人格意识开始增强，精神开始觉醒，他们不再仅仅服务统治者，而是开始思考个人的生存问题及拯救乱世的良方。孔子、老子、墨子、孟子等一大批思想家纷纷提出自己的观点与主张，以挽救国家于危难之中。《汉书》描绘了先秦之际诸子并起的局面："诸子十家……皆起于王道既微，诸侯力政，时君世主，好恶殊方，是以九家之术蜂出并作，各引一端，崇其所善，以此驰说，取合诸侯。"①

（二）理论渊源

恩格斯说过，"每一个时代的哲学作为分工的一个特定的领域，都具有由它的先驱传给它而它便由此出发的特定的思想材料作为前提"。② 孔子

---

① 班固. 汉书［M］. 南京：凤凰出版社，2011：112.
② 马克思恩格斯选集：第4卷［M］. 北京：人民出版社，2012：612.

是儒家学派的创始人,孟子极其推崇孔子,一贯以孔子的正统继承者自居,他曾说过,"自生民以来,未有盛于孔子也",① "乃所愿,则学孔子也"。②

孟子继承发展了孔子"仁"的思想。"仁"的出现历史久远,但孔子是第一位将其作为一种理论学说而提出的思想家。"仁"的字面意思为亲善、友爱。在孔子的思想体系中,"仁"是一种极高的精神境界,它指向全体美德,是为人处世的基本原则,具有相对普遍性。韦政通认为在孔子的思想体系中"每一个'自我'和'主体'都具有'仁'"。③ 牟宗三认为,"孔子提出仁,仁这个观念完全是个道德理性的观念"。④ 这些论述表明"仁"是孔子思想的核心。"仁"在《论语》中出现了一百多次,主要来自弟子的询问,在不同的场合"仁"具有不同的内涵,概括起来主要有以下几点。第一,"克己复礼为仁"。⑤ 孔子面对当时动荡不安的政治状况和道德沦丧的社会风气,提出"克己复礼为仁"。"克己复礼为仁"就是克制自己的欲望,使言行举止合乎礼节,以达到"仁"的境界。如果人们都能够依礼行事,人们就会在不知不觉中提升自己的人格,从而逐渐成为一位"仁者"。第二,"仁"者"爱人"。孔子的"仁"与"爱人"是不可分割的。《论语·颜渊》篇中记载,樊迟问仁。子曰"爱人"。⑥ 这里的"仁"不是指向自我,而是面向所有人。当然,"爱人"并不是无差别地、普遍平等地对待他人,而是以血缘关系为基础,孝悌是"仁"之本。⑦ 践仁要从孝顺父母,团结手足开始。第三,"忠恕之道"是"仁之方"。对于如何做到"仁",孔子提出"忠恕"之道,即"己欲立而立人,己欲达而达人",⑧ "己所不欲,勿施于人"⑨。个体要"爱人"就要从"爱亲"出

① 杨伯峻. 孟子译注 [M]. 北京:中华书局,2016:67.
② 杨伯峻. 孟子译注 [M]. 北京:中华书局,2016:67.
③ 韦政通. 中国思想史 [M]. 长春:吉林出版集团有限责任公司,2009:54.
④ 牟宗三. 中国哲学十九讲 [M]. 上海:上海古籍出版社,2005:37.
⑤ 杨伯峻. 论语译注 [M]. 北京:中华书局,2015:178.
⑥ 杨伯峻. 论语译注 [M]. 北京:中华书局,2015:188.
⑦ "君子务本,本立而道生,孝弟也者,其为仁之本与?"见杨伯峻. 论语译注 [M]. 北京:中华书局,2015:3.
⑧ 杨伯峻. 论语译注 [M]. 北京:中华书局,2015:95.
⑨ 杨伯峻. 论语译注 [M]. 北京:中华书局,2015:178.

发，通过推己及人的方式不断扩展仁爱的范围，以此达到"爱众"的目的，从而构建和谐理想的社会秩序。孟子在继承的基础上发展了孔子"仁"的思想，将孔子之"仁""爱"完整表述为"仁者爱人"，并且将爱的对象由爱人拓展为爱万物，"亲亲而仁民，仁民而爱物"。①

孟子继承发展了孔子"人性论"的思想。孔子是第一位讨论"人性"问题的思想家。孔子关于人性问题的比较直观的记载就是《论语·阳货》篇中的"性相近也，习相远也"。② 这一说法开创了儒家对人性和成人问题探讨的先河。首先，关于人性问题，孔子并没有指出人性是善还是恶，只认为人的本性是相近的。孔子虽然没有对人性善恶这一问题给予明确回答，但是他认为人性的本质也应该是合乎天命，顺应天道的，人性是自然性与道德性的统一。其次，孔子关于"习相远"的言论是其关于人性问题的再发现，它肯定了这样的一个事实：人性既具有相对稳定性，也是动态可变的，也就是说人的德性是彼此相近的，其性可上可下，无善恶之分，从善从恶的关键在于后天的环境和所受的教育，孔子发现了生存环境和后天习得对个体道德培养的重要作用。孟子在此基础上，提出了性善论，认为人人本有"恻隐之心""羞恶之心""恭敬之心""是非之心"四善端。

孟子继承发展了孔子关于理想人格的学说。春秋时期，诸侯争霸，礼崩乐坏，战争频繁。在这种混乱的社会背景下，孔子意识到加强品德修养是完善自身、安邦定国的关键，由此提出了理想人格的思想。孔子将理想人格概括为"君子"和"圣人"。"君子"是知识渊博、道德高尚的人，胡适曾经说过："孔子所说君子，乃是人格高尚的人，乃是有道德，至少能尽一部分人道的人。"③ "圣人"则居于更高的层次，可以说是有限世界中的无限存在。孔子曾说："圣人，吾不得而见之矣；得见君子者，斯可矣。"④ 这句话的意思是说孔子认为圣人自己是不可能看到了，能看到君子就足够了，这也暗示了孔子认为圣人是常人难以企及的人生高度，君子是个体经过自身努力和道德修养可以在现世中实现的精神境界。孟子继承发

---

① 杨伯峻. 孟子译注 [M]. 北京：中华书局，2016：359.

② 杨伯峻. 论语译注 [M]. 北京：中华书局，2015：263.

③ 胡适. 中国哲学史大纲 [M]. 上海：上海古籍出版社，1997：82.

④ 杨伯峻. 论语译注 [M]. 北京：中华书局，2015：108.

展了孔子的思想，以"性善论"为出发点，提出"人皆可以为尧舜"①的理念，将高高在上、神秘莫测的圣人拉入凡间，实现了圣人的大众化，把儒家思想推向了一个全新的高度，为中国人的道德修养树立了典范。

（三）个人经历

一个人的思想观念、价值取向与个人的生活环境和经历不可分割。孟子道德教育思想的形成与发展是一个渐进的过程，与他的生活经历密不可分。

孟子生活在战国中期，祖先是鲁国的贵族。元代程复心在《孟子年谱》中认为，孟子为"鲁三桓孟孙氏之后"。②清代阎若璩也说过孟子应为鲁公族孟孙的后代。但孟子出生之前"三桓"地位已然没落，外加父亲早逝，孟子幼年时期和母亲相依为命，生活十分艰苦。史料中虽然没有记载孟子是如何渡过穷苦的幼年时期的，但是战乱年代，生存本就不易。家族的没落和穷苦的生活培养出他坚忍不拔的性格和刚正不阿的优秀品质，使得他对于人生和社会的理解更加深刻："人之有德慧术知者，恒存乎疢疾。独孤臣孽子，其操心也危，其虑患也深，故达。"③这段文字充分体现了孟子的性格，揭示了"艰难困苦，玉汝于成"的深刻哲理，激励人心，被千古传诵。

孟子的母亲是历史上很著名的一位母亲，她有自己的独特的教育方法和教育理念。关于孟子母亲的事迹，《韩师外传》和《列女传》中有不少记载，其中比较有代表性的应属"孟母三迁""断机""杀豚""去妻"等故事。虽然这些故事类似于民间传说，尚无清晰的史料确定其真实性，但我们至少可以看出孟子在其成长的过程中受到了来自母亲的良好教育。孟母这种重视言传身教、环境选择的教育理念对孟子的成长成才产生了深远的影响。杨泽波指出："在孟子先世这个题目当中，孟子的母教意义最大。这是因为孟子的先祖、孟子的父母、孟子的丧父等问题，虽然也应该讨

① 杨伯峻.孟子译注［M］.北京：中华书局，2016：306.
② 程复心.孟子年谱［M］.北京：商务印书馆，1929：1.
③ 杨伯峻.孟子译注［M］.北京：中华书局，2016：342.

论，但是对研究孟子的思想并无太大的实际意义。孟子的母教就不同了，它对孟子的成长有直接影响，要深入研究孟子思想，当然应该对这一个问题作一番探讨。"①

　　孟子目睹了当时社会的惨状。《孟子·梁惠王上》记载："凶年饥岁，君之民老弱转乎沟壑，壮者散而之四方者，几千人矣。"② 灾荒年岁，邹国的百姓苦不堪言，年老体弱的死后，其尸体只能被弃于山沟荒野当中，年轻力壮的只能四处逃散，与此形成鲜明对比的是邹穆公谷仓堆满了粮食，库房里放满了金银财宝。这样的社会现状对孟子形成了极大的冲击。面对纷繁复杂的社会现实和道德沦丧的社会风气，孟子从"性善论"出发，提出了自己的道德教育理论，希望唤醒人的道德自觉，从而构建和谐的理想社会，拯救社会危机。

二　孟子道德教育思想的理论体系

　　在诸侯国合纵连横，战争频繁的时代，作为敏锐的思想家，孟子意识到了当时的时代特征和趋势，寄希望于君主实施"仁政"，进行道德建设来重建和谐社会。为此，孟子在继承发展孔子思想的基础上，结合自身的社会实践经验，从"性善论"出发，构建了道德教育理论体系。

（一）逻辑起点："性善论"

　　孟子是中国思想史中第一位系统提出并论证"性善论"的思想家，对后世产生了深远影响。孟子的性善论是在与其他人性论，尤其是与告子人性论的激烈论辩中产生的，因此它一开始就是作为传统以生论性之人性论的对立面出现的。孟子"以情言性"，从人的道德情感的角度去探析性善的问题。

　　告子的人性论主要包括三个方面。其一，"生之谓性"。③ 告子认为

---

①　杨泽波.孟子评传 [M].南京：南京大学出版社，1998：15.

②　杨伯峻.孟子译注 [M].北京：中华书局，2016：50.

③　杨伯峻.孟子译注 [M].北京：中华书局，2016：281.

"性"是与生俱来的，是个体天生的资质。其二，"食色，性也"。① 饮食男女是人的本性，即以人的自然生命和自然欲望论性。其三，人性无善恶之分。"性犹湍水也，决诸东方则东流，决诸西方则西流。人性之无分于善不善也，犹水之无分于东西也。"② 告子认为人性无善恶之分，就像水没有向东向西流的定向一样。孟子在与告子的辩论中提出了自己的观点——性善论。第一，人性是自然属性和社会属性的统一，但更强调社会属性。孟子认为"人性"既包括人的自然属性，又包括人的社会属性。他在《孟子·尽心上》一章中说道："口之于味也，目之于色也，耳之于声也，鼻之于臭也，四肢之于安佚也，性也，有命焉，君子不谓性也。"③ 这里，孟子承认自然属性属于人性的范畴，但他认为这些属性是人与动物皆有的，不可将其看作划分人与动物的标准。相比于人的自然属性，孟子更强调人的社会属性："君子所性，仁义礼智根于心。"④ 这里，人性即道德本性，具有仁义的道德内涵。第二，人性是善的。孟子在反驳告子"人性无善恶之分"这一观点的基础上提出性善论，认为"人性之善也，犹水之就下"，⑤ 强调当以"善"来探讨人的本性。第三，性善是人与动物的根本区别。"人之所以异于禽兽者几希，庶民去之，君子存之。"⑥ 人与动物的区别只有那么一点点，那么这个不同的地方到底在哪里呢？从《孟子》中可以分析得出人禽之别在于"人皆有不忍人之心"。"无恻隐之心，非人也；无羞恶之心，非人也；无辞让之心，非人也；无是非之心，非人也。"⑦ 人与禽兽的根本差别在于人有仁义礼智"四心"。这样，孟子就把人性问题讨论的重心由人的自然属性转换到人的社会属性上，而不是从人与禽兽的自然性的不同来理解，这一转换对中国思想史而言具有划时代的意义。孟子进一步将人禽之别上升到君子和普通人的高度，但是君庶之别是否等同于人禽之别的问题仍然困扰着当代学界。这种困扰产生的原因主要在于将

---

① 杨伯峻. 孟子译注 [M]. 北京：中华书局，2016：282.
② 杨伯峻. 孟子译注 [M]. 北京：中华书局，2016：280.
③ 杨伯峻. 孟子译注 [M]. 北京：中华书局，2016：373.
④ 杨伯峻. 孟子译注 [M]. 北京：中华书局，2016：344.
⑤ 杨伯峻. 孟子译注 [M]. 北京：中华书局，2016：281.
⑥ 杨伯峻. 孟子译注 [M]. 北京：中华书局，2016：208-209.
⑦ 杨伯峻. 孟子译注 [M]. 北京：中华书局，2016：84.

"存"理解为"保存"还是"养护"。如果将"存"理解为"保存"，则会使庶民与禽兽画上等号，君子也没有了特殊规定性。如果将"存"理解为"存养"，理论就比较顺畅且合逻辑，而且《孟子》的文本中确实存在以"存"代替"养心"的"养"的情况。从这个层次上来讲，人禽之别在于有无仁义礼智的四心，这是绝对的；君庶之别则在于能否存养四心，这是相对的，并且与后天实践密切相关。第四，人的善性体现为恻隐、羞恶、辞让、是非四心。"恻隐之心，仁之端也；羞恶之心，义之端也；辞让之心，礼之端也；是非之心，智之端也。"① 孟子认为恻隐、羞恶、辞让、是非四种情感是仁义礼智的萌芽，是人的善端，仁义礼智即来自这四种情感，故又称四端。"恻隐之心，仁也；羞恶之心，义也；恭敬之心，礼也；是非之心，智也。仁义礼智，非由外铄我也，我固有之也，弗思耳矣。"② 孟子认为这些善性是人生来就有并且绝对存在的，这不仅从先验主义的层次验证了人的先天善性，而且阐明了性由心显，"以情言性"，具体表现为人们看到小孩子即将掉入井中的时候会产生恻隐之心，这并不是由于外在的名声，而是发自本能，③ 孟子称之为"良知""良能"："人之所不学而能者，其良能也。所不虑而知者，其良知也。"④ 良知良能是每一个人先天本有的心理活动，它为"性善论"提供了现实的依据。徐复观先生曾经说过："仅从人所受以生的性上言性善，实际只是一种推论。孟子由心善以言性善，这才是经过了自己生活中深刻的体认而提供了人性论以确实的根据。"⑤ 孟子言人性善，从根本上说是从人的情感生活和人生境遇出发揭示真实的情感规律。孟子性善论的重要特征就是"仁义内在，性由心显"。

　　既然人先天性善，那么人为什么会作恶呢？这种"恶"又是从哪里来呢？其实孟子主张的"性善论"是指"人性向善"，是有善端，有善的可能，他并没有否认人具有作恶的可能性。孟子曾说："富岁子弟，多赖；

① 杨伯峻. 孟子译注 ［M］. 北京：中华书局，2016：84.
② 杨伯峻. 孟子译注 ［M］. 北京：中华书局，2016：286.
③ "今人乍见孺子将入于井，皆有怵惕恻隐之心；非所以内交于孺子之父母也，非所以要誉于乡党朋友也，非恶其声而然也。"见杨伯峻. 孟子译注 ［M］. 北京：中华书局，2016：84.
④ 杨伯峻. 孟子译注 ［M］. 北京：中华书局，2016：340.
⑤ 徐复观. 中国人性论史 ［M］. 北京：九州出版社，2013：156-157.

凶岁，子弟多暴，非天之降才尔殊也，所以陷溺其心者然也。"① 富足的年月，子弟大多懒惰；动乱的年月，子弟大多有暴行，这并不是上天赋予人们不同的品质，而是因为外界的环境使人们作出了不同的价值判断和价值选择。孟子又说："今夫麰麦，播种而耰之，其地同，树之时又同，浡然而生，至于日至之时，皆熟矣。虽有不同，则地有肥硗，雨露之养，人事之不齐也。"② 同样的小麦在同一时间用同样的方式播种，它们虽然在夏天的时候都会成熟，但产量是不同的，那是因为土地的肥瘠、雨露的多少、人工的勤惰等因素导致的，这个道理放在事物身上可以解释得通，放在人身上也同样成立。进一步说，后天的环境对个体的成长发展而言至关重要，外界的污染会引发人作恶的可能性，孟子从这个角度出发，认识到了对个体进行道德教育的重要性和必要性，"人之有道也，饱食、暖衣、逸居而无教，则近于禽兽"。③

综上所述，孟子"性善论"主张人生来就有善端，但由于外界环境的污染，人也有作恶的可能性，所以必须对个体进行道德教育。由此，"性善论"成为孟子道德教育思想的逻辑起点。

（二）教育内容

孟子继承并发展了孔子的道德教育的思想，在"性善论"的基础上，以"仁""义"为核心内容，重视"父子有亲，君臣有义，夫妇有别，长幼有序，朋友有信"④ 的五伦关系，主张对人的良知良能进行启发诱导，培养个体的精神价值，提高人们的道德素养，以构建良好的社会秩序。

1. 仁爱

"仁"的概念在西周时期就已经出现，孔子将其上升到哲学的范畴，并发展成为一种系统的学说。孟子继承发展了孔子"仁"的学说，使"仁"的内涵更加丰富。《孟子》一书一共不超过三万五千字，但是"仁"就出现了一百五十多次，可见"仁"在孟子道德教育思想体系中的重要地

---

① 杨伯峻. 孟子译注 [M]. 北京：中华书局，2016：288.
② 杨伯峻. 孟子译注 [M]. 北京：中华书局，2016：288.
③ 杨伯峻. 孟子译注 [M]. 北京：中华书局，2016：133.
④ 杨伯峻. 孟子译注 [M]. 北京：中华书局，2016：133.

位。孟子第一次明确地将"仁"与"爱"结合在一起，提出了"仁爱"的思想，即"仁者爱人"①。孟子"仁爱"思想主要包括以下三个方面。

第一，仁爱是一种情感。"恻隐之心，仁之端也"。② 恻隐之心指见人遭遇不幸所引起的同情怜悯之心。恻隐之心是仁爱的表现，也是仁爱的起点，也就是说，"仁爱"的首要前提是要有恻隐之心。可见，"仁者爱人"的情感表达是第一位的，儒家认为这是根植于人天生的善性而形成的内在的品质，是人道德行为的发端，是人与动物的本质区别。人们看见他人即将落井遭受不幸时，会自然而然地产生惊惧同情的情感，这种情感便是基于人类情感的"共感"。"仁者爱人"的情感突破了自我，将自我情感与他人联系在了一起，强调对他人的关爱，为构建良好社会秩序奠定了基础。同时，孟子"以情言性"，认为"乃若其情，则可以为善矣，乃所谓善也"。③ 人们如果遵循自己的自然情感，就可以成为善人。这里的"情"就包含了人皆有之的"不忍人之心"，在一定程度上为"仁爱"思想提供了情感根基，肯定了人的价值与尊严。总之，"仁爱"是人与人之间的互相关爱的行为，是一种普遍的人类情感的需求，践行"仁爱"的前提便是从内心深处产生这种情感。

第二，仁爱是一种具有差序格局的爱。孔子构建了一个仁者从爱亲到爱众的"爱人"秩序，"弟子，入则孝，出则悌，谨而信，泛爱众，而亲仁"。④ 孟子继承发展了孔子的思想，提出"亲亲而仁民，仁民而爱物"⑤的思想。他以血缘亲情为基础，将爱亲与爱众、爱人与爱物统一起来，大致勾画出了儒家仁爱秩序的基本结构，从而将仁爱从个体修养上升至治国平天下的高度。首先，"亲亲"。孟子仁爱观的一个重要特色"亲亲之爱"。他十分重视家庭关系，主张"亲亲，仁也"⑥。第一个"亲"指的是"何以为亲"，第二个"亲"主要指自己的亲属。所谓"亲亲"体现着个体对亲人之为亲人的反思性。孟子主张个体践行"仁爱"要从爱自己的亲人出

① "仁者爱人，有礼者敬人"。见杨伯峻. 孟子译注 [M]. 北京：中华书局，2016：216.
② 杨伯峻. 孟子译注 [M]. 北京：中华书局，2016：84.
③ 杨伯峻. 孟子译注 [M]. 北京：中华书局，2016：286.
④ 杨伯峻. 论语译注 [M]. 北京：中华书局，2015：6.
⑤ 杨伯峻. 孟子译注 [M]. 北京：中华书局，2016：359.
⑥ 杨伯峻. 孟子译注 [M]. 北京：中华书局，2016：341.

发。以血缘关系为纽带的亲爱，是"仁爱"之中最自然的一个层次，也是"仁爱"关系的起点。其次，"仁民"。"仁民"即是"爱众"。如果仁爱只涉及自己的亲人，就无法将超越血缘关系的人类的共同性激发出来，由此，孟子认为这种"爱"不能仅仅停留在自己的父母兄弟这个相对狭隘的层次上，而是要进一步推广到"爱众"，"仁爱"要将"亲亲之爱"扩展至爱一切人，从而将"仁爱"的范围扩展至社会全体成员，达到四海一家的境界。最后，"爱物"。在孟子这里，"仁爱"并没有局限在社会成员这个范围内，而是主张顺应自然规律，进一步上升到世间万物，即"爱物"①，将仁爱之心推向天地万物，达到仁者与天地万物合为一体的境界。总之，"仁爱"就是以血缘关系为基础，从"爱亲"出发逐步发展至"爱众""爱物"，也就是从孝顺父母、友爱兄长层层向外扩展，体现着由近及远的特征，逐步构建起"爱有差等"的仁爱观。正如李景林先生所言："按儒家的看法，人之自爱、爱人、爱物之间，本存在着次第远近之区别，这种等差性具有一种天然本真性的意义。"②

第三，仁爱是一种推己及人的爱。孔子认为，个体要想践行仁爱就必须做到"己欲立而立人，己欲达而达人"③ "己所不欲，勿施于人"④。孟子继承发展了孔子的思想，认为"仁爱之人"和"不仁之人"最大的区别在于"仁者以其所爱及其所不爱，不仁者以其所不爱及其所爱"⑤，由此他进一步提出"强恕而行，求仁莫近焉"⑥ 的主张。孟子将"忠恕"之道作为实现"仁爱"的良方，认为一个人尽力按照"恕道"办事，才是个体最接近仁德的道路。在此之后，孟子进一步提出"老吾老，以及人之老；幼吾幼，以及人之幼"⑦ 的推己及人的方式，他要求在人们赡养孝敬自己的长辈时，不要忘记其他与自己没有亲缘关系的老人，在抚养教育自己的小

---

① 杨伯峻. 孟子译注 [M]. 北京：中华书局，2016：359.
② 李景林. 孟子的"辟杨墨"与儒家仁爱观念的理论内涵 [J]. 哲学研究，2009，（02）：36-45+128.
③ 杨伯峻. 论语译注 [M]. 北京：中华书局，2015：95.
④ 杨伯峻. 论语译注 [M]. 北京：中华书局，2015：178.
⑤ 杨伯峻. 孟子译注 [M]. 北京：中华书局，2016：362.
⑥ 杨伯峻. 孟子译注 [M]. 北京：中华书局，2016：335.
⑦ 杨伯峻. 孟子译注 [M]. 北京：中华书局，2016：16.

孩时，不应忘记其他与自己没有血缘关系的小孩。用推己及人的方式表达
"爱"需要深切的情感体验和感同身受的深切共鸣，体现着情感的传递性，
具有相当积极主动的意义。换言之，在孟子的道德教育思想中，"仁爱"
的实现方式是以血缘关系为起点，通过推己及人的方式进而扩展到对社会
大众的爱，这是一种情感的传递。当然，如果换个角度思考便会发现这种
方式也会存在一些问题，比如儒家强调"推己及人"，在一定程度上可能
会忽视行为对象的差异性和独立性，忽略了行为对象的实际接受程度。

2. 仁义

"义利之辨"是儒家哲学传统中的核心问题之一，对中国传统社会产
生了深远的影响。程颐认为"天下之事惟义利而已"①，朱熹也曾经说过
"义利之说乃儒者第一义"②。其实，"义利之辨"早在西周时期就已经出
现，孔子对其进行了人伦视角的阐述，在"君子"与"小人"的对比讨论
中，就涉及"义利之辨"的问题。孔子认为"君子喻于义，小人喻于
利"，③"君子"与"小人"的对立反映出来的就是"义"与"利"的对
立，孔子希望人们可以在物质利益面前见利思义。"义利之辨"虽说发端
于孔子，但是孟子对这一理论作出了更加系统完善的阐述。

在孟子的思想体系中，"义"可以理解为"社会公义"，是一种正直而
高贵的道德；"利"指的是"个人私利"，是一种道德卑下的状态。"义利
之辨"体现了社会本位和个体本位之间的对立。《孟子》开篇孟子和梁惠
王的对话便涉及"义利"问题。"孟子见梁惠王。王曰：'叟！不远千里而
来，亦将有以利吾国乎？'孟子对曰：'王！何必曰利？亦有仁义而已矣。'
王曰：'何以利吾国？'大夫曰：'何以利吾家？'士庶人曰：'何以利吾
身？'上下交征利而国危矣。"④ 从孟子和梁惠王的对话中可发现，国君、
大臣和百姓关于"利"的问题有不同的思考。由此可见，"义利之辨"的
"利"包含着一种对象性的意蕴，即"对谁有利"。"利"的对象指向于

---

① （宋）程颢，程颐 . 二程集［M］. 王孝鱼，点校 . 北京：中华书局，1981：124.
② （宋）朱熹 . 朱子全书［M］. 上海：上海古籍出版社；合肥：安徽教育出版社，2010：
1082.
③ 杨伯峻 . 论语译注［M］. 北京：中华书局，2015：56.
④ 杨伯峻 . 孟子译注［M］. 北京：中华书局，2016：2.

"我"或者"我所属的团体",是一种私人性的意义,那么被排除在"我"这个范围之外的公共性利益便是"义"。从一定程度上来讲,"义利之辨"就是"公私之辨"。"义利之辨"的焦点并不在于否定个体私利,而是探讨人们在公共生活中如何处理"义"与"利"的关系,从而作出恰当的价值判断和价值选择。

如何处理"义""利"关系呢?一方面,义利关系的基本原则是"重义轻利""以义为先"。孟子指出:"鱼,我所欲也;熊掌亦我所欲也;二者不可得兼,舍鱼而取熊掌者也。生亦我所欲也;义,我所欲也。二者不可得兼,舍生而取义者也。"① 在孟子的思想观念中生死固然重要,但还有比生死更加重要的事情,那就是无论外界有什么样的诱惑,君子都会坚守本心,以大义为重。由此,孟子将"义"提到了至高的地位。另一方面,"重义轻利"并不代表不要"利"。儒家学说坚持以"义"为先是要着力宣扬"义"的高度,并不代表它们否认了"利"的合理性和合法性,正如人类社会的生存和发展离不开物质的生产与供给一样。孔子认为:"富与贵,是人之所欲也;不以其道得之,不处也。贫与贱是人之所恶也;不以其道得之,不去也。"② 个体对私利的需要是正常的,但是人们要通过合理的路径获取相关利益,从而取之有道,用之有节。孟子的义利观,是在继承孔子"见利思义"基础上提出的,他鼓励人们谋求自己的正当利益,将"义"作为求"利"的方式和衡量标准,但是人们的欲望不是毫无节制的,当个人私利和社会公义发生矛盾和冲突的时候要以社会公义为重。

何种情况下"义"为先呢?孟子也对其作出了比较明确的回答。就国家层面而言,统治者应时刻为国家和人民谋大利,坚持先公后私。"王!何必曰利?亦有仁义而已矣",③ 一个国家的国君只有实行"仁政",坚持以民为本,满足百姓基本需求,才能赢得民心民意。就个人层面而言,舍生取义的标准就是践"仁",个体只有时刻践行仁爱,才能做到以"义"为先。孔子曾经说过"朝闻道,夕死可矣"④,简单来说就是早晨实现了自

---

① 杨伯峻. 孟子译注 [M]. 北京:中华书局, 2016:293.
② 杨伯峻. 论语译注 [M]. 北京:中华书局, 2015:51.
③ 杨伯峻. 孟子译注 [M]. 北京:中华书局, 2016:2.
④ 杨伯峻. 论语译注 [M]. 北京:中华书局, 2015:53.

己的理想——修己成仁，哪怕当天晚上死去也心甘。孟子则对孔子的"仁义"进行了更加详细的阐释，主张"居仁由义"①，也就是要内心存仁，行事循义，"义"根植于人们内心深处的良知，让人们明白哪些事情该做，哪些事情不该做。"吾身不能居仁由义，谓之自弃也"，② 自己认为不能守仁行义的，从某种程度上说，这是自我抛弃。"仁，人心也；义，人路也"。③ 舍弃"义"这条正路不走，丧失了善良之心而不去寻找是非常可悲的。孟子所强调的"义"是一种对他人的关爱和尊重，是一种社会的公正和秩序。从某种程度上来说，"仁"是"义"的内隐，"义"是"仁"的外显，"仁"是判断"义"的标准。

3. 孝悌

孟子关于孝悌的思想是儒家思想体系中的重要内容，也是中国传统文化的标志性内容，在中华民族性格养成和社会发展过程中发挥着重要的作用。"孝"的本意是孝顺父母，《说文解字》的解释是："孝，善事父母也。从老省，从子。子承老也。"④ 悌在《说文解字》中被定义为"善兄弟也"，⑤ 强调的是兄弟之间应当是敬爱和顺从的关系。孟子继承孔子孝悌合一的思想，将孝悌作为伦理道德的中心，使孝道进一步政治化。

孟子孝悌思想主要包括以下三个方面。首先，孝悌强调了家庭伦理在个体道德生活中占据着重要的地位。孟子将孝悌看作一种至高的伦理规范，提出"事，孰为大？事亲为大"⑥，"尧舜之道，孝弟而已矣"⑦。梁漱溟先生曾经说过："伦者，伦偶，正指人们彼此之相与。相与之间，关系逐生。家人父子，是其天然基本关系，故伦理首重家庭。"⑧ 为了进一步强调家庭伦理关系的重要性，孟子还提出"不得乎亲，不可以为人；不顺乎

---

① 杨伯峻. 孟子译注 [M]. 北京：中华书局，2016：185.
② 杨伯峻. 孟子译注 [M]. 北京：中华书局，2016：185.
③ 杨伯峻. 孟子译注 [M]. 北京：中华书局，2016：295.
④ 许慎. 说文解字 [M]. 北京：中华书局，1963：173.
⑤ 许慎. 说文解字 [M]. 北京：中华书局，1963：224.
⑥ 杨伯峻. 孟子译注 [M]. 北京：中华书局，2016：193.
⑦ 杨伯峻. 孟子译注 [M]. 北京：中华书局，2016：306.
⑧ 梁漱溟. 中国文化要义 [M]. 上海：上海人民出版社，2005：72.

亲，不可以为子"① "惟顺于父母可以解忧"② 等观点，这些言论表明孟子认为孝悌是个体最基本的道德规范，也是个体处理社会人际关系的基础和出发点。其次，孝悌的要求是多种多样的。孟子认为侍奉父母时不能仅仅满足父母的物质需要，更要满足父母的精神需要，将"口体之养"上升至"顺从亲意之养"。同时，孟子认为"养亲"不应局限于父母生前，还要将其延续至父母过世之后，父母死后的丧葬和祭祀也是非常重要的，并提出了三年之丧的观点。"养生不足以当大事，惟送死足以当大事。"③ "生，事之以礼；死，葬之以礼，祭之以礼，可谓孝矣。"④ 最后，孟子的孝悌思想中涉及繁衍后代的问题。在中国古代传统观念中，繁衍后代，为家族"开枝散叶"是一项重要的任务。孟子对此也曾发表过类似的观点："不孝有三，无后为大。"⑤

值得注意的是，孟子的孝悌观念并没有仅仅局限在家庭血缘关系的层次，而是以血缘关系为基础，将孝悌的对象从个人家庭逐步扩展至全体社会成员。孟子提出"父子有亲，君臣有义，夫妇有别，长幼有序，朋友有信"。⑥ 在五伦关系中，孝悌是家庭伦理的重要内容，也是协调社会关系的基础。"仁之实，事亲是也；义之实，从兄是也"，⑦ 个体只有以孝悌为基础，践行"仁义"之道，才能实现天下太平，正如"人人亲其亲，长其长，而天下平"⑧。孟子的孝悌观念将家庭伦理和社会治理结合在了一起，具有将孝道推广至社会的目的性。

4. 诚信

诚信是儒家思想的重要范畴，历代儒家学者不断将其深化，对当今社会的道德建设仍然发挥着重要的作用。"诚""信"二字最早出现在西周时期，但是当时二者并没有连在一起使用，孟子是中国思想史上第一位将

---

① 杨伯峻. 孟子译注 [M]. 北京：中华书局，2016：197.
② 杨伯峻. 孟子译注 [M]. 北京：中华书局，2016：226.
③ 杨伯峻. 孟子译注 [M]. 北京：中华书局，2016：206.
④ 杨伯峻. 孟子译注 [M]. 北京：中华书局，2016：121.
⑤ 杨伯峻. 孟子译注 [M]. 北京：中华书局，2016：196.
⑥ 杨伯峻. 孟子译注 [M]. 北京：中华书局，2016：133.
⑦ 杨伯峻. 孟子译注 [M]. 北京：中华书局，2016：197.
⑧ 杨伯峻. 孟子译注 [M]. 北京：中华书局，2016：185.

"诚"与"信"结合起来使用的思想家。《孟子》说道："故君子可欺以其方,难罔以非其道。彼以爱兄之道来,故诚信而喜之,奚伪焉?"① 这里的"诚信"虽然与后来的"诚信"有所区别,但是孟子将"诚"与"信"二词合用为二者的融合奠定了基础。诚信是由"诚"和"信"两个部分组成,《说文解字》中对二者的解释是"诚,信也,从言成声","信,诚也,从人言"。② 从《说文解字》看,"诚""信"二字互训。

在孟子的道德教育思想体系中,"诚信"的内涵非常丰富。首先,孟子将"诚"纳入了"信"的范畴,化诚入信。"居下位而不获于上,民不可得而治也。获于上有道,不信于友,弗获于上矣。信于友有道,事亲弗悦,弗信于友矣。悦亲有道,反身不诚,不悦于亲矣。"③ 这句话的意思是心意真诚是万事万物得以顺利发展的前提和基础,"诚"是人的一种内在品质,是美好事物的起点,只有将内在的"诚"转化为外在的"信",才能获得更好的发展。其次,孟子将"诚信"上升到"五伦关系"的高度,主张"朋友有信"。诚信是处理朋友关系的最基本的道德原则,体现了孟子对诚信的高度重视,"诚信"也逐步成为后世处理人际关系的行为准则之一。最后,孟子将"思诚"作为人应遵循的最基本规律。先秦儒家在对现实生活进行反省过程中更多地从内心对"诚"进行反思,提出"是故诚者,天之道也;思诚者,人之道也"④,儒家把"诚"理解为宇宙的本体特性,这是针对宇宙万物的自然特性和运行规律而言的,但是又不仅仅局限于自然界,"思诚者,人之道也"就是将天道落实到人道,认为"诚"是做人应遵循的最基本的规律。

孟子的"诚信"思想在中国思想史和中国社会发展过程中发挥着极其重要的作用。一方面,诚信是为人之本、兴业之道。"诚"是做人必备的品质,"仁义忠信,乐善不倦,此天爵也"。⑤ "至诚而不动者,未之有也;不诚,未有能动者也",⑥ 如果一个人真诚地对待他人而无法将其感化,这

---

① 杨伯峻.孟子译注 [M].北京:中华书局,2016:230.
② 许慎.说文解字 [M].北京:中华书局,1963:52.
③ 杨伯峻.孟子译注 [M].北京:中华书局,2016:186.
④ 杨伯峻.孟子译注 [M].北京:中华书局,2016:186.
⑤ 杨伯峻.孟子译注 [M].北京:中华书局,2016:299.
⑥ 杨伯峻.孟子译注 [M].北京:中华书局,2016:186.

样的情况是不存在的。另一方面，诚信也是一个国家的立国之本、为政之道，事关国家兴衰存亡。"上无道揆也，下无法守也，朝不信道，工不信度，君子犯义，小人犯刑，国之所存者，幸也"，① "信"是一个社会最普遍的信用体系，国家的统治者只有取信于民，才可以保证国家的安全与昌盛。

5. 恭俭

"恭俭"是中华传统美德之一。孔子讲"温良恭俭让"②，这里的"恭"指的是恭敬、谦逊，不仅要恭敬君主、父母，还要尊重人际关系中的所有对象；"俭"则指的是节俭。简单来说，孔子的"恭俭"主要指的是恭敬节俭的品质。孟子继承了孔子"恭俭"的思想并对其进行了新的发展。第一，孟子认为"恭俭"的内涵不仅指恭敬节俭，还包括不能侵占他人的财产，"恭者不侮人，俭者不夺人"③。第二，孟子将"恭俭"的对象扩大至社会全体成员。孟子认为不仅平民百姓要做到"恭俭"，国家的最高统治者更应该践行"恭俭"，他们要认真办事，节省用度，礼貌地对待臣下，征收赋税要有一定的限度，因此孟子提出"是故贤君必恭俭礼下，取于民有制"④。孟子还认为诸侯的宝贝主要包括土地、百姓和政治这三种，如果他们错把珍珠美玉作为宝贝的话，那么祸患一定会来到，由此可见，孟子认为恭敬和节俭是历代君王和执政者必须奉行的美德。孟子将"恭俭"从个体生活领域拓展到国家治理层面，呈现道德政治化的特征。第三，"恭俭"的误区在于将其理解为绝对的、无条件的"节俭"。孟子虽主张"恭俭"，但并不意味着要绝对地无条件地节俭，比如在孝顺父母方面就不能节俭。孟子认为在父母生前应满足他们的物质和精神需要，父母去世也应该厚葬久丧，尽自己所能让丧事合乎礼法。第四，践行"恭俭"要有一颗"恭俭之心"。"恭俭"是一种美好的品质，根植于人的内心，无法通过外表而直接辨别，"恭俭岂可以声音笑貌为哉"⑤。因此，践行"恭

---

① 杨伯峻. 孟子译注 [M]. 北京：中华书局，2016：174.

② "夫子温、良、恭、俭、让以得之。"见杨伯峻. 论语译注 [M]. 北京：中华书局，2015：9.

③ 杨伯峻. 孟子译注 [M]. 北京：中华书局，2016：190.

④ 杨伯峻. 孟子译注 [M]. 北京：中华书局，2016：126.

⑤ 杨伯峻. 孟子译注 [M]. 北京：中华书局，2016：190.

俭"的方法就是修身养性，控制自己的欲望，要有一颗善良节俭的心。一个人想要成为大丈夫必须要有勤劳朴素的生活方式，自觉抵御外部环境的诱惑，做到清心寡欲。

（三）教育方法

孟子主张性善论，认为人皆有"四心"，要提升人的道德素养，必须通过诸多方式方法来实现。孟子一生热衷于教育，三十多岁开始在邹国开办私塾，收徒讲学，将"得天下英才而教育之"① 看作人生的一大乐趣，培养了一批如乐正克、公孙丑、万章等的优秀学生。孟子在长期的道德教育活动中总结了一套行之有效的教育方法，主要包括外在引导、自我提升和环境熏陶三个方面。

1. 外在引导法

教师在个体的道德培育过程中发挥着不可替代的作用，孟子高度重视教师的引导作用，将教师的地位抬到了空前的高度，认为"天降下民，作之君，作之师"。② 由于教师这一职业的特殊属性，孟子认为教师应当采取恰当适度的教育方法，引导个体提升自身的道德修养。

（1）循循善诱法

循循善诱法最早出自《论语·子罕》篇。循循善诱法与填鸭式的灌输教育不同，是通过设喻、诘问、举例等方法引导学生自己发现问题、解决问题，核心是教师的启发教育。孔子重视循循善诱法，"夫子循循然善诱人，博我以文，约我以礼，欲罢不能"③，提出"不愤不启，不悱不发"④ 的教育理念。孟子继承了孔子启发式的教育理念，提出"君子引而不发，跃如也"，⑤ 此句以射箭为喻，强调教育者应该善于启发引导，激发学生的学习积极性。比较有代表性的案例则属孟子与梁惠王论道。梁惠王向孟子抱怨道："寡人之于国也，尽心焉耳矣。河内凶则移其民于河东，移其粟

---

① 杨伯峻. 孟子译注［M］. 北京：中华书局，2016：343.
② 杨伯峻. 孟子译注［M］. 北京：中华书局，2016：33.
③ 杨伯峻. 论语译注［M］. 北京：中华书局，2015：133.
④ 杨伯峻. 论语译注［M］. 北京：中华书局，2015：100.
⑤ 杨伯峻. 孟子译注［M］. 北京：中华书局，2016：357.

于河内。河东凶亦然。察邻国之政，无如寡人之用心者。邻国之民不加少，寡人之民不加多，何也？"① 面对梁惠王的疑问，孟子选择迂回的方式向梁惠王抛出多个问题，设喻说理，反复论证，不厌其烦，使其逐步明白"不违农时"②"使民养生丧死无憾"③ "谨庠序之教，申之以孝悌之义"④ 的重要意义，犹如抽丝剥茧，让对方自己去发现真理。循循善诱法立足于教育对象的实际情况，遵循道德教育发展的规律，能够激励个体进行独立思考，有利于增强道德教育的实效性。

（2）因材施教法

因材施教法是指教师要根据学生的个性特点和差异采取不同的教学方法，最早出自《论语·先进》篇。孔子是因材施教的典范，子游问孝、子夏问孝时，孔子针对不同学生的特点给予了不同的回答。⑤ 孟子继承孔子因材施教的思想，提出"教亦多术"⑥ 的观点，认为教育的方法是多种多样的，教育者要有针对性地采取不同的教育方式和手段。孟子曰："君子之所以教者五：有如时雨化之者，有成德者，有达财者，有答问者，有私淑艾者。此五者，君子之所以教也。"⑦ 这句话的意思是说君子用来教育人的方法大概有五种，面对不同的情况和不同的学生要因人而异采取不同的教法，从而达到事半功倍的效果。"有如时雨化之者"要求教师要依据教育对象的实际情况，掌握适当的时机，正如甘霖，滋润草木，使之化育成长。"有成德者"要求教师依据学生先天具有的德性，因势利导，使之成就美德。"有达财者"则要求教师充分考虑学生潜在的天赋特性，向其传授技能，培养才干，使之成为社会有用之才，是一种个性化的教育。这里"财"并不是发财，而是依据个人的才能进行教导。"有答问者"要求教师依据学生提出的问题，有针对性地进行答疑解惑。"有私淑艾者"则要求

---

① 杨伯峻.孟子译注［M］.北京：中华书局，2016：5.
② 杨伯峻.孟子译注［M］.北京：中华书局，2016：5.
③ 杨伯峻.孟子译注［M］.北京：中华书局，2016：6.
④ 杨伯峻.孟子译注［M］.北京：中华书局，2016：6.
⑤ 子游问孝。子曰："今之孝者，是谓能养。至于犬马，皆能有养，不敬，何以别乎？"子夏问孝。子曰："色难。有事，弟子服其劳；有酒食，先生馔，曾是以为孝乎？"见杨伯峻.孟子译注［M］.北京：中华书局，2016：20.
⑥ 杨伯峻.孟子译注［M］.北京：中华书局，2016：332.
⑦ 杨伯峻.孟子译注［M］.北京：中华书局，2016：356.

教师以身作则，感化学生，从而使他们能够主动提升自身的品德修养。孟子论述的五种教育方法充分考虑了教育对象自身道德水平的特点和主体差异性，彰显了孟子因材施教的理念和智慧。正如朱熹所说："圣贤施教，各因其材，小以成小，大以成大，无弃人也。"①

2. 自我提升法

道德修养的提升是一个持续发展的长期的过程，个体需要通过不断学习来提升和完善自我。孟子提出"君子深造之以道，欲其自得之也"。② 这句话的意思是，君子想要达到较高的境界就必须要自觉地进行探索。正如"道德的基础是人类精神的自律"，③ 孟子认为个体必须充分发挥主观能动性，才能提升自身道德水平。

（1）榜样学习法

著名教育学家班杜拉说："大多数人类行为是通过对榜样的观察而获得的。"④ 孟子强调道德修养的提升是不断发展的过程，应该通过不断的学习来完善自我，其中依循传统旧章，学习古代圣贤就是提高个人道德水平的有效方法，毕竟"圣人，百世之师也"⑤。孟子曾经说过："遵先王之法而过者，未之有也"，⑥ 因为依照前代圣王的法度而犯错误是从来没有过的事情，所以人们要遵循传统的规章制度，向古代圣王学习。孟子认为圣人就是做人的最高典范，为了避免抽象，他将德行兼备的圣人具体化为尧、舜等道德高尚的圣贤之人，并强调圣人气象的感染力："故闻伯夷之风者，顽夫廉，懦夫有立志；闻柳下惠之风者，薄夫敦，鄙夫宽。"⑦ 可见，圣人身上蕴藏着巨大的人格魅力，能够引领人积极向上，向圣人学习对提高自身道德修养具有极其重要的价值和意义。一方面，君王要向古代圣王学习，提高自身道德水平，行先王之道，施行仁政。这样既能赢得民心，也

---

① 朱熹. 四书章句集注［M］. 北京：中华书局，1983：362.

② 杨伯峻. 孟子译注［M］. 北京：中华书局，2016：206.

③ 马克思恩格斯全集：第1卷［M］. 北京：人民出版社，1995：119.

④ 阿尔伯特·班杜拉. 思想和行为的社会基础：社会认知论［M］. 林颖，译. 上海：华东师范大学出版社，2001：63.

⑤ 杨伯峻. 孟子译注［M］. 北京：中华书局，2016：368.

⑥ 杨伯峻. 孟子译注［M］. 北京：中华书局，2016：174.

⑦ 杨伯峻. 孟子译注［M］. 北京：中华书局，2016：368.

可以为天下人做表率。只要君主做到"仁义"了，那么百姓就会做到"仁义"。另一方面，普通百姓也要向古代圣贤学习，面对"舜，人也；我，亦人也。舜为法于天下，可传于后世，我由未免为乡人也，是则可忧也"①这一困惑，孟子认为这些忧愁没有什么意义，既然常人与圣人的本性并无不同，那么尽力向舜这样的圣贤之人学习就可以了。圣贤不仅能够帮助人们提升道德修养，还可以引导人们有效规避外界因素干扰，从而作出正确的价值判断和价值选择。孟子推崇圣贤的教育方法强调了以圣人为榜样进行学习，突出体现了圣人的言行举止具有榜样示范作用，这不仅能够引导个人提高自身道德水平，还可以促使君王严于律己，以身作则，实现天下太平。任何人都可以通过学习古代圣人实现"人皆可以为尧舜"②的理想，这蕴含着人格平等的思想，是孟子思想的一大进步之处。

孟子的榜样学习法也对教育者提出了极高的要求。一方面，教育者要提高自身的理论修养，用广泛的学识和开阔的视野影响学生，保持较强的责任感和使命感，"贤者以其昭昭使人昭昭"③，"孔子登东山而小鲁，登泰山而小天下"。④ 另一方面，教育者要提高自身的道德修养，率先垂范，"身不行道，不行于妻子；使人不以道，不能行于妻子"。⑤ 如果一个人不按正道行事，那么正道在自己家人身上也行不通。

（2）反求诸己法

苏联教育家苏霍姆林斯基曾经说过："只有能够激发学生去进行自我教育的教育，才是真正的教育。"⑥ 孟子的"反求诸己"思想与此有异曲同工之妙。"反求诸己"是一种躬身自反，向内求道的方法，是自我教育的体现。

首先，"反求诸己"法要求个体进行"内省"。《论语》中提到过"吾

---

① 杨伯峻. 孟子译注 [M]. 北京：中华书局，2016：216.
② 杨伯峻. 孟子译注 [M]. 北京：中华书局，2016：306.
③ 杨伯峻. 孟子译注 [M]. 北京：中华书局，2016：370.
④ 杨伯峻. 孟子译注 [M]. 北京：中华书局，2016：346.
⑤ 杨伯峻. 孟子译注 [M]. 北京：中华书局，2016：366.
⑥ 瓦·阿·苏霍姆林斯基. 给教师的建议：全1册 [M]. 杜殿坤，编译. 北京：教育科学出版社，1984：350.

日三省吾身""君子求诸己，小人求诸人"。① 在孔子看来，具有君子品行的人在遇到问题时首先想到的是靠自己去解决，从自己身上找原因；不具备君子品行的人遇到问题时习惯于依赖别人，把问题症结归结于别人。孔子提倡人们每天进行自我反省。孟子继承和发展了孔子"内省"的思想，主张人要时常反省，多从自己身上找原因。"爱人不亲，反其仁；治人不治，反其智；礼人不答，反其敬——行有不得皆反求诸己，其身正而天下归之"。② 简单来说，就是一件事情如果没有达到预期，就要先审视自己，从自身找原因。同时，孟子还提出"祸福无不自己求之者"③ "君子之守，修其身而天下平"④ 等主张，强调自我反省的重要性。为了进一步增强说服力，孟子用射箭作比喻进行论证："仁者如射；射者正己而后发；发而不中，不怨胜己者，反求诸己而已矣。"⑤ 有仁德的人就像射箭的人，首先要端正自己的态度，如果没有射中，并不会埋怨比自己优秀的人，只会自我反省。在孟子看来，遇到事情懂得反省自己，从自己身上找原因，可以说是一个人的大智慧。

其次，"反求诸己"法要求个体"存心养性"。孟子说："尽其心者，知其性也。知其性，则知天矣。存其心，养其性，所以事天也。"⑥ 孟子从性善论的角度出发，认为存心养性就是将仁义礼智根植于人的内心。存心养性最好的办法就是寡欲，即减少欲望、欲念。"养心莫善于寡欲。其为人也寡欲，虽有不存焉者，寡矣；其为人也多欲，虽有存焉者，寡矣。"⑦ 如果人的欲望不多，丧失的善性也就不多。相反，如果一个人的欲望很多，那么他能保存下来的善性也就不多。所以孟子要求人们要克制自己的欲望，提高抵御外界诱惑的能力。一个人要存心养性还要经过艰苦环境的考验。上天要把重大的任务落到某人身上，必然会"苦其心志，劳其筋

---

① 杨伯峻. 论语译注 [M]. 北京：中华书局，2015：241.
② 杨伯峻. 孟子译注 [M]. 北京：中华书局，2016：179.
③ 杨伯峻. 孟子译注 [M]. 北京：中华书局，2016：79.
④ 杨伯峻. 孟子译注 [M]. 北京：中华书局，2016：379.
⑤ 杨伯峻. 孟子译注 [M]. 北京：中华书局，2016：86.
⑥ 杨伯峻. 孟子译注 [M]. 北京：中华书局，2016：334.
⑦ 杨伯峻. 孟子译注 [M]. 北京：中华书局，2016：381.

骨，饿其体肤，空乏其身，行拂乱其所为"①，只有经受住这些考验，人们才有可能成为像舜、傅说、胶鬲一样的人。

"反求诸己"的教育方法侧重于从个体内部出发提升自己的道德修养，培养坚韧的意志力，肯定了自身有一种向善的能力。从这个层次上说，孟子的道德教育方法看到了人自身的力量，要求人们充分发挥自身的主观能动性，培养健全的人格。

3. 环境陶冶法

孟子主张"性善论"，强调人生来就有"仁义礼智"的四心，但这并不意味着人没有作恶的可能性，孟子认为后天环境对个体思想意识的形成、道德修养水平的高低起重要的作用。因此，在教育方法上，孟子十分重视良好环境对个体修养的熏陶作用。

首先，孟子重视家庭环境对个体道德培育的作用。孟母对教育的重视和对良好教育环境的选择对孟子产生了潜移默化的影响，彰显了家庭教育的作用。孟子曾说："中也养不中，才也养不才，故人乐有贤父兄也，如中也弃不中，才也弃不才，则贤与不肖之相去，其间不能以寸。"②品德修养好的人能够教育、影响品德修养不好的人，有才能的人能够教育、影响没有才能的人，所以人人都希望自己有好的父亲和兄长。良好的家庭环境，贤能的父母兄弟能引导人向善、向上、向好。孟子见齐王之子的例子也能说明这一点。

> 孟子自范之齐，望见齐王之子，喟然叹曰："居移气，养移体，大哉居乎！夫非尽人之子与？"孟子曰："王子宫室、车马、衣服多与人同，而王子若彼者，其居使之然也。"③

---

① 杨伯峻. 孟子译注 [M]. 北京：中华书局，2016：330.
② 杨伯峻. 孟子译注 [M]. 北京：中华书局，2016：204.
③ 孟子从范邑到齐都，远远望见了齐王的儿子，长叹一声说："环境改变气度，营养改变身体，环境真是重要呀！那人不也是人的儿子吗？〔为什么就显得特别不同了呢？〕"又说："王子的住所、车马和衣服多半别人相同，为什么王子却像那样呢？是因为他的环境使他这样的。"见杨伯峻. 孟子译注 [M]. 北京：中华书局，2016：354.

王子所住的宫殿、所乘的车马、所穿的衣服大多与一般人相同，王子具有非凡气度的原因在于他居住和生活的环境，这些外在的环境可以改变人的修养气度和体态性格。

其次，孟子认为社会环境对个体成长也具有关键作用。一个比较有代表性的例子就是楚人学习齐国话。"有楚大夫于此，欲其子之齐语也，则使齐人傅诸？使楚人傅诸？曰：'使齐人傅之。'曰：'一齐人傅之，众楚人咻之，虽日挞之而求之齐也，不可得矣；引而置之庄岳之间数年，虽日挞而求其楚，亦不可得矣。'"① 一个楚国人想学习齐国话，最好的方式是将其置于齐国的环境中，这暗含着社会环境对人的重要影响。

（四）理想人格

理想人格是一定社会道德要求和道德理想的最高体现，是人们普遍认为的完美人格形象。孟子继承了孔子的思想，将理想人格设计为君子和圣人两个层次。相比君子，圣人有着更加崇高的精神境界，"是故君子有终身之忧"②，君子将自己不如圣人的状态作为持续一生的忧愁。

1. 君子

"君子"在儒家思想体系中地位重要，无论是《论语》《孟子》，还是儒家的其他著作都多次提及"君子"，比如"文质彬彬，然后君子"③ "君子坦荡荡，小人长戚戚"④ "君子以仁存心，以礼存心"⑤ 等。孔子对君子这一概念进行了创造性发展，赋予其更多道德内涵，将其从社会阶级概念转变为人人可学而至的人格典范。孟子在继承孔子思想的基础上，又对其加以发展，在强调内在道德的同时，又突出德性之外在发展，将那些既具有高尚道德，又追求崇高理想之人视为君子。

君子具有"仁义礼智"四德。孟子认为："君子所以异于人者，以其存心也。君子以仁存心，以礼存心。"⑥ 君子和一般人不同的地方就在于居

---

① 杨伯峻．孟子译注［M］．北京：中华书局，2016：161．
② 杨伯峻．孟子译注［M］．北京：中华书局，2016：216．
③ 杨伯峻．论语译注［M］．北京：中华书局，2015：89．
④ 杨伯峻．论语译注［M］．北京：中华书局，2015：114．
⑤ 杨伯峻．孟子译注［M］．北京：中华书局，2016：216．
⑥ 杨伯峻．孟子译注［M］．北京：中华书局，2016：216．

心不同，君子能够居心于仁，居心于礼，或者说君子能够将"仁义礼智"根植于内心深处，在日常生活中可以做到"由仁义行"。在上述四种德性中，孟子特别强调"仁"的重要性，"仁"居于四德之首，是君子最重要的道德品质。要想成为一名君子，必须要做到"亲亲而仁民，仁民而爱物"①，也就是说君子行"仁"必须以血缘关系为基础，将孝顺父母、友爱兄长作为起点，通过推己及人的方式逐步将"仁爱"的范围扩大，发展为对百姓仁爱，最终上升到对世间万物仁爱的高度。君子在行仁的过程中，将内在的仁爱之心、仁爱之情外化为仁爱之行，"仁民而爱物"，从个体修养出发，达到齐家、治国、平天下的目标，实现其理想。"万物皆备于我"，君子存心向善，"仁义礼智"皆存在于君子的内心，君子的行为时刻符合仁义的要求。

君子有"三乐"。孟子认为："君子有三乐，而王天下不与存焉。父母俱存，兄弟无故，一乐也；仰不愧于天，俯不怍于人，二乐也；得天下英才而教育之，三乐也。"②"父母俱存，兄弟无故"是君子的第一乐趣。孟子十分重视家庭关系，及时行孝、兄弟友好是人伦的基本要求，同时家庭和睦又是"治国平天下"的前提和基础，因此君子的第一乐趣就是家庭平安幸福，这是追求更高精神境界的基础。"仰不愧于天，俯不怍于人"即光明磊落，问心无愧是君子的第二乐趣，其中就包含着一种"大丈夫"的境界。孟子指出："居天下之广居，立天下之正位，行天下之大道；得志，与民由之；不得志，独行其道。富贵不能淫，贫贱不能移，威武不能屈，此之谓大丈夫。"③孟子思想体系中的"大丈夫"始终具备"仁义"的道德品格和坚定的道德立场，他们身居高位时协同天下百姓依循大道前行，失魂落魄时也坚守自己的原则，绝不会沉溺于荣华富贵，也不会因为生活穷困改变志向，更不会因为权力逼迫选择苟且偷生，与所谓的"小人"形成鲜明的对比。"得天下英才而教育之"是君子的第三乐。朱熹对此注释说："尽得一世明睿之才，而以所乐乎己者教而养之，则斯道之传得之者众，而天下后世将无不被其泽矣。圣人之心所愿欲者，莫大于此，今既得

① 杨伯峻. 孟子译注［M］. 北京：中华书局，2016：359.
② 杨伯峻. 孟子译注［M］. 北京：中华书局，2016：343.
③ 杨伯峻. 孟子译注［M］. 北京：中华书局，2016：150.

之，其乐为何如。"① 也就是说，理解君子第三乐的重点不在于教育本身，也不在于"英才"，而在于"传道"。君子真正的快乐是将"道"一代代传下去，体现了君子将自身德行外化，推己及人的社会责任感。值得关注的是，孟子在提出君子有"三乐"之前就明确指出了不能为"君子之乐"的一种情况，即"君子有三乐，而王天下不与存焉"②，也就是说君子不等同于君主，权力地位并不是一位君子获得乐趣的必要条件，君子不能迷失本心，使自己沦为权力的附庸。

总之，在孟子看来，君子不仅有高尚的道德情操，存心向善，能够在利与义之间作出超乎常人的判断，并且还有"仁民爱物""为天下育英才"的社会责任感。古时贤者以"君子"为目标，很大程度上就是被君子的这种气节所折服。

2. 圣人

孔子以崇高性和神秘性为追求设计了圣人的理想人格，孔子之圣人标准高，圣人形象可望而不可即。孟子以他的性善论为思想内核，在继承孔子圣人观的前提下，重构了儒家的圣人观，提出"人皆可以为尧舜"③，这一变化标志着儒家理想人格从神秘化走向世俗化。

孟子的圣人观可以用"内圣外王"来概括。"内圣外王"一词虽然最早出现于《庄子》，④ 但这并不影响用它来解释儒家学说。无论是孔子、孟子还是其他的儒家学者，他们都十分推崇"内圣外王"之道，这一思想逐渐演化为儒家的精神内涵。"内圣"指的是个人要修身养性，成为一个有德性的人；"外王"是指个人要将自身内在的修养扩充到外部世界，在治理国家和社会方面有良好的表现，实现治国安邦的目标。"内圣外王"是中国传统文化的一个重要术语，是对知识分子内在修养和外在事功的总称，其核心含义还是关于理想人格的论述。孟子"内圣"思想的核心是修

---

① 朱熹. 四书章句集注 ［M］. 北京：中华书局，1983：354.
② 杨伯峻. 孟子译注 ［M］. 北京：中华书局，2016：343.
③ 杨伯峻. 孟子译注 ［M］. 北京：中华书局，2016：306.
④ "是故内圣外王之道，暗而不明，郁而不发，天下之人，各为其所欲焉，以自为方。"见陈鼓应. 庄子今注今译：上 ［M］. 北京：商务印书馆，2016：984.

身立德，它是一个人在道德和智慧上的境界，是灵魂的归宿。圣人"居仁由义"①，践行仁、义、礼、智四德。"外王"是指圣人有着强烈的社会责任感与担当精神，"五百年必有王者兴，其间必有名世者"②，他们肩负着济世救民的重任。在孟子思想中，"内圣"是"外王"的基础，"外王"是"内圣"的具体表现。

孟子认为"人皆可以为尧舜"③，这是孟子"圣人观"的一大特色，它植根于"性善论"，鼓励人人向善，个个都可以有所作为。"圣人，与我同类者。"④"舜，人也；我，亦人也。"⑤孟子主张圣人与普通人是同类同源的，都具有善端，圣人之所以成为圣人，在于他们能够"先得我心之所同然耳"⑥。普通人只要扩充"善端"，不断提高自身道德修养，最终也能够达到"超凡入圣"的境界，作为理想境界典范的圣人与普通人之间并没有不可逾越的鸿沟。当然，孟子的"人皆可以为尧舜"不是说人们在现实性上就是尧舜一般的圣人，而是一种可能性，体现了人们可以通过提升自己的修养而达到理想境界的道德自信。孟子的"圣人观"将理想和现实生活紧密地结合在一起，实现了圣人观的世俗化、大众化和具体化。

如何才能成为一名圣人呢？孟子的答案是："子服尧之服，诵尧之言，行尧之行，是尧而已矣。"⑦孟子在这里暗示人们只要在生活中时刻向圣人学习，模仿圣人的言行，就会逐渐向圣人靠近，最终有可能成为圣人。当然，常人向圣人的转化并不是一蹴而就的，而是一个循序渐进的过程。在修身养性方面，孟子提出："可欲之谓善，有诸己之谓信，充实之谓美，充实而有光辉之谓大，大而化之之谓圣，圣而不可知之之谓神。"⑧个体若是能够向圣人学习，由浅入深践行上述六步，便会不断提高自身道德修养，逐渐实现向圣人的转变。

---

① 杨伯峻．孟子译注［M］．北京：中华书局，2016：185.
② 杨伯峻．孟子译注［M］．北京：中华书局，2016：116.
③ 杨伯峻．孟子译注［M］．北京：中华书局，2016：306.
④ 杨伯峻．孟子译注［M］．北京：中华书局，2016：288.
⑤ 杨伯峻．孟子译注［M］．北京：中华书局，2016：216.
⑥ 杨伯峻．孟子译注［M］．北京：中华书局，2016：289.
⑦ 杨伯峻．孟子译注［M］．北京：中华书局，2016：306.
⑧ 杨伯峻．孟子译注［M］．北京：中华书局，2016：374.

孟子的圣人观不仅重视圣人的道德修养——内圣，也强调圣人的家国情怀——外王。圣人的"外王"之道注重的是社会理想的实现，圣人一旦成为国君，掌握一定的政治权力，就必须要实行"仁政"，竭尽所能为人民大众谋取福利，解决民生问题，使百姓拥戴。韦政通先生指出："国家是一种道德体制，国家的领袖也应该是社会道德的领袖。因此，在儒家的政治哲学中，只有圣人才能成为真正的君主。"① 孟子的道德教育学说与政治思想之间有着密切的联系，呈现道德政治化和政治道德化的特征。

三　对孟子道德教育思想的思考

孟子在儒家思想体系中的地位仅次于孔子，但是孟子走向"亚圣"之路经历了 1400 多年的漫长时间，直到南宋时期才得以完成。孟子的思想对后世影响深远，但同时学界对孟子思想的思考和质疑却从未间断。

（一）孟子的道德教育思想与"天"是否具有内在的联系？

"天人关系"是中国思想史上一个十分重要的问题，春秋战国时期，几乎每位思想家都有关于"天"的论述。孔子认为"天之不可阶而升也"②，墨子讲究"天志"，老子主张"人法地，地法天，天法道，道法自然"③。他们虽然都讲究"天"，但是都没有明确阐明"天"的含义。直到孟子提出了"莫之为而为者，天也"，④ 正面回答了"天"指的就是非人所能为的事情。

孟子思想中的"天"有三种不同的内涵，分别是自然之天、意志之天和道德之天。针对不同的内涵，孟子对它们的态度也有所区别。面对"自然之天"，孟子主张"不违农时"，坚决不能揠苗助长，也就是要顺应"自然之天"。面对"意志之天"，孟子认为它可以决定人们的命运，强调"畏

---

① 韦政通. 中国思想史［M］. 长春：吉林出版集团有限责任公司，2009：96.
② 杨伯峻. 论语译注［M］. 北京：中华书局，2015：296.
③ 陈鼓应. 老子今注今译：修订本［M］. 北京：商务印书馆，2016：169.
④ 杨伯峻. 孟子译注［M］. 北京：中华书局，2016：242.

天之威，于时保之"①，只有敬畏上天的权威，个人和国家才能获得安宁。相比于"自然之天"和"意志之天"，"道德之天"在孟子的思想体系中所占的分量更重。孟子在道德境界上来论证天人合德的天人关系，开创了"尽心—知性—知天"的先河，即"尽其心者，知其性也。知其性，则知天矣。存其心，养其性，所以事天也"②。通俗来讲，尽自己的善心，就是觉悟到了自己的本性；觉悟到了自己的本性，就是懂得了天命。个体要保存自己的善心，养护自己的本性，以此来对待天命。由此可见，在"知天"的过程中，孟子非常重视个人的道德修养，并依次将人划分为善、信、美、大、圣、神六重境界，个体只有达到"圣"与"神"的境界才能"上下与天地同流"③。值得注意的是，孟子的"知天"不仅是对圣人和神人的要求，普通百姓也应该时刻践行，个体如果完全放弃"知天"的努力，那么将会与禽兽无异。从这个角度来讲，孟子的道德教育思想与"天"有着密切的联系，具有一定的神秘主义的色彩。对此，冯友兰先生认为孟子的思想"以神秘境界为最高境界"④。

孟子道德教育思想中关于"道德之天"的观念对后世尤其是宋明理学家们影响极大，诸多宋明理学家标榜自己是接续了孟子的思想，比如陆九渊自称其学"因读《孟子》而自得之"⑤。但孟子"知天"的学说在宋明理学那里被归结为"存天理，灭人欲"，与"三纲五常"结合在一起，"道德之天"被演化为禁锢人们精神的枷锁，这应该是孟子无论如何也想象不到的。

（二）孟子的"性善论"是否有矛盾之处？

关于孟子"性善论"的争议已经持续了几千年的时间，至今并无定论。古往今来，历史上学者们对"性善论"的讨论非常多。

第一，孟子的"性善论"是否将人的自然属性和社会属性相混淆呢？

① 杨伯峻. 孟子译注［M］. 北京：中华书局，2016：32.
② 杨伯峻. 孟子译注［M］. 北京：中华书局，2016：334.
③ 杨伯峻. 孟子译注［M］. 北京：中华书局，2016：339.
④ 冯友兰. 中国哲学史［M］. 上海：华东师范大学出版社，2000：134.
⑤ 陆九渊. 陆九渊集［M］. 锺哲，点校. 北京：中华书局，2020：538.

诸多学者认为孟子虽然强调"性善论"，但此处的"性"到底是人的自然之性还是人的社会之性呢，孟子并没有将其进行区分。一方面，孟子在与告子的对话中涉及了自然之性的含义。比如"告子曰：'生之谓性。'孟子曰：'生之谓性也，犹白之谓白与？'"① 告子所说的性是个体与生俱来的，是人的自然之性，孟子在此并没有进行反驳，从这个角度来讲，孟子的"道性善"乃人的自然之性。另一方面，孟子的其他言论又对人的自然之性进行了驳斥。孟子所说"四端"或"四心"的主体是有伦理道德的"人"，"今人乍见孺子将入于井，皆有怵惕恻隐之心"，② 这是就人的社会关系而言的。因此，孟子的"性善论"中也包含着社会属性。笔者认为，孟子之"性"是自然属性和社会属性的统一，"性善论"并未将人的自然属性和社会属性相混淆，而是将人性讨论的重心从人的自然属性转移至社会属性上，加深了人们对人的本质的认识，在思想史上具有划时代的意义。

第二，孟子的"性善论"到底是"人性本善"还是"人性可善"？孟子的人性论是在与告子的辩论中提出的。告子认为人性本身无善恶之分，外界引导它向善则善，引导它向恶则恶，因为它本身无善无恶。但孟子却对其提出了反驳，认为："人性之善也，犹水之就下也。人无有不善，水无有不下。"③ 从这个角度来讲，孟子认为人性向善正如水往低处流一样，是一件自然而然的事情。很多学者对此提出了质疑：孟子一方面肯定了"仁义礼智"是先验存在的，人性向善如水往低处流，是自然而然的事情，即"人性本善"；另一方面又认为良好环境对个体的成长发展具有引导示范的作用，暗示人生来只有"可善"的倾向。对此学者们从各自的角度给予了回应。杨泽波指出孟子论述的性善之性，只是指"生来即有的属性和资质"。④ 杨伯峻则表示"孟子所谓'性善'，其实际意义是人人都有为善的可能"。⑤ 笔者赞同两位学者的观点。"人性本善""人性可善"并不矛

---

① 杨伯峻. 孟子译注［M］. 北京：中华书局，2016：281.
② 杨伯峻. 孟子译注［M］. 北京：中华书局，2016：84.
③ 杨伯峻. 孟子译注［M］. 北京：中华书局，2016：281.
④ 杨泽波. 孟子性善论研究［M］. 上海：上海人民出版社，2016：29.
⑤ 杨伯峻. 孟子译注［M］. 北京：中华书局，2016：15.

盾，它们是从不同的角度来说的。"人性本善"是说的"人生来即有的某种属性"①，是良知良能。"人性可善"是从善的现实性上来说，在客观行为上是否表现为善？良知良能人先天本有，但受后天环境等的影响，并不一定表现为善行，只是表现向善的可能性，而要表现为善行就需要营造良好环境，并加以教化引导。人们对"性善论"的质疑和争论说明了"性善论"自古就是学者关注的焦点之一。

（三）孟子的道德学说是一种美德伦理？

美德伦理学是道德哲学在 20 世纪后期取得的重要发展。它是以一种以"美德"或"一个有美德的人"为基本概念，以行为者为中心，而不以行为为中心，探索成人之路的伦理学，与强调职责或规则的道义论和强调行为后果的结果主义形成鲜明的对比。随着美德伦理学研究的发展，诸多学者认识到孟子的道德理论走的是一条非常纯粹的内向求证之路，在一定程度上属于美德伦理学的范畴。

首先，孟子的道德学说以行为主体的道德品质作为思考重心。孟子主张"性善论"，认为个体为善的可能性是与生俱来的。孟子认为"恻隐之心，仁之端也；羞恶之心，义之端也；辞让之心，礼之端也；是非之心，智之端也"。②"仁义礼智，非外铄我也，我固有之也。"③ 人天生有四端，所谓的四端就是源头、起源、发端的意思，从伦理学的角度上来讲，它们是最基本的要素。四端不是一种外在的原则或者规则，它发端于个体的内心，并未受到外部环境的干扰，是一种最纯真的直接的情感反应。当然，这些只是善端，不是已成之德，真正的美德还须从扩展善端出发来进行涵养、塑造才能形成。这里，美德的塑造不以外在规范为前提，而以来源于心中的原初的、本真的道德意向为端点，充分体现了以行为主体的道德品质作为思考重心的美德伦理学特征。其次，孟子的道德学说认为良知良能是人们道德行为的动机。一般的道德理论只是关注现象世界的道德品质和行为，而孟子用一种还原的方法，亲证不可见的道德本体世界的实在性，

---

① 杨泽波. 孟子性善论研究 [M]. 北京：中国人民大学出版社，2010：31.
② 杨伯峻. 孟子译注 [M]. 北京：中华书局，2016：84.
③ 杨伯峻. 孟子译注 [M]. 北京：中华书局，2016：286.

以此来揭示世界本体之善。"今人乍见孺子将入于井"而产生的"恻隐之心"是人对外部事物的刺激而产生的心理情感，而非出于功利主义的考量。离开了这种心理上的反应即"良知""良能"，就无法理解人为什么会作出这种反应。这里，孟子论证了本体世界才是道德价值的源头，良知良能才是人们道德行为的动机，而不是现实世界的、外在的物质欲望和物质利益。最后，孟子的社会政治理想本质上就是一种严格意义上的美德伦理学的道德政治学说。在孟子理想的社会中，君主必须具备"仁爱"之心，并有一定的才能，践行"民贵君轻"的民本主义思想，施行"王道"，才能实现"黎民不饥不寒"的理想，从这个角度来讲，孟子的政治理想与道德思想结合在一起，可以将其看作一种美德概念的"贤人"政治。

在孟子的道德学说中，人们道德行为的动机来源于道德本体世界的良知良能，道德规范来自仁义礼智四德的要求，但本体世界的善性在扩充涵养的过程中会受到环境的影响、物欲的遮蔽，使本心被放失，在现实世界中表现为恶，所以，应该存心养性，通过"养浩然之气"来涵养美德。这一理论建构逻辑始于美德，又终于美德。[①] 综上所述，孟子的道德学说无论从内容还是从其建构逻辑来看，确实都符合美德伦理学的特征。从美德伦理学的角度对孟子的道德教育思想进行解读为研究孟子思想提供了一个新的视角。

---

① 詹世友. 孟子道德学说的美德伦理特征及其现代省思 [J]. 道德与文明，2008，(3)：27-31.

第三论　庄子道德教育思想

　　庄子（约公元前 369—前 286），姓庄名周，字子休（亦说子沐），战国时期宋国蒙（今河南省商丘市）人，是中国古代伟大的哲学家、思想家和文学家，"道家学派"的代表人物之一。古往今来，研究庄子思想者数不胜数。自现代以来，人们更是对庄子思想从哲学、文学和美学等的角度加以阐释，但较少涉及庄子的教育活动和教育思想。道德是庄子思想的核心概念和逻辑起点。围绕道德，庄子有一整套的修养方法。回溯、研究庄子的道德教育思想，对我们解答道德教育理论上的困惑、反思道德教育实践中存在的问题，具有重要的理论和现实意义。

一　庄子道德教育思想形成的条件

　　庄子的思想深邃独特，博大精深，对中华传统文化的发展产生了重要影响。闻一多先生在《古典新义》中说："中国人的文化上永远留着庄子的烙印。"① 庄子生活在战国中叶，大体上和孟子时代相近。这个时期被雅斯贝尔斯称为人类文明的"轴心时代"，大变革是这个时期的重要特征。周天子地位式微，礼崩乐坏，社会变动和连年战争，给每一个社会成员带来了强烈的冲击并使之深感恐慌。基于时代的呼唤，当时一部分掌握知识的人们开始了对自然、生命和世界的理性思考。正如葛兆光指出的："人的崛起带来了理性的解放，西周以后，人们开始重新审视我们面前这个世界，并深深地思索着这个世界的一切，并重新用理性建造一个有关自然、

---

　　① 闻一多．古典新义［M］．上海：上海古籍出版社，2013：192.

社会、人类的理论大厦。"① 庄子的道德教育思想就产生于这个大变革的时代背景之下。

（一）社会背景

庄子生活的战国时期，是中国历史上大动荡大变革时期，旧有的秩序已经破坏，社会的政治、经济、文化进入急速变革时期，社会由奴隶制开始向封建社会过渡。政治上，诸侯纷争、政局更替、社会混乱。经过春秋时期持续的争霸战争，诸侯国数量大为减少。诸侯国数量的减少并没有使纷争停止，大国与大国之间的竞争不断加剧，战争亦逐渐升级。无休无止的兼并战争造成社会动荡，民众流离失所，无处安身。统治者的昏庸无德加剧了社会的混乱，党派倾轧、钩心斗角，追名逐利之风盛行。《庄子·庚桑楚》中说："民之于利甚勤，子有杀父，臣有杀君，正昼为盗，日中穴阫。"② 社会原有的价值体系崩塌，"礼""仁""义"失去了价值规范作用，是非颠倒，乱象层出不穷。经济上，生产力进一步发展，带来生产关系的变革。一方面，随着铁器的逐渐普及、铁制农具的广泛运用，生产力大大提高，促进了农业、手工业和商业的发展。另一方面，伴随着井田制的崩溃，土地私有、买卖的出现，阶级关系发生了相应变化，绝大部分的奴隶转化为农民，奴隶主贵族转化为地主，封建生产关系逐渐形成。自给自足的小农经济是封建制的经济基础。"五亩之宅，树墙下以桑，匹妇蚕之，则老者足以衣帛矣。五母鸡，二母彘，无失其时，老者足以无失肉矣。百亩之田，匹夫耕之，八口之家足以无饥矣。"③ 自给自足的小农经济调动了农民的生产积极性，但这种经济又很脆弱，对自然的依赖度高。这种强调自然的小农经济就构成了庄子思想产生的经济基础。思想文化上，思想解放，"百家争鸣"。一方面，周王室衰微，权力下移，"天子失官，学在四夷"。私学兴起，平民有机会学到更多的知识，由此产生了一批新的士人；另一方面，各诸侯国为富国强兵招贤纳士，养士之风兴起。这为

① 葛兆光.道教与中国文化［M］.上海：上海出版社，1987：28.
② 陈鼓应.庄子今注今译：下［M］.北京：商务印书馆，2016：686.
③ 杨伯峻.孟子译注［M］.北京：中华书局，2016：344-345.

当时的思想解放创造了环境和人才条件。一时间，诸子并起，"百家争鸣"。一些思想家在思想的交锋中精神开始觉醒，关注点从服务统治者转向思考个人的生存问题及拯救乱世的良方。庄子作为士阶层的一员，以"其学无所不窥"的学识水平和批判的思维模式，思考摆脱生命和精神所面临的困境的方法，构建了独特的道德教育体系。

（二）理论渊源

老子是道家学派的创始人，其后辈思想的源流都能够追溯到老子；庄子是道家的代表人物。世人常将老庄并称，追溯庄子道德教育思想的渊源必然要提到老子。《史记·老庄申韩列传》记载庄子思想"其要本归于老子之言"。① 庄子道德教育思想继承了老子关于道德的思想并超越了它。

庄子继承了老子"尊道贵德"的思想。老子《道德经》分为道经和德经上下两篇，"道""德"是全书最核心的概念，成为串联全书的主线。"道生一，一生二，二生三，三生万物。"② 道即是一，是宇宙演变的独一无二的起源和万物的本原。"道"最初指人行走的道路，老子将"道"的意义延展为万物的本原，而后又将它提升为道家思想的最高范畴。道浑然天成，存在于天地之间，"玄妙之玄妙""无状之状"，超越形而下的经验世界，生生不息。"道"具有的创生力，是一种开放性、创造性的能力，不压制、拘束万物的本性，让万物可以按照自己的本性去生长去发展——"不禁其性，不塞其源"的"不生之生"。③ 在"道"的本原性层面来说，它不仅表现为逻辑上的先后生成之意，更是客观现实的价值根源的体现。"有物混成，先天地生，寂兮寥兮，独立不改，周行而不殆，可以为天下母。"④"为天下母"意味着"道"不仅是宇宙万物的本原，而且还是天地万物遵循的法则。作为浑然天成的万物本体的道，如何去把握呢？直接把握很难，因为既不知道它的名字（"吾不知其名，强字之曰'道'"），也听不见它的声音，看不见它的形体（寂兮寥兮）。为此，老子引出了

---

① 司马迁. 史记 [M]. 北京：中华书局，1997：2143.
② 陈鼓应. 老子今注今译：上 [M]. 北京：商务印书馆，2016：233.
③ 参见牟宗三. 中国哲学十九讲 [M]. 上海：上海古籍出版社，2005：84.
④ 陈鼓应. 老子今注今译：上 [M]. 北京：商务印书馆，2016：169.

"德"的概念。"孔德之容，惟道是从。"① 这句话的意思是大德是按照道来运转的。这是老子第一次把道与德并列提出。老子将"道"与"德"之间的关系概括为"道生之，德畜之，物形之，势成之。是以万物莫不尊道贵德"。② "道"是世间万物的本体，而"德"蓄养、呵护了"物"，使"物"能获得"道"的特性，"无形无迹的道显现于物或作用于物是为德"。③ 这样就把道、德、物三者联系起来，德成为道和物之间的纽带，实现了从无名到有名，从无形到有形，从无声到有声的跨越。"德"是一切"物"得到了"道"的本性的显现，道为体，德为用，万物莫不"尊道"，万物莫不"贵德"。什么是真正的"德"？老子认为："生而不有，为而不恃，长而不宰，是谓'玄德'。"④

庄子继承了老子"道法自然"的思想。"人法地，地法天，天法道，道法自然。"⑤ 老子认为宇宙万物有共同的本原——道，而且都遵循共同的规律"法自然"。对于"自然"，学术界有不同的理解，有人认为是"自然界"。对此，冯友兰提出了反驳，认为老子上文说到"域中有四大"⑥，即"人""地""天""道"，没有"五大"。童书业认为："老子书里的所谓'自然'，就是自然而然的意思，所谓'道法自然'就是说道的本质是自然的。"⑦ 笔者同意"自然"为自然而然的意思，即指遵循其本性，不为外力及人为干涉的状态。在《老子·二十八章》中有这样的表述："知其雄，守其雌，为天下溪。为天下溪，常德不离，复归于婴儿。知其白，守其黑，为天下式。为天下式，常德不忒，复归于无极。知其荣，守其辱，为天下谷。为天下谷，常德乃足，复归于朴。"⑧ "复归于婴儿""复归于无极""复归于朴"其实都是对"法自然"的另外一种表达方式。如何才能"法自然"呢？对于统治者而言，老子主张要"以正治国，以奇用兵，

① 陈鼓应. 老子今注今译：上 ［M］. 北京：商务印书馆，2016：156.
② 陈鼓应. 老子今注今译：上 ［M］. 北京：商务印书馆，2016：260.
③ 余秋雨. 老子通释 ［M］. 北京：北京联合出版公司，2021：206.
④ 陈鼓应. 老子今注今译：修订本 ［M］. 北京：商务印书馆，2016：108.
⑤ 陈鼓应. 老子今注今译：修订本 ［M］. 北京：商务印书馆，2016：169.
⑥ 陈鼓应. 老子今注今译：修订本 ［M］. 北京：商务印书馆，2016：169.
⑦ 童书业. 先秦七子思想研究 ［M］. 北京：中华书局，2006：113.
⑧ 陈鼓应. 老子今注今译：修订本 ［M］. 北京：商务印书馆，2016：183.

以无事取天下"①，做到"无为而治"。意思就是希望统治阶级多给人民大众自主、自由，少一些政教法令，以实现尧舜时代的"圣人之治"。"无为"，不是不作为，而是不违背自然法则，不妄为，实则是"无为而无不为"。"是以圣人处无为之事，行不言之教，万物作而不为始，生而不有，为而不恃，功成而弗居。"② 不有、不恃、弗居体现了不妄为、不标榜、不自居的无为的德性观念。老子又把"德"分为"上德"和"下德"。"上德不德，是以有德。下德不失德，是以无德。上德无为而无以为，下德无为而有以为。"③ "上德"体现的是无为的法则，老子主张"上德若谷"，"上善若水"。而"下德"对应的就是有为，是标榜的一种强加于社会的、勉强为之的道德规范，是形式主义"伪善"滋生的土壤。

老子崇尚的"玄德""上德""上善"，其本质都是将"道"融入"德"之中，表现出自然、无为的特征。庄子继承了老子关于"道""德"的思想，但庄子对老子思想的继承不是盲目的，也不是全盘接受的，而是进行了扬弃。

（三）个人经历

庄子道德教育思想的产生与庄子的个人经历紧密相连。有关庄子的年代、生平、身世，最早、最权威的记载是司马迁的《史记》。《史记·老庄申韩列传》记载："庄子者，蒙人也，名周。周尝为蒙漆园吏，与梁惠王、齐宣王同时。"④ 庄子曾做过漆园吏。宋国的悲剧命运、庄周家族的兴衰历史和个人的困苦经历对庄子道德思想的形成产生了深远的影响。

庄子目睹了宋国被灭亡、瓜分的悲惨过程，既痛苦又无奈。在春秋战国诸侯争霸的时代，宋国是一个比较弱小的国家，处于齐、晋、楚三个大国之间，这就决定了它无法摆脱被大国蚕食侵吞的历史命运。《左传》记载，宋国先后遭受齐、楚、晋、鲁、郑、邾、陈、狄等国的侵伐多达二十余次。宋文公十七年（前594），楚师围宋，城内曾"易子而食，析骸为

---

① 陈鼓应. 老子今注今译：修订本 [M]. 北京：商务印书馆，2016：280.
② 陈鼓应. 老子今注今译：修订本 [M]. 北京：商务印书馆，2016：80.
③ 陈鼓应. 老子今注今译：修订本 [M]. 北京：商务印书馆，2016：215.
④ 司马迁. 史记 [M]. 北京：中华书局，1997：2143.

霐"，景象惨绝人寰。宋国统治集团内部也异常混乱，倾轧、残杀不断，如华父督弑殇公及孔父，宋万弑闵公，宋文公杀母弟及昭公子、出武穆之族，鱼石之乱等。庄周时代的国君宋王偃赶走其兄剔成君后而上位，是一个暴君。庄子认为："宋国之深，非直九重之渊也；宋王之猛，非直骊龙也。"①《战国策》记载宋王偃"射天笞地，斩社稷而焚灭之，曰：'威服天下鬼神。'骂国老谏曰，为无颜之冠，以示勇。剖伛之背，锲朝涉者之胫，而国人大骇"②，被人称为"桀宋""桀偃"。外有齐、楚、魏、秦等强国的眈眈虎视，内有暴君当政，再加上水、火、虫、风各种灾异频繁，内忧外患、人祸天灾，宋国人民困苦不堪。公元前 286 年，宋国终为齐国所灭。"亡国之余"的宋人愈来愈受到歧视和侮辱，从先秦旧籍中"揠苗助长""守株待兔""竭池求珠"等荒唐可笑的寓言故事，大多置于宋人名下可见一斑。生活在这样一个受人欺侮且多灾多难的弱国中的臣民，既不满现实，又找不到出路，精神上的矛盾和痛苦是必然的。

　　庄子经历了家族衰败、家境贫寒的窘境，深感世态炎凉。根据现今存留的历史材料，庄子家族的真实情况已经无法考证。从庄氏姓氏来说，史籍《元和姓纂》和《通志》卷二八《氏族略》都认为其为楚庄王之后，属于以谥为姓之类。如后者云："庄氏，芈姓，楚庄王之后，以谥为氏。"今人崔大华先生也有此看法："庄子可能是楚国贵族的后裔，可能是在楚国吴起变法期间（约在楚悼王十五年到二十一年，即前 387—前 381 年），被迫迁移到楚国边陲，最后流落到宋国的楚国公族后裔。"③也有人认为庄氏为宋庄公之后，如民国时期党晴梵先生就指出："庄氏为宋之公族。当是宋庄公之后代。《世家》：'文公二年，昭公子因文公母弟须，与武、缪、戴、庄、桓之族为乱。文公尽诛之，出武、缪之族。'周之称庄子，因其为宋庄公之后。与孔子为孔父嘉之后而称孔、孟子为孟孙氏之后而称孟一样。"④虽然在庄子究竟是楚庄王之后还是宋庄公之后这一问题上存在分歧，但学术界在庄子出身于没落贵族这一点上还是基本达成了共识。出身

---

① 陈鼓应 . 庄子今注今译：下［M］. 北京：商务印书馆，2016：974.
② 张彦修，注说 . 战国策［M］. 郑州：河南大学出版社，2010：693.
③ 崔大华 . 庄学研究［M］. 北京：人民出版社，1992：29-30.
④ 党晴梵 . 先秦思想史论略［M］. 西安：陕西人民出版社，1959：292.

于没落贵族的庄子，家庭贫困，借米度日，即使见魏王，也是破衣烂鞋。"庄周家贫，故往贷粟于监河侯。"①　"处穷闾阨巷，困窘织屦，槁项黄馘"，②"衣大布而补之，正緳系履而过魏王"。③ 庄子虽然家贫，却生性高傲，不屑于高官厚禄，只做过短暂的漆园吏。《史记》记载："楚威王闻庄周贤，使使厚币迎之，许以为相。庄周笑谓楚使者曰：'千金，重利；卿相，尊位也。子独不见郊祭之牺牛乎？养食之数岁，衣以文绣，以入太庙。当是之时，虽欲为孤豚，岂可得乎？子亟去，无污我！我宁游戏污渎之中自快，无为有国者所羁。终身不仕，以快吾志焉。'"④ 庄子饱受生活苦难，积极寻找方法以摆脱人生困境。

庄子长期生活在文化冲突的环境中，怀有反叛情绪和批判意识。庄子生活的宋国，是周代列国中一个特殊的封国。《史记·周本纪》记载，周人在灭商后，"以微子开（启，纣庶兄）代殷后，奉其先祀，作微子之命以申之，国于宋"。由此可见，宋国是周王朝留给殷人"奉其先祀"的保留地。作为殷商后裔的宋国，在周王朝的统治下，一方面不得不在一定程度上靠拢并服从以关注现实、崇尚理性为特点的周文化，另一方面又必然执着地保持着殷商文化重自然、敬鬼神、尚巫术、好占卜、奇幻浪漫的固有特色。这种精神上的重负和隐痛，烙印在宋人"遗民"的头脑里，渗透在他们的血液中，世代相传。宋人潜意识埋藏着对于当时主流文化周文化的敌视、叛逆心理，对于现实社会的不满情绪和批判意识。这种思想和意识在庄子身上及其书中都有体现。

面对处于裂变中的严酷社会现实以及祖祖辈辈苦闷压抑而又无可奈何的思想状态，庄子需要突破，他采取了避世游世的态度，提出了一套异于当时正统思想标准的道德教育体系，试图通过回归自然以拯救社会和人生，以此摆脱困境从而获得精神世界的自由。

---

① 陈鼓应. 庄子今注今译：下 [M]. 北京：商务印书馆，2016：810.
② 陈鼓应. 庄子今注今译：下 [M]. 北京：商务印书馆，2016：964.
③ 陈鼓应. 庄子今注今译：下 [M]. 北京：商务印书馆，2016：598.
④ 司马迁. 史记 [M]. 北京：中华书局，1997：2145.

二　庄子道德教育思想的理论体系

一般的道德教育理论非常重视道德知识和道德教化。庄子对此持不同意见，认为道德境界是不可能通过道德知识教化和道德规范约束来达到的。儒家的道德知识教化和道德规范约束不仅没使人变得更道德，反而造成了道德的堕落、社会风气的恶化。为此，庄子提出了以道为起点的道德教育体系，① 以挽救社会的颓败。

（一）"道""德"的内涵

庄子继承了老子"道"与"德"的观点，并发展了它。"道德"是庄子道德教育思想中最基本最核心的概念，在《庄子》一书中，在大多数情况下"道"与"德"是分开使用的，但在外杂篇中也有连用的情况。下面对"道德"的内涵进行详细阐述。

1. "道"的内涵

"道"是道家以至整个中国哲学之最高范畴，也是庄子哲学和道德教育思想中最基本的范畴。在《庄子》中，"道"字出现了 365 次，在不同的场合中具有不同的含义。对于庄子的"道"，学界有不同的见解。胡适在《先秦哲学史》中认为道是"一种无意识的概念"。② 冯友兰认为"道是天地万物所以生之总原理"。③ 张岱年主张"道是宇宙之究竟本根"。④ 还有学者认为庄子的道"不是作为本源的实存论意义上的道，而是形上境界之道"。⑤

从《庄子》中对"道"的各种论述来看，笔者认为庄子的"道"可以从两个层面来探讨。第一，"道"是世界的本原和总根源。庄子继承了老子的"道论"并且有所发展，"道"在庄子的思想体系中，同样作为本

---

① 庄子的道德教育与一般意义的道德教育的含义不同。庄子认为"道德"是一种自然本性，不能言传，因而反对儒家的道德说教和道德知识的教化，倡导"不言之教"。

② 胡适 . 先秦哲学史 ［M］. 上海：学林出版社，1983：122.

③ 冯友兰 . 中国哲学史 ［M］. 上海：华东师范大学出版社，2000：290.

④ 张岱年 . 中国哲学大纲 ［M］. 南京：江苏教育出版社，2005：50.

⑤ 冯达文，郭齐勇 . 新编中国哲学史 ［M］. 北京：人民出版社，2004：121.

体论的依据。道"自本自根，未有天地，自古以固存；神鬼神帝，生天生地"①。庄子认为，"道"是天地生成之前本来固存的，道不自生而生万物，是宇宙和万物的本原，是世间万物存在的依据。在《庄子·天地》篇中描述了"道"生万物的过程："泰初有无，无有无名；一之所起，有一而未形。物得以生，谓之德。"② 第二，"道"是最高的境界，即自然无为的境界。"万物殊理，道不私，故无名。无名故无为，无为而无不为。"③ "无为"是指道的运动没有目的，没有意识，自然而然，自由自在；"无不为"是说道虽非有意为之，却产生了宇宙万物，并使之按照自身的规律发展变化，此即最高境界。作为创生宇宙万物的道，具有鲜明的特征。其一，具有普遍性。作为本体意义上的"道"无所不在，贯穿于宇宙万物之中。"且道者，万物之所由也，庶物失之者死，得之者生，为事逆之则败，顺之则成。"④ "天不得不高，地不得不广，日月不得不行，万物不得不昌，此其道与！"⑤ "天之高远，地之光大，日月之没出，万物之繁荣，都是不得不然的，亦是必然的，这必然的力量不在物质本身，亦非来自神意，而是来自道对万物的决定作用。"⑥ 其二，具有超越性。庄子之"道""无所不在"，却又无形、无色、无名、无声，无法用感官去感知，具有人类经验所不及的超越性。"夫道，有情有信，无为无形，可传而不可受，可得而不可见"。⑦ "道不可闻，闻而非也；道不可见，见而非也；道不可言，言而非也。知形形之不形乎！道不当名。"⑧ "道"无形、无色、无名、无声，要认识它，需要借助于"德"来实现。

2. "德"的内涵

"德"是老庄哲学中的基本概念，更是庄子道德教育思想的核心概念，在《庄子》中，"德"字出现 204 次。"道"是一种抽象的普遍存在，将

① 陈鼓应. 庄子今注今译：上 [M]. 北京：商务印书馆，2016：213.
② 陈鼓应. 庄子今注今译：上 [M]. 北京：商务印书馆，2016：363.
③ 陈鼓应. 庄子今注今译：下 [M]. 北京：商务印书馆，2016：794.
④ 陈鼓应. 庄子今注今译：下 [M]. 北京：商务印书馆，2016：946.
⑤ 陈鼓应. 庄子今注今译：下 [M]. 北京：商务印书馆，2016：656.
⑥ 刘笑敢. 庄子哲学及其演变：修订版 [M]. 北京：中国人民大学出版社，2010：105.
⑦ 陈鼓应. 庄子今注今译：上 [M]. 北京：商务印书馆，2016：213.
⑧ 陈鼓应. 庄子今注今译：下 [M]. 北京：商务印书馆，2016：668.

无形之"道"下贯于天地万物，使"道"得以显现，是为"德"。"道"是"德"的根本存在依据；"德"是"道"的外现以及功用，应当把对"德"的理解置于"道"的视域之中。

庄子在继承老子的"德"以"道"为根据的观点基础上，对"德"的内涵进行了拓展和深化。庄子所论的"德"有两层含义。一是淳朴的自然本性，① 既包括物的自然本性，也包括人的自然本性。"物得以生，谓之德。"② "德"是人和物得"道"而显现的自然禀性。有了这禀性，人才成其为人，物才成其为物。所以"天地固有常（即常德）矣，日月固有明矣，星辰固有列矣，禽兽固有群矣，树木固有立矣"。③ 天地之间的万事万物若能体现道，顺应自然，就有了"德"，庄子在《德充符》篇中借孔子之口解释了何谓"德不形"："平者，水停之盛也。其可以为法也，内保之而外不荡也。"④《庄子》在外、杂篇中将"性"的概念引入对"德"的阐释，"德"以符合"道"赋予万物的本然之性为旨归，"性修返德"。二是人生最高的修养境界。⑤ "德"以"和"为状态。"德者，成和之修也。德不形者，物不能离也。"⑥ "德"以"无为"的方式浸润万物于无形，虽"不形"但能成和万物。"和"不仅是指个体与宇宙天地万物、与他人的关系和状态，更是指个体自身内部的精神的状态和境界。"德"以"安命"为重要内容，"自事其心者，哀乐不易施乎前，知其不可奈何而安之若命，德之至也"。⑦ 知世事之难以预知和不可把握而又能顺乎自然、安然处之、"安之若命"，保持不因外物而悲喜的平和心境，这就是"德"。即使面对残缺的身体仍能够保持和顺的心性。庄子在《德充符》中描述了这样的"全德之人……才全而德不形者"，如兀者王骀、申徒嘉、叔山无趾等，"夫若然者，且不知耳目之所宜而游心乎德之和；物视其所一而不见其所

① 刘笑敢. 庄子哲学及其演变：修订版［M］. 北京：中国人民大学出版社，2010：133-134.

② 陈鼓应. 庄子今注今译：上［M］. 北京：商务印书馆，2016：363.

③ 陈鼓应. 庄子今注今译：上［M］. 北京：商务印书馆，2016：404.

④ 陈鼓应. 庄子今注今译：上［M］. 北京：商务印书馆，2016：184-185.

⑤ 刘笑敢. 庄子哲学及其演变：修订版［M］. 北京：中国人民大学出版社，2010：133-134.

⑥ 陈鼓应. 庄子今注今译：上［M］. 北京：商务印书馆，2016：185.

⑦ 郭象注，陈玄英疏. 庄子注疏［M］. 北京：中华书局，2011：85.

丧，视丧其足犹遗土也"。① 此处的"德"是一种最高的境界，理想的状态，属于"至德""上德""玄德"。由此庄子提出了他的理想人格和理想境界："至德之人"和"至德之世"。可见庄子把"德"分为不同的层级："上德""中德""下德"。宇宙万物产生之时所具有的"德"呈现为完满状态，为"至德"和"上德"，但受遗传、环境等因素的影响，实际显现的道德层级与"至德"不能相合。《庄子》一书中阐述了从燧人氏、伏羲氏时期至尧舜时期，作为社会整体道德层级的"至德"逐渐下衰为一系列"下德"的过程。世人常常因为受欲望驱使追逐外在名利价值而形成智巧诈伪之心，丧失其自然本性，因而会失德、背德，如"贼莫大乎德有心而心有睫"②。只有得道之人能够保持和保全其禀于"道"的自然本性，从而达到一种理想的境界——至德、全德的境界，从这个意义上来说，"德"的两层含义是紧密联系，内在统一的。

3. "道德"的内涵

万物得到"道"而生成即是"德"，"道"是"德"的内在根据，"德"是"道"在具体事物中的体现。"道""德"在《庄子》内篇中都是分开使用的，但在外、杂篇的《骈拇》《马蹄》《天道》《山木》《庚桑楚》《让王》《天下》等篇中"道"与"德"的连用，一共出现 16 次。诸如："多方乎仁义而用之者，列于五藏哉，而非道德之正也。"③"道德不废，安取仁义！"④"若夫乘道德而浮游则不然，无誉无訾，一龙一蛇，与时俱化，而无肯专为。"⑤ "夫恬惔寂漠虚无无为，此天地之本而道德之质也"。⑥"天下大乱，贤圣不明，道德不一。"⑦ 道与德能够连用，表明两个概念之间存在着紧密的联系。当"道""德"连用时，就是复合词，不是"道"和"德"的意思，"道德"指的就是"德"，同"德"的含义。庄子所言之"道德"，合于"道"的自然本性或是最高的修养境界，不同于儒家的

① 陈鼓应. 庄子今注今译：上 [M]. 北京：商务印书馆，2016：171.
② 陈鼓应. 庄子今注今译：下 [M]. 北京：商务印书馆，2016：970.
③ 陈鼓应. 庄子今注今译：上 [M]. 北京：商务印书馆，2016：272.
④ 陈鼓应. 庄子今注今译：上 [M]. 北京：商务印书馆，2016：290.
⑤ 陈鼓应. 庄子今注今译：下 [M]. 北京：商务印书馆，2016：579.
⑥ 陈鼓应. 庄子今注今译：上 [M]. 北京：商务印书馆，2016：459.
⑦ 陈鼓应. 庄子今注今译：下 [M]. 北京：商务印书馆，2016：984.

伦理道德或现今的思想品德。

（二）主要内容

庄子道德教育思想是在批判儒家道德说教的基础上提出的，有破有立，在破中立，其内容繁复，这里主要从道德的本质与特点、道德与善恶的关系、道德教育的方式、道德教育的要求四个方面进行阐述和分析。

1. 道德是一种自然本性

庄子认为，道是宇宙万物的本原，具有普遍性，无所不在。道创生万物之后就体现为德内蕴于万物之中而成为万物的本性。道德就体现在万物之中，是其自然本性。这种自然本性是自然而然的，没有什么意志安排控制，具有以下特点。第一，它是一种天然善意行为。在庄子看来，道德的行为就是以一个人天性中的善良去做各种本分之事。《山木》篇对此进行了具体描述："子独不闻假人之亡与？林回弃千金之璧，负赤子而趋。或曰：'为其布与？赤子之布寡矣；为其累与？赤子之累多矣；弃千金之璧，负赤子而趋，何也？'林回曰：'彼以利合，此以天属也。'夫以利合者，迫穷祸患害相弃也；以天属者，迫穷祸患害相收也。"[①] 林回面对别人的不解，用"此以天属"进行了回复，他以自己的言行对道德的天然本性进行了很好的诠释。第二，它"与而不求其报"。庄子认为，合乎道德的行为是祛除了个人占有之心、只问耕耘不问收获的行为。《山木》篇中描述过一个南方乌托邦，那里的人们"与而不求其报"，没有炫耀卖弄之心，过着少私寡欲、自由自然的生活，"南越有邑焉，名为建德之国。其民愚而朴，少私而寡欲；知作而不知藏，与而不求其报；不知义之所适，不知礼之所将；猖狂妄行，乃蹈乎大方；其生可乐，其死可葬"[②]。第三，它"润物细无声"。庄子认为道德是一种不求回报的自然本性，考察的是道德主体的动机和目的，他同时还对道德主体的行为方式提出了要求：以一种不让对方感觉到的方式行善，润物细无声。"利泽施于万世，天下莫知也。"[③]

① 陈鼓应. 庄子今注今译：下 [M]. 北京：商务印书馆，2016：594.
② 陈鼓应. 庄子今注今译：下 [M]. 北京：商务印书馆，2016：583.
③ 陈鼓应. 庄子今注今译：上 [M]. 北京：商务印书馆，2016：423.

"圣人并包天地，泽及天下，而不知其谁氏。"① 圣人遍施恩惠却不让人感觉到他的存在，人们普遍受到恩惠，却认为生活本来如此，泰然处之，这就是自然本性的体现。"若知之，若不知之，若闻之，若不闻之，其爱人也终无已，人之安之亦无已，性也。"② 人们感觉不到施恩者的存在，也就不会有感谢施恩者的想法，更无从向施恩者索取更多的恩惠。同时，施恩者也就不能从中得到任何的好处。

2. 真正的道德不作是非善恶区分

万物得到"道"而生成"德"，"道"是"德"的内在根据。道德也即"德"能否成立，要看是否与道的性格相符合。庄子提出"以道观之"的方法，以道的立场或角度来看道德，主张"道通为一"，认为是非、善恶是一个不可分割的整体，反对对是非、善恶进行区分。

第一，是非善恶是相互依存不可分割的。彼此、是非、善恶互相依存，相对而生，随起随灭，不可分割。"物无非彼，物无非是。自彼则不见，自是则知之。故曰彼出于是，是亦因彼。彼是方生之说也，虽然，方生方死，方死方生；方可方不可，方不可方可。因是因非，因非因是。是以圣人不由，而照之于天，亦因是也。"③

第二，是非善恶的标准是相对的。庄子认为，万物之间很难有一个共同的确定的是非标准。这是因为，其一，宇宙间的万事万物都是处在变动之中的。"天下莫不沈浮，终身不故。"④ "物之生也，若骤若驰。无动而不变，无时而不移。"⑤ 一切事物在不断地流转变动，因而判断事物的价值标准也是流变无定的。"方生方死，方死方生；方可方不可，方不可方可。"⑥ 其二，是非善恶没有一个确定的标准，人们都是从自己的视角看问题。庄子在《齐物论》中对此有精辟的论证。"啮缺问乎王倪曰：'子知物之所同是乎？'曰：'吾恶之……且吾尝试问乎汝：民湿寝则腰疾偏死，鳅然乎

① 陈鼓应. 庄子今注今译：下 [M]. 北京：商务印书馆，2016：747.
② 陈鼓应. 庄子今注今译：下 [M]. 北京：商务印书馆，2016：773.
③ 陈鼓应. 庄子今注今译：上 [M]. 北京：商务印书馆，2016：67.
④ 陈鼓应. 庄子今注今译：下 [M]. 北京：商务印书馆，2016：651.
⑤ 陈鼓应. 庄子今注今译：上 [M]. 北京：商务印书馆，2016：493.
⑥ 陈鼓应. 庄子今注今译：上 [M]. 北京：商务印书馆，2016：67.

哉？木处则惴慄恂惧，猿猴然乎哉？三者孰知正处？民食刍豢，麋鹿食荐，蝍蛆甘带，鸱鸦嗜鼠，四者孰知正味？猿猵狙以为雌，麋与鹿交，鳅与鱼游。毛嫱、西施，人之所美也；鱼见之深入，鸟见之高飞，麋鹿见之决骤，四者孰知天下之正色哉？自我观之，仁义之端，是非之涂，樊然淆乱，吾恶能知其辩！'"① 宇宙万物多种多样，这种多样性是道的绝对性和无限性的体现，其本身并没有是非、善恶、贵贱、美丑之分。所谓的是非、善恶、贵贱、美丑的区分，都是主观意愿强加在事物身上的。"以道观之，物无贵贱；以物观之，自贵而相贱；以俗观之，贵贱不在己。"② 人依自己所处的时空和位置进行价值选择，设立价值标准，这种标准是相对的，因为换一个视角换一个主体就会有不同的标准。

第三，真正的道德不作是非善恶区分。从人的生命本身来看，是非善恶是微不足道的。庄子认为，人活在世上不过是气聚合而成的物体，寿命无论长短，都是一瞬间的事，更别提人的言论。作是非善恶的区分也没有什么意义，以和谐随顺的态度去对待人与事就符合道德了。"自本观之，生者，暗醷物也。虽有寿夭，相去几何？须臾之说也。奚足以为尧桀之是非！果蓏有理，人伦虽难，所以相齿。圣人遭之而不违，过之而不守。调而应之，德也；偶而应之，道也。"③ 从大道本原来看，其无所不在，无所不包，"道通为一"，没有任何分界，"夫道未始有封，言未始有常"。④ 在道那里不存在此与彼、我与物、真与伪、是与非、胜与败、仁与不仁、义与不义、尊与卑、贵与贱、疏与亲等的区分。"以道观之，何贵何贱，是谓反衍；无拘而志，与道大蹇。何少何多，是谓谢施；无一而行，与道参差。严严乎若国之有君，其无私德；繇繇乎若祭之有社，其无私福；泛泛乎其若四方之无穷，其无所畛域。兼怀万物，其孰承翼？是谓无方。万物一齐，孰短孰长？道无终始，物有死生，不恃其成。一虚一盈，不位乎其形。年不可举，时不可止；消息盈虚，终则有始。是所以语大义之方，论

① 陈鼓应. 庄子今注今译：上 [M]. 北京：商务印书馆，2016：97.
② 陈鼓应. 庄子今注今译：上 [M]. 北京：商务印书馆，2016：487.
③ 陈鼓应. 庄子今注今译：下 [M]. 北京：商务印书馆，2016：657.
④ 陈鼓应. 庄子今注今译：上 [M]. 北京：商务印书馆，2016：91.

万物之理也。"① 就大道而言，贵贱、多少、短长都是反复变化、互相交替的，因此不要固执于一时之见而背离了大道。从道德境界来说，真正的道德不作是非善恶区分。"蹍市人之足，则辞以放骜，兄则以妪，大亲则已矣。故曰，至礼有不人，至义不物，至知不谋，至仁无亲，至信辟金。"② 是非善恶区分是人与人之间关系疏远的反映，是远离道德的表现。真正的道德没有人我、物我、亲疏等的区分，"道通为一""物我两忘"。

3. 行"不言之教"

庄子反对道德知识的传授，主张进行"不言之教"。所谓的不言之教，就是不用言语进行道德知识的教育、说服劝导，而是对学生产生潜移默化影响的教育方式。曹础基认为："天道不能说，只能靠身体力行去影响别人，而不能靠说教，故称为'不言之教'。"③ 庄子提出不言之教的教育方法是在否决儒家道德说教方法之后提出来的一种新方法。

第一，道德不可言。这是因为以下两点。其一，从道德的特点看，道德是一种自然本性，不可以言传。真正的道德内蕴于万物之中，"德不形"，看不见、听不到，其实质精微玄妙，无法言传，因此无法从言说者的"形色名声"中得到。"语之所贵者意也，意有所随。意之所随者，不可以言传也，而世因贵言传书。世虽贵之，我犹不足贵也，为其贵非其贵也。故视而可见者，形与色也；听而可闻者，名与声也。悲夫，世人以形色名声为足以得彼之情！夫形色名声果不足以得彼之情，则知者不言，言者不知，而世岂识之哉！"④ 说出来的道德已经不是真正的道德。"夫大道不称，大辩不言，大仁不仁，大廉不嗛，大勇不忮。道昭而不道，言辩而不及，仁常而不周，廉清而不信，勇忮而不成。五者无弃而几向方矣！故知止其所不知，至矣。孰知不言之辩，不道之道？若有能知，此之谓天府。"⑤ 其二，从语言的局限看，语言无法表达精微幽深的事物，更不能表达超验的事物。"可以言论者，物之粗也；可以意致者，物之精也；言之

① 陈鼓应. 庄子今注今译：上 [M]. 北京：商务印书馆，2016：492-493.
② 陈鼓应. 庄子今注今译：下 [M]. 北京：商务印书馆，2016：711.
③ 曹础基. 庄子浅注 [M]. 北京：中华书局，2007：255.
④ 陈鼓应. 庄子今注今译：上 [M]. 北京：商务印书馆，2016：413-414.
⑤ 陈鼓应. 庄子今注今译：上 [M]. 北京：商务印书馆，2016：91.

所不能论，意之所不能致者，不期精粗焉。"①《天道》篇中以轮扁砍削车轮的体验为例来说明语言表达的局限性问题："斫轮，徐则甘而不固，疾则苦而不入。不徐不疾，得之于手而应于心，口不能言，有数存焉于其间。臣不能以喻臣之子，臣之子亦不能受之于臣，是以行年七十而老斫轮。"②

　　第二，真正有道德的人行"不言之教"。"夫知者不言，言者不知，故圣人行不言之教。"③《庄子》一书中举了很多案例来进行论证。在《德充符》中描写了一个被砍掉脚的人王胎，行"不言之教"，跟随他的人却能获得真正的道德。"王胎，兀者也，从之游者与夫子中分鲁。立不教，坐不议。虚而往，实而归。固有不言之教，无形而心成者邪？"真正有道德之人无须进行道德说教，其行为本身已经把什么都讲清楚了。跟随之人自然而然从他的行为上悟道。在《天下》篇提到了彭蒙、田等人也认识到道德说教的局限性，因此也主张行"不言之教"。"选则不遍，教则不至，道则无遗者矣。"④ 同时，这种不言之教的方法可以通过学习获得："田骈亦然，学于彭蒙，得不教焉。"⑤ 由此可见，"不言之教"的教育方法是可以推广的，具有可行性。"不言之教"不是取消道德教育，而是主张采用言教之外的方法进行道德教育。道德与说教是互相矛盾的。那些侃侃而谈进行道德说教的人都是不懂得道德的人。在《田子方》篇中以颜渊跟随孔子学习道德为例证明了通过接受说教并不能达到道德的最高境界。"颜渊问于仲尼曰：'……夫子步，亦步也；夫子言，亦言也；夫子趋，亦趋也；夫子辩，亦辩也；夫子驰，亦驰也；夫子言道，回亦言道也；及奔逸绝尘而回瞠若乎后者，夫子不言而信，不比而周，无器而民滔乎前，而不知所以然而已矣。'"⑥ 只注意言说的外表，而忽视了道德本身，这种做法不会有实质性的教育效果。只有做到不言，甚至忘言，把注意力集中到对道德

---

① 陈鼓应 . 庄子今注今译：上 ［M］. 北京：商务印书馆，2016：485.
② 陈鼓应 . 庄子今注今译：上 ［M］. 北京：商务印书馆，2016：415.
③ 陈鼓应 . 庄子今注今译：下 ［M］. 北京：商务印书馆，2016：645.
④ 陈鼓应 . 庄子今注今译：下 ［M］. 北京：商务印书馆，2016：1006.
⑤ 陈鼓应 . 庄子今注今译：下 ［M］. 北京：商务印书馆，2016：1007.
⑥ 陈鼓应 . 庄子今注今译：下 ［M］. 北京：商务印书馆，2016：618.

内涵的体悟之上，才会成功。

第三，道德说教造成道德混乱。庄子认为通过道德说教来使人达到道德的方法，扰乱了人的自然本性，改变了人的本然之德，造成了道德的混乱。通过道德说教获得的道德知识，就像是人身上的"骈拇枝指"，虽然是长在人的身上，却不一定是真正的道德。"骈拇枝指，出乎性哉，而侈于德；附赘县疣，出乎形哉，而侈于性；多方乎仁义而用之者，列于五藏哉，而非道德之正也。是故骈于足者，连无用之肉也；枝于手者，树无用之指也；骈枝于五藏之情者，淫僻于仁义之行，而多方于聪明之用也。"①如果一厢情愿地把道德规范、仁义之知强加人，就会对人产生伤害，就像把鸭子的腿续长、鹤的腿截短一样。"凫胫虽短，续之则忧；鹤胫虽长，断之则悲。故性长非所断，性短非所续，无所去忧也。意仁义其非人情乎！彼仁人何其多忧也。"②庄子把儒家的道德说教比作伯乐治马，是用控制、约束、惩罚、规范的方法治马，虽对马起一定的规训作用，但这是以马被伤害、牺牲为代价的，即使马侥幸生存下来也改变了真性情。"马，蹄可以践霜雪，毛可以御风寒。龁草饮水，翘足而陆，此马之真性也。虽有义台路寝，无所用之。及至伯乐，曰：'我善治马。'烧之，剔之，刻之，雒之。连之以羁絷，编之以皂栈，马之死者十二三矣；饥之，渴之，驰之，骤之，整之，齐之，前有橛饰之患，而后有鞭䇲之威，而马之死者已过半矣！"③庄子认为儒家的道德教化，改变了人淳朴的自然本性，不仅没有使人更有道德，反而导致了道德混乱。

4. 去"知"达"不知"

"知"是《庄子》一书特别是内七篇中的重要概念。在《庄子》文本中出现达 580 余次，贯穿于《庄子》三十三篇。在《内篇》中明确论及知的有十七章。庄子认为"知为孽"④，知识是祸殃，是用来彼此争夺的工具，"争之器也，"⑤凭借它不仅不会使人的品行达到完美，反而会带来一

---

① 陈鼓应.庄子今注今译：上 [M].北京：商务印书馆，2016：272.
② 陈鼓应.庄子今注今译：上 [M].北京：商务印书馆，2016：275.
③ 陈鼓应.庄子今注今译：上 [M].北京：商务印书馆，2016：288.
④ 陈鼓应.庄子今注今译：上 [M].北京：商务印书馆，2016：191.
⑤ 陈鼓应.庄子今注今译：上 [M].北京：商务印书馆，2016：129.

系列的道德问题。

第一，"知"① 是不道德的根源。道内蕴于物而生德，德在产生时即为完满状态。就人类社会而言，在初始状态即为理想境界，但"自三代以下"，人们"好知"而"乱天下"。"夫弓弩毕弋机辟之知多，则鸟乱于上矣；钩饵罔罟罾笱之知多，则鱼乱于水矣；削格罗落罝罘之知多，则兽乱于泽矣；知诈渐毒颉滑坚白解垢同异之变多，则俗惑于辩矣。故天下每每大乱，罪在于好知。故天下皆知求其所不知而莫知求其所已知者，皆知非其所不善而莫知非其所己善者，是以大乱。……甚矣夫好知之乱天下也！自三代以下者是已！舍夫种种之机而悦夫役役之佞；释夫恬淡无为而悦夫哼哼之意，哼哼己乱天下矣。"② 各种虚伪奸诈、狡辩诡辩、是非善恶的智巧，激发了人的欲望，迷乱了人的心智，让人固守一己之是非，使矛盾冲突不断，社会处于混乱状态。庄子在主张去"知"的同时，揭露了儒家道德教化中的授"知"（是非善恶之分）的虚伪性。儒家提倡仁义道德的实质是显示自己的与众不同，把道德知识和品行当成了自我夸赞的资本，以此炫耀自己的高贵身份。"子其意者饰知以惊愚，修身以明污，昭昭乎如揭日月而行"。③ 庄子认为，儒家为了自己的名声，制定烦琐的道德规范，对人进行道德教化，鼓动人们奉行，不仅没有实质的效果，反而搞乱了人的自然本性。人们过多的智巧、思虑、预谋，是违背道德本性的行为，是不道德问题产生的根源。

第二，去"知"是去"小知"。庄子把"知"分为不同的层次："小知""小识""大知""真知"。所谓去"知"就是去"小知"。"小知"就是指儒家所谓的仁义道德或者道德知识。用"小知"修养德性，以"知"穷究德性不仅不会成功，反而会有损于道德的形成。"古之存身者，不以辩饰知，不以知穷天下，不以知穷德，危然处其所而反其性已，又何为哉！道固不小行，德固不小识。小识伤德，小行伤道。"④ 去除"小知"，

① 《庄子》一书中"知"有不同的含义和层次，此处去"知"的"知"按照陈鼓应在《庄子今注今译》中的解释为"智巧"（是非善恶之分）之意。
② 陈鼓应．庄子今注今译：上 [M]．北京：商务印书馆，2016：310.
③ 陈鼓应．庄子今注今译：下 [M]．北京：商务印书馆，2016：590-591.
④ 陈鼓应．庄子今注今译：上 [M]．北京：商务印书馆，2016：472.

自然而然就能明了"大知",就像婴儿学习语言一样无师自通。"去小知而大知明,去善而自善矣。婴儿生无石师而能言,与能言者处也。"① 庄子的"去知"仅限于道德的范畴,对"知"在道德领域之外的运用庄子并不反对。

第三,去"知"达"不知"。用"知"来修养道德,等于给自己划定了一个道德范围,反而束缚了自己。依规范行事,就是待人接物时装出道德的样子,把道德仁义变成追求名利的工具。"故圣人有所游,而知为孽,约为胶,德为接,工为商。圣人不谋,恶用知?不斫,恶用胶?无丧,恶用德?不货,恶用商?"② 真正有道德的人,不需要使用谋略,不装模作样,也从不谋利。去"知"的目的就是要达到"不知"。"不知"是与思虑、谋略、计较相反的处事方式。只有经过"去知"之后达到的"不知",才是道德的境界。《庄子》一书中多处讲到"不知",如:"已而不知其然,谓之道。"③ 任其如此而不知其所以然才能达到"道"的境界,如果强行求知,则会远离道德。《达生》篇对"去知"后"忘知""不知"的状态进行了生动的描述:"忘足,履之适也;忘要,带之适也;忘是非,心之适也;不内变,不外从,事会之适也。始乎适而未尝不适者,忘适之适也。"真正的道德境界是"不知""无知","同乎无知,其德不离"。④

道德的修养与自然知识的学习有很大的区别。由道而生的道德是一种自然本性,必须去掉违背自然规律的欲望、规范、智巧,不断修持,最终达到"虚无""淡漠""寂静"境界,"以至于无为,无为而无不为"。⑤

(三)教育方法

庄子阐述的道德,不是儒家所倡导的"人为"的道德。庄子批判儒家的仁义道德和喋喋不休的道德说教,认为真正的道德是一种由道而生成的自然本性和最高境界,它不能通过"言教"得到,要经由"不言之教"达

---

① 陈鼓应.庄子今注今译:下 [M].北京:商务印书馆,2016:821.
② 陈鼓应.庄子今注今译:上 [M].北京:商务印书馆,2016:191.
③ 陈鼓应.庄子今注今译:上 [M].北京:商务印书馆,2016:76.
④ 陈鼓应.庄子今注今译:下 [M].北京:商务印书馆,2016:571.
⑤ 陈鼓应.庄子今注今译:下 [M].北京:商务印书馆,2016:646.

到"虚静"状态，实现"道通为一"。

1. 以德自反修养法

庄子认为，儒家圣人用礼乐塑其形态，用仁义缚其心智，使世人追名逐利，致"德"衰变。对"俗知"的推崇，使世人无法获得"真知"。要获得"真知"就要去除经验世界中存在的种种俗知俗见，如物我、贵贱、是非、善恶、生死、大小等。所有这些区分都是相对的、主观的，是以"我"为视角的。因为"我"的存在，心与物、心与心、心与道之间有了隔膜，有了"成心"或"是非"。① 所以，庄子在《齐物论》中提出了"吾丧我"，② 即要放下"我"。"吾"和"我"是人在社会生活中的两个状态。"吾"指内在的、精神的、无限的我，也就是心灵的明通；"我"则是指外在的、肉体的、有限的我，也就是基于人的欲望本能和"形"的限制的"成心"。③ 在现实社会中，"吾"往往受到"我"的束缚，无法获得"真知"而离道。为此，要把"吾"从"我"里面解放出来。④ 如何才能"丧我"呢？庄子提出了离形去知的"坐忘"之法，即"堕肢体，黜聪明，离形去知，同于大通"。⑤ "坐忘"有具体的步骤和过程，第一步是"堕其肢体"，即"离形"，是指忘掉物形、外在的区别，也就是不作是非、善恶、好坏的区别，这是得道的基础。第二步是"黜其聪明"，即"去知"，是指去除智巧。只有去除智巧、"成心"，才能与道相融。如何才能实现"离形去知"呢？庄子的《人间世》篇又提出了"心斋"论。"若一志，无听之以耳而听之以心，无听之以心而听之以气！耳止于听，心止于符。气也者，虚而待物者也。唯道集虚。虚者，心斋也。"⑥ 所谓"心斋"就是终止一切心的认知、感受和意志活动，将心与道融为一体的心理修养过程。在庄子看来，心之功能主要在于感觉、思考、感受、意欲等，而所有这些活动的指向和核心内容就是作出各种区分。因此，只要人心还在正常运转，人们就不会接受万物本质上同一的观点。要"离形去知"就必须

① 李振纲. 大生命视域下的庄子哲学 [M]. 北京：人民出版社，2013：41.
② 陈鼓应. 庄子今注今译：上 [M]. 北京：商务印书馆，2016：43.
③ 李振纲. 大生命视域下的庄子哲学 [M]. 北京：人民出版社，2013：42.
④ 陈少明. "吾丧我"：一种古典的自我观念 [J]. 哲学研究，2014，(08)：42-50.
⑤ 陈鼓应. 庄子今注今译：上 [M]. 北京：商务印书馆，2016：240.
⑥ 陈鼓应. 庄子今注今译：上 [M]. 北京：商务印书馆，2016：139.

停止心的活动。① "徇耳目内通而外于心知"，意即终止以感官为基础的"耳"与"心"的活动，以空灵明觉之心无所偏地去观照世界，观照"道"，达到"天地与我并生，而万物与我为一"②的境界。

庄子的道德修养思想以"德衰"为起点，"德衰"的原因为"俗知"的各种区分（是非、善恶等），而"俗知"的各种区分是由"我"的存在而产生的，他因而提出"丧我"的观点。而"丧我"的方法就是"离形去知"（"坐忘"），而要"坐忘"就要"心斋"，"心斋"才能明道，得道，达到道德的理想境界，这样就形成一个完整的逻辑链条（德衰—俗知—我—丧我—坐忘—心斋—成德）。从逻辑链条来看，庄子的道德修养是一个以德自反的心理修炼过程，是个人内在自觉反省的结果。

2. 潜移默化熏陶法

庄子认为，亲近有德之人，与有"德"之人相处，就能受到熏陶，受到潜移默化的影响，完善自己的德性。有"德"之人自然流露出一种精神力量，如太阳的光辉，③吸引着周边的人。如《德充符》篇中的兀者王骀，跟他学的弟子跟孔子差不多，"立不教，坐不议。虚而往，实而归"。④《德充符》还有很多这样的例子，如伯昏无人、哀骀它等。伯昏无人包容的德性让申屠嘉忘却自己形体的残缺，不断修养自己的德性，使其在与子产的矛盾中，以德服人，从而使子产认识到自己的错误。哀骀它的德性完满，虽然相貌丑陋躯体残缺，但人们都愿意亲近他，也使得鲁哀公能够反省到自己治理国家的不当之处。有德之人与人相交时，"德不形"，既忽略对方的容貌形态，也忽略对方的名誉地位，顺其本性与之相处。因而，亲近有德之人，一方面能够让自己忽略外物的差异，放下"成心"，追求与物同一，另一方面能够促进自己进行内在反省、自觉，做到顺从本性，达到道德的完满境界。当然，与有"德"之人的相处，得到的不是知识上的收获，而是精神上的熏陶与感染。

---

① 韩林合. 虚己以游世：《庄子》哲学研究 [M]. 北京：北京大学出版社，2006：77.
② 陈鼓应. 庄子今注今译：上 [M]. 北京：商务印书馆，2016：88.
③ "昔者十日并出，万物皆照，而况德之进乎日者乎！"陈鼓应. 庄子今注今译：上 [M]. 北京：商务印书馆，2016：96.
④ 陈鼓应. 庄子今注今译：上 [M]. 北京：商务印书馆，2016：171.

3. 反复实践体悟法

道德修养的另一个渠道是具体实践。道德是一种自然本性，虽不可言传，但可从实践入手，从具体可感的事物入手，依靠亲身的体悟而习得，"由技入道"。《养生主》篇中"庖丁解牛"的寓言故事讲的就是由"技"进于"道"的问题。"庖丁为文惠君解牛，手之所触，肩之所倚，足之所履，膝之所踦，砉然向然，奏刀騞然，莫不中音；合于《桑林》之舞，乃中《经首》之会。文惠君曰：'嘻，善哉！技盖至此乎？'庖丁释刀对曰：'臣之所好者道也，进乎技矣。'"① 庖丁用刀解牛，用刀的技术已经到了出神入化的境界："今臣之刀十九年矣，所解数千牛矣，而刀刃若新发于硎。彼节者有间，而刀刃者无厚；以无厚入有间，恢恢乎其于游刃必有余地矣。是以十九年而刀刃若新发于硎。"② 面对旁人的惊讶和不解，庖丁讲述了他不断实践，体悟而得道的过程："始臣之解牛之时，所见无非全牛者。三年之后，未尝见全牛也。方今之时，臣以神遇而不以目视，官知止而神欲行。依乎天理，批大郤导大窾因其固然，技经肯綮之未尝微碍，而况大軱乎！"③ 当把刀用到"官知止而神欲行"的境界，就由"技"进入"道"了。在《庄子》中还有很多类似的故事，如"轮扁斫轮""痀偻承蜩""津人操舟""丈夫蹈水""梓庆为鐻""东野御车""工倕旋指""大马捶钩""匠石运斤"等。这些都是人在反复练习"技""术"的过程中，有所感悟而入"道"的。德由道而生，是道的体现，人入"道"则会表现出"德"的最高境界。由此可见，道德修养超越语言，可以通过反复实践、体悟而达到，得之于心，应之于手。

（四）理想人格与理想道德境界

庄子认为，仁义道德、是非善恶导致了人的私欲膨胀；追逐名利，造成了人与人关系的破裂、人与自然的对立。他希望人们经由齐物、心斋、坐忘等路径消解对立和差别，获得真知，复归于道，形成理想人格，进入

---

① 陈鼓应．庄子今注今译：上 [M]．北京：商务印书馆，2016：116.
② 陈鼓应．庄子今注今译：上 [M]．北京：商务印书馆，2016：116.
③ 陈鼓应．庄子今注今译：上 [M]．北京：商务印书馆，2016：116.

理想的道德境界。

1. 理想人格

庄子的理想人格是庄子思想体系中设计的完美道德形象。庄子把"真人""圣人""至人""神人"等设定为理想人格，虽表达方式不一，但都是对理想人格的指称，其本质上是一样的。其实先秦各家都有自身的理想人格，例如儒家的"圣人"，但儒家的"圣人"和庄子的"圣人"具有不同的意义，成圣的标准也是不同的，儒家的"圣人"是庄子批判的对象。在《庄子》当中，表述得最完整的理想人格是"真人"。《大宗师》篇对"真人"这一理想人格进行了具体而翔实的阐述。

第一，阐述了真人的人格特点。"何谓真人？古之真人，不逆寡，不雄成，不谟士。若然者，过而弗悔，当而不自得也；若然者，登高不慄，入水不濡，入火不热。是知之能登假于道者也若此。"①"真人""不逆寡，不雄成，不谟士"，意即"不拒绝微少，不自恃成功"②，不人为算计谋划。而世人爱算计，爱以道德标榜自己与众不同，这是私欲表现，其实是一种违背道德的行为。因为一旦标榜道德，就会有伪善，就会有不信任，社会就会陷入冷漠、不信任、互相算计的恶性循环。做到"不逆寡，不雄成，不谟士"，就可"过而弗悔，当而不自得也。登高不慄，入水不濡，入火不热"，③ 就是说做到了上面几点，即使错过了也不后悔，得到了也不洋洋得意，一切皆顺乎自然，哪怕登凌绝顶、出入水火也能泰然处之，从容应对。

第二，阐述了真人的生存状态。"古之真人，其寝不梦，其觉无忧，其食不甘，其息深深。真人之息以踵，众人之息以喉。"④ "其寝不梦，其觉无忧"表明真人没有困扰，无思无虑。思与虑都属于人为活动，因欲望而起，无思无虑则表现为合乎自然的过程。"其食不甘"则表明真人超越世间感性欲望，对食物只求果腹，不求美味。"其息深深"涉及养生，与

---

① 陈鼓应. 庄子今注今译：上 [M]. 北京：商务印书馆，2016：199.
② 陈鼓应. 庄子今注今译：上 [M]. 北京：商务印书馆，2016：207.
③ 对于"入水不濡，入火不热"，有人译为出入水火也不受伤害，笔者不赞同这一看法。如果果真这样，"真人"就有特异功能，刀枪不入了，颇有点神秘主义的色彩。笔者认为这里表达的不是结果，而是应对的心态，即面对水火时，顺乎自然，泰然处之，从容应对。
④ 陈鼓应. 庄子今注今译：上 [M]. 北京：商务印书馆，2016：199.

道家"吐纳"有关，意即其呼其息，自然而然。真人的呼吸可以直通脚底，而一般人只是在喉咙里。在这里，庄子阐释的其实是真人的生理状态，是一种无欲无求、无思无虑、不受嗜欲所掌控的状态。

第三，阐述了真人对待生死的态度。"古之真人，不知说生，不知恶死；其出不䜣，其入不距；翛然而往，翛然而来而已矣。不忘其所始，不求其所终；受而喜之，忘而复之，是之谓不以心捐道，不以人助天。是之谓真人。"① 生死是关乎人存在与否的重大问题，困扰着世人。真人在这一问题上的态度是顺其自然，不以生为喜，也不以死为悲，完全置生死于度外，超越生死。"翛然而往，翛然而来"是对真人从容面对生死的形象描述。② "不以心捐道，不以人助天，"这一表述从天人关系来定义真人，展现的是真人天人一体，万物一体的境界。世俗的人，总是强调人的作用，认为人可以胜天。"真人"顺应生命之"真"，顺势而为，"道法自然"，达到最高境界。达到这样境界的真人，"其心志，其容寂，其颡頯；凄然似秋，暖然似春，喜怒通四时，与物有宜而莫知其极"。③ 这一段描写让真人睿智、冷静、客观，不被名利得失影响，始终高远飘逸的形象跃然纸上。

第四，阐述了真人的社会行为特点。"故圣人之用兵也，亡国而不失人心；利泽施乎万世，不为爱人。"④⑤ 圣人用兵灭了一个国家但不会失去这个国家的人心，利泽万世却不为爱人，其实是顺道而为。如果为了爱人，那就有不爱之人，就有了区别，就有了亲疏，就有了欲望而丧失真性。所以庄子认为真人、圣人行事远离是非善恶这些区分，没有人间功名之累，超然物外，达到了与道冥一的境界。从这里也可以看出，做一个真人、圣人，不仅仅是追求自我满足，而且对人类社会也有一些建设性。

"真人"所描绘的是自然自在，超世超然的人格形象，是道德的最高境界，顺道而为，道通为一。另外三种人格在《庄子》不同的篇章都有所

① 陈鼓应. 庄子今注今译：上［M］. 北京：商务印书馆，2016：199.
② 杨国荣. 真人与真知——《庄子·大宗师》的哲学论旨［J］. 社会科学战线，2020，（06）：1-9.
③ 陈鼓应. 庄子今注今译：上［M］. 北京：商务印书馆，2016：200.
④ 陈鼓应. 庄子今注今译：上［M］. 北京：商务印书馆，2016：200.
⑤ 闻一多认为此处是别处错入，应删去。由于庄子的真人与圣人本质一致，故此继续论述。

提及。如在《逍遥游》中就提到"至人""神人""圣人":"若夫乘天地之正,而御六气之辩,以游无穷者,彼且恶乎待哉!故曰:至人无己,神人无功,圣人无名。"①《齐物论》中论述了"至人":"至人神矣!大泽焚而不能热,河汉沍而不能寒,疾雷破山而不能伤,飘风振海而不能惊。若然者,乘云气,骑日月,而游乎四海之外。死生无变于己,而况利害之端乎!"② 由于各种理想人格本质一致,在此不进行分开论述。

2. 理想道德境界

庄子构想的理想道德境界称为"至德之世""至德之隆""建德之国",这是一个无差别、无对立的理想社会。"至德之世""至德之隆""建德之国"三者虽名称各异,但本质相同。这里以"至德之世"为例考察庄子对理想社会的美好设计。

"至德之世"表达了庄子的理论化的设计、理想化的向往,这一说法在《庄子》一书中共出现 4 次,描述了庄子理想境界的具体图景。

第一,"至德之世"是人与人和睦相处的境界(社会)。"至德之世,不尚贤,不使能;上如标枝,民如野鹿,端正而不知以为义,相爱而不知以为仁,实而不知以为忠,当而不知以为信,蠢动而相使,不以为赐。"③在这样的社会中,人们不推崇"贤""能",不知仁义忠信,没有高低贵贱之分,"如标枝""如野鹿",按自己的方式自然生长,平等相处。因为不区分好坏,没有贵贱,人们不受欲望和"知"束缚,自然而然表现其素朴的"民性",友好相处,自由生活。

第二,"至德之世"是人与自然和谐共生的境界(社会)。"至德之世,其行填填,其视颠颠。当是时也,山无蹊隧,泽无舟梁;万物群生,连属其乡;禽兽成群,草木遂长。是故禽兽可系羁而游,鸟鹊之巢可攀援而窥。"④"夫至德之世,同与禽兽居,族与万物并。"⑤ 在这样的社会中,人们无心无欲,万物众生,比邻而居,和谐共生,野兽们可以任由人们牵

---

① 陈鼓应.庄子今注今译:上 [M]. 北京:商务印书馆,2016:20.
② 陈鼓应.庄子今注今译:上 [M]. 北京:商务印书馆,2016:98.
③ 陈鼓应.庄子今注今译:上 [M]. 北京:商务印书馆,2016:381.
④ 陈鼓应.庄子今注今译:上 [M]. 北京:商务印书馆,2016:290.
⑤ 陈鼓应.庄子今注今译:上 [M]. 北京:商务印书馆,2016:290.

引着四处闲逛，鸟巢里的小鸟也不惧怕人们爬上树来窥探。人们自然而然地表现其自然本性（道德），这样人与自然之间才能真正地和谐，呈现生机勃勃的景象。

第三，"至德之世"是理想的社会形态，是庄子对社会的整体性的建构。"子独不知至德之世乎？昔者容成氏、大庭氏、伯皇氏、中央氏、栗陆氏、骊畜氏、轩辕氏、赫胥氏、尊卢氏、祝融氏、伏牺氏、神农氏，当是时也，民结绳而用之，甘其食，美其服，乐其俗，安其居，邻国相望，鸡狗之音相闻，民至老死而不相往来。若此之时，则至治已。"① 在这样的社会中，民风淳朴，人际关系单纯，没有钩心斗角、尔虞我诈，人们"相忘于江湖"。这里"民结绳而用之"，并不是推崇原始愚昧，期望回到原始落后的状态，而是说明"至德之世"的民风淳朴。为了证明"至德之世"的可能性，庄子举了容成氏、伯皇氏、神农氏等十二氏的例子作为依据。

"返朴归真"是庄子理想社会的基本特征。在理想社会中，万物完全遵循自然规律运行，人人"素朴"，"民如野鹿"，与"万物群生，连属其乡"。人们不尚贤能，不知仁义忠信，"耕而食，织而衣，无有相害之心"②。在这样的社会，人和动物都回归到自己本真的状态。庄子对"至德之世"理想社会的建构，反映了庄子对现实的批判和深切的人文关怀。庄子所处的时代，诸侯争霸战争不断，统治者残暴无德，社会动荡不安，人们流离失所；礼崩乐坏，人们钩心斗角，追逐名利。为了救世救民，庄子构建了没有战乱、倾轧，人们安居乐业、幸福快乐的理想社会，体现了其深切的人文关怀。

三　对庄子道德教育思想的思考

庄子的道德教育思想不是奠基于某种人性假设，他反对进行善恶、是非的区分，如果非要给其下一个结论的话，其勉强可以说是超善恶的（这里与庄子给道命名的情形有点类似）。他的思想是奠基于批判，奠基于对

---

① 陈鼓应. 庄子今注今译：上［M］. 北京：商务印书馆，2016：308.
② 陈鼓应. 庄子今注今译：下［M］. 北京：商务印书馆，2016：893.

当时儒墨各家道德规范和主张的否定，他在此基础上提出自己的主张。庄子的道德教育思想因为与儒家和现今一般的观点完全不同，甚至是颠覆性的，因而很长时间以来对他的思想有各种质疑和批判。庄子所思考的这些问题，仍然是我们今天需要思考的问题，我们要站在前人的肩膀上继续前行。

（一）庄子是否有道德教育思想？

庄子是否有教育思想或者道德教育思想，历来是一个存在争议的问题。很多人认为庄子是"非教育"或"反教育"的，甚至有学者对其思想进行尖锐的批判："庄子竟然以一位教育家的姿态，借孔子及其弟子之口宣扬其思想。……他不但教人成为无用之人，而且最好成为废物。其目的就是为明哲保身。试问：像这样自私的想法，怎配作为一位大众的哲学教师呢？再者，他既然想成为教育家，可是又叫人最好成为无用之才，那么不是等于说，你们不要接受任何教育，因为目不识丁的人，便必然是没有任何人肯去利用他了。"[①] 这一言论初看是认为庄子没有教育思想，不应该有教育思想，但细想之下发现，这段话恰恰说明庄子是有教育思想的，只是教育的目标与一般的教育目标不一致。由于这一领域的争议性，对老庄教育思想乃至道德教育思想的系统研究较少，目前仅有杨启亮的《道家教育的现代诠释》，许建良的《先秦道家的道德世界》，谭维智的《庄子道德教育减法思想研究》等。这种现状影响了对庄子思想中有价值的洞见的吸收和借鉴。

笔者认为，庄子是有道德教育思想的。回答庄子是否有道德教育思想这一问题既不能望文生义，也不能捕风捉影，而应该回到原典。从原典《庄子》中看，庄子不仅有道德教育行为，而且有弟子。虽然《庄子》中没有提到庄子如何聚徒授业，但"庄子师生经常在一起商讨道术，这些商讨的内容实际上已经成为《庄子》的一部分"。[②]《山木》《列御寇》等篇就有庄子和弟子讨论学问的记载，其中《山木》篇开篇就记载了庄子和弟

---

① 谭宇权. 庄子哲学评论 [M]. 台北：文津出版社，1998：263.
② 张松辉. 庄子考辨 [M]. 长沙：岳麓书社，1997：26.

子出游及讨论人生问题的对话。实际上，《庄子》一书中很多内容都是庄子与弟子或者其他学派讨论"道"、"德"、人生、宇宙问题的记录，或者是模拟与其他学派、学者的对话的记录。① 从某种意义上来说，《庄子》一书的出现，就是庄子进行教育和道德教育的结果，《庄子》一书的传承就是庄子教育和道德教育存在的最好佐证。

理论界对于庄子有无教育和道德教育思想的争议是有原因的，主要在于对道德教育的定义和理解不同。根据台湾学者邱棨鐇的观点，中国哲学中"道德"一词的定义，可以分为两种：一为儒家与一般人所说的伦理道德，即西方之"道德哲学"；二为老庄为主的道家之自然道德法则，或曰"自然道德律"。② 吴汝钧也认为："庄子对道德问题有他独特的看法，很与一般的不同。他基本上是以道的立场或角度来看道德的，道德能否成立，完全看是否与道的性格相应而定。而对一般的仁义德性，特别是孔子所代表的儒家所说的仁义德性，则持否定的态度。"③ 这样看来，庄子的道德主张迥异于我们一般认为的道德和儒家的道德教育。杨启亮对此进行了更深入的分析：如果用"类儒家"的观点去分析道家、庄子，那必须得出老庄"反对道德教育"，或者"有道德思想，没有道德教育"的结论来。他认为我们对"'教育'一词的意义解释，也已经把'类儒家'的潜意识积淀进去了。……譬如当代学者也会很坦然地认为'道家自然主义教育倾向可以给人以清新的理念和心灵的自由'的同时，说'它与教育的主旨却是冲突或相悖的'。这里的'教育'一词以及'主旨'一词，从其规定性来看，就至少是没有能够超越'类儒家'的潜意识积淀。它排斥了潜隐教育或隐蔽教育也是'教育'的这一内涵"。④ "人们论中国传统德育，往往只重视显性的儒墨，就把隐性的道家疏忽了。……道家德育传统，是中国德育传统中被忽视了的另一半。"⑤ 这种忽视的根本原因，就在于老庄对儒家的仁义道德持批判态度，论证了儒墨道德教化无效性，因此如果不能超越既有

① 谭维智. 道德减法——庄子道德教育思想研究 [D]. 华东师范大学，2008：10.
② 邱棨鐇. 庄子哲学体系论 [M]. 台北：文津出版社，1999：81.
③ 吴汝钧. 老庄哲学的现代析论 [M]. 台北：文津出版社，1998：162.
④ 杨启亮. 道家教育的现代诠释 [M]. 武汉：湖北教育出版社 1996：26.
⑤ 杨启亮. 道家教育的现代诠释 [M]. 武汉：湖北教育出版社 1996：227.

的道德教育框架，就会得出老庄"反对道德教育"，或者没有道德教育的结论。① 陈超群对以老庄为代表的道家教育有一个比较准确的定位："道家的教育是对受过教育之人的'再教育'，是教育之再教育，即对世俗'异化'教育的改造，……教育的过程不是'旧益'，而是'旧损'，是把有知有欲者改造成为无知无欲者，把文明人改造成为蒙昧原始的人，亦即把文明人改造成为自然的'真人'。与普通教育相比较，其方向是相反的，故谓之逆向教育或净化教育或回归教育。"② 由此看来，我们今天的道德教育基本上延续继承了儒家的传统，或者用杨启亮的观点来说是"类儒家"，以儒家的教育来衡量道家的教育，认为儒家的道德教育是道德教育，道家的道德教育就不是道德教育，这大概就是争议产生的深层次原因。多少年来，庄子的道德教育思想隐没在历史的烟尘中，亟须我们去挖掘，以展示其真正面貌。

（二）庄子是否是道德虚无主义？

庄子是否是道德虚无主义？这个问题与上一个问题相关，但角度不一样。上一个是有无道德教育的问题，侧重的是有无"教育"的行为和效果，这一个问题侧重的是有无"道德"的问题。道德虚无主义是一种否定一切社会道德价值的理论和态度，它从根本上否认道德的存在，认为道德是个人获得某种利益的借口。庄子针对当时的黑暗现实，力图寻找医治社会弊病的良方，他以个体如何在混乱的社会生活中保全自我为中心，关注个体生命的内在价值，主张通过"心斋""坐忘"等道德修养法，达到最高的道德境界。庄子的道德观将人与万物置于平等的地位，把符合或遵循"道"和自然本性作为人类道德生活的评价标准。由此观之，庄子的道德观与道德虚无主义有着本质的不同，虽然他反对当时儒墨的仁义道德，但他没有否定道德，只是他追求的道德与儒家的道德不一样，是一种"德不形"的道德，是一种"成和之修"的道德，是以超越现世的道德去追求一种合于自然的、更高的道德。对于这个问题的争议和分歧，其实还是对

---

① 杨启亮. 道家教育的现代诠释 [M]. 武汉：湖北教育出版社，1996：108.
② 陈超群. 中国教育哲学史：第1卷 [M]. 济南：山东教育出版社，2000：324.

"道德"一词的理解问题。如果用一般的或者说"类儒家"的观点和框架去看庄子的道德观，那可能会得出道德虚无主义的结论。但如果跳出原有的框架，重新审视庄子的道德思想，就会发现庄子特别重视道德，他的整个理论体系都是以道德为起点而构建的。他的道德观是对现实反思和批判的结果，是一种独特的道德思考模式，为我们提供了一个看世界、看社会、看人生的新视角。

（三）庄子道德观是否具有自然主义的特点？

自然主义是指将自然作为最高标准去研究和处理问题的一种思想流派，是用自然原因或自然规律来解释一切现象的哲学观念，在中国传统伦理思想中占有重要的地位。在庄子的思想体系中，"道"具有最高的意义，它是宇宙万物的本原和根据："自本自根，未有天地，自古以固存；神鬼神帝，生天生地。在太极之上而不为高，在六极之下而不为深，先天地生而不为久，长于上古而不为老。"① "德"是由"道"内蕴而生的淳朴的自然本性，是对浑然统一的"道"的把握和体认。"对事物差别不加肯定的境界为道，对事物差别不加辨别的状态为德。"② "自其同者视之，万物皆一也。夫若然者，且不知耳目之所宜而游心乎德之和；物视其所一而不见其所丧，视丧其足犹遗土也。"③ 从道的角度看，万物是同一的，那些视万物为一的人，心神遨游"和"的境界。所以，庄子认为，道德在本质上是从属于"法自然"的"道"。从这个意义上说，庄子的道德观具有自然主义的特点。从自然主义的道德观出发，庄子对儒墨两派的道德观进行了批评，他认为仁义道德本身是违背自然、违背人类的天性的，它束缚、禁锢人，残害人，"已黥汝以仁义，而劓汝以是非"，诱发人们争名夺利的欲望，"爱利出乎仁义，捐仁义者寡，利仁义者众。夫仁义之行，唯且无诚，且假夫禽贪者器"。④ 仁义的提出破坏了人们的淳朴天性，使得人们为了各种利益而"残生伤性"。庄子对儒墨两家道德观的批判，更能凸显其道德

① 陈鼓应. 庄子今注今译：上 [M]. 北京：商务印书馆，2016：213.
② 樊浩. 中国伦理精神的历史建构 [M]. 南京：江苏人民出版社，1992：156.
③ 陈鼓应. 庄子今注今译：上 [M]. 北京：商务印书馆，2016：171.
④ 陈鼓应. 庄子今注今译：下 [M]. 北京：商务印书馆，2016：754.

观的自然主义特点。但是庄子的道德观不同于西方的自然主义道德观。西方自然主义道德观立足于人的感性需要,把趋乐避苦、自爱自保当作人的本性,认为道德的价值在于实现个人的欲望。庄子道德观本质上是超越的,它超越世俗、功利、物欲和快乐,追求精神的真正自由和天道自然的率真淳朴。

(四) 强调个体本位还是强调社会价值?

儒家道德观从个人与社会的关系出发,强调社会对个体的先在性和个人在社会关系中的应承担的社会责任,重义轻利,把社会的公义置于一己私利之上。而庄子认为儒家的仁义道德是社会混乱的根源,他另辟蹊径,寻找救世良方。庄子的道德观以个体为出发点,力图为个体在乱世中提供可能的生存方式,追求个体精神的绝对自由,强调个人对于社会的先在价值和意义,具有个人本位取向。《人间世》篇提到"古之至人,先存诸己而后存诸人"。①"至人"是庄子道德教育思想中的理想人格形象,他认为"至人"应先使自我达到理想境界,而后推动他人达到同样的境界,作为个体的自我价值的实现在时间上先于他人。精神追求的愿望和现实的无奈之间存在着尖锐的矛盾,于是形成了庄子避世—顺世—游世的人生态度。从这一人生态度也能看出庄子思想与社会的距离。这里要注意的是,庄子与社会保持距离,并不是不关注个人的社会价值和责任或者忽略人的社会价值和责任,而是认为它们的实现时间有先后差异。《庄子》在很多篇章中都有个人社会责任担当的描述,如《大宗师》篇:"利泽施乎万世,不为爱人。"②《天运》篇:"夫德遗尧舜而不为也,利泽施于万世,天下莫知也。"③"圣人"和至德之人都是"利泽施乎万世"的,而且更难得的是不让世人知道和感激。由此可见,庄子是关注个人的社会责任和贡献的,并且对个人的社会责任还有极高的要求,只是个体价值和社会价值的实现,在时间上有先后,个体先于他人和社会。儒家和道家针对乱世都提出了自己的救世方略,但道家的路径与儒家完全不同:道家的路径是在排斥

---

① 陈鼓应.庄子今注今译:上 [M].北京:商务印书馆,2016:129.
② 陈鼓应.庄子今注今译:上 [M].北京:商务印书馆,2016:200.
③ 陈鼓应.庄子今注今译:上 [M].北京:商务印书馆,2016:423.

和超越现实道德的基础上，把道德从具体的社会实践中抽离出来，归之于"道"和自然，在脱离世俗的统一、无差别中寻求道德的根据，追求个体的精神自由，从而达到理想的境界。按照庄子的逻辑，如果每个人都实现了精神的绝对自由，那就实现了理想社会，社会问题自然而然就解决了。他改良社会或建立理想社会的希望不是寄托在统治者身上，而是寄托在每个个体身上，为每个个体找到乱世的生存法则。儒家道家虽路径不同，但目的一致，都是为了救世，从理论上来说是殊途同归了。庄子的道德教育思想主张道德是一种自然本性，不作善恶的区分，与文明社会的规范和标准相悖，因而缺乏社会基础，但却给了我们看世界的新视角、新途径，对于构建人与人、人与自然和谐关系，化解人的精神危机，改善道德教育的评价标准和方式具有重要的启示和借鉴意义。

第四论　董仲舒道德教育思想

董仲舒（前179—前104）是我国西汉时期著名的政治家、教育家和哲学家。西汉末年的大学者刘向评价道："董仲舒有王佐之材，虽伊、吕亡以加，管、晏之属，伯者之佐，殆不及也。"[①] 他上承孔孟，下启朱熹，是儒家思想发展史上的重要人物。研究董仲舒的学者余治平说："没有董仲舒，孔子还悬着，他的伟大思想就不会落地、生根、开花和结果……自从孔子改造儒家、创立学派之后，董仲舒在汉初时代一下子竟然提出了那么多深入人心甚至对整个中华民族灵魂塑建能够起到构成性作用的观点和理念，历史上有哪一位儒学思想家能够做到？"[②] 董仲舒的道德教育思想是他在当时的社会背景下吸取百家思想精华的基础上构建的系统性的理论大厦，对当时和后世都产生了深远影响。研究董仲舒的道德教育思想，借鉴其合理成分，具有重要的理论和现实意义。

一　董仲舒道德教育思想形成的条件

任何思想的产生都离不开特定的社会环境。胡适说过："大凡一种学说，决不是劈空从天上掉下来的。我们如果能仔细研究，定可寻出那种学说有许多前因，有许多后果……所以时势生思潮，思潮又生时势，时势又生新思潮。"[③] 董仲舒的道德教育思想是当时时代的产物。

---

① 班固．汉书［M］．南京：凤凰出版社，2011：224.
② 参见李现红．董仲舒"天人三策在，不废万年传"［J］．哲学分析，2015，（05）：167-183.
③ 胡适．中国哲学史大纲［M］．上海：上海古籍出版社，1997：24.

（一）社会背景

董仲舒生活的时代是秦灭汉兴的时代。董仲舒道德教育思想是汉朝政治、经济、文化因素的集中体现。

政治上，专制主义中央集权制度逐步确立。汉初统治阶级将黄老之学作为治国思想，实行分封制，其无为而治的观念虽为休养生息、促进经济发展的政策提供了重要思想支撑，但在一定程度上也弱化了中央对地方的统治。如汉高祖时期，中央直接统治的地区不过十五郡，仅占全国土地的三分之一，边患时起，各诸侯国蠢蠢欲动，对中央的威胁加剧。"反者九起，几无天下者五六……不能以是一岁为安。"① 一些诸侯"废先帝法，不听天子诏，居处无度，为黄屋盖僭天子"。② 西汉统治者意识到分封诸侯不利于中央政权的稳固，"削藩"成为汉初统治者重点关注的问题，这种局势在汉武帝时期得到缓和。汉武帝通过颁布推恩令、设刺史制度等方式加强中央集权。在政治权力向中央集中的背景下，处于下位的官员、臣民必然也向统治者靠拢。西汉继承秦朝"吏者，民之师也"的教化观念，主张官员担任"民之师"。在这种形势下君王、上位者的德行变得尤为重要，甚至在一定程度上成为衡量国家稳定的重要标准。西汉在选官制度上推行"卖官鬻爵"的政策，虽在一定程度上推动了汉初经济发展，但也带来官场贪污腐败，官员骄奢淫逸的现象。官员的道德素养有待考察，对百姓的教化效果难以保证。董仲舒正是基于当时混乱的选官授官现象和臣不贤、民难顺的政治局面，提出了他的道德教育思想。

经济上，生产力得到恢复和发展。班固的《汉书》记载："汉兴，接秦之敝，民失作业，而大饥馑。"③ 西汉王朝建立初期，秦朝暴政以及楚汉战争的消极后果在社会中持续蔓延，社会混乱残破之状无以复加。以刘邦为代表的汉初统治集团采用道家"无为而治"的治理思路，主张休养生息的政策，试图以简化繁，缓解混乱的社会局面。首先，汉朝统治者重视农业发展，采取轻徭薄赋、扩大可耕作土地、改进生产工具等措施提高农业

---

① 贾谊. 新书校注 [M]. 阎振益，等，校注. 北京：中华书局，2000：110.

② 司马迁. 史记 [M]. 北京：中华书局，1997：779.

③ 班固. 汉书 [M]. 南京：凤凰出版社，2011：86.

生产效率和生产水平。铁器和牛耕得到广泛推广，水利灌溉事业和耕作技术有了进一步发展，生产水平比前代有了较大的提高，社会经济出现欣欣向荣的气象。其次，商业上采取国家管控为主的经济政策，即"盐铁官营"、"均输"和"平准"政策。① 这些经济政策带有强烈的国家管控性质，对稳定国内生产局势，提高财政收入作出了重要贡献，改变了汉朝建交初期萧条残破、国库空虚的破败景象。汉初经济领域的一系列政策，促进了经济发展。经过几十年的发展，生产力水平不断提高，社会财富不断增加，民众安居乐业，出现"文景之治"的盛世图景。"至武帝之初七十年间，国家亡事，非遇水旱，则民人给家足，都鄙廪庾尽满，而府库余财。京师之钱累百巨万，贯朽而不可校。太仓之粟陈陈相因，充溢露积于外，腐败不可食。众庶街巷有马，仟伯之间成群，乘字牝者摈而不得会聚。守闾阎者食粱肉；为吏者长子孙；居官者以为姓号。"② 汉初经济恢复的同时也出现了一些问题。第一，"民可私铸钱"政策，扰乱经济秩序。为快速恢复经济，汉初统治者采取"民可私铸钱"的货币政策，造成虚假的货币繁荣和严重的通货膨胀，扰乱经济秩序，以致出现"米至石万钱，马一匹则百金"③ 的现象。第二，随着社会财富的增加，贫富差距进一步扩大，奢靡之风渐起。富豪外戚与地方商人诸侯勾结，窃取大量经济利益。"因其富厚，交通王侯，力过吏势，以利相倾；千里游敖，冠盖相望，乘坚策肥，履丝曳缟。"④ 文帝时期一些富商家族的衣食排场超过皇室规格，"富埒天子，其后卒以叛逆"⑤ "帝之身自衣皂绨，而富民墙屋被文绣"⑥ 等礼崩乐坏、社会等级尊卑不分的情况频出。第三，土地兼并现象频出。这些富豪有钱后，买田兼并土地发横财的现象频出。"汉成帝时期，

---

① "盐铁官营"是以国家垄断的形式实现盐铁的市场控制；"均输"是指各地设置均输官，负责征收、买卖和运输货物，将货物转化为钱，通过贱买贵卖的形式调节物价，形成一种国家控制的商业买卖形式；"平准"是指国家力量直接介入到大城市的市场交易中，当某种商品物价过低时国家收入，物价上扬时国家抛售，从而实现市场供需关系的相对稳定。

② 班固. 汉书 [M]. 南京：凤凰出版社，2011：91-92.

③ 司马迁. 史记 [M]. 北京：中华书局，1997：361.

④ 班固. 汉书 [M]. 南京：凤凰出版社，2011：90.

⑤ 司马迁. 史记 [M]. 北京：中华书局，1997：361.

⑥ 贾谊. 治安策 [M]. 北京：中华书局，1975：8.

官吏、贵族专靠渔榨百姓，兼并土地发横财，上至丞相下至县令、小吏，大体皆然。至于地方郡国富民，莫不运其筹策，上争王者之利，下固齐民之业。"① 在此背景下，以农民为代表的弱势群体在土地兼并的影响下，承受着来自地主和富商的双重剥削，加之时有发生的自然灾害，个体小农的生活日益窘迫。

文化上，思想学派多元发展。汉朝的文化可以用"百家殊方，指意不同"② 来概括。汉朝受"无为而治"思想的影响，实行与秦朝焚书坑儒完全不同的文化政策。汉初文化氛围较宽松，如汉惠帝四年除挟书律，高后元年除三族诛、妖言令，孝文帝时除诽谤法等。这些政策的推行改变了秦朝打压下各思想学派萎靡的状况，为推动先秦诸子思想的传播提供了良好的社会环境。再加上许多诸侯出于学术兴趣或政治野心大量招募学者，为知识分子的流动和学术观点的传播带来契机。各学派自由发展，各有特色：儒家主张"序君臣父子之礼"，强调礼仪规范；阴阳家喜好预测凶吉，"大祥而鲷忌讳，使人拘且畏"；法家主张严酷刑罚，遵循等级有差；道家坚持无为为本；墨家倡导"兼爱节俭"。各学派自由发展的同时也呈现逐渐融合的趋势，西汉时期主要流行的是儒、道、法三家思想。这三家思想互相补充，对恢复汉朝社会秩序发挥重要作用。随着社会的发展，思想家们关注的问题从如何建立统一国家转移到如何治理国家方面，如何"安治天下"成为各学派共同思考的课题。

（二）理论渊源

自西汉建立以来，统治者广纳贤才，寻求治国之策。各学派积极改良自身思想为统治者所用。董仲舒吸取百家之长，以儒家思想为内核，法家思想为框架，糅合道家、阴阳家思想，赋予其神化色彩，构建起一套系统完备的道德教育思想体系。

1. 对儒家思想的继承与发展

先秦儒家对人性、德目的论述是董仲舒道德教育思想的重要理论来

---

① 韩养民.西汉的"分田劫假"与土地兼并 [J]，西北大学学报（哲学版），1981，（01）：83.

② 班固.汉书 [M].南京：凤凰出版社，2011：221.

源，董仲舒在继承先秦儒家思想的基础上形成了自己的道德教育思想，在儒学发展史中起承上启下的作用。第一，批判继承了儒家人性论的观点。古往今来，思想家探讨道德教育都离不开对人性的考察。先秦儒家各派都对人性进行细致的考察研究并得出不同的观点。孔子言"性相近，习相远"，主张人与人之间本性相近，因后天的环境和教养不同而相差较远。他并未直接说明人性是善还是恶，只强调后天的影响作用，在道德教育上注重外部环境的影响，提出"因材施教"和"有教无类"的观点。孟子认为"人性本善"，把道德规范概括为"仁、义、礼、智"，主张发挥人的主观能动性，发展"四端"，以达到"人人皆尧舜"的目的。荀子则与孔孟不同，主张人性本恶，认为人生来就有嫉妒、憎恶、好色、放纵等天性，如果顺着这些天性不去干涉，好人就会逐渐消失。因此荀子强调教化礼仪的作用，认为通过后天教化也可实现"人人皆尧舜"的目的。可见，虽然各位思想家在人性论问题上观点不同，但都一致强调道德教育的重要性。董仲舒正是在批判继承孔子、孟子、荀子思想的基础上建构出了自己的人性论——"性三品"理论。第二，吸收和借鉴先秦儒家重仁德的传统。周公提倡敬德保民，开教化之端。孔子"从周"，继承周公教化传统，主张道之以德，仁者"爱人"。《论语·颜渊》载："樊迟问仁。子曰：'爱人。'"[1]"弟子，入则孝，出则悌，谨而信，泛爱众，而亲仁。行有余力，则以学文。"[2]"君子之德风，小人之德草。草上之风，必偃。"[3]"其身正，不令而行；其身不正，虽令不从。"[4]孟子继承孔子思想，提出"善政不如善教"，主张仁德教民，即"仁言不如仁声之入人深也。善政，民畏之；善教，民爱之。善政得民财，善教得民心"。[5]荀子主张用"德"来安治天下，"成乎安强"，使国家安定强盛。董仲舒继承先秦儒家的上述思想，对儒家思想去繁化简，凝练出"五常"，配合"三纲"，形成经典的"三纲五常"之说，并以此为基础，构建起基本的道德准则。

---

① 杨伯峻．论语译注［M］．北京：中华书局，2015：188.
② 杨伯峻．论语译注［M］．北京：中华书局，2015：6.
③ 杨伯峻．论语译注［M］．北京：中华书局，2015：139.
④ 杨伯峻．论语译注［M］．北京：中华书局，2015：230.
⑤ 杨伯峻．论语译注［M］．北京：中华书局，2015：367.

2. 对法家思想的继承与发展

法家尊君思想在政治体制上就是封建主义中央集权制的表达。正如汉宣帝所言，"汉家自有制度，本以霸王道杂之"。① 由此可见，汉朝的政治体制根植于法家思想，董仲舒要谈伦理道德就要吸取法家思想。第一，吸收君权至上思想。法家主张绝对的尊君。韩非子曾言："人主虽不肖，臣不敢侵也。"② 在这种思想下，君王权力高于一切。儒家与法家不同，强调"民贵君轻"，认为政权的更替与民心息息相关，"民弃其上，不亡何待"。③ 儒家民本思想在春秋战国时期占主流，其原因在于春秋战国时期诸侯割据，战乱频出，得民心者得天下的观念受到追捧，民的地位超过君主，"民为贵、社稷次之，君为轻"。可随着秦统一六国，封建主义中央集权制逐渐建立，君主被赋予至高无上的权力。这种"民本"向"君本"思想的转变不仅表现在政治领域，思想文化领域也受到影响。董仲舒顺应当时政治特点，将法家思想作为他思想体系的框架，吸收"君本"思想，强调统治者至高无上的地位，提出"屈民而伸君"之说："君者，民之心也……君之所好，民必从之。"④ "一国之君，其犹一体之心也。"⑤ 第二，继承等级差序制度。法家认为人性本恶，需要通过法律和刑罚来约束和教化，主张实行等级制度，将社会分为君、臣、父、子、兄、弟等不同的身份和角色，规定他们之间不同的权利和义务，并以严厉的刑罚来维护等级秩序。如韩非子言："臣事君，子事父，妻事夫，三者顺则天下治，三者逆则天下乱。"⑥ 在宗法人伦关系上主张绝对的等级制度，下位者必须绝对服从，不得有丝毫僭越，否则天下大乱。董仲舒继承法家这一思想，重点在等级"有分"上，主张绝对化的人伦关系："未有贵贱无差，能全其位者也。"⑦ 他继承发展了韩非子的"三顺"说，在人伦关系上提出"三纲"思想，"君为臣纲，父为子纲，夫为妻纲"，并将其上升到"天道"层面。

① 司马光. 资治通鉴：全 12 册 [M]. 北京：中华书局，2013：734.
② 高华平，王齐洲，张三夕译注. 韩非子 [M]. 北京：中华书局，2015：741.
③ 刘利，译. 左传 [M]. 北京：中华书局，2007：245.
④ 董仲舒. 春秋繁露 [M]. 张世亮，钟肇鹏，周桂钿，译. 北京：中华书局，2012：403.
⑤ 董仲舒. 春秋繁露 [M]. 张世亮，钟肇鹏，周桂钿，译. 北京：中华书局，2012：634.
⑥ 高华平，王齐洲，张三夕，译注. 韩非子 [M]. 北京：中华书局，2015：741.
⑦ 董仲舒. 春秋繁露 [M]. 张世亮，钟肇鹏，周桂钿，译. 北京：中华书局，2012：135.

他强调上下等级间绝对的臣服关系，并借阴阳天道阐释了这三者的关系："君臣、父子、夫妇之义，皆取诸阴阳之道。君为阳，臣为阴；父为阳，子为阴；夫为阳，妻为阴。"① "三纲"思想为等级制度提供了理论支撑。

3. 对道家及阴阳家思想的继承与发展

在批判继承儒家和法家思想外，董仲舒还借助道家的天道神学和阴阳家的五行论思想，为君主专制的正当性和合理性披上神学外衣，令臣民相信一切均为"天"的旨意。首先，他借用道家"天道""人道效仿天道"等观点，提出："仁之美者在于天。天，仁也……人之受命于天也，取仁于天而仁也。是故人之受命天之尊，父兄子弟之亲，有忠信慈惠之心，有礼义廉让之行。"② 他认为世间所有仁爱美德都来于天，人间也不例外，主张天具有至高无上之德。其次，他又借助阴阳五行解释君臣、父子、夫妇关系，主张"君为阳，臣为阴；父为阳，子为阴；夫为阳，妻为阴。阳贵而阴贱"。③ 由此，他为自己的思想披上神秘的外衣，既论证了君权合理性，又符合当时统治者的利益，为其道德教育的开展奠定了基础。

总之，儒家的仁德观、法家的君本思想、道家天道学说和阴阳五行观念等是董仲舒道德教育思想的理论渊源，也是董仲舒站在秦灭汉兴、社会变革的转折点上，顺应时代趋势形成的更具实践性和现实性的"新儒学"的理论基础。

（三）个人经历

一个人思想的形成与个人的生活环境和经历紧密相关。董仲舒的成长环境与坎坷人生对他的道德教育思想的形成产生了重要影响。"董公仲舒者，治公羊春秋，始推阴阳，为儒者宗"。④ 董仲舒被称为儒学的集大成者，一生仕途坎坷，其成长经历可以概括为三个阶段，即幼时求学、入世传儒、辞官著书三个阶段。第一阶段，幼时求学。董仲舒的故乡在广川大董故庄村，位于衡水东南，邻近齐鲁，北靠燕赵，西界三晋。汉文帝元年

---

① 董仲舒. 春秋繁露 [M]. 张世亮，钟肇鹏，周桂钿，译. 北京：中华书局，2012：465.
② 董仲舒. 春秋繁露 [M]. 张世亮，钟肇鹏，周桂钿，译. 北京：中华书局，2012：421.
③ 董仲舒. 春秋繁露 [M]. 张世亮，钟肇鹏，周桂钿，译. 北京：中华书局，2012：465.
④ 伏胜. 郑玄，注. 陈寿祺，辑. 尚书大传. 左海文集 [M]. 清道光间刻本：7.

（前 179 年），董仲舒出生于家有大批藏书的大地主阶级家庭。史料记载，董仲舒祖先世代务农，其父董太公继承先祖的家产，十分富有。优越的物质条件和丰富的书籍为董仲舒研究儒学提供了良好的环境。他自幼饱读史书，对儒、道、法、阴阳家等思想颇有研究，《汉书》记载："盖三年不窥园，其精如此。进退容止，非礼不行，学士皆师尊之。"① 这也为后来董仲舒集百家之长，创办"新儒家"奠定了坚实基础。第二阶段，入世传儒。具备庞大的理论知识体系后，董仲舒在 30 岁时开始招收大批学生，精心讲授儒家经典，声誉日益扩大。景帝在位时当上博士，掌管经学讲授。武帝继位后，他因"天人三策"理论获得武帝嘉许，擢用为江都相，辅佐江都易王刘非。《汉书》记载："天子以仲舒为江都相，事易王。"② 在此期间，董仲舒以《公羊传》为指导，治理国家从未出现错误，但之后董仲舒仕途逐渐坎坷。建元六年（前 135 年），辽东高庙、长陵高园殿遭火灾，董仲舒尝试以灾异论解读，作《高庙园灾对》。董仲舒在奏章中认为，当朝之弊在于诸侯骄奢、大臣僭越，火灾是上天在示警，要武帝清君侧。武帝上朝时候召群臣评阅，董仲舒弟子吕步舒不知是其师所作，而指责该言论为"大愚"，董仲舒因而获死罪。最后武帝赦免了董仲舒的死罪，贬其为中大夫："于是下仲舒吏，当死，诏赦之。"③ 董仲舒也再不敢言灾异。元朔五年（前 124 年），公孙弘拜相，他与董仲舒不和，"仲舒以弘为从谀，弘嫉之"。④ 公孙弘嫉妒陷害董仲舒，董仲舒恐日久获罪，不久就称病辞官。第三阶段，辞官著书。仕途上的不顺让董仲舒一直担惊受怕，唯恐遭遇不测，遂四年后以年老有病为由，辞职回家，开始埋头读书、著书，专研《公羊传》等。《汉书》载："仲舒恐久获罪，病免……及去位归居，终不问家产业，以修学著书为事。"⑤ 汉武帝太初元年（前 104 年），董仲舒于家中病卒，葬于西汉京师长安西郊。《汉书·食货志》云："仲舒死后，功费愈甚，天下虚耗，人复相食。"⑥ 董仲舒一生著作颇多，"凡百二十三篇"

① 班固. 汉书 [M]. 南京：凤凰出版社，2011：203.
② 班固. 汉书 [M]. 南京：凤凰出版社，2011：222.
③ 班固. 汉书 [M]. 南京：凤凰出版社，2011：223.
④ 班固. 汉书 [M]. 南京：凤凰出版社，2011：223.
⑤ 班固. 汉书 [M]. 南京：凤凰出版社，2011：223.
⑥ 班固. 汉书 [M]. 南京：凤凰出版社，2011：93.

"十余万言"，但大多亡佚，除《春秋繁露》外，其余言论散见于《汉书·董仲舒传》所记载的"天人三策"以及《食货志》《匈奴传·下》《五行志》《艺文类聚·古文苑》中收录的《士不遇赋》，其余遗文由后人汇编为《董子文集》。董仲舒用其一生构建出的集各家思想于一体的"新儒学"，不仅对汉朝乃至整个封建王朝作出了不可磨灭的贡献，也对中国古代的思想文化、政治制度和社会伦理产生了深远影响。

二 董仲舒道德教育的理论体系

董仲舒在吸收借鉴先秦诸子思想的基础上，对其加以丰富和系统化，形成了自己道德教育思想体系，通过对君主、官吏、百姓分类施行道德教化活动，提升了汉代社会整体的道德水平，在缓和阶级矛盾的同时稳固了封建统治。董仲舒道德教育思想作为中华传统文化的重要来源，对今天的道德教育仍有重要的借鉴意义。

（一）理论基础

"天"是董仲舒思想体系中的最高范畴，是人类社会全部内容之根据。董仲舒借鉴了殷周人格化的"天"，吸收了先秦儒家的"天人合一"的观点，发展了邹衍的阴阳五行学说，提出了"天人感应"的天道观。在人性论上，董仲舒提出了"性三品"说，强调了对"中民之性"进行教化的可能性和必要性。天道论和"性三品"说是董仲舒道德教育思想的立论的基础。

1. 哲学依据：天道论

在先秦哲学中，"天"既是自然存在，又常被看作一个意志性存在，人们认为存在着"天命""天道"或者"天意"，且与人类生活息息相关。徐复观认为："到了董仲舒，才在天的地方，追求实证的意义。"[1] 在此之前，"天"的观念都流于表面，直到董仲舒才正式地去论证"天"的合理性，将其学说放置在天的体系下，形成了完整的理论体系。对董仲舒而

---

① 徐复观. 两汉思想史：第 2 册 ［M］. 北京：九州出版社，2014：345.

言，"天"是外在于人的对应性存在，但天人不是割裂分离的，而是交互印证的关联性存在，且这种关联具有永恒的持续性。"天"既与"人"存在自然交织，又与"人"在意志上互相呼应，所谓"天人之征，古今之道也"。①

"天"的内容。董仲舒认为"天"有三层含义，即自然之天、神灵之天和道德之天。自然之天是"天"最古老、最根本的含义。"天"是万物之本原和事物运动变化的规律，具有至高性。"无天而生，未之有也。天者，万物之祖，万物非天不生。"② "天之道，有序而时，有度而节，变而有常。"③ 它象征着不以人类意志为转移的客观规律并作用于宇宙万物之中，体现"天"的自然物质性以及运动的自然规律性。神灵之天是有自主意识的人格之天，称为主宰之天、意志之天。它具备人格意志，既是宇宙的至尊，又是无上的主宰。这样的"天"按照自己的意志统治万物，依据自己的喜恶进行奖赏处罚，这种奖赏处罚通过特殊的天气现象表现出来，成为人间是否失序的直接反馈："国家将有失道之败，而天乃先出灾害以谴告之，不知自省，又出怪异以警惧之，尚不知变，而伤败乃至。"④ 道德之天是"天"最本质的内涵，是指万物的生成运动中均充斥着道德含义。"仁之美者在于天。天，仁也……人之受命于天也，取仁于天而仁也。"⑤ "天"有化生之德、养育之功，在其运行过程中处处体现仁义。由于"天"是宇宙的最高准则，"天之德"同样也是宇宙最高的道德准则，道德之天的存在意义就在于确立人间的秩序与规范，用天之德衡量世间秩序。值得注意的是，董仲舒的"天"看似具备三个不同的含义且彼此间相互冲突，实际上是一个整体性的存在，"天"的诸多含义与属性都是相通且统一的。自然之天通过神灵之天表现其意志，伦理道德是神灵之天的内在属性，神灵之天具备了道德之天的含义，又通过自然之天的变化体现出其意志，三者贯通且自洽。

---

① 班固. 汉书 [M]. 南京：凤凰出版社，2011：217.
② 董仲舒. 春秋繁露 [M]. 张世亮，钟肇鹏，周桂钿，译. 北京：中华书局，2012：557.
③ 苏舆. 春秋繁露义证 [M]. 钟哲，点校. 北京：中华书局，2019：295.
④ 班固. 汉书 [M]. 南京：凤凰出版社，2011：206.
⑤ 董仲舒. 春秋繁露 [M]. 张世亮，钟肇鹏，周桂钿，译. 北京：中华书局，2012：421.

"天"的结构。当前普遍认为天的结构即为天之端。"何谓天之端？曰：天有十端，十端而止已。天为一端，地为一端，阴为一端，阳为一端，火为一端，金为一端，木为一端，水为一端，土为一端，人为一端，凡十端而毕，天之数也。天数毕于十，王者受十端于天。"① 将"十端"作为"天之数"，表达的不仅是"数字"含义，更侧重于说天的结构是由"天、地、阴、阳、木、火、土、金、水、人"这十种物事构成的。那这是否与天生万物相冲突？按"天生万物"观点，"天、地、阴、阳、木、火、土、金、水、人"十物由天而生；而按"天之端"观点，天又由这十物所构成且天为一端，这里出现了矛盾。为弄清楚这一问题，我们首先关注董仲舒为何以"十端"来特别标示这十种物，而不是其他物。

董仲舒在《春秋繁露·天地阴阳》中指出："圣人何其贵者？起于天，至于人而毕。毕之外谓之物，物者投所贵之端，而不在其中。以此见人之超然万物之上。"② 我们暂且不关注这里"圣人"与"人"的区分，重点关注"十端"与"万物"的区分。"毕"在这里表"完成"或"结束"之意。既然"十端"中处于最末端的"人"超然于万物，那么其他九端亦超然于万物，从天到人的"十端"便不包括在万物之内，"十端"更像是纯粹意义上对"天之端"的描述。如果说"天之端"中所说的"天"是广义上的天，包含了天、地以及处于天地之间的万事万物，可以用"宇宙"来表示，那么，作为"十端"中第一端的这个"天"，就是在狭义上使用"天"这个概念。这是因为：其一，由于"十端"都超然于万物，那么"十端"之"天"也就不属于万物，就不具备物质形态；其二，从"天"之后的第二端为"地"来看，这个"天"就不再是通常意义上涵盖了"地"的天，它仅仅是"天"的概念而已；其三，"十端"之"天"与作为天道的阴阳与五行都并列于"天端"之中，可见这个"天"并不包含天道的内涵。由此可见，"十端"之"天"既不是宇宙间所有物的总括，也不具备丝毫的物质义；既不是宇宙运行原理的描述，也没有任何的精神性意涵。换言之，"十端"之首的这个"天"就是在最单纯的意义上对"十

---

① 苏舆. 春秋繁露义证［M］. 钟哲，点校. 北京：中华书局，2019：191.
② 苏舆. 春秋繁露义证［M］. 钟哲，点校. 北京：中华书局，2019：414.

端"中第一端所做的描述或指称，只能被认为是十天端之初始。"天"如此，其他九端亦如此。由此，我们就可以解释上述矛盾，天生万物，但"天、地、阴、阳、木、火、土、金、水、人"十端高于万物，相比于万物有着理论优先性，且十端是纯粹意义上对"天之端"的描述，并没有物质内涵，更像一种客观概念。董仲舒言"十端"并不意味着它们与万物没有任何关系，而是对"十端"与万物作出"贵"与"贱"的区分，以此证明"十端"优于万物，只有正确处理"十端"与万物的关系才能使万物获得妥当安置。

　　"天人"关系。董仲舒的天人关系可以用"天人合一"概括。"天人合一"主要表现为"人副天数"和"天人相感"。首先，"人副天数"。"人副天数"是指人的形体与天相辅，人是天的副本。人的一切都源于天，人的形体、血气、德行、喜怒、好恶等都来自天。[①] 人和天结构相似，天有四季，人有四肢；天有五行，人有五脏；[②] 天有喜怒哀乐之情，人亦有喜怒哀乐之情，以此同类相副。[③] 其次，"天人相感"。"天人相感"是指以下几点。第一，人能感应天。这里的人特指能够"体天道""法天而行"的君王。"君为阳，臣为阴"[④]，"此见天之亲阳而疏阴，任德而不任刑也"。[⑤] 君王是沟通天与民的桥梁，是天人之际的唯一中介人，君感应天就是按照天的意志行德政，减刑罚，践行天之志。第二，天也能感应人，并通过降灾异或降祥瑞两种方式主动反馈于人。天是有意志的至上神，能监察人的行为，并通过自然现象表达自己的意志。董仲舒在《举贤良对策》

---

① "人之形体，化天数而成；人之血气，化天志而仁；人之德行，化天理而义。人之好恶，化天之暖清；人之喜怒，化天之寒暑；人之受命，化天之四时。人生有喜怒哀乐之答，春秋冬夏之类也。喜，春之答也；怒，秋之答也；乐，夏之答也；哀，冬之答也。天之副在乎人，人之情性有由天者矣，故曰受，由天之号也。"苏舆．春秋繁露义证 [M]．钟哲，点校．北京：中华书局，2019：281-282.

② "天地之符，阴阳之副，常设于身，身犹天也，数与之相参，故命与之相连也。天以终岁之数，成一人之身，故小节三百六十六，副日数也；大节十二分，副月数也；内有五藏，副五行数也；外有四肢，副四时数也。"苏舆．春秋繁露义证 [M]．钟哲，点校．北京：中华书局，2019：316.

③ "天亦有喜怒之气、哀乐之心，与人相副。以类合之，天人一也。"苏舆．春秋繁露义证 [M]．钟哲，点校．北京：中华书局，2019：302.

④ 苏舆．春秋繁露义证 [M]．钟哲，点校．北京：中华书局，2019：310.

⑤ 苏舆．春秋繁露义证 [M]．钟哲，点校．北京：中华书局，2019：311.

中详细说明了这点。"臣谨按《春秋》之中，视前世已行之事，以观天人相与之际，甚可畏也。国家将有失道之败，而天乃先出灾害以谴告之，不知自省，又出怪异以警惧之，尚不知变，而伤败乃至。以此见天心之仁爱人君而欲止其乱也。"① 人间失道，天便会降下灾害警告；人间祥和，天便以祥瑞示人，"天"就是通过其主宰性和意志性反馈于人，感应于人。这里，董仲舒先用自然属性解释人的形体与天地相辅，再将人的意志性加之于"天"，使"天"人格化，把"天"看作大宇宙，把"人"看作小宇宙，指明二者运行规律的相似性，以此达到天人同类，同类相感。

综上所述，董仲舒构造了一个有意志、有道德、能生发万物、能主宰人类命运、以仁为心的类似人格神的"天"。他将天放于至高无上的地位，用天道学说来论证君权神授，将君主作为沟通天与万物的桥梁，"取天地与人之中以为贯而参通之，非王者孰能当是"②。君主类似于"天的使者"，天希望借助君主达到"屈民而伸君，屈君而伸天"的目的。董仲舒天道论论证了君权的合法性和来源，该思想在汉代曾占据了统治地位，以此为基础形成的谶纬之学流行一时。值得注意的是，董仲舒有关天之神性的系统铺陈，有关天道运行之阴阳、五行、四时的具体描述，最终必落实于人伦社会、落实到人的现实生活中。"善言天者必有征于人，善言古者必有验于今。"③

2. 逻辑起点："性三品"说

董仲舒批判继承先秦儒家的人性论观点，提出自己的"性三品"理论。他认为孟子和荀子的观点都有些片面。孟子只看到了人性好的一面而忽视了人性恶的一面；荀子认为人性本恶，抨击孟子的同时走向了另一个极端。

何为"性"？"如其生之自然之资谓之性。"④ 人天生就具备"性"，不存在没有"性"的人，"性"是人生而具有的资质。"故性比于禾，善比于米：米出禾中，而禾未可全为米也；善出性中，而性未可全为善也。善

---

① 班固.汉书［M］.南京：凤凰出版社，2011：206.
② 董仲舒.春秋繁露［M］.张世亮，钟肇鹏，周桂钿，译.北京：中华书局，2012：421.
③ 班固.汉书［M］.南京：凤凰出版社，2011：216.
④ 苏舆.春秋繁露义证［M］.钟哲，点校.北京：中华书局，2019：257-258.

与米，人之所继天而成于外，非在天所为之内也……性有似目，目卧幽而
瞑，待觉而后见。当其未觉，可谓有见质，而不可谓见。今万民之性，有
其质而未能觉，譬如瞑者待觉，教之然后善。当其未觉，可谓有善质，而
不可谓善，与目之瞑而觉，一概之比也……民之为言，固犹瞑也，随其名
号，以入其理，则得之矣。"① 人的"性"和禾苗类似，善良和米类似。米
从禾苗中产生，但禾苗不能完全转化成米。人的善良从"性"中产生，但
"性"不能完全转化为善良。"性"也和眼睛相似，眼睛有看见事物的能
力，但闭上眼睛就看不见，善良也是如此。大多数人有善的本性，但还没
有觉醒，等他们被引导教化后觉醒了才能做到真正的善，没有觉醒时只有
善的本质，还没有善，善只是一种潜在的能力。可见，董仲舒的"性"更
多的是一种包含"善"的内在潜能的天生资质。

　　"人受命于天，有善善恶恶之性。"② "性"中既有善的可能，也有恶
的可能。基于此，董仲舒把人性分为三类，即"圣人之性""中民之性"
"斗筲之性"。《春秋繁露·实性》记载："圣人之性，不可以名性；斗筲
之性，又不可以名性；名性者，中民之性。中民之性如茧如卵，卵待覆二
十日，而后能为雏；茧待缲以涫汤，而后能为丝；性待渐于教训，而后能
为善。善，教训之所然也。"③ "圣人之性"是天赋之性，天生的至善至纯，
能够自觉控制自己的情感欲望，无须外在教育也能达到善性的一种品性。
董仲舒认为"圣人"是有"仁义礼智信"的人，圣人集人性天性于一身，
受命于天，也就不在人性的范围中。"中民之性"是绝大多数普通人拥有
的，介于"圣人之性"和"斗筲之性"之间，"中民之性"中包含善性和
恶性，这种恶可以通过后天道德教化转变为善性。换言之，道德教育对
"中民之性"的发展起决定性作用，他们只有通过道德教化才能发展善性。
"斗筲之性"是恶人之性，对这种人来说教化无用，只能用刑罚对付他们。
董仲舒认为，道德教育的主要对象就是有"中民之性"的大多数人，"圣
人"和"斗筲"是天意使然，不可教化。董仲舒在《春秋繁露》中指出：

---

① 董仲舒. 春秋繁露 [M]. 张世亮，钟肇鹏，周桂钿，译. 北京：中华书局，2012：378.
② 苏舆. 春秋繁露义证 [M]. 钟哲，点校. 北京：中华书局，2019：29.
③ 董仲舒. 春秋繁露 [M]. 张世亮，钟肇鹏，周桂钿，译. 北京：中华书局，2012：388.

"中民之性如萤如卵。"① 有"中民之性"的人是社会中的大多数人，他们品性中有善的一面，也有恶的一面，二者还可以相互转化，这类人的可塑性很强，是可以被引导和教化的。通过正确的引导和教化，中民之性就可以转化为善性，反之错误的引导、教化或者不引导不教化，中民之性就可能变为恶性。如《汉书》所言，"天令之谓命，命非圣人不行；质朴之谓性，性非教化不成"。②

由此可见，董仲舒对人性和道德教育的讨论集中于有"中民之性"的人，也就是老百姓。这类人既有善性又有恶性，因此如何遏制百姓的恶性，将本性中的善的潜能转化为真正的善，是董仲舒道德教育的中心问题。在他看来，真正的善的形成除了依靠自身发挥主观能动性之外，还要借助外部力量即道德教育。

（二）主要内容

董仲舒着眼于最基础的社会关系，以"天人合一"理论为基础，系统地论述了以"三纲五常"为核心的封建伦理道德纲常，确保了社会的稳定，对于当时正处于上升阶段的封建社会而言，有很大的积极意义，他的理论适应了当时中国社会经济发展的客观要求。其中，"三纲"之说首见于《春秋繁露》，"五常"之说首见于《举贤良对策》。

1. 三纲

董仲舒"三纲"思想是在孔孟德目思想的基础上进一步深化的。孔子云："君君，臣臣，父父，子子。"③ 他主张每个人都要具有符合自身地位的道德规范。孟子细化了孔子的德目思想，将其划分为"仁义礼智"的四德和"父子有亲""君臣有义""夫妇有别""长幼有序""朋友有信"的五伦。董仲舒进一步深化，在"仁义礼智"中加入"信"，称为"五常"，又提出君臣、父子、夫妻三种人伦关系，称为"三纲"，即"君为臣纲，父为子纲，夫为妻纲"。董仲舒的"三纲五常"是顺应汉朝统治者的意愿，

① 苏舆．春秋繁露义证［M］．钟哲，点校．北京：中华书局，2019：275.
② 班固．汉书［M］．南京：凤凰出版社，2011：217-218.
③ 杨伯峻．论语译注［M］．北京：中华书局，2015：184.

维护封建王朝稳定的道德规范纲领。在"三纲"思想中包含着上下间的绝对尊卑和下对上的绝对服从之意。董仲舒提出的"三纲"之说可看作儒家思想对君主集权的一种适应。在中国历史上，他第一次将君臣、父子、夫妻之间的人伦关系提升到如此高的地位，即"王道之三纲"。从此之后，"三纲"成为中国封建社会中最重要的伦理规范，并在中国封建社会中存在了两千多年。

　　"三纲"体现了封建社会君权、父权、夫权至上的思想，是人们处理君臣、父子、夫妻关系时应遵循的原则。在君权上，他提出"臣不可不忠""君之所好，民必从之"，① 以此教导人们要奉行"君为臣纲"，宣扬臣对君要绝对忠诚，将皇权深化。在父权上，他提倡孝道，引用《孝经》中的大量观点，肯定"忠臣之义，孝子之行"，提出"举显孝悌，表异孝行"。② 在夫权上，他主张男尊女卑，妇女要顺应丈夫，要"奉夫之命"。如《春秋繁露》所言："子受命于父，臣妾受命于君，妻受命于夫。诸所受命者，其尊皆天也……子不奉父命，则有伯讨之罪……臣不奉君命，虽善以叛……妻不奉夫之命，则绝。"③ 为证明"三纲"思想的合理性，董仲舒用《易传》中"阳尊阴卑""乾坤定位"的天道观念将"三纲"之道合理化、神圣化、绝对化，用"天意"和"阳尊阴卑"学说作为理论依据。首先，用"天"来论证"三纲"，宣称"天子受命于天……子受命于父、臣妾受命于君、妻受命于夫。诸所受命者、其尊皆天也"。④ "王道之三纲，可求于天。"⑤ 他认为人的一切都与天相应，道德也包括其中。其次，他又进一步以"阳尊阴卑"学说论证"三纲"取自阴阳之道，使之成为不可违逆的天道。"君臣、父子、夫妇之义，皆取诸阴阳之道。"⑥ "君为阳，臣为阴；父为阳，子为阴；夫为阳，妻为阴。"⑦ 这样，臣、子、妻对君、父、夫就必须绝对地服从。

① 董仲舒．春秋繁露［M］．张世亮，钟肇鹏，周桂钿，译．北京：中华书局，2012：403.
② 苏舆．春秋繁露义证［M］．钟哲，点校．北京：中华书局，2019：149.
③ 苏舆．春秋繁露义证［M］．钟哲，点校．北京：中华书局，2019：366.
④ 苏舆．春秋繁露义证［M］．钟哲，点校．北京：中华书局，2019：366.
⑤ 苏舆．春秋繁露义证［M］．钟哲，点校．北京：中华书局，2019：311.
⑥ 苏舆．春秋繁露义证［M］．钟哲，点校．北京：中华书局，2019：310.
⑦ 苏舆．春秋繁露义证［M］．钟哲，点校．北京：中华书局，2019：310.

董仲舒从"天"的层面论证"三纲"中的尊卑观念,为"三纲"思想打牢了形而上的根基。在他看来,在人伦关系之中,君臣、父子、夫妻这三种关系是最为主要的关系链,这三种关系之中存在着天定的、不可变更的主与从的制约关系:君为主,臣为从;父为主,子为从;夫为主,妻为从。

2. 五常

董仲舒在孟子"仁、义、礼、智"的基础上加入"信",构成自己的"五常"思想。在董仲舒之前,孔子讲仁;孟子将仁、义、礼、智列为人的四种善端;荀子讲仁、义,而且特别重视礼;《中庸》强调仁、智、勇三大德。董仲舒在此基础上提出"五常",即"仁、义、礼、智、信"。董仲舒在对汉武帝的策问中说:"夫仁、谊、礼、知、信五常之道,王者所当修饬也;五者修饬,故受天之祐,而享鬼神之灵,德施于方外,延及群生也。"① 董仲舒把"五常"和天的"五行"相匹配,提出"木仁""火智""土信""金义""水礼"。② 按照这样的逻辑,人的"五常"之道就与天的"五行"相符合,君王和百姓行"五常"之道就成了道德生活的重要组成部分。"五常"与"三纲"共同构成中国古代社会最基本的道德准则与道德要求。

(1) 仁

董仲舒认为"仁"具有两层含义,一是天之"仁",二是人之"仁"。"仁"是最高的道德准则。天之"仁"是指"仁"是天的意志,将天人格化,天孕育万事万物,是最大的"仁"。从某种程度上说,天其实是"仁"的化身,即:"仁之美者在于天。天,仁也。"③ 人之"仁"是指人受命于天,人在天那里领悟了"仁",然后自身才成为"仁","仁"就是天的意志和人的血气相结合而产生的。"人之形体,化天数而成;人之血气。化

---

① 班固. 汉书 [M]. 南京:凤凰出版社,2011:210.
② "东方者木,农之本。司农尚仁…南方者火,本朝也。司马尚智…中央者土,君官也。司营尚信…西方者金,大理,司徒也。司徒尚义…北方者水,执法,司寇也。司寇尚礼。" 见董仲舒. 春秋繁露 [M]. 张世亮,钟肇鹏,周桂钿,译. 北京:中华书局,2012:488-493.
③ 苏舆. 春秋繁露义证 [M]. 钟哲,点校. 北京:中华书局,2019:291.

天志而仁；人之德行。化天理而义。"① 无论是天之"仁"还是人之"仁"，这里的"仁"都是道德层面的，都是最高的行为准则。

如何践行"仁"？孔子讲"仁"，侧重"仁"的行为，孟子强调"仁"的心理活动和内心修养。董仲舒在继承孔子和孟子"仁者爱人"思想的基础上，提出了"仁"在于"安人"，要求对他人做到"无伤恶之心，无隐忌之志，无嫉妒之气，无感愁之欲，无险诐之事，无辟违之行"。② 只有这样才能使人有所"安"。简言之，就是不要去欺骗、坑害人，只有这样才能在人际交往中让他人感到舒适安心。很显然，董仲舒对"仁者爱人"的理解首先强调的是"做人"应当遵循最起码的道德底线。一个人只有首先做到了对道德底线的维护，才能谈得上诸如奉献牺牲、舍己利他等更高层面的道德追求。其次，在董仲舒看来，"仁在安人"绝不仅仅在于能够让他人有所"安"，而是也要让自己有所"安"。这就是不做亏心事，心底坦荡，进而"心安"。董仲舒认为只有做到了"心安"，才能让自己"其心舒，其志平，其气和，其欲节，其事易，其行道"。③ 一个人若能真正做到"平易和理""谨翕不争"，那就可以说是一个"仁者"了。此外，在治理国家方面，他主张统治者也要践行"仁"，做到"外治推恩以广施，宽制以容众"。④ 以仁德安民，这不仅是践行人之"仁"所必须做的，更是天之"仁"所要求的："且天之生民，非为王也，而天立王以为民也。故其德足以安乐民者，天予之；其恶足以贼害民者，天夺之。"⑤

（2）义

董仲舒认为"义"通"宜"，意为适宜、恰当，是现实生活中一切行为所必须遵守的基本准则，这与儒家传统中"义"的观念是一致的。⑥ 董

---

① 袁长江. 董仲舒集［M］. 北京：学苑出版社，2003：242.
② 苏舆. 春秋繁露义证［M］. 钟哲，点校. 北京：中华书局，2019：227-228.
③ 苏舆. 春秋繁露义证［M］. 钟哲，点校. 北京：中华书局，2019：227.
④ 董仲舒. 春秋繁露［M］. 张世亮，钟肇鹏，周桂钿，译. 北京：中华书局，2012：321.
⑤ 苏舆. 春秋繁露义证［M］. 钟哲，点校. 北京：中华书局，2019：194.
⑥ "义者，谓宜在我者。宜在我者，而后可以称义。故言义者，合我与宜以为一言。以此操之，义之为言我也。故曰：有为而得义者，谓之自得。有为而失义者，谓之自失。人好义者，谓之自好。人不好义者，谓之不自好。以此参之，义，我也，明矣！"见苏舆. 春秋繁露义证［M］. 钟哲，点校. 北京：中华书局，2019：223.

仲舒又说："夫义出于经，经传，大本也。"① 也就是说"义"出于经传，是非常重要的伦理德目。董仲舒认为"义"是人们应当遵循的道德原则，人们依靠这一原则来约束自身行为。

谈到"义"便绕不开"利"。董仲舒继承先秦儒家义利观，也主张"重义轻利"。"天之生人也，使人生义与利。利以养其体，义以养其心。心不得义不能乐，体不得利不能安。"② 意思是上天降生了人，并让人产生了"义""利"的念头，"利"用来调养身体，"义"用来修养内心。心中没"义"，就谈不上快乐；身体无"利"，就谈不上安适。换言之，"利"是满足人自身的物质需要，"义"是满足人自身的精神需要；"利"是一种物质规范，"义"是一种道德规范。"天之为人性命，使行仁义而羞可耻，非若鸟兽然，苟为生，苟为利而已。"③ "养莫重于义，义之养人大于利。"④ 董仲舒强调"义"贵于"利"，人与鸟兽最大的不同就是有"仁义"，否则便与鸟兽无异。此外，董仲舒认为"义"通"谊"。"正其谊不谋其利，明其道不计其功。"⑤ 在他看来，有德行的人端正自己的道义，不谋求个人私利，宣明自己的大道而不计较个人功利。人们提高道德修养的目的不是为了"利"，而是为了追求更高层次的"义"，从而达到和谐。董仲舒义利观在一定程度上调和了个人利益与社会大义的矛盾，强调道德精神的价值和作用，对提升精神境界，维护统治者的长远利益有着积极作用；但同时，它也成为统治者销蚀人们正当欲望、让人只讲道义和服从的精神枷锁，特别是由这种义利观引导出的"损情辍欲"的论点，更为宋明理学"存理去欲"思想的提出提供了思想基础。

如何践行"义"？董仲舒提出"义在正我"。"正者"，规约、限制、矫正之谓也。人们要如何"正"自己的言行举止呢？首先是要以义"正心"，无论做什么事，都要先端正动机，端正心术，以"义"正心术，以"义"正动机。其次要以义"导欲"。人都有七情六欲。董仲舒说："天之

① 苏舆. 春秋繁露义证 [M]. 钟哲, 点校. 北京：中华书局, 2019：131.
② 苏舆. 春秋繁露义证 [M]. 钟哲, 点校. 北京：中华书局, 2019：232.
③ 苏舆. 春秋繁露义证 [M]. 钟哲, 点校. 北京：中华书局, 2019：53.
④ 苏舆. 春秋繁露义证 [M]. 钟哲, 点校. 北京：中华书局, 2019：232.
⑤ 班固. 汉书 [M]. 南京：凤凰出版社, 2011：222.

生人也，使之生义与利。利以养其体，义以养其心；心不得义不能乐，体不得利不能安。义者，心之养也；利者，体之养也。"① 可见，"利"的实现及其满足程度直接关系到"体之养"，是不可或缺的。但人的欲望是无尽的，因此要以义"导欲"。那么如何取利获利呢？当以"义"为标准，让自己"心体两养"，即"体因利而安，心因义而乐"。最后是以义"行事"。无论面对什么事情，选择"做"或"不做"以及"怎样做"，这一切都要以是否合乎"义"为原则。儒家主张"义者无悔"，"义者"能做到"无悔"，关键就在于一个人在"以义正我"的过程中能使自己真正地做到"问心无愧"，因为"无愧"故能让自己"无悔"。

（3）礼

"礼"是我国古代社会的典章制度和道德规范。《礼记·礼器》言："忠信，礼之本也；义理，礼之文也。无本不立，无文不行。"② 董仲舒继承这一思想，认为"礼"是指做事要符合行为规范，行事有据，即"礼在成事"。同时他又指出"礼"源于"天"，不仅是行为规范，更是维护封建等级制度和社会秩序的有力武器："礼者，继天地，体阴阳，而慎主客，序尊卑、贵贱、大小之位，而差外内、远近、新故之级者也，以德多为象。"③

如何成"礼"？董仲舒认为有两个途径。第一个途径是"质文两备，然后其礼成"。④ "质"是指内在的本质，"文"是指外在的形式，董仲舒认为"礼成"的关键在于内在的道德追求一定要与外在的实现形式统一起来。也就是说，一个人内在的"仁"和外在的"礼"要协调一致，才是真君子。只有"内仁"与"外礼"相统一，才能"成事成礼"。第二个途径就是"深察名号"，即"治天下之端，在审辨大。辨大之端，在深察名号"⑤。董仲舒认为天下治理的首要之处在于确定"名号"，"是故治国之端在正名"⑥。确定"名号"即是要明确自己的身份，将其与言行举止，礼

---

① 苏舆. 春秋繁露义证［M］. 钟哲，点校. 北京：中华书局，2019：232.
② 郑玄，注. 孔颖达，疏. 礼记正义：第1册［M］. 北京：北京大学出版社，1999：636.
③ 袁长江. 董仲舒集［M］. 北京：学苑出版社，2003：222.
④ 苏舆. 春秋繁露义证［M］. 钟哲，点校. 北京：中华书局，2019：23.
⑤ 苏舆. 春秋繁露义证［M］. 钟哲，点校. 北京：中华书局，2019：251.
⑥ 苏舆. 春秋繁露义证［M］. 钟哲，点校. 北京：中华书局，2019：60.

仪规范统一起来，这是对孔子"正名"思想的延续。"名者，所以别物也。亲者重，疏者轻，尊者文，卑者质，近者详，远者略，文辞不隐情，明情不遗文，人心从之而不逆，古今通贯而不乱，名之义也。"① "名号"依据人、事、物的差异性建构出来，只有在人与人的交往中才具有意义，无君臣、父子之真切的人伦关系，也就无所谓君臣、父子之名号，更不会出现随之而来的君君臣臣、父父子子等伦理规范。人类生活中不同名号的确定及其使用，意味着人在公私交往中要按照自己所处的名位来安排和约束自己的言行，如此即为"守礼"。

当然，董仲舒的"礼"并不意味着具体规范一成不变，而是效仿礼治之道，变礼仪制度的外在形式（如历代新君徙居处、更称号、改正朔、易服色等），不变其内在精神。"今所谓新王必改制者，非改其道，非变其理，受命于天，易姓更王，非继前王而王也。若一因前制，修故业，而无有所改，是与继前王而王者无以别……若夫大纲、人伦、道理、政治、教化、习俗、文义尽如故，亦何改哉？故王者有改制之名，无易道之实。"②

（4）智

董仲舒认为"智"在明理，就是判别是非的能力。③董仲舒继承了孔子的"知者利仁"和孟子"四端"思想，将"仁""智"统一，主张"仁智兼备"，强调"莫近于仁，莫急于智"。④ "仁而不智，则爱而不别也；智而不仁，则知而不为也。"⑤ 一个人如果只有仁爱之心，没有区分善恶的能力，则难成大器；一个人如果只有能力没有仁爱之心，就算才华横溢也难有所为。做人必须"仁智并重"，用"仁"关爱他人，用"智"明辨是

① 苏舆.春秋繁露义证［M］.钟哲，点校.北京：中华书局，2019：419.
② 苏舆.春秋繁露义证［M］.钟哲，点校.北京：中华书局，2019：15-16.
③ "先言而后当。凡人欲舍行为，皆以其智先规而后为之。其规是者，其所为得，其所事当，其行遂，其名荣，其身故利而无患，福及子孙，德加万民，汤武是也。其规非者，其所为不得，其所事不当，其行不遂，其名辱，害及其身，绝世无复，残类灭宗亡国是也。故曰莫急于智。智者见祸福远，其知利害蚤，物动而知其化，事兴而知其归，见始而知其终，言之而无敢哗，立之而不可废，取之而不可舍，前后不相悖，终始有类，思之而有复，及之而不可厌。其言寡而足，约而喻，简而达，省而具，少而不可益，多而不可损。其动中伦，其言当务。如是者谓之智。"苏舆.春秋繁露义证［M］.钟哲，点校.北京：中华书局，2019：228.
④ 苏舆.春秋繁露义证［M］.钟哲，点校.北京：中华书局，2019：226.
⑤ 苏舆.春秋繁露义证［M］.钟哲，点校.北京：中华书局，2019：227.

非，只有这样才能真正做到修养品德。

如何践行"智"？董仲舒认为分为三步。第一步要善于规划和筹谋。"何谓之智？先言而后当。凡人欲舍行为，皆以其智先规而后为之。"① 在董仲舒看来，个人要想做成某件事情，或者舍弃某些东西，都要靠个人的智慧为之。换言之，"智"的核心要素就是规划。董仲舒把规划看得至关重要，甚至提高到决定一国生死存亡之高度。作为统治者来说，规划正确得当，就能成就功业，有一番大作为，"其行遂，其名荣，其身故利而无患，福及子孙，德加万民"。② 假若规划不当，就会一事无成甚至身败名裂，"其行不遂，其名辱，害及其身，绝世无复，残类灭宗亡国是也"。③ 第二步要能预见祸福，早知利害。"智者见祸福远，其知利害蚤，物动而知其化，事兴而知其归，见始而知其终。"④ 预见并非神赐的超自然力量，而是个人根据自己的固有知识，根据对事物发展规律的认识，以清醒的头脑、广阔的视野及长远的眼光思考未来，判断未知，在事情未发生或者刚露出苗头时，就能准确判断它的发展方向，从而未雨绸缪，早做准备，赢得主动和先机。第三步是要谨慎行事，反省警戒。"春秋至意有二端……小大微著之分也。夫览求微细于无端之处，诚知小之将为大也，微之将为著也。"⑤ 董仲舒指出，不能因为细小和微末而忽视，要格外注意细微之处，"是小者不得大，微者不得著，虽甚末，亦一端……吾所以贵微重始是也"。⑥ 不断审视自己，反省警戒，时刻存有敬畏之心，修养自身，谨慎行事，达到"君子慎小物而无大败也"。⑦

（5）信

董仲舒认为"信"即诚信不移、诚实专一。他在先秦儒家重"信"的基础上，把"信"列入"五常"。董仲舒所说的"信"不仅体现在朋友交往中，更体现于君臣之间。一方面，他认为臣民要对君主言"信"，要做

① 苏舆. 春秋繁露义证 [M]. 钟哲，点校. 北京：中华书局，2019：228.
② 苏舆. 春秋繁露义证 [M]. 钟哲，点校. 北京：中华书局，2019：228.
③ 苏舆. 春秋繁露义证 [M]. 钟哲，点校. 北京：中华书局，2019：228.
④ 苏舆. 春秋繁露义证 [M]. 钟哲，点校. 北京：中华书局，2019：228.
⑤ 苏舆. 春秋繁露义证 [M]. 钟哲，点校. 北京：中华书局，2019：136.
⑥ 苏舆. 春秋繁露义证 [M]. 钟哲，点校. 北京：中华书局，2019：137.
⑦ 苏舆. 春秋繁露义证 [M]. 钟哲，点校. 北京：中华书局，2019：402.

到绝对的忠诚；另一方面，君主也需要守"信"，做到言而有信。他提倡的"信"有利于纠正当时社会的不良风气，维护社会秩序，巩固封建君主专制制度。

如何践行"信"？董仲舒认为"信"在"为人"。怎样才能"为人"以"信"呢？第一，董仲舒认为"信"乃诚实之谓也，"信者不欺"，为人处世不应有任何欺诈、欺骗的成分，否则就是虚假虚伪。特别是要"不饰其过"，任何事情都要"过则过之，正则正之"，不去有意地掩饰、隐瞒，即"著其情所以为信也……竭愚写情，不饰其过，所以为信也"。① "信"就是"见情不饰其过"，只有"不饰其过"才显得最为真实而无半点欺伪。第二，董仲舒认为要以"义"制"信"，不"义"的事可以不"信"，有"义"的事一定要"信"。譬如在别的国家有大丧事时，对之发动进攻，显然是"无信无义，故大恶之"。② 第三，董仲舒认为要守"厚信"抛"小信"。"明主贤君必于其信"，③ 臣子要"至忠厚信，以事其君，据义割恩"。④ "事君"之所以"厚信"，就是要求当"忠君"与"事亲"发生矛盾时，臣民要守"君臣之厚信"，割舍"亲亲之恩"，抛弃"小信"，践行"厚信"。只有这样，才能真正地做到"信"。

值得注意的是，董仲舒的"仁、义、礼、智、信"不是割裂开的，它们之间存在着密切的联系，相辅相成，共同构成中华民族传统道德规范的根基。从理论来说，五常之首的"仁"是核心和基础，其他四常围绕"仁"展开，"义"是"仁"的内在标准，"礼"是"仁"的外化表现，"智"是"仁"的基础条件，"信"是"仁"的道德底线，它们共同构成一个完整的价值体系；从实践来说，"仁义"是行"礼智信"的目的，"礼"属于道德规范，"智"属于道德认识，而"信"则是"仁义"能够实现的道德保障。

3. "三纲"与"五常"的关系

在"三纲"与"五常"的关系中，是"三纲"衍生"五常"还是

---

① 苏舆. 春秋繁露义证［M］. 钟哲，点校. 北京：中华书局，2019：408.
② 苏舆. 春秋繁露义证［M］. 钟哲，点校. 北京：中华书局，2019：55.
③ 苏舆. 春秋繁露义证［M］. 钟哲，点校. 北京：中华书局，2019：148-149.
④ 苏舆. 春秋繁露义证［M］. 钟哲，点校. 北京：中华书局，2019：323.

"五常"导出"三纲"，董仲舒并未明确论述。但就其所述"五常"的内容来看，他所提出的"五常"显然是为"三纲"服务的。首先，"智"的功能是"别"，即尊卑亲疏之别，"智"是实行"三纲"的认识前提。其次，"仁""义""礼""信"作为处理人我之间关系的道德要求，目的在"正我"，要求人们严格对己，遵循当然之则，诚实守信，同时又能爱人。所以，"仁、义、礼、智、信"这"五常"实质是践行"三纲"的重要保障。在董仲舒看来，"五常"是指个人的道德品性，"三纲"则是指整个社会的伦理观念。董仲舒以"三纲"确立了当时社会最基本的社会伦理道德原则，把"三纲"看作维系封建社会等级制度的三条绳索；又用"五常"确立了封建社会最基本的道德规范，使其成为调节人与人之间关系的行为准则。基于此，"三纲""五常"被紧密联系在一起，成为中国古代社会不可或缺的意识形态支柱。

综上所述，"三纲五常"在董仲舒的阐释下既能"张理上下"，也能"整齐人道"，成为董仲舒道德教育的主要内容。他认为百姓必须遵守"三纲五常"，因为它们都顺应天道。"三纲五常"是人区别于其他动物的根本，"三纲"确立了基本的伦理关系，"五常"是"三纲"的具体展开，是处理君臣、上下关系的准绳，是调整统治者与被统治者的关系的基本原则，是细化了的道德准则。董仲舒的"三纲五常"思想作为中国封建社会道德体系的核心，是中国封建社会的特殊产物，是一种极富封建意味和特色的传统伦理道德体系，也是提高人性修养的必要手段，为巩固封建主义中央集权制度作出了重要贡献。

（三）教育方法

董仲舒"性三品"说的提出，明确了道德教育的对象——有"中民之性"之人。董仲舒立足于教化有"中民之性"之人，在吸收借鉴先秦儒家的道德教育方法的基础上，形成了自己的道德教育方法。

1. 修养方法

董仲舒的道德哲学把人放在重要位置，人上可参天地，下可长万物。①

---

① "人之超然万物之上，而最为天下贵也。人，下长万物，上参天地。"董仲舒. 春秋繁露 [M]. 张世亮，钟肇鹏，周桂钿，译. 北京：中华书局，2012：548.

他强调，在培养善端的过程中，人要积极发挥主观能动性，进行自我修养，自我教育。

(1) 养气

在道德培养方面人可以通过“自修”达到“自得”的境界。“养气”是自修方法之一。所谓“养气”，董仲舒认为有两层含义。其一是注重对人的形体保养，其二则是对人性的涵养，二者共同构成了董仲舒养气论的内容。在道德教育中的“养气”更多的是指后者，即修气养性。在“养气”这个问题上，董仲舒吸收发展了孟子养“浩然之气”的思想。孟子的“浩然之气”是从儒家伦理道德的角度出发，赋予了“气”以“道义”，这样一来“气”便不再只是一种简单的物质之气，而是具有了使人之所以为人的德性之气。董仲舒发展了这一思想，认为人受天之施气，有“仁、贪”两种气。其言曰：“人之受气苟无恶者，心何栣哉？吾以心之名，得人之诚。人之诚，有贪有仁。仁贪之气，两在于身。身之名，取诸天。天两有阴阳之施，身亦两有贪仁之性。”① 人具有仁、贪两气，这和天之阴阳相对应。“仁气”是仁厚、仁爱之气，是人性中促进社会道德发展的因素；“贪气”是与社会道德相抵触的因素。养气就是要遏制“贪气”，发扬“仁气”，注重修身养性与教化，于内修身保气，于外接受教化，方可勉为善。

(2) 自省

“自省”是儒家重要的修身工夫，是内在的自我审查和道德批判。董仲舒的“自省”不同于孔孟内“自省”的修养方法，它更像是一种外“自省”，类似于“照镜子”，以天地为镜，因天降灾异而自省，是对天的一种回应。“国家将有失道之败，而天乃先出灾害以谴告之，不知自省，又出怪异以警惧之，尚不知变，而伤败乃至。”② “谨案灾异以见天意。天意有欲也，有不欲也。所欲所不欲者，人内以自省，宜有惩于心；外以观其事，宜有验于国。故见天意者之于灾异也，畏之而不恶也，以为天欲振

① 苏舆．春秋繁露义证［M］．钟哲，点校．北京：中华书局，2019：259-261.

② 班固．汉书［M］．南京：凤凰出版社，2011：206.

吾过，救吾失，故以此报我也。"①。在董仲舒看来，"天出至明"②，天有意志，能根据人的言行活动回报于人。当人间出现问题时，天会先用天谴的形式进行警告，若人仍不知反省，就会下降灾异，人只有通过"自省"改变错误做法，才能化解。董仲舒认为"自省"对象不同，做法也有所不同。对百姓而言，"自省"就是遇到灾异时，要谨慎思考，在内心自查自省不合天意的心思；对君主而言，遇到灾异时，除了要在内心反思自己的德行修养外，还要观察灾异之事，检查是哪项政策出现错误，并通过问策之法，体悟天道、仁心，及时改正，构建合"天意"，顺"民性"的国家。

（3）重志

董仲舒特别"重志"。"重志"或"贵志"是《春秋》论事的核心原则之一。"春秋之论事，莫重于志。"③ 在董仲舒看来，"志"即为动机之意。董仲舒重视人的行为动机，主要体现在"礼乐之志"和"听狱"两种情况中。就礼乐而言，他主张："缘此以论礼，礼之所重者在其志。志敬而节具，则君子予之知礼。志和而音雅，则君子予之知乐。志哀而居约，则君子予之知丧。故曰：非虚加之，重志之谓也。"④ 礼乐的关键在人之动机，人若无向善趋美之志，则礼乐徒为虚文。同样，听狱"必本其事而原其志"。⑤ 这句话的意思是说，《春秋》审理案件，必定根据事实而探究当事人的动机。这就是所谓的"《春秋》决狱"。若动机不良，只要有犯罪的行为动机，就可以加以惩罚，不必一定要等到犯罪真正出现时才施以惩处。而若动机良善，则可从轻而论。无论是"礼乐之志"还是"听狱""原其志"，都特别重视支配行为的动机是否符合礼的道德准则。这其实是强调人的道德行为的自觉性和主动性，对于引领人向善向好具有重要的导向作用，它要求人们加强自我修养，端正行为动机。对于如何判断人们行为动机的善恶，董仲舒认为应该以"仁义"为基本准则，以"好诚灭伪"

---

① 苏舆. 春秋繁露义证 [M]. 钟哲，点校. 北京：中华书局，2019：229.

② 苏舆. 春秋繁露义证 [M]. 钟哲，点校. 北京：中华书局，2019：238.

③ 苏舆. 春秋繁露义证 [M]. 钟哲，点校. 北京：中华书局，2019：22..

④ 苏舆. 春秋繁露义证 [M]. 钟哲，点校. 北京：中华书局，2019：23.

⑤ "春秋之听狱也，必本其事而原其志。志邪者不待成，首恶者罪特重，本直者其论轻。是故逄丑父当斩，而辕涛涂不宜执，鲁季子追庆父，而吴季子释阖庐。此四者罪同异论，其本殊也"苏舆. 春秋繁露义证 [M]. 钟哲，点校. 北京：中华书局，2019：92-93.

为重要形式。对于如何在工夫层面"重志",董仲舒却并未深入阐述。

2. 施教方法

"性有善质,而未能为善也。"① 董仲舒认为人有善的潜能,它是人内在本性,但想要将善的潜能转化为真正的善,只有自我修养是不够的,还需后天的教化。为此,董仲舒提出了一系列教化方法,对今天的道德教育仍有借鉴意义。

(1)榜样教育法

在董仲舒看来,道德教育者应该发挥榜样作用,用自己良好的行为举止教育他人,才能实现道德教育的目标。"是故善为师者,既美其道,有慎其行。"②"道",指理论或学说。"有"通"又"。意思是说,善于为人师的,既要使自己的理论或学说臻至完美,又要谨言慎行。良师应当为人师表,道德文章并重。在董仲舒的思想体系中,君主是道德教育的主要教化者。③"民受未能善之性于天,而退受成性之教于王。王承天意,以成民之性为任者也。"④ 董仲舒认为,天所赋予万民的人性是有善质而未能为善,因此为万民设立君王来实施教化、使民成善,君王秉承天意来教化万民,使民性成善。正如冯友兰先生所说:"惟因人之性未能全善,故需王以治之。"⑤ 由此可见,董仲舒认为实行道德教育的主体首先是君主,君主须通过"修己",达到德行和天一样的境界才能更好地对百姓起到德模范作用,上行下效,做到"美道慎行"。

(2)适度教育法

董仲舒在道德教育过程中强调循序渐进、积少成多的适度教育方法。"齐时早晚,任多少,适疾徐,造而勿趋,稽而勿苦,省其所为,而成其所湛,故力不劳而身大成。"⑥ 意思是在教育的过程中,要遵循适度原则,在全面了解人们道德发展现状的基础上循序渐进,由浅入深地进行教育。

① 苏舆. 春秋繁露义证 [M]. 钟哲, 点校. 北京: 中华书局, 2019: 274.
② 苏舆. 春秋繁露义证 [M]. 钟哲, 点校. 北京: 中华书局, 2019: 32.
③ "天生民性有善质而未能善, 于是为之立王而善之。"董仲舒. 春秋繁露 [M]. 张世亮, 钟肇鹏, 周桂钿, 译. 北京: 中华书局, 2012: 381.
④ 苏舆. 春秋繁露义证 [M]. 钟哲, 点校. 北京: 中华书局, 2019: 267.
⑤ 冯友兰. 中国哲学史 [M] 上海: 华东师范大学出版社, 2000: 17.
⑥ 董仲舒. 春秋繁露 [M]. 张世亮, 钟肇鹏, 周桂钿, 译. 北京: 中华书局, 2012: 36.

"大节则知暗，大博则业厌"，① "大节"和"大博"都不合适，如果教育者传授的知识太少、知识面太窄，受教育者容易孤陋寡闻；如果传授的知识太多太快，受教育者可能难以理解。因此，正确的教授方法应该是处于两者之间，即博节相宜，警惕过犹不及。

（3）多渠道教育法

董仲舒认为道德教育应该通过多渠道进行，除了前述君主榜样示范的环境熏陶外，他还主张通过学校教育、道德实践等来开展道德教育。董仲舒认为道德教育最好的途径就是兴办学校，主张开办中央和地方各级学校，共同开展道德教育，以大量培育人才。为此，董仲舒向汉武帝提出建议："臣愿陛下兴太学，置明师，以养天下之士，数考问以尽其材，则英俊宜可得矣。今之郡守、县令，民之师帅，所使承流而宣化也。"② "立辟雍庠序，修孝悌敬让，明以教化，感以礼乐，所以奉人本也。"③ 其中，"辟雍"是中央学校，"庠序"是地方的学校，意思就是在中央建立"太学"，在地方设"庠序"，扩大教育范围。汉武帝在此建议下，兴办各级学校。"至武帝时，乃令天下郡国皆立学校官。"董仲舒这种从中央到地方设立道德教育体系的主张在当时发挥了重要作用。道德教育不再集中于中央而是面向全社会，这对汉朝形成全社会崇尚道德的风气发挥了重要作用。

道德修养的提升不能只停留于道德认知上，还要落实到具体的实践活动中，将道德认知外化为道德行为。"积习渐靡，物之微者也。其入人不知，习忘乃为常，常然若性，不可不察也。"④ 要从细微之处入手做善事，培养德性，否则一些小恶行日积月累也会酿成大祸。可见，董仲舒认为除了道德知识的传授外，人们还要重视道德实践，从细微之处入手，积小善成大善，形成良好品德。

（四）教育目标

"德育目标问题是德育的首要问题，制约着整个德育活动的开展，一

---

① 董仲舒.春秋繁露［M］.张世亮，钟肇鹏，周桂钿，译.北京：中华书局，2012：36.

② 班固.汉书［M］.南京：凤凰出版社，2011：215.

③ 曾振宇，注.春秋繁露新注［M］.北京：商务印书馆，2010：79.

④ 董仲舒.春秋繁露［M］.张世亮，钟肇鹏，周桂钿，译.北京：中华书局，2012：655.

切德育活动都是为了实现既定的、应然的德育目标而服务的，每个德育工作者只有清晰认识和准确把握相应的德育目标，才能有效地开展德育工作。"① 衡量道德教育效果的基本尺度就是道德教育目标的实现。董仲舒道德教育目标呈现出圈层特点，他依据人的不同身份，提出相应的道德教育目标，旨在提升全社会道德素质，进而建立和谐社会，维护统治者的统治。

1. 百姓：化性成善，达中和之德

对百姓而言，董仲舒道德教育的目标是"化性成善，达中和之德"。百姓多数都具有"中民之性"，本性中有善的潜质，也有恶的可能，向善就要进行道德教化。"臣闻良玉不瑑，资质润美，不待刻琢，此亡异于达巷党人不学而自知也。然则常玉不瑑，不成文章；君子不学，不成其德。"② 董仲舒认为君子的德行和平常的玉一样，玉不雕琢就不会有好看的花纹，君子不学习就不能成就其德。因此，他主张通过道德修养与道德教化发展人的善质，遏制人的恶质，达到"化性成善"。

百姓"化性成善"的目的又是什么呢？董仲舒认为是"达中和之德"。"中和"是儒学的重要范畴，《礼记·中庸》记载："中也者，天下之大本也。和也者，天下之达道也。致中和，天地位焉，万物育焉。"③ "中和"实质上就是中庸之道，追求和谐。

董仲舒的"中和"思想包括自然层面和道德层面两层含义。首先，在自然层面上，"中和"是世间万物生存、发展、终止的自然法则。《春秋繁露·循天之道》曰："中者，天地之所终始也；而和者，天地之所生成也。"④ "中"是"天道内部固有的、自在的、贯通终始的本体状，代表天地万物生死的起点与归宿，是一个涵盖天人之际的内容极其广阔的范畴"。⑤ "和"是万物发展变化的完美呈现："起之不至于和之所不能生，养长之不至于和之所不能成。成于和，生必和也；始于中，止必中也。"⑥

---

① 李德全，蒋礼文.新时期学校德育目标分层研究 [M].北京：科学出版社，2012：3.

② 班固.汉书 [M].南京：凤凰出版社，2011：214.

③ 刘宝楠.论语正义 [M].北京：中华书局，1990：248.

④ 苏舆.春秋繁露义证 [M].钟哲，点校.北京：中华书局，2019：394.

⑤ 李民.中庸精义 [M].长春：吉林大学出版社，2007：01.

⑥ 苏舆.春秋繁露义证 [M].钟哲，点校.北京：中华书局，2019：394.

万物终始离不开"中",生成离不开"和",任何一物从生到死,都是由"中和"之道相互作用来维系整个生命体的生长运作,故能以"中和"之道养护身体的人,必然也能遵循生命的自然法则,也是最容易保持机体的生命状态而延年益寿的人。其次,"中和"还有道德层面的含义,是人们修身、齐家、治国、平天下的根本方法。"能以中和理天下者,其德大盛;能以中和养其身者,其寿极命。"① 这里的"中和"更多的是指人品德修养到达的境界,一个人以"中和"修养身心,就能与天地同道共生,达到修养身心目的。由此可见,董仲舒道德教育的目标对百姓而言就是通过道德教化,让人们不断提升个人修养,自觉遵守道德规范,将品性中的善质转化为真正的善,向"中和之德"靠拢,从而带动全社会的和谐进步。

2. 知识分子:培养贤才,为国之所用

对知识分子而言,董仲舒道德教育的目标为"培养贤才,为国所用"。董仲舒生活的朝代是秦灭汉兴,社会矛盾尖锐的时期,随着"卖官鬻爵"的政策弊端的显现,汉朝统治者急需贤能之士。董仲舒直言:"阴阳错缪,氛气充塞,群生寡遂,黎民未济,皆长吏不明,使至于此也。"② 因此,培养贤才,选拔贤能为国所用是董仲舒道德教育的现实目的。他在《春秋繁露》中多次强调要尊贤儒:"气之清者为精,人之清者为贤。治身者以积精为宝,治国者以积贤为道。"③

对于贤才的标准,董仲舒认为是"德才兼备",要以有无德性和事功而非年资长短作为选拔贤能的标准,力图做到"实试贤能为上,量材而授官,录德而定位"。④ 董仲舒强调要以儒学经典作为考试内容,以教化与养士作为选贤的前提,把德才兼备作为选贤的标准,达到"公天下"的目的。

在董仲舒看来,"德才兼备"标准要求贤才不仅要有善端德行,还要有智慧和才干,先成为"明于天性,知自贵于物;知自贵于物,然后知仁谊;知仁谊,然后重礼节;重礼节,然后安处善;安处善,然后乐循理"⑤

① 苏舆. 春秋繁露义证 [M]. 钟哲,点校. 北京:中华书局,2019:394.
② 班固. 汉书 [M]. 南京:凤凰出版社,2011:215.
③ 袁长江. 董仲舒集 [M]. 北京:学苑出版社,2003:157.
④ 班固. 汉书 [M]. 南京:凤凰出版社,2011:216.
⑤ 班固. 汉书 [M]. 南京:凤凰出版社,2011:218.

的君子，再按照才能大小做官，小才做小官，大才做大官，这样才能达到"所谓功者，以任官称职为差……故小材虽累日，不离于小官；贤材虽未久，不害为辅佐……有司竭力尽知，务治其业而以赴功"① 的境界。为此，董仲舒借鉴陆贾、贾谊、公孙弘等人的选才制度，深入分析当时的官场情况，向汉武帝提出兴办太学、选拔贤才的建议，希望通过道德教育培养贤臣，主张"立太学以教于国，设庠序以化于邑，渐民以仁，摩民以谊，节民以礼，故其刑罚甚轻而禁不犯者，教化行而习俗美也"。② 在他的带动下，西汉时期的太学为汉朝统治者培养了大量贤能之士，维护国家稳定的同时推动了教育事业的发展。

3. 统治者：教化君王，塑完美人格

对统治者而言，董仲舒道德教育目标为"教化君王，塑完美人格"。在董仲舒的思想体系中，君主的地位至关重要，最有必要接受道德教化，原因在于：首先，君主只有身正，民众才会不令而从，自然接受教化，这样才能进而巩固政权；其次，君主是联结天人的纽带，接受教化后便可以通过"郊祭"等仪式，体察天意，体悟"天"之仁德；最后，在封建君主专制中，君主凌驾于所有社会成员之上，具有绝对的权力，若德行有亏，则势必会带来严重后果。为此，必须对君主进行道德教化。在董仲舒看来，君主有两层身份，既是道德教化的主体，为人民之师；又是道德教化的客体，自身也需进行教化。因此，君主除了要进行正常的道德教育如学儒家经典、学六艺外，还要修治五事，即"一曰貌，二曰言，三曰视，四曰听，五曰思"，③ 以此为政于天下。董仲舒希望通过道德教化提升君主的品性，让其向"圣王"靠拢，④ 以此获得长期稳定的统治，达到"治国者务尽卑谦以致贤。能致精则合明而寿，能致贤则德泽洽而国太平"⑤ 的目的。

---

① 班固.汉书［M］.南京：凤凰出版社，2011：216.
② 班固.汉书［M］.南京：凤凰出版社，2011：209.
③ 苏舆.春秋繁露义证［M］.钟哲，点校.北京：中华书局，2019：345-346.
④ "为人君者，其法取象于天。故贵爵而臣国，所以为仁也；深居隐处，不见其体，所以为神也；任贤使能，观听四方，所以为明也；量能授官，贤愚有差，所以相承也；引贤自近，以备股肱，所以为刚也；考事实功，次序殿最，所以成世也；有功者进，无功者退，所以赏罚也。是故天执其道为万物主，君执其常为一国主。"苏舆.春秋繁露义证［M］.钟哲，点校.北京：中华书局，2019：407-408.
⑤ 苏舆.春秋繁露义证［M］.钟哲，点校.北京：中华书局，2019：161.

三 对董仲舒道德教育思想的思考

董仲舒道德教育思想是在汉朝特定的历史条件下形成的，带有鲜明的时代特征。他在封建主义中央集权制的政权下实现了儒学的复兴，将儒家仁义等核心道德观念同灾异谶纬之说相融，在天道学说的框架下推行自己的道德理想，既巩固了汉朝的政权，又推进了儒学思想以及儒家道德观念的落实。但董仲舒道德教育思想中包含等级观念，部分内容的合理性一直受学界关注，对其的思考和探讨也从未停止。

（一）董仲舒道德教育思想是否强化了"大一统"理论？

"大一统"是中国历史发展的文明标识，与民族文化、社会观念和国家认同密切相关。随着王朝的不断更迭，"大一统"从地理范畴逐步扩展到思想范畴。自秦统一度量衡后，"大一统"的局面更是被各朝统治者所推崇。董仲舒作为儒学的集大成者，他的道德教育思想是否强化了"大一统"理论呢？为回答这一问题，我们首先要了解何为"大一统"。

研究董学的周桂钿先生认为"大一统包括思想统一和政治统一两个方面"，其根据则是何休的"政教之始"的说法；[①] 谢遐龄先生认为"大一统，意思是重视、强调王政之开端"，主张"大一统"即为"政治大一统"；[②] 王传林先生认为大一统包含政治、意识形态、文化、民族等多个维度，他将政治与意识形态的大一统划分在一起，强调政治大一统与意识形态大一统之间的"合"。[③] 由此可见，虽然学者对"何为大一统"有不同见解，但综合来看，构成"大一统"的诸多因素中必不可少的便是"政治大一统"和"思想大一统"。要回答董仲舒的道德教育思想是否强化了"大一统"理论的问题，就要先厘清该思想中是否包含"思想大一统"和"政治大一统"的内容。

---

① 周桂钿.董学探微［M］.福州：海峡出版社，2015：317.
② 谢遐龄.董子大一统学说是王道学核心思想［J］.德州学院学报，2019，（5）：29-35.
③ 王传林.董仲舒《春秋》"大一统"与"通三统"考论［J］.衡水学院学报，2021，（5）：42-49.

先看是否包含"思想大一统"。在理论层面,董仲舒批判继承孔孟人性学说,运用阴阳五行说,通过"人与天地参"的方式将个人、家、国紧密联系到一起,将道德教育与政治紧密结合,强调思想文化统一对国家凝聚力塑造的重要性,提出"推明孔氏,抑黜百家","诸不在六艺之科孔子之术者,皆绝其道,勿使并进。邪辟之说灭息,然后统纪可一而法度可明,民知所从矣"① 等思想。在实践层面,他主张用"三纲五常"对百姓进行道德教育,赋予君权以天道,树立起"天"至高无上的形象,要求人们言行举止、道德行为都统一于天道。他又提出兴办学校,加强礼乐教化,扩大道德教育的影响力,将儒家思想作为正统思想,使西汉社会逐渐形成"罢黜百家,独尊儒术"的局面,在理论和实践层面都实现了真正意义上的"思想大一统"。再看是否包含"政治大一统"。这就离不开董仲舒的王道思想。在王道观上,董仲舒提出"王道贵始""王道通三"②"王修三本"③"奉天法古""推明孔氏""法天奉本"④ "通三统"⑤ "以君为元"⑥ "君为国主""尊君卑臣"

---

① 班固. 汉书 [M]. 南京:凤凰出版社,2011:221.

② 王道通三:王道统管天地人三大系统。董仲舒言:"古之造文者,三画而连其中,谓之王。三画者,天地与人也,而连其中者,通其道也。取天地与人之中以为贯而参通之,非王者孰能当是?是故王者唯天之施,施其时而成之,法其命而循之诸人,法其数而以起事,治其道而以出法,治其志而归之于仁。"

③ 王修三本,董仲舒言:"是故王者上谨于承天意,以顺命也;下务明教化民,以成性也;正法度之宜,别上下之序,以防欲也;修此三者,而大本举矣。"董仲舒提出"修三本"的主张,即君主要谨承天意、明教化民、正法度别上下之序。

④ 法天奉本,董仲舒言:"三统之变,近夷遐方无有,生煞者独中国。而三代改正,必以三统天下。曰:三统、五端,化四方之本也……法天奉本,执端要以统天下,朝诸侯也……所以明乎天统之义也。其谓统三正者,曰:正者,正也,统致其气,万物皆应而正;统正,其余皆正。凡岁之要,在正月也。法正之道,正本而末应,正内而外应,动作举错,靡不变随从,可谓法正也。"天、本、古都是儒家先王之道,董仲舒对君主提出法天奉本的要求,将其与正统结合,证明法正统的合理性。

⑤ 通三统:中国古代每位君主取得统治权后,都会"改制作科"来增强自己政权的合理性。包括改国号、改正朔、制礼乐、易官名等。董仲舒言:"文王受命而王,应天变殷作周号,时正赤统。亲殷故夏,绌虞谓之帝舜,以轩辕为黄帝,推神农以为九皇。"

⑥ 以君为元,董仲舒言:"君人者,国之元,发言动作,万物之枢机。枢机之发,荣辱之端也。"突出君的重要地位。

"屈伸之义"① "华夷之辨"② 的思想，用来处理君、天、民之间的复杂关系，将君主作为天人之间的枢纽，形成恒定的等级秩序，搭建起"王道大一统"的思想体系，在政治上逐步形成"王顺天，民顺王"的局面。至此便可得出结论：董仲舒的道德教育思想包含"大一统"理念。

董仲舒推动"大一统"局面形成的原因在于，一方面汉初政治呈现前所未有的大一统局面，经济社会等各方面自春秋开始逐渐形成新秩序；另一方面，秦始皇、李斯行统一思想的政策在前，汉武帝、董仲舒行此策在后，这也是一种自然趋势。从董仲舒开始，新儒学超越了孔子言礼的范围，将其扩大到政治、社会层面，又将其理论化系统化，推动大一统局面的形成。此外，董仲舒将"天命"加入其理论中，将王权神化，通过祖先祭拜等活动加强民族间的联系，强化各民族的国家认同感，使"大一统"进一步成为华夏民族的精神共识。

综上所述，董仲舒的道德教育思想中包含"大一统"的理论，为汉朝统治确立了合法性根据。"汉武帝将那时代的儒家看成是关于过去的文化与宗教遗产方面的专家，向他们寻求有关神圣风俗和仪式方面的信息，以便有助于为他的王朝建立宇宙论的合法性。"③ 此后，儒学成为汉朝正统思想，促进了中华民族"大一统"的实现。这种思想对维护中国几千年来的封建统治发挥了重要作用，也对增强民族凝聚力、国家向心力发挥了积极作用。在这种"大一统"精神的带领下，中华民族虽历经磨难，仍能团结统一抵御侵略，成为统一的大国。因而我们说，董仲舒道德教化带来的

---

① 屈伸之义，董仲舒言："《春秋》之法，以人随君，以君随天。曰：缘民臣之心，一日不可无君；一日不可无君，而犹三年称子者，为君心之未当立也。此非以人随君耶？孝子之心，三年不当。三年不当而逾年即位者，与天数俱终始也。此非以君随天邪？故屈民而伸君，屈君而伸天，《春秋》之大义也。"这里的"以人随君，以君随天""屈民而伸君，屈君而伸天"后被总结为"屈伸之义"，屈伸之义的核心是"君"，"屈伸之义"主要从孝道开始演绎，进而上升到普遍意义，强调"一日不可无君"，民众要以"君"为正。

② 华夷之辨："内其国而外诸夏；内诸夏而外夷狄"是董仲舒大一统论最为含蓄深远的引申义。董仲舒把弑君、阴谋诡计、见利忘义看作夷狄之行，甚至因为"晋伐鲜虞""伐同姓""不救鲁"而把晋国看作"夷狄之行"。董仲舒时代就进行着一场汉期与匈奴的战争，随着匈奴的归附，汉朝成为一个农耕与游牧并存的王朝，这成为中国古代历史的常态。

③ 史华慈 . 古代中国的思想世界 [M]. 程钢，译 . 南京：江苏人民出版社，2004：388.

"大一统"思想，"给我们带来了一个安详而有层次的社会，使我们的国家二千多年来始终能维持大一统的局面……它对国家的统一、民族的发展具有不可磨灭的贡献"。① 虽然大一统要求一统于华夏，但它事实上突破了狭隘的民族观念，是对民族意义的升华和超越。今天，铸牢中华民族共同体意识是实现中华民族伟大复兴的前提与保障，也是中国统一的多民族国家的必然要求。

（二）董仲舒是否是"三纲"说的发明者？

要了解董仲舒是否为"三纲"说的发明者，就要区分实质意义上的"三纲"和名义上的"三纲"。实质意义上的"三纲"出现得很早。中国传统社会是家族型社会，这种社会形态对中国传统政治生态的影响非常大，夫妇、父子、君臣等伦理关系很早就成为中国传统社会和传统政治的构成要素，这一点在中国古典典籍中很常见。如《左传》是成书较早的一部经典，反映春秋时期的人、物、事及思想观念。《左传》昭公二十五年曰："为君臣上下，以则地义；为夫妇外内，以经二物；为父子、兄弟、姑姊、甥舅、昏媾、姻亚，以象天明。"② 这段话在实质意义上提出了君臣、夫妇、父子的关系结构。再如《左传》昭公元年曰："子皙信美矣，抑子南夫也，夫夫妇妇，所谓顺也。"③ 再加上孔子回应"齐景公问政"的"君君，臣臣，父父，子子"八个字，我们可以推断至少在春秋后期，实质意义上的"三纲"已经形成，虽然在形式上可能比较零散。名义上的"三纲"在先秦也已经出现。《礼记·乐记》载："子夏对曰：然后圣人作为父子君臣，以为纪纲。纪纲既正，天下大定。"④《乐记》用"纪纲"一词对父子君臣的位分伦理作了定性。《汉书·礼乐志》载："贾谊曰：'夫立君臣，等上下，使父子有礼，六亲有纪，此非天之所为，人之所设

---

① 李威熊. 董仲舒与西汉学术 [M]. 台北：文史哲出版社，1978：163.
② 郑玄，注. 孔颖达，疏. 阮元，校刻. 礼记注疏 [M]. 清嘉庆十二年南昌府学刊本，1807：2107.
③ 洪亮吉. 春秋左传诂 [M]. 北京：中华书局，1987：637.
④ 郑玄，注. 孔颖达，疏. 阮元，校刻. 礼记注疏 [M]. 清嘉庆十二年南昌府学刊本，1807：691.

也.'"① 这里，汉初的贾谊使用"有礼""有纪"等词来定性父子等位分伦理。可见，从先秦至汉初，虽然"三纲"概念没有正式出现，但人们已经使用了"有礼""有纪"来定性位分伦理。"三纲"一词正式出现可能是在《韩诗外传》中。《韩诗外传》的作者是韩婴，与董仲舒同时或略早。《韩诗外传》卷三曰："若夫百王之法，若别白黑；应当世之变，若数三纲；行礼要节，若运四支；因化之功，若推四时；天下得序，群物安居，是圣人也。"② "三纲"一词最早可能出现在此段文字中，至少也不会晚于汉文帝时期。由此可见，"三纲"一词出现在董仲舒之前，它不是董仲舒的发明。以董仲舒为"三纲"一词的发明人而问罪董仲舒，谩骂董仲舒，显然是不合理的。

（三）董仲舒道德哲学中是否具有唯心主义内容和色彩？

答案是肯定的。董仲舒道德哲学中的唯心主义主要体现在两个方面：一个是道德哲学的基础，也就是天道论；另一个是道德起源论。

先看道德哲学基础。董仲舒论述自己的道德教育思想时，为佐证观点的合理性，经常借助"天"来印证，人为地赋予"天"更多的意义与内涵。如《春秋繁露》从三个方面对"天"进行解释：一是自然的"天"，"天"是主导世间万物的运动规律，即"天，万物之主"，这就为解释人们难以理解的自然现象提供了依据；二是神化的"天"，这时的"天"不仅主宰自然界，还主宰人界，他试图将天道人道自然之道结合起来，如"日月食并告凶，不以其行"，将自然现象与人的行为联系一起；三是崇高化的"天"，他将道德赋予"天"，"天"具有最高德，人的道德也来自"天"，如"天仁也""天者，万物之祖，万物非天不生"③ "天者，百神之君也，王者之最尊也"④。可见，"天"在董仲舒思想中占据重要地位，由此衍生的"天人感应"学说的动机就是维护西汉"大一统"的封建中央集权，但其以"天人感应"观为核心的思想体系中包含了神秘主义、唯心主

① 班固.汉书［M］.南京：凤凰出版社，2011：139.
② 屈守元.韩诗外传笺疏［M］.成都：巴蜀书社，2011：127.
③ 董仲舒.春秋繁露［M］.张世亮，钟肇鹏，周桂钿，译.北京：中华书局，2012：557.
④ 董仲舒.春秋繁露［M］.张世亮，钟肇鹏，周桂钿，译.北京：中华书局，2012：541.

义的色彩。董仲舒构造和推崇的"天"是人类认识和社会现实都难以逾越的精神实体，这从根本上动摇了其道德哲学的物质根基。他人为地赋予"天"各种意志和情感，将"天"打造成人格化的至上神，主张天有目的地创造出万物和人类，并因与人的形体、组织、思想、道德相符而相互感应。"天道论"把天的意志看成世界万物的本原，违背了物质第一性，意识第二性的唯物主义原则。

再看道德起源论。在个体道德成因上，董仲舒认为人的道德是上天赋予的，既不是人主观生成的，也不是由客观物质世界决定的，呈现唯心主义色彩。就"仁"来说，董仲舒所理解的"仁"大致同孔孟相同，但孔子认为"为仁由己"，人只要经过主观努力就可以达到"仁"的境界，肯定了人的主观能动性。董仲舒则不然，他认为"仁"这一德性属于"天"，为"天"所有，人品德的善恶、优劣是由上天造就的，人是完全被动的。在这一点上，董仲舒的观点可以说是中国古代伦理思想的一个倒退。可见，董仲舒的道德起源论是同他的神学观念、唯心主义联系在一起的。他将天人相类比，"人之德行，化天理而义""天有木火土金水五行，人有仁义礼智信五常之道"，把道德的产生归结为天的意志，带有唯心主义色彩。

第五论　朱熹道德教育思想

朱熹（1130—1200）字元晦，号晦翁、云谷先生、考亭先生等，是我国南宋时期著名的哲学家、思想家、教育家，理学思想的集大成者，后世尊称其为朱子。《续资治通鉴》对朱熹评价说："熹自少有志于圣道，其为学大抵穷理以致其知，反躬以践其实，而以居敬为主。尝谓圣贤道统之传，散在方册，自经旨不明而道统之传始晦，于是竭其精力以研究圣贤之经训，所著书为学者所宗。"① 这里阐述了朱熹的为学宗旨、学术思想内涵及其功用。朱熹一生讲学四十余年，在教育实践活动中他始终把道德教育放在首位，认为道德教育是育人之根本。"修德是本。为要修德，故去讲学。"② 他在自身的教育实践活动中，积累了丰富的经验，形成了比较系统的道德教育理论体系。深入研究其道德教育思想，对今天的道德教育有着重要的借鉴和启示意义。

一　朱熹道德教育思想形成的条件

任何思想体系的形成都与那个时代的需要有关。马克思曾明确指出："一切划时代的体系的真正的内容都是由于产生这些体系的那个时期的需要而形成起来的。所有这些体系都是以本国过去的整个发展为基础的，是以阶级关系的历史形式及其政治的、道德的、哲学的以及其他的后果为基础的。"③ 朱熹道德教育思想的形成深深根植于他的道德教育实践活动之

① 毕沅．续资治通鉴：第 155 卷 ［M］．北京：线装书局，2009：4176.
② 朱杰人，严佐之，刘永翔．朱子全书：第 15 册 ［M］．上海：上海古籍出版社；合肥：安徽教育出版社，2002：1207.
③ 马克思恩格斯全集：第 3 卷 ［M］．北京：人民出版社，1960：544.

中，既有对先圣先贤理论思想的吸收发展，也受到当时社会历史环境的影响。

（一）社会背景

任何思想的形成都是对这个时代的反映。对朱熹道德教育思想的研究与探源必须对南宋社会进行全面而深入的分析。朱熹生活的时代宋金政权对垒，民族矛盾尖锐，社会危机深重，政治、经济、文化均发生了重大变化。国学大家钱穆比较各个历史阶段的社会变迁后指出："论中国古今社会之变，最要在宋代。宋以前，大致可称为古代中国；宋以后，乃为后代中国。就宋代而言之，政治经济、社会人生，较之前代莫不有变。"① 可见，宋代是发生重要变迁的时代，包括人心、政俗之变，文化盛衰之变，以及古今社会之变。这些社会现实对新思想的产生提出了新的要求。

1. 政治背景

朱熹所处的南宋社会，内忧外患，政局动荡，危机重重：社会内部阶级矛盾尖锐，农民起义不断，民不聊生；外族侵略步步紧逼，南宋统治者称臣议和，政权岌岌可危。这样的社会现实造成了伦理纲常的无序化。重整伦理纲常，重建道德秩序就成为当时社会的迫切需要。恩格斯说："一切观念都来自经验，都是现实的反映——正确的或歪曲的反映。"② 朱熹道德教育思想就在这样的政治背景下应运而生。

（1）社会内部各种矛盾叠加，人民生活困苦。这主要表现为以下几个方面。第一，社会关系变革导致阶级矛盾激化。南宋迁都后，南迁的大官僚大地主统治集团和原来在南方的官僚地主趁乱疯狂霸占、强据土地，吞噬千家之膏腴、连亘数路之土地。土地兼并日益严重，土地私有的性质不断强化。大批失去土地的农民沦为依附于地主阶级的佃客，艰难求生。南宋统治者不仅不体恤百姓，改善民生，反而为了维持腐败堕落的奢靡生活、对外支付高昂的求和费用，加大赋税徭役的征收力度，使"百姓膏腴皆归贵势之家"③，劳动人民的生活苦不堪言。农民阶级不堪忍受，阶级矛

① 钱穆. 宋史研究集——理学与艺术：第7辑 [M]. 台北：台湾书局，1974：78.
② 马克思恩格斯文集：第9卷 [M]. 北京：人民出版社，2009：344.
③ 蔡方鹿. 朱熹与中国文化 [M]. 贵阳：贵州人民出版社，2000：15—16.

盾进一步激化，大规模的农民起义随之发生，如钟相、杨幺起义，晏梦彪起义，陈三枪、张魔王起义等。南宋统治者对外软弱实行"求和"的策略，对内却以血腥暴力的手段镇压农民起义，统治者与农民的矛盾达到了十分尖锐的程度。面对这样的现实，士大夫们在皇权与农民之间如何求得内圣外王的"中庸"之道，拯救国家于危难之际，就成了南宋初期最具有思想挑战和现实意义的时代课题。第二，"近习"干政（即亲近帝王的宦官、外戚和藩邸旧人借势干预朝政）的政风造成社会伦理秩序的破坏。南宋统治者为了阻止朋党之争，利用"近习"来延伸皇权，"近习"干政之风蔓延。"近习"集团的干政成为士大夫政治发展道路上的绊脚石，在朝堂内外激起了"君子小人"之辩，进而演变成意气之争和权力争夺，这些争辩和争夺成为各势力互相攻击、自我标榜的利器，造成了南宋政治统治的混乱和对社会伦理秩序的破坏。许多有志之士为社会纲常无序、道德沦丧的局面深感担忧，转而寻找新的理论武器以重整道德体系。

（2）外族侵略，南宋政权危机重重。宋朝自建立之初，为了防止谋权篡位，加强中央集权，采取"守内虚外""兵将分离"的措施，虽在一定程度上达到了维持政权稳定、防止内乱的目的，但从长远看却埋下了被动挨打的祸根。面对辽、金等外族的入侵与进攻，南宋统治者一直隐忍退让，不断议和投降，致使外族侵犯更为猖狂。辽兵、金兵所到之处烧杀抢掠，无所不为，百姓流离失所，四处出逃。经年累月的战争使军费支出惊人，国力亏空。为了弥补国力亏空，南宋统治者巧立名目，设立各种苛捐杂税，残酷压榨剥削百姓。许多有志之士劳思苦想救国方案以扭转积贫积弱、内忧外患的局势。

2. 经济背景

恩格斯说过，"一切以往的道德论归根到底都是当时的社会经济状况的产物"。[①] 经济的发展为朱熹道德教育思想的形成提供了物质条件。梁庚尧认为："人口增加、土地兼并盛行和商业逐渐发达，是南宋经济的三个基本趋势。"[②] 虽然南宋时期战争频发再加上向金纳贡使得民众经济负担很

---

① 马克思恩格斯选集：第3卷 [M].北京：人民出版社，1995：435.
② 梁庚尧.南宋的农村经济 [M].北京：新星出版社，2006：1.

重，但从南宋经济发展整体水平来看，它又是中国历史上经济发达、科技发展、对外开放程度较高的时代。

（1）经济重心南移，农业生产力水平大幅提高。第一，农作物产量大大提升。南宋初期，由于金兵的步步紧逼，战事频繁，北方劳动人民被迫辗转南迁，江、浙、湖、湘、闽、广各地"西北流寓之人遍满"，这在为农业的发展提供了大量劳动力的同时也带来了先进的生产技术和丰富的生产经验。大量南迁的农民，迫于生存需求，进行了大量的农田垦辟实验，"圩田""梯田""淤田"等方式迅速应用，农田数量增加。冶炼技术快速发展，犁铧、铁耙、锄头、镰刀等农具的形状结构得以改进，水车、秧马普遍使用，这些更便于生产。另外，农业生产关系发生了变化，"租佃制"代替了长期以来士族门阀直接人身控制的"荫蔽制"，农民对地主的人身依附关系相对减弱，这在一定程度上调动了农民生产的积极性。人口的增加，水利设施的兴建，农垦农田面积的激增，生产工具的改进，稻麦两熟、水旱轮作等耕作技术的推广极大地提高了当时农作物的产量。南宋中期，出现了"苏湖熟，天下足"的盛景。① 第二，经济作物的种植发展迅速。经济作物的种植规模，反映着农产品商品化的发展程度。南宋时期茶的种植和栽培已经遍及大半个中国，约有38个州、郡。由于南宋政府的大力收购，桑麻作物的种植也得到很大发展，成为农民的重要副业。此外，水果和药材的种植也初具规模。

（2）商业和手工业的发展迅速，商业经济空前繁荣。手工业和商业的发展是衡量一个社会经济发展水平的标志。首先，在手工业方面，受到频繁战事的影响，各种武器需求量很大，因而南宋各地开办了许多专门制造火枪、洋火器等兵器的作坊，炼铁炼钢、冶金技术等都有所提高。其次，在商业贸易方面，南宋与海外各国广泛开展贸易，涉及南洋、西洋、波斯湾、地中海和东非海岸等区域，有外贸关系的国家和地区增至60个以上。海上贸易的繁荣发展，也促进了造船业和瓷器业的发展。其中江西的景德镇窑、吉州窑和浙江龙泉窑以及广东、福建沿海地区的瓷窑发展迅速，成为当时瓷器的主要供应地。另外，南宋时期的印刷业比北宋更为发达。宋

① 朱汉明，萧永明. 旷世大儒——朱熹［M］. 河北：河北人民出版社，2001：12.

朝采用"科举入仕"选拔人才，大批书院的兴起和学校的建立、书籍的印刷流通，使得造纸业有了很大的发展。造纸技术的精进促进了印刷业的繁荣。

伴随着南宋农业、手工业、商业经济的发展和繁荣，大量的城市市民阶层兴起，他们逐渐形成了自己的生活、行为方式和价值观念，与之而来的是整个社会对教育的重视。时人甚至说："人生至乐，无如读书；至要，无如教子。"① 经济的发展和对教育的重视为朱熹道德教育的形成提供了重要条件。

3. 文化背景

史学家陈寅恪先生勾勒了华夏文化的发展脉络："华夏民族之文化，历数千载之演进，造极于赵宋之世，后渐衰微，终必复振。"② 从这里可以看出宋代文化在华夏文化发展脉络中的地位。南宋在文化上创设了相对宽松的文化氛围，鼓励兴学育才的教育发展，日本学者将宋代文化称为东方的"文艺复兴时期"③。南宋社会广泛普及的教育促进了儒学思想的发展与传播，也为朱熹道德教育思想的形成奠定了文化基础。

（1）适度宽松的文化氛围。宋朝自建立之初就制定了一系列保护文人的政策法规，如"勒石三戒"④。宋初所奠定的尊重和保护文人的基调为当时社会营造了宽松、开明的文化环境，使全社会形成了追求知识、尊重人才的风气，也激发了士人平治天下、建功立业的主体精神。在宽松的文化氛围下，宋朝诸帝倡导重文崇儒，实行以儒学为主导的儒、释、道三教并行的文化政策。三教融合的文化策略一方面有效促进了各派文化相互交流、取长补短，另一方面由于三教间价值理念、学术思想和特征等方面的差异，也出现了"三教相争"的局面。三教相争的背景下，社会急需主流的思想来引导伦理纲常。

（2）实行科举制度，打破门第限制选拔人才。科举制度自隋唐设立，

---

① 刘清之. 戒子通录：第 6 卷 [M]. 文渊阁四库全书本，第 703 册：74.
② 陈寅恪. 金明馆丛稿二编 [M]. 上海：上海古籍出版社，1980：245.
③ 山根幸夫. 中国史研究入门：上册 [M]. 北京：社会科学文献出版社，2000：557.
④ 勒石三戒："其戒有三一、保全柴氏子孙二、不杀士大夫三、不加农田之赋。呜呼若此三者，不谓之盛德也不能。"王夫之. 宋论 [M]. 北京：中华书局，1964：4.

在宋朝逐步走向成熟。宋代科举取士打破了传统的门第之见，给寒门学子们提供了步入仕途、施展才华的机会，推动了社会阶层之间的流动。宋代邵伯温所写的《邵氏闻见录》记载了宋太宗时做过宰相的吕蒙正建"噎瓜亭"的故事："吕蒙正于龙门时，一日行易水上，见卖瓜者，意欲得之，然无钱可买。其人偶遗一枚于地，公取而食之。后作相，买洛阳城东南，下临伊水，起亭以'噎瓜'为名，不忘贫贱也。"科举制度使人才选拔更加公正，居官者不再受世代相承的保障，而缺乏家世背景的庶民凭借其资质与能力能得到社会的认可，这激发了文人对社会的关切和发自内心的责任感。在宋代士人心中，"天下者"是中国的天下，群臣的天下，百姓的天下，而不是皇帝个人的天下。当时士大夫以天下为己任，把自己当作文化主体、道德主体和政治主体。科举制度的推行，使得读书求学、登科入仕成为社会成员提高地位、改变命运的主要手段，极大地刺激了人们读书求学的热情，以至于出现了"家乐教子""为父兄者以其子与弟不文为咎，为母妻者以其子与夫不学为辱"① 的社会现象，从而为社会的进步和发展提供了强有力的人才保障。

（3）重视教育，鼓励兴办学校。宋代统治者鼓励兴办学校教育，为社会民众提供接受教育的机会与场所。南宋的学校包括官学和私学。官学包括国子监、县学、州学等，由官方管理和控制，主要面向官僚阶层的后代，培养政治精英。私学包括书院和私塾，主要由私人或团体举办，主要面向普通民众和一些富有家庭的子弟。宋代的学校层次多样，数量众多，地域广泛，在"建学独先于天下"的延平府，甚至达到了"五步一塾，十步一庠"的程度。如此发达的学校教育为宋代读书风气的形成提供了有力保障。当时社会掀起了一股"读书热"和"科举热"，不少史料都记载和描述了当时"万众向学"的场景，帝王"日阅三卷"，乡童"朝诵暮弦"，百姓以读书为业，很多学子在家中挑灯夜读。② 宋代读书风气的兴盛促进了宋代文化的繁荣。

---

① 洪迈，撰．孔凡礼，点校．饶州风俗［A］．//容斋随笔［M］．北京：中华书局，2005：683.

② "其民以读书为业，以故家文献为重。夜燃灯，诵声琅琅相闻。"祝穆：宋本方舆胜览［M］．上海：上海古籍出版社，1986.

（二）理论渊源

对朱熹道德教育的研究不仅要将其置于宏大的历史背景中，横向考察其所处的经济、政治、思想文化等社会历史环境，更要纵向考察对其深刻影响的文本继承线索和文化发展脉络等理论渊源。朱熹道德教育思想是朱子在当时的社会和学术文化背景下，应对时代问题而作出的思考与探索，吸收了从先秦到南宋各家道德教育思想的积极成果。它是儒学复兴和发展的新阶段和产物，又是儒、道、佛长期斗争、相互融合的结果。

1. 对先秦儒家思想的继承与发展

追溯儒家文化的历史，自开端以来便尤为重视"德"的修养和培育。以孔子、孟子和荀子为主要代表人物的先秦儒家思想家十分重视道德教育，他们系统地探讨了道德的起源、社会作用、基本内容以及评价标准。南宋时期，朱熹吸收了先秦儒家道德教育思想的精髓，并在此基础上逐渐形成了一套属于自己的道德教育理念，推动了儒家道德教育思想的进一步发展。第一，朱熹吸收了孔子的"仁"和孟子的"性善论"思想。朱熹一贯主张以孔子的"仁"为道德教育的指导思想与最高境界。"仁者，心之德，爱之理"，[①] "心仁廓然，毫无一私念，居天下之广居，便是居仁"，"如天地育万物，人为私念，便于天地相通"。[②] 朱熹也重视义利问题，他不是一般地谈"义利之辨"，而是联系仁与不仁、公与私之辨，探究善与恶、是与非、道德与非道德的哲学意蕴，并且与民族危机、文化危机结合起来进行反思。朱熹还十分重视道德修养和道德自律的理论。他在孟子性善论的启示下，把仁义道德视为人自身内在的要求，而不是外力强加的结果，将道德主体理论提升到了一个新的高度。第二，朱熹继承了儒家以礼为首和德育为先的思想。在《荀子·劝学》篇中有这样的问答："学恶乎始？恶乎终？曰：其数则始乎诵经，终乎读礼；其义则始于为士，终乎为

---

① 朱杰人，严佐之，刘永翔. 朱子全书：第 14 册 [M]. 上海：上海古籍出版社；合肥：安徽教育出版社，2002：693.

② 朱杰人，严佐之，刘永翔. 朱子全书：第 17 册 [M]. 上海：上海古籍出版社；合肥：安徽教育出版社，2002：3178.

圣人。"① 朱熹继承了这一思想，并且借助张载的"气质之性"为人人皆能成圣进行解释。在他的观念里，不管是统治阶级还是普通百姓，都需要修德，唯有如此才能恢复"三代之治"的气象。道德的修养和提高不仅需要教育，还需要个人实践，所以在他的道德教育体系中格外强调格物、致知等修身的手段。第三，孔子有教无类、因材施教、循序渐进等教育方法也对朱熹道德教育思想的形成与发展有着一定的影响。朱熹在对《论语集注》的注释里，赞叹孔子："孔子教人各因其材，由此可见。"② 朱子吸收前辈的思想，在《大学章句序》里明确提出需要根据学生的年龄和学习程度划分不同的教育层次——小学、大学。这种分阶段的教育理念，不仅仅体现了循序渐进的思想，也是"因材施教"教育理念的反映。

2. 对北宋理学的承袭和借鉴

"理学"萌芽于唐中叶以后的韩愈和李翱，经北宋的周敦颐、程颢、程颐的发展，到南宋由朱熹集大成。朱熹作为理学思想的集大成者，其道德教育思想的形成得益于充分吸收周敦颐、张载、二程等理学先驱的思想精华。周敦颐被后来学者称为理学的开山鼻祖，他的主要著作《太极图论》作为儒释道三教融合的产物，确立了"无极而太极"的宇宙本体论，奠定了朱熹道德教育思想的哲学基础。他把佛道的禁欲主义引入儒家伦理，主张主静与无欲，后来程朱提出的"存天理，灭人欲"的道德伦理思想，就是由此引申而来。"关学"创始人张载所提出的"人性二元论"为解决儒家的人性争端提供了新的思路和依据，这构成了朱熹道德教育思想的逻辑起点。张载认为性无不善，但因气禀的不同而有善有不善。张载把"天地之性"与"气质之性"视为性的两种状态，主张通过"学以变化气质"，复归天地之性，人人皆可为尧舜。张载和朱熹有着相似的人生经历，他的修养工夫对朱熹也有着较为深刻的影响。二程（程颢、程颐）深得朱熹推崇。二程最主要的观点便是"存天理，去人欲"，朱熹吸收了这一思想，在《大学章句》里，朱熹提到"盖必其有以尽夫天理之极。而无一毫

① 方勇，李波，译注. 荀子 [M]. 北京：中华书局，2011：7.
② 朱杰人，严佐之，刘永翔. 朱子全书：第6册 [M]. 上海：上海古籍出版社；合肥：安徽教育出版社，2002：157.

人欲之私也"。① 二程也重视道德修养，强调致知、格物、穷理，"修身主敬"，这些都是朱熹道德教育思想的直接来源。

3. 对佛老思想的批判与扬弃

"两宋诸儒，口庭径路半出于佛老。"② 朱熹的道德教育思想深受佛老之学影响，这与他个人的求学经历有关。"白水、籍溪、屏山三先生，晦翁所尝师事焉。……三家之学略同，然似皆不能不杂于禅。"③ 朱熹自十四岁师从武夷三先生刘勉之、胡宪、刘子翚，他们对朱熹的教育具有引佛老入儒学的特点，使朱熹得以上承二程的洛学思想，也将佛老气韵渗透进自己的经学与理学。朱熹自少年时就浸染在崇佛信道的大环境中，深受佛老思想影响数十年，直到师从李侗才形成以儒为本的思想，完成排佛入儒的思想转化。尽管最后朱熹形成以儒为本的思想，但这并不意味着朱熹彻底抛弃了佛老思想，朱熹道德教育思想体系中仍然吸收借鉴了不少佛老思想，主要表现在以下三个方面。一是朱熹重视加强学子的自我道德修养，"静修"的修养方法源于道家思想中"清静无为""无欲虚静"的修炼方法。二是朱熹的"理本论"的思想体系受佛学形而上思想的影响，道教的宇宙生成模式成为他理气论的基石。三是佛家大师禅林授徒讲学的方式启发了朱熹，朱熹开展了书院教学的教育实践活动，广泛收徒，"连《学案》之二百二十四人，则成五百二十二人"。④

4. 对南宋湖湘学派的吸收和借鉴

闽学与湖湘学都是二程洛学的分支，同时在南宋流传与发展。湖湘学派的代表人物为胡国安、胡宏、张栻等人，因主要学术活动在湖南，故命名为"湖湘学派"。两个理学流派从初创起，便有着密切而友好的学术联系。张栻是胡宏最得意的弟子，与朱熹年龄相仿，二人具有相同的学术渊源和极为相似的人生阅历，结下了深厚的友谊。二人在学术上互相探讨、互相交流，首开会讲制度——"朱张会讲"。公元 1167 年，朱熹不远千里

① 朱杰人，严佐之，刘永翔 . 朱子全书：第 6 册［M］. 上海：上海古籍出版社；合肥：安徽教育出版社，2002：16.

② 黄宗羲 . 宋元学案［M］. 北京：中华书局，2013：26.

③ 黄宗羲 . 宋元学案［M］. 北京：中华书局，2013：1395.

④ 陈荣捷 . 朱学论集［M］. 上海：华东师范大学出版社，2007：182.

偕弟子从福建崇安来到长沙，与岳麓书院主教张栻讲学论道两月有余，留下了千古佳话——"朱张会讲"，开创了中国书院史上不同学派之间以"会讲"形式进行学术交流的先河。平时二者的交流多采用书信形式，在这些书信中朱熹表达了对《中庸》已发、未发之义的理解。湖湘学派的"性体心用"思想，"先察识，后涵养"的存养工夫以及鼓励学子从小立志、学以致用的教育思想等都对朱熹的道德教育思想产生了重要影响。

（三）个人经历

朱熹的人生成就和他个人的人生际遇与努力紧密相关。朱熹从小就立志"学做圣人"，一生中求学问道，孜孜不倦，这是他得以成功的主观条件。小时候家庭的严格要求、求学过程中老师的点拨和指导为他的道德教育思想的形成提供了宝贵的精神资源。朱熹长期的书院教育活动实践，为他道德教育思想的形成提供了现实条件。

1. 幼时启蒙教育

朱熹祖籍徽州府婺源县（今江西省婺源），朱熹门人在《朱子行状》中记载，朱熹的家世为"婺源著姓，以儒名家"。朱熹祖辈历代为官，在地方上是有名的地主官僚，被老百姓称作"婺源著姓"。但1130年朱熹出生之时，其父朱松被免去了尤溪县尉的职务，以致家境衰落。朱父一生仕途坎坷，晚年沉迷于佛经和道教，以此寻得安慰与解脱。朱熹在尤溪饱尝了饥寒度日的辛酸，朱熹的两个哥哥都在"尽室饥寒"中死去。由于长子和次子相继夭折，朱松将全部的希望寄托在了沈郎（朱熹小名）身上。望子心切的朱松在朱熹五岁时就将其送入了小学，并对他提出了严苛的要求，想把他培养成一个标准的道学儒士。朱熹八岁开始接受正规的六经训蒙教育。朱松对朱熹苦心督教，朱熹所受家庭训蒙教育愈发严格，他十一岁时开始了"十年寂寞抱遗经"的生涯。在朱松严格的经学启蒙和理学教育下，佛老思想在年轻的朱熹心中扎根。朱熹幼年时就十分喜欢思索，五岁开始追寻"天体是如何，外面是何物"的宇宙课题。八九岁读到《孟子》"圣人与我同类"，对于成圣的希望激动得"喜不可言"。父亲朱松的严格的童蒙家教为后来朱熹成为一代"圣人"创造了条件。

2. 求学受教经历

朱熹十四岁时父亲朱松病逝。朱熹的父亲在去世前，将他托付于崇安五夫里奉祠家居的刘子羽，又致信三位崇安道学之友刘子翚、刘勉之和胡宪（"武夷三先生"），将育子之望寄托于三位好友。朱熹开始了新的人生旅程。在刘子羽、刘子翚的刘氏家塾中，朱熹接受了比过去更全面、更正规的儒家教育：从小学到大学，从法帖到临摹经书，他一方面为科举入仕攻习程文与词章之学，另一方面为入"圣贤之域"而潜心钻研二程的理学。年轻的朱熹兼收并蓄地接受三先生的经学和理学。朱熹后来得到李侗的长时间教导。朱熹从小就立志"学做圣人"并思考类似问题，十七八岁时便下大力气研读《大学》《中庸》。为此，朱熹曾向身边的老师请教，老师们告诉他只有通过"契悟"的途径才能达到圣人之境。在明朝心泰大师编的书中，记载着朱熹自述的这一过程："我昔从学读《易》《语》《孟》，究观古人之所以圣，既不自揆，欲造其风，道绝径塞，卒莫能通。下从长者问所当务，皆告之言要须契悟，开悟之说不出于禅。我于是时则愿学焉。"[1] 为此，朱熹特意师事释道谦求教佛学中"开悟"的办法。释道谦离世后，受到李侗"天下理一而分殊，今君于何处腾空理会得一个大道理，更不去分殊上体认"[2] 的点拨，面对同安入仕的迷茫，朱熹放弃了对"开悟"方法的探寻，开始从"道问学"的"分殊"上寻找新的出路。

3. 书院教学活动

书院是我国古代社会特有的一种教育机构，由私人或团体创办，藏有大量图书，兼有教学活动与学术研究，起源于唐代，兴起于北宋，鼎盛于南宋。"南宋时期，书院发展的极盛，书院数量之多，规模之大，组织之严密和制度之完善都是空前的，据统计，宋代共建书院173所，其中北宋建37所，占总数的21.39%，南宋建136所，占总数的78.61%，几乎取代了官学而成为主要的教育机构。"[3] 朱熹学有所成之后，进入仕途的过程并不顺利，他当官时断时续，中间曾以各种理由辞官。从其一生来看，他为

① 心泰大师. 卍新纂续藏经：第 87 册 [M]. 台北：白马影印本：436.

② 金履祥. 仁山集：第 2 册 [M]. 北京：商务印书馆，1937：91.

③ 黄保万. 朱熹与书院文化 [A] //海峡两岸论朱熹——纪念朱熹诞辰 865 周年暨朱熹对中国文化贡献学术会议论文集 [M]. 福建：福建省闽学研究会：87.

官9年，讲学传道40多年。朱熹曾建三所精舍，即竹林精舍、武夷精舍和寒泉精舍，修复了两所北宋时就负有盛名的书院，即岳麓书院和白鹿洞书院，还制定了著名的《白鹿洞书院揭示》，以此规范学校教育中的道德教育。陈荣捷先生考证："朱熹一生与许多书院有关联，至少在六所其他书院讲学过。他为三所书院作记，以及为另一所书院作诗并附序。他在某一书院也停留过一段相当长的时间。至少为九所书院写过匾额……除了重复不计外，朱子个人与二十四所书院有关，其中包含三所精舍。"① 朱熹还向朝廷进谏《学校贡举私议》，希望能改革科举和官学制度。经过多年道德教育活动的实践，朱熹根据自身的教学经验和当时南宋社会发展的实际需要，编写了《四书章句集注》《小学》《近思录》等系列道德教育教材，系统诠释了自己的道德教育主张。朱熹还首开"会讲制度"，邀请各地名师儒者来书院讲学、交流，具有代表性的事件有"朱张会讲"和"鹅湖之会"。南宋书院这种自由开放的学术风格，大大促进了不同学派之间的学术切磋和交流，既开阔了学生视野，活跃了学术氛围，又提高了书院的学术地位和社会影响力，使书院逐渐成为各地的学术研究中心，在中国学术思想史上产生了重大的影响。

二　朱熹道德教育思想的理论体系

朱熹是中国思想史上成就最高、影响力最大的学者之一。清代学者全祖望在编撰《宋元学案》时曾以"致广大，尽精微，综罗百代"来说明朱熹学问的特点，可谓传神。朱子一生著述丰硕，朱子后学真德秀有诗赞云："后来紫阳翁，抑又集大成。煌煌八书训，凛凛万世程。"后人将其著述辑为《朱文公文集》100卷、《朱子语类》140卷。他以先秦儒家哲学为基础，综合北宋以来的各家学说，兼收佛道思想，并在躬身实践的基础上提出了完备的道德教育思想体系。

---

① 陈荣捷. 朱子新探索［M］. 上海：华东师范大学出版社，2007：509.

（一）理论基础

朱熹作为两宋时期新儒学的代表人物，以先秦儒家道德思想为基础，综合北宋以来的理学家的道德思想，构建了自己的道德教育思想体系。"理"是朱熹道德教育思想的本体论基础。理气论以理之本体、理气关系、理一分殊为核心展开，为其道德教育思想的形成提供了哲学依据。"心性论"强调心统性情，以道心宰制人心之私欲，表明了教化成善的可能性和必要性，这成为朱熹道德教育思想的逻辑起点。

1. 哲学依据：理气论

朱熹是理学发展的集大成者。他的理学思想借鉴和融合了二程的理本论和张载的气本论的思想。所谓本体论是研究世界或宇宙的本源或本性问题，以及万物存在所遵循的基本规律和法则的哲学理论。朱子哲学思想中核心的概念就是"理"，其第一原理便是确立"理"的本体地位，将之作为现实世界的存在依据和价值来源，这一原理围绕理气先后、理气动静、理一分殊等逻辑关系而逐层推演开来。

（1）理的含义

朱熹哲学的最高范畴是"理"，也即"天理"。朱熹在综合前人思想的基础上，对理之内涵作了深入系统的论述。第一，"理"是宇宙万物的本体。"宇宙之间，一理而已。天得之而为天，地得之而为地；而凡生于天地之间者，又各得之以为性。……自未始有物之前，以至人消物尽之后，终则复始，始复有终，又未尝有顷刻之停也。"① 理先于天地、先于人类而存在，无始无终，这种超时空、超感觉的"理"是宇宙的主宰，万事外物都是由它派生出来。第二，理是物之"所以然之故"和物之"所当然之则"。"至于天下之物，则必各有其所以然之故与当然之则，所谓理也。"② "天道流行，造化发育。凡有声、色、貌、象而盈于天地之间者，皆物也。既有是物，则其所以为是物者，莫不各有当然之则，而自不容已，是皆得

---

① 朱杰人，严佐之，刘永翔. 朱子全书：第 23 册［M］. 上海：上海古籍出版社；合肥：安徽教育出版社，2002：3376.

② 朱杰人，严佐之，刘永翔. 朱子全书：第 6 册［M］. 上海：上海古籍出版社；合肥：安徽教育出版社，2002：512.

于天之所赋，而非人之所能为也。"① "理"是万物之所以各自成其"物"的道理以及该物在运动变化和发展中自身应当遵循的"当然之则"，即事物的内在本质和规律。对于这个"理"，在朱熹看来是每个"物"都天生具有的，都是"非人之所能为也"，是人无法改变的。第三，"理"是人类社会最高的道德原则的总称。"天理只是仁义礼智之总名，仁义礼智便是天理之件数。"② "宇宙之间，一理而已……其张之为三纲，其纪之为五常，盖皆此理之流行，无所适而不在。"③ "理"作为宇宙万物的本质、规律和价值源泉，不仅具有普遍性、绝对性、先验性，而且具有客观性，它独立于人脑之外，不以人的主观意志为转移。

（2）理气关系

"理"是朱熹哲学体系的本体论基础。朱熹认为宇宙万物是由理和气共同构成的。关于朱子理气关系可以从三个层面分析。第一，理气的主次关系。④ 理与气不离不杂，但有主次，理决定气。"天地之间有理有气，理也者形而上之道也，生物之本也；气也者形而下之气也，生物之具也。是以人物之生，必禀此理，然后有性；必禀此气，然后有形。其性其形。虽不外乎一身，然其道器之间，分际甚明，不可乱也。"⑤ 理是形而上的理念本体，是事物的本原，决定了事物的性质，而气是形而下的生物的具体材料，决定了事物的形状。理与气共同参与万物的构成，在二者关系中，理决定气，是第一位的，是气所以变化发展的根本。第二，理气的先后关系。朱熹认为理与气虽可以分开来说，但并非两体对立，而是浑然一体的；如果非要拆开来追问先后，那么应当说理先而气后。理是无始无终，

---

① 朱杰人，严佐之，刘永翔. 朱子全书：第6册［M］. 上海：上海古籍出版社；合肥：安徽教育出版社，2002：526.
② 朱杰人，严佐之，刘永翔. 朱子全书：第40册［M］. 上海：上海古籍出版社；合肥：安徽教育出版社，2002：1838.
③ 朱杰人，严佐之，刘永翔. 朱子全书：第23册［M］. 上海：上海古籍出版社；合肥：安徽教育出版社，2002：3376.
④ 这里的主次关系不是二者的强弱关系，而是谁是第一位，谁是本原的意思。
⑤ 朱杰人，严佐之，刘永翔. 朱子全书：第23册［M］. 上海：上海古籍出版社；合肥：安徽教育出版社，2002：2755.

永恒存在的。"未有天地之先，毕竟是先有此理"。① "万一山河天地都陷了，毕竟理都在这里。"② 理在万物未生时就已存在，在"万物既灭"之时也会永恒，但万物未生与既灭之时，理与气是分离的，理是虚的，无形的，理只有与气合为一体才是实理。"然理又非别为一物，即存乎是气之中。无是气，则是理亦无挂搭处。"③ 因此不能离气求理。第三，理气的动静关系。理是不生不灭、无始无终、独立于万物之外的超验而绝对的存在，但理自身具有"无造作"的特点，不能直接派生万物。朱熹曾言："疑此气是依傍这理行，及此气之聚，则理亦在焉。盖气则能凝结造作，理却无情意，无计度，无造作。"④ 这里朱熹对理作了本质性规定，作为抽象本质而存在的天理必然是"无情意""无计度""无造作"的静态之理。静态的天理不能直接创生，必须依赖能动性的气，借助"气"（阴、阳）的分裂结合、动静变化造作出形形色色的宇宙万物。气只是理和物的中介，理是本原，气是材料。当气派生万物时，理便随气入物，因而万物之中便各有一理。

（3）理一分殊

"理一分殊"思想源于唐代华严宗和禅宗，"理一分殊"之说始于二程。程颐最初提出理一分殊的命题，重在伦理意义，用以论证亲亲、仁民、爱物的差等和次序。朱熹继承并发展了这一思想，除了赋予"理一分殊"伦理学内容和意义之外，将宇宙的万事万物特别是人和万物的关系，统统纳入"理一分殊"的哲学体系中，从宇宙论、本体论的角度给以解释。对于朱熹的"理一分殊"命题，可以从伦理和本体论两个层面予以解析。从伦理层面看，"理一"是万事万物包括人在内都必须遵循的共同的"理"，于人而言即封建社会的道德原则；"分殊"则是每个人对应的特定

① 朱杰人，严佐之，刘永翔．朱子全书：第14册［M］．上海：上海古籍出版社；合肥：安徽教育出版社，2002：113.

② 朱杰人，严佐之，刘永翔．朱子全书：第14册［M］．上海：上海古籍出版社；合肥：安徽教育出版社，2002：116.

③ 朱杰人，严佐之，刘永翔．朱子全书：第14册［M］．上海：上海古籍出版社；合肥：安徽教育出版社，2002：115.

④ 朱杰人，严佐之，刘永翔．朱子全书：第14册［M］．上海：上海古籍出版社；合肥：安徽教育出版社，2002：116.

的义务。"万物皆是此理,理皆同出一源,但所居之位不同,则其理之用不一。如为君须仁,为臣须敬,为子须孝,为父须慈。物之各据此理,事物之各异其用,然莫非一理之流行也。"① 理一而万殊,每个人在宇宙中都有自己的位置,同时也承担相应的义务。由于每个人所处的地位不同,他对其他人所承担的直接义务也不同,此即道德原则中普遍与一般的关系。从本体论层面看,理一是万物的本原"理"或"太极",是指宇宙本体之理的唯一性;分殊则是派生的万物各有不同的理,即"万理",意味着多样性。这里"理一分殊"首先表达的是本原和派生的关系。理或太极是万物的本原,万物由此派生。"天地之间,理一而已。然乾道成男,坤道成女,二气交感,化生万物,则其大小之分,亲疏之等,至于十百千万而不能齐也。……《西铭》之作,意盖如此,程子以为明理一而分殊,可谓一言以蔽之矣。"② "理一"在本体论意义上具有绝对性和优先性。朱子曾用"太极"和"月印万川"的比喻来阐释这种关系:"本只是一太极,而万物各有禀受,又自各全具一太极尔。如月在天,只一而已,及散在江湖,则随处可见,不可谓月已分也。"③ 但从事理上讲,从其"道问学"之精察事理的精神来看,他更为重视的是"分殊",而不是"理一"。"圣人未尝言理一,多只言分殊。盖能于分殊中,事事物物,头头项项,理会得其当然,然后方知理本一贯。"④ 这与他的"格物致知"学说具有一致性。其次,"理一分殊"表达的是统一性和多样性的关系,即"一"和"万"的关系。天理只有一个,它存在于万事万物之中,通过分殊表现出来,在每一个个体身上的表现是不同的。朱熹举例说:"如一粒粟生为苗,苗便生花,花便结实,又成粟,还复本形。一穗有百粒,每粒个个完全。又将这百粒去种,又各成百粒,生生只管不已。初间只是这一粒分去。物物各有

---

① 朱杰人,严佐之,刘永翔.朱子全书:第 14 册 [M].上海:上海古籍出版社;合肥:安徽教育出版社,2002:606.

② 朱杰人,严佐之,刘永翔.朱子全书:第 13 册 [M].上海:上海古籍出版社;合肥:安徽教育出版社,2002:145.

③ 朱杰人,严佐之,刘永翔.朱子全书:第 17 册 [M].上海:上海古籍出版社;合肥:安徽教育出版社,2002:3168.

④ 朱杰人,严佐之,刘永翔.朱子全书:第 15 册 [M].上海:上海古籍出版社;合肥:安徽教育出版社,2002:975.

理，总只是一个理。"① 总的来说，"理一分殊"这一命题在朱熹哲学中含有多种意义，实际上被朱熹作为一个模式来处理"一"与"多"、普遍与特殊、统一与差别等问题。"理一分殊"阐释了道德秩序的形而上本体，使朱熹的道德教育具有了本体论的依据。

2. 逻辑起点：心性论

朱熹的心性论，是建立在他的宇宙本体论的基础之上的。在宇宙论上，他确立了以形而上之理为本体的理气一元论。外在的、绝对的、抽象的天道（理、道、太极）如何进入人类的社会伦理生活是宋代诸多理学家所着力论述的基本课题。朱熹在综合前人思想的基础上，提出了心性论，把抽象的万物本原和具体的社会生活联系起来，对理、命、心、性等概念的相互贯通的关系进行了深入系统的解释。

（1）"心"之内涵

朱熹认为，心既非理，亦非气，②"心比性，则微有迹；比气，则自然又灵"，③ 心在一个既微妙又灵活的位置："心之全体湛然虚明，万理具足，无一毫私欲之间；其流行该遍，贯乎动静，而妙用又无不在焉。"④ 如此虚明玄妙之心，究竟是什么？按照朱熹哲学，可以进行进一步推论。任何一物都有理有气，更何况心。心是理气之合，故有形而上下之分，它是"虚灵明觉"之体，"神明不测"⑤ 之物。对于如此玄妙不测之心，可以从心之体用进行更深入的探讨。第一，心之本体——本心。"人之本心，其体廓然，亦无限量"。⑥ 本体之心就是理、就是性。它是超越的、普遍的、绝对

---

① 朱杰人，严佐之，刘永翔. 朱子全书：第 17 册 ［M］. 上海：上海古籍出版社；合肥：安徽教育出版社，2002：3126.

② 参见陈来. 中国近世思想史研究 ［M］. 北京：商务印书馆，2003：184-195.

③ 朱杰人，严佐之，刘永翔. 朱子全书：第 14 册 ［M］. 上海：上海古籍出版社；合肥：安徽教育出版社，2002：221.

④ 朱杰人，严佐之，刘永翔. 朱子全书：第 14 册 ［M］. 上海：上海古籍出版社；合肥：安徽教育出版社，2002：230.

⑤ "人心形而上下如何？曰：如肺肝五脏之心，却是实有一物，若今学者所论操舍存亡之心，则自是神明不测。"见朱杰人，严佐之，刘永翔. 朱子全书：第 5 册 ［M］. 上海：上海古籍出版社；合肥：安徽教育出版社，2002：221.

⑥ 朱杰人，严佐之，刘永翔. 朱子全书：第 23 册 ［M］. 上海：上海古籍出版社；合肥：安徽教育出版社，2002：3273.

的本体存在，因而是一身之主宰，也是万事万物的主宰。"夫心者，人之所以主乎身者也，一而不二者也，为主而不为客者也，命物而不命于物者也。故以心观物，则物之理得。"① "妙性情之德者心也，所以致中和，立大本，而行达道也，天理之主宰也。"② 心之所以成为主宰，不是心主宰天理，而是心以天理为主宰。"性即理也"，人之本性即在天之理，这是心的至善本质。第二，心之功用——知觉。朱熹认为："人心之灵莫不有知。"③ "人之一身，知觉运用，莫非心之所为，则心者，固所以主于身，而无动静语默之间者也。"④ 心主宰人之一切，不仅"有知"，而且能知，原因在于心"虚灵知觉"与"心具众理"。"所觉者，心之理也；能觉者，气之灵也。心者，气之精爽。心官至灵，藏往知来。"⑤ 朱熹常说"一心具万理""心包万理，万理具于一心"，⑥ 认为心与理本来贯通。他强调："心与理一，不是理在前面为一物。理便在心之中，心包蓄不住，随事而发。"⑦ 如此，心便能致知，"推极吾之知识"。⑧

朱熹在提出心体用说的同时，还对道心、人心进行了系统解释。他根据人的知觉的来源和内容的不同，把心分为"道心"与"人心"。"只是这一个心，知觉从耳目之欲上去，便是人心；知觉从义理上去，便是道心，人心则危而易陷，道心则微而难著。"⑨ 道心，即指以义理为内容之

---

① 朱杰人，严佐之，刘永翔. 朱子全书：第 23 册［M］. 上海：上海古籍出版社；合肥：安徽教育出版社，2002：3278.

② 朱杰人，严佐之，刘永翔. 朱子全书：第 23 册［M］. 上海：上海古籍出版社；合肥：安徽教育出版社，2002：3274.

③ 朱杰人，严佐之，刘永翔. 朱子全书：第 6 册［M］. 上海：上海古籍出版社；合肥：安徽教育出版社，2002：20.

④ 朱杰人，严佐之，刘永翔. 朱子全书：第 21 册［M］. 上海：上海古籍出版社；合肥：安徽教育出版社，2002：1419.

⑤ 朱杰人，严佐之，刘永翔. 朱子全书：第 14 册［M］. 上海：上海古籍出版社；合肥：安徽教育出版社，2002：219.

⑥ 朱杰人，严佐之，刘永翔. 朱子全书：第 14 册［M］. 上海：上海古籍出版社；合肥：安徽教育出版社，2002：306.

⑦ 朱杰人，严佐之，刘永翔. 朱子全书：第 14 册［M］. 上海：上海古籍出版社；合肥：安徽教育出版社，2002：219.

⑧ 朱杰人，严佐之，刘永翔. 朱子全书：第 6 册［M］. 上海：上海古籍出版社；合肥：安徽教育出版社，2002：17.

⑨ 朱杰人，严佐之，刘永翔. 朱子全书：第 16 册［M］. 上海：上海古籍出版社；合肥：安徽教育出版社，2002：2663.

心，仁义礼智之义理为善，道心亦为善；人心，即源于耳目之欲的心，人之饥食渴饮"圣人不能无"①，人心"可为善，可为不善"②。道心与人心的区别为道德教育的存在提供了必要性。人为学的目的就是要使"人心"服从于"道心"，以道心之天理克服人心中的私欲，避免人欲膨胀。

（2）性之内涵

朱熹继承二程"性即理也"的说法，认为"性即理也，在心唤做性，在事唤做理"。朱熹在性与天道、理之间，也就是性与宇宙的普遍原则之间建立起直接的联系，人、物禀受天命为性，这就打通了天理与人的关系。"性即理也，天以阴阳五行化生万物，气以成形，而理亦赋焉，犹命令也。于是人物之生，因各得其所赋之理，以为五常健顺之德，所谓性也。"③ "性只是一个至善道理，万善总名。"朱熹把性界定为理，性之至善禀受天命、天理而来，性的源头是天命，性的已发状态才是情——心理情感，这与孟子性善论"尽心—知性—知天"的路径正好相反。

朱熹在提出"性即理也"的命题后，又批判借鉴了张载、二程创立的人性"二重论"学说，在此基础上形成了他的"天命之性"和"气质之性"人性二重性理论。他认为："人之所得乎天，而虚灵不昧，以具众理而应万事者也。但为气禀所拘，人欲所蔽，则有时而昏。"④ "气不可谓之性命，但性命因此而立耳，故论天命之性则专指理言，论气质之性则以理与气杂而言之，非以气为性命也。"⑤ 天命之性即是指人、物所禀受的天地之理："天命之性，不可形容，不须赞叹，只得将它骨子实头处说出来，乃于言性为有功。故熹只以仁、义、礼、智四字言之，最为端的。"⑥ 天命

① 朱杰人，严佐之，刘永翔. 朱子全书：第16册 [M]. 上海：上海古籍出版社；合肥：安徽教育出版社，2002：2665.
② 朱杰人，严佐之，刘永翔. 朱子全书：第16册 [M]. 上海：上海古籍出版社；合肥：安徽教育出版社，2002：2668.
③ 朱杰人，严佐之，刘永翔. 朱子全书：第6册 [M]. 上海：上海古籍出版社；合肥：安徽教育出版社，2002：32.
④ 朱杰人，严佐之，刘永翔. 朱子全书：第6册 [M]. 上海：上海古籍出版社；合肥：安徽教育出版社，2002：16.
⑤ 朱杰人，严佐之，刘永翔. 朱子全书：第23册 [M]. 上海：上海古籍出版社；合肥：安徽教育出版社，2002：2688.
⑥ 朱杰人，严佐之，刘永翔. 朱子全书：第22册 [M]. 上海：上海古籍出版社；合肥：安徽教育出版社，2002：1902.

之性源于天地之理，是理当中以特殊形式存在的一部分。在朱熹看来，人无论圣贤智愚都先验地具有了天地之性，先天地具有了仁义礼智诸善性。但是并不是所有的人都是圣人、贤人，也有恶人，朱熹引入"气质"来解释恶的问题，为恶找到了"气质"这一根源。气质之性指现实的人性，它由天命与气质共同构成，因气质之禀而有浅深厚薄之别，① 天命之性经过气质的"熏染"而分出不同之性，在人身上具体表现出来的为人性。人和物的形成都离不开"气质"："气是那初禀的，质是成这模样了底。如金之矿、木之萌芽相似。又云，只是一个阴阳五行之气，滚在天地中，精英者为人，渣滓者为物，精英之中又精英者为圣为贤，精英之中粗渣者为愚为不肖。"② 也就是说，虽天命之性是至善的，但由于气禀的差别，人可能为善，也可能为恶。"气质之性"的提出回答了性恶论的来源问题。朱熹的人性二元论为开展道德教育，在道德教育中通过心性的修养达到"圣贤"的理想目标提供了依据和可能性。

（3）心统性情

关于心性关系，在朱子这里二者是既相互区别又密不可分的。性与心判然有别，性即理，是宇宙的普遍原则，是仁义礼智，心既非理，也非气，"虚明不昧"，③ "灵处只是心，不是性"。④ 心是理气的结合。朱子曾用碗和水的比喻来解释心与性的区别。同时，心与性相随不离："心是虚底物，性是里面穰肚馅草。性之理包在心内，到发时，却是性底出来。"⑤ 心是理的着落处，"理无心，则无着处"。⑥ "舍心则无以见性，舍性又无以

---

① "性即理也。当然之理，无有不善者。故孟子之言性，指性之本而言。然必有所依而立，故气质之禀不能无浅深厚薄之别。"见朱杰人，严佐之，刘永翔. 朱子全书：第 14 册 [M]. 上海：上海古籍出版社；合肥：安徽教育出版社，2002：196.

② 朱杰人，严佐之，刘永翔. 朱子全书：第 14 册 [M]. 上海：上海古籍出版社；合肥：安徽教育出版社，2002：430-431.

③ "虚明不昧，便是心；此理具足于中，无少欠阙，便是性。"见朱杰人，严佐之，刘永翔. 朱子全书：第 14 册 [M]. 上海：上海古籍出版社；合肥：安徽教育出版社，2002：230.

④ 朱杰人，严佐之，刘永翔. 朱子全书：第 14 册 [M]. 上海：上海古籍出版社；合肥：安徽教育出版社，2002：218.

⑤ 朱杰人，严佐之，刘永翔. 朱子全书：第 16 册 [M]. 上海：上海古籍出版社；合肥：安徽教育出版社，2002：1936.

⑥ 朱杰人，严佐之，刘永翔. 朱子全书：第 14 册 [M]. 上海：上海古籍出版社；合肥：安徽教育出版社，2002：219.

见心，故孟子言心性每每相随说"。① "性便是心之所有之理，心便是理之所会之地。"② 如果用一句话准确概括心性的具体关系，即是心统性情。"心统性情"的观点源自张载。③ 朱熹重视并发展了这一思想，认为心统性情是"颠扑不破"的真理并且还加以解释："仁、义、礼、智，性也，体也；恻隐、羞恶、辞逊、是非，情也，用也。统性情、该体用者，心也。"④ 心如何统摄性情呢？为此，朱熹进行了更深入的阐述："心统性情，统，犹兼也。心统性情，性情皆因心而后见，心是体，发于外谓之用……性者，理也。性是体，情是用，性情皆出于心，故心能统之。统，如统兵之统，言有以主之也……一心之中，自有动静……性是理，情是用。性静而情动。"⑤ 由此可以看出，性静，为体，未发；情动，为用，已发，主宰则是心。"心统性情"包含两层含义：一是心兼性情，指的是心兼动静、体用、已发、未发，即把性情各自的属性都包含于心中；二是心主宰性情，即心统御管摄性与情："心宰则情得正，率乎性之常，而不可以欲言矣。心不宰则情流而陷溺其性，专为人欲矣。"⑥ 他说："未发已发，只是一件功夫，无时不涵养，无时不省察耳。"⑦ 朱熹主张把未发已发、存养与省察结合起来，即通过心的主宰，把性与情统一起来。因心分为"道心"与"人心"，心统性情"必使道心常为一身之主，而人心每听命焉"。⑧ 心统性情一方面要发扬本心的善性，另一方面用本心即道心宰制利害情欲之私，把存养与省察结合起来，从而达到心与性的相合。在这里，朱熹也强

---

①　朱杰人，严佐之，刘永翔．朱子全书：第 14 册 ［M］．上海：上海古籍出版社；合肥：安徽教育出版社，2002：222.

②　朱杰人，严佐之，刘永翔．朱子全书：第 14 册 ［M］．上海：上海古籍出版社；合肥：安徽教育出版社，2002：223.

③　张载《性理拾遗》谓："心统性情者也。有形则有体，有性则有情，发于性见于情，发于情见于色，以类相应也。"

④　郭齐，尹波，点校．朱熹集 ［M］．成都：四川教育出版社，1996：2839.

⑤　姜国柱，朱葵菊．中国历史上的人性论 ［M］．杭州：中国社会科学出版社，1989：164.

⑥　朱杰人，严佐之，刘永翔．朱子全书：第 23 册 ［M］．上海：上海古籍出版社；合肥：安徽教育出版社，2002：3115-3116.

⑦　朱杰人，严佐之，刘永翔．朱子全书：第 16 册 ［M］．上海：上海古籍出版社；合肥：安徽教育出版社，2002：2045.

⑧　朱杰人，严佐之，刘永翔．朱子全书：第 6 册 ［M］．上海：上海古籍出版社；合肥：安徽教育出版社，2002：29.

调发挥理智之心的主观能动性，以认识和保持内在的道德理性。

朱熹的"心性论"强调了心是性（理）气结合的产物，通过道德修养，以道心宰制人心之私欲，可纠正气质之偏，复归性善之本。心统性情的主张，从某种程度上肯定了教化、修养在人的道德品质形成中的作用，充分表明了教化成善的可能性。这就为朱熹的道德教育思想提供了哲学的理论依据，也是其道德教育思想的逻辑起点。

（二）主要内容

朱熹道德教育思想的内容非常丰富，也很复杂，这里择其精要进行论述。朱熹在进行教育实践的时候，从人具有自明其善性的能力预设出发，以"三纲五常"的道德伦理规范为核心，以"格物致知"为法门，穷尽天理，强调人要将自身的道德修养与整个社会的道德体系结合起来，最终达到"止于至善"的理想道德境界。

在展开道德教育内容论述前，需要对朱熹"道德"一词的内涵进行阐释。在《朱子语类》中这样描述"道德"："道者，人之所共由，如臣之忠、子之孝，只是统举理而言。德者，己之所独得，如能忠、能孝，则是就做处言也。依仁，则又所行处每事不违于仁。"① 朱熹认为，"道者，人之所共由"，"只是统举理而言"，这里的"理"即朱熹理论中绝对的"本体"，也蕴含"规则""规范""普遍的法则"之意。他还有很多类似的论述，如"道者，古今共由之理"② "所谓道者，只是日用当然之理""道者，当为之理"③ 等。可见，朱熹将道和理视为同等概念，道即是理，只是名称不同，均指宇宙本体和普遍原理法则。要理解朱熹的德，须先了解"德"与"理"的关系。他认为"存之于中谓理，得之于心为德"。④ 理蕴

---

① 朱杰人，严佐之，刘永翔. 朱子全书：第 15 册 [M]. 上海：上海古籍出版社；合肥：安徽教育出版社，2002：1214.

② 朱杰人，严佐之，刘永翔. 朱子全书：第 14 册 [M]. 上海：上海古籍出版社；合肥：安徽教育出版社，2002：397.

③ 朱杰人，严佐之，刘永翔. 朱子全书：第 15 册 [M]. 上海：上海古籍出版社；合肥：安徽教育出版社，2002：1216.

④ 朱杰人，严佐之，刘永翔. 朱子全书：第 14 册 [M]. 上海：上海古籍出版社；合肥：安徽教育出版社，2002：238.

含在德中，德蕴含在心中，理构成德的内在规定性。"德"，得也，"德"即"是行其道而有得于心"，也就是说，德是得道于心的内在品质。朱熹之道德即理蕴含其中的心理品质，人伦规范。"德者，己之所独得"之"德"是修养的结果，以"仁"为准则来修养己德。因为："仁者，本心之全德。人若本然天理之良心存而不失，则所作为自有序而和。"① 在朱熹的道德世界里，"仁"是德与爱的源泉。

1. "三纲五常"

朱子道德教育思想体系的构建，说到底就是为当时所流行于世的道德规范立法。从人伦关系上来说，就是维护"三纲五常"的道德秩序。"倘若剥去理的烦琐的哲学术语，实际上理是'三纲五常'的抽象。朱熹把'三纲五常'提升为形而上本体的理，用来说明现实社会伦理道德的合理性。"② "三纲"来源于西汉中期董仲舒《春秋繁露·基义篇》。"五常"概念来自《孟子》："契为司徒，教以人伦父子有亲，君臣有义，夫妇有别，长幼有序，朋友有信。"③ 儒家系统阐述"三纲五常"，见于东汉班固《白虎通》。从孟子所处的战国时代，直至汉唐，鲜有人采取或继承他的这种说法。直到宋代，"三纲五常"之说受到宋儒的重视。"三纲五常"之所以能成为一个表述人伦关系普遍性话语，朱熹发挥着极其关键的作用。

（1）"三纲五常"之本质：天理的展开

朱熹继承了前人的思想，把"三纲五常"与天理联结起来，认为"三纲五常"即人伦道德原则，是由随宇宙天理而来的人之性展现的，是仁义礼智之性在社会关系里的表现，它的本质是天理在人伦间的表现，是天理的展开。他说："仁、义、礼、智，岂不是天理？君臣、父子、兄弟、夫妇、朋友，岂不是天理？"④ "宇宙之间，一理而已，天得之而为天，地得之而为地，而凡生于天地之间者，又各得之以为性。其张之为三纲，其纪

① 朱杰人，严佐之，刘永翔. 朱子全书：第 14 册［M］. 上海：上海古籍出版社；合肥：安徽教育出版社，2002：882.

② 张立文. 朱熹思想研究［M］. 北京：中国社会科学出版社，2001：146.

③ 杨伯峻. 孟子译注［M］. 北京：中华书局，2016：133.

④ 朱杰人，严佐之，刘永翔. 朱子全书：第 23 册［M］. 上海：上海古籍出版社；合肥：安徽教育出版社，2002：2837.

之为五常，盖皆此理之流行，无所适而不在。"① 这里把理、性、"三纲五常"之关系表述得非常清楚：人之性表现为"三纲五常"，而"性即理也"。仁义礼智信五常是五种分殊之理，是作为理一的天理在具体事物不同方面的表现。"天以阴阳五行化生万物，气以成形，而理亦赋焉，犹命令也。于是人物之生，因各得其所赋之理，以为健顺五常之德，所谓性也。"② 也就是说，由天理而有人之性，而人之性即"五常之德"。人心中的"五常之德"派生出"三纲五常"。"性只是仁义礼智。"③

因"三纲五常"是天理的展开，所以具有跟理一样的特性，即先验性、永恒性和普遍性。"三纲五常"是先验的，在君臣父子夫妻关系前，君臣父子夫妻之理就已存在："未有君臣，已先有君臣之理；未有父子，已先有父子之理。不成元无此理，直待有君臣父子，却旋将道理入在里面！"④ "三纲五常"是永恒的，永远存在于所有社会的所有阶段，过去、现在和将来，并且不可更改，变化将会导致天理的紊乱与沦丧。"君为臣纲，父为子纲，夫为妻纲……三纲五常，礼之大体，三代相继，皆因之而不能变"。⑤"父子、君臣、夫妇、长幼所不能无者，……即日用而有天理，则于君臣、父子、夫妇、长幼之间，应对、酬酢、食息、视听之顷，无一而非理者，亦无一之可紊乱，一有所紊，天理丧矣。"⑥ "三纲五常"是普遍的，不仅存在于人类社会，也存在于动物界。"世间自是有父子，有上下。羔羊跪乳，便有父子；蝼蚁统属，便有君臣；或居先，或居后，便有

---

① 朱杰人，严佐之，刘永翔. 朱子全书：第 23 册［M］. 上海：上海古籍出版社；合肥：安徽教育出版社，2002：3376.

② 朱杰人，严佐之，刘永翔. 朱子全书：第 6 册［M］. 上海：上海古籍出版社；合肥：安徽教育出版社，2002：32.

③ 朱杰人，严佐之，刘永翔. 朱子全书：第 14 册［M］. 上海：上海古籍出版社；合肥：安徽教育出版社，2002：192.

④ 朱杰人，严佐之，刘永翔. 朱子全书：第 17 册［M］. 上海：上海古籍出版社；合肥：安徽教育出版社，2002：3204.

⑤ 朱杰人，严佐之，刘永翔. 朱子全书：第 6 册［M］. 上海：上海古籍出版社；合肥：安徽教育出版社，2002：81.

⑥ 朱杰人，严佐之，刘永翔. 朱子全书：第 22 册［M］. 上海：上海古籍出版社；合肥：安徽教育出版社，2002：2083.

兄弟；犬马牛羊成群连队，便有朋友。"① "以至父子兄弟夫妇朋友君臣，亦莫不皆然。至于物，亦莫不然。但其拘于形，拘于气而不变。然亦就他一角子有发见处：看他也自有父子之亲；有牝牡，便是有夫妇；有大小，便是有兄弟；就他同类中各有群众，便是有朋友；亦有主脑，便是有君臣。只缘本来都是天地所生，共这根蒂，所以大率多同。"② 朱熹认为，五伦关系并非人类所独有，自然界也存在类似秩序。五伦关系不仅是人类的普遍法则，也是自然界的普遍法则。

（2）"三纲五常"之内容

朱子对"三纲五常"的阐述，内容非常丰富，下面分别进行分析。

"三纲"与"五常"的关系：不可分割。朱熹在《论语集注》中指出，"三纲，谓君为臣纲，父为子纲，夫为妻纲。五常，谓仁、义、礼、智、信"，③ 而且还认为三纲五常是"礼之大体"，不能变。"三纲"强调君、父、夫对于臣、子、妻的主导地位，而这种主导地位，既可以是正面的，也可以是负面的。朱熹讲"三纲五常"时，对于"三纲"的意涵，只是在《论语集注》继承传统用法，界定为"君为臣纲，父为子纲，夫为妻纲"，而没有对其内涵作具体的讨论和阐发；重点阐释的是"五常"或"五伦"，强调人心中的"五常之德"。朱熹认为，讲"三纲五常"，必须把"三纲""五常"统一起来，并强调"五常"为"三纲"的心性基础，为"三纲"之本。这里蕴含着"三纲"与"五常"不可分割的思想。朱子后学真德秀认为要从"三纲"与"五常"的相互联系中揭示"三纲"所具有的率先垂范之内涵，明确了"三纲"与"五常"之不可分割的关系。"父子之恩，即所谓仁；君臣之敬，即所谓义；夫妇之别，即所谓礼。智者知此而已，信者守此而已。未有三纲正而五常或亏，亦未有三纲废而五常独存者。"④

① 朱杰人，严佐之，刘永翔. 朱子全书：第14册 ［M］. 上海：上海古籍出版社；合肥：安徽教育出版社，2002：867.
② 朱杰人，严佐之，刘永翔. 朱子全书：第14册 ［M］. 上海：上海古籍出版社；合肥：安徽教育出版社，2002：427.
③ 朱杰人，严佐之，刘永翔. 朱子全书：第6册 ［M］. 上海：上海古籍出版社；合肥：安徽教育出版社，2002：81.
④ 真德秀. 西山先生真文忠公文集：第4卷 ［M］. 上海：上海商务印书馆，1937：63.

"五常"与"四德"的关系。"五常"即"仁义礼智信",本于孟子,孟子不讲"五常",只讲"仁义礼智"四德,以及相应的"四端":"恻隐之心,仁之端也;羞恶之心,义之端也;辞让之心,礼之端也;是非之心,智之端也。"① 另外讲到"孝悌忠信",里面有"信"。汉儒董仲舒始用"五常"的概念,将"信"与"仁义礼智"相配,提出"五常"说:"夫仁、谊(义)、礼、知(智)、信五常之道,王者所当修饬也。"② 北宋以来,道学的讨论中开始把二者加以联结。朱子继承前人,把二者混合使用。在《四书或问》中,朱子阐明了"仁、义、礼、智"的本质和要求:"盖天命之性,仁、义、礼、智而已。循其仁之性,则自父子之亲,以至于仁民爱物,皆道也;循其义之性,则自君臣之分,以至于敬长尊贤,亦道也;循其礼之性,则恭敬辞让之节文,皆道也;循其智之性,则是非邪正之分别,亦道也……所谓性者,无一物之不得,故所谓道者,不假人为而无所不周。"③

"四德"("五常")之间的关系:"仁包四德"。在性之四德中,四者的地位不是相同的,有主次,"仁包四德",仁位于四德之首,它包括且统摄义、礼、智。朱熹说:"盖天地之心,其德有四,曰元亨利贞,而元无不统。其运行焉,则为春夏秋冬之序,而春生之气无所不通。故人之为心,其德亦有四,仁义礼智,而仁无不包。"④ "所以谓仁包四德者,只缘四个是一个,只是三个。"⑤ 这里,朱熹把人德和天德进行了类比。对于仁是如何统摄义礼智的,朱子有具体的论述:"大抵人之德性上,自有此四者意思:仁,便是个温和底意思;义,便是惨烈刚断底意思;礼,便是宣著发挥底意思;智,便是个收敛无痕迹底意思。性中有此四者,圣门却只以求仁为急者,缘仁却是四者之先。若常存得温厚底意思在这里,到宣著

① 朱杰人,严佐之,刘永翔. 朱子全书:第 6 册 [M]. 上海:上海古籍出版社;合肥:安徽教育出版社,2002:289.
② 班固. 汉书 [M]. 南京:凤凰出版社,2011:210.
③ 朱杰人,严佐之,刘永翔. 朱子全书:第 6 册 [M]. 上海:上海古籍出版社;合肥:安徽教育出版社,2002:551.
④ 朱杰人,严佐之,刘永翔. 朱子全书:第 23 册 [M]. 上海:上海古籍出版社;合肥:安徽教育出版社,2002:3279.
⑤ 朱杰人,严佐之,刘永翔. 朱子全书:第 17 册 [M]. 上海:上海古籍出版社;合肥:安徽教育出版社,2002:3182.

发挥时，便自然会宣著发挥；到刚断时，便自然会刚断；到收敛时，便自
然会收敛。若将别个做主，便都对副不着了。此仁之所以包四者也。问：
'仁即性，则"性"字可以言仁否？'曰：'性是统言。性如人身，仁是左
手，礼是右手，义是左脚，智是右脚。'"① 在这里，朱子也注意到四德之
元与五常之仁的关系，认为元和仁都具有统摄性功能，"四德之元，犹五
常之仁，偏言则一事，专言则包四者"。② 仁虽居于"四德"之首，但义礼
智也很重要，需要通过义礼智来见仁。"今要见'仁'字意思，须将仁义
礼智四者共看，便见'仁'字分明。如何是义，如何是礼，如何是智，如
何是仁，便'仁'字自分明。若只看'仁'字，越看越不出。""'仁'字
恐只是生意，故其发而为恻隐，为羞恶，为辞逊，为是非。""且只得就
'恻隐'字上看。"③ 在朱熹的思想中，仁是性，它是人的未发之性，即本
然的天理之性，居于最深层次；它发而为恻隐，为羞恶，为辞逊，为是
非，这是仁的已发状态，由已发才能见未发。

（3）"三纲五常"之落实

朱熹针对当时学校"风俗日衰，士气不作"④ 的现象，提出要讲明
"义理"，复归"性命道德"⑤ 以"明人伦"，落实"三纲五常"，并使之成
为社会关系的准则。朱熹认为："后世学校之设，虽或不异乎先王之时，
然其师之所以教，弟子之所以学，则皆忘本逐末，怀利去义，而无复先王
之意。以故学校之名虽在，而其实不举。其效至于风俗日敝，人材日

---

① 朱杰人，严佐之，刘永翔．朱子全书：第 14 册［M］．上海：上海古籍出版社；合肥：安
　徽教育出版社，2002：250-251．
② 朱杰人，严佐之，刘永翔．朱子全书：第 14 册［M］．上海：上海古籍出版社；合肥：安
　徽教育出版社，2002：698．
③ 朱杰人，严佐之，刘永翔．朱子全书：第 14 册［M］．上海：上海古籍出版社；合肥：安
　徽教育出版社，2002：250．
④ "福州之学在东南为最盛，弟子虽常数百人，比年以来，教养无法，师生相视漠然如路
　人。以故风俗日衰，士气不作，长老忧之，而不能有以救也。"见朱杰人，严佐之，刘永
　翔．朱子全书：第 23 册［M］．上海：上海古籍出版社；合肥：安徽教育出版社，2002：
　1462．
⑤ "明夫性命道德之归。"见朱杰人，严佐之，刘永翔．朱子全书：第 21 册［M］．上海：上
　海古籍出版社；合肥：安徽教育出版社，2002：1382．

衰。"① 他严厉批评当时学校教育已"圣学不传",完全变成科举制度的附庸和追逐名利的工具,已经完全违背国家立学教人之本意。为改变这种局面,朱子认为不论是乡学还是国学都要由明心修身入手,把"五常"之德作为学校教育的目标和内容。他在《孟子集注》中写道:"父子有亲,君臣有义,夫妇有别,长幼有序,朋友有信,此人之大伦也。庠、序、学、校,皆以明此而已。"② 朱熹将此五者作为《白鹿洞书院学规》和岳麓书院的《五院教条》。他在所撰《小学》中分别对"父子之亲""君臣之义""夫妇之别""长幼之序""朋友之信"作了具体的讨论。③ 他注《尚书·舜典》"慎徽五典,五典克从",说:"五典,五常也。父子有亲,君臣有义,夫妇有别,长幼有序,朋友有信是也。"④ 又注"敬敷五教",说:"五教,父子有亲,君臣有义,夫妇有别,长幼有序,朋友有信,以五者当然之理而为教令也。"⑤ 这样,朱熹就把"明五伦"⑥ 作为全国各级各类学校共同的道德教育目的和内容,认为人人都要接受教育,"自天子至于庶人无一人之不学"⑦。只有这样,才能使"天下国家所以治日常多而乱日常少也"⑧。

朱熹"明五伦"的思想直接继承于孟子,孟子曾说:"夏曰校,殷曰序,周曰庠,学则三代共之,皆所以明人伦也。人伦明于上,小民亲于

---

① 朱杰人,严佐之,刘永翔. 朱子全书:第 24 册 [M]. 上海:上海古籍出版社;合肥:安徽教育出版社,2002:3741-3742.

② 朱杰人,严佐之,刘永翔. 朱子全书:第 6 册 [M]. 上海:上海古籍出版社;合肥:安徽教育出版社,2002:311.

③ 朱杰人,严佐之,刘永翔. 朱子全书:第 13 册 [M]. 上海:上海古籍出版社;合肥:安徽教育出版社,2002:398-413.

④ 朱杰人,严佐之,刘永翔. 朱子全书:第 23 册 [M]. 上海:上海古籍出版社;合肥:安徽教育出版社,2002:3161.

⑤ 朱杰人,严佐之,刘永翔. 朱子全书:第 23 册 [M]. 上海:上海古籍出版社;合肥:安徽教育出版社,2002:3170.

⑥ 在朱熹看来,"五伦"就是"五常"。

⑦ 朱杰人,严佐之,刘永翔. 朱子全书:第 20 册 [M]. 上海:上海古籍出版社;合肥:安徽教育出版社,2002:692.

⑧ 朱杰人,严佐之,刘永翔. 朱子全书:第 20 册 [M]. 上海:上海古籍出版社;合肥:安徽教育出版社,2002:692.

下。"① 孟子的意思是只要上面统治者能够躬行人伦规范，下面的普通百姓就容易受到他们的感化而效仿，社会的秩序就能够稳定长久。朱熹继承并发展了这一思想，认为"明五伦"不仅依靠学校的教育，还有赖于统治者的倡导和示范，他说："昔者圣王作民君师，设官分职，以长以治。而其教民之目，则曰父子有亲，君臣有义，夫妇有别，长幼有序，朋友有信五者而已。盖民有是身，则必有是五者，而不能以一日离；有是心，则必有是五者之理，而不可以一日离也。是以圣王之教，因其固有，还以道之，使不忘乎其初。"② 又说："舜之命契，不过是欲使'父子有亲，君臣有义，夫妇有别，长幼有序，朋友有信'，只是此五者。至于后来圣贤千言万语，只是欲明此而已。这个道理，本是天之所以与我者，不为圣贤而有余，不为愚不肖而不足。"③ 人们每天都离不开父子、君臣、夫妇、长幼、朋友这五伦关系，因此也不能离开亲、义、别、序、信这五者之理。古之圣贤非常明白这个理，因而重视之倡导之，"教民之目"。在此基础上，朱熹认为"五伦"之理、"三纲五常"不仅是社会的规则，还是治国之本。"夫君臣之义，父子之恩，天理民彝之大，有国有家者所以维系民心、纪纲政事本根之要也。"④ 又说："昔者帝舜以百姓不亲、五品不逊，而使契为司徒之官，教以人伦，父子有亲，君臣有义，夫妇有别，长幼有序，朋友有信。又虑其教之或不从也，则命皋陶作士，明刑以弼五教，而期于无刑焉。盖三纲五常，天理民彝之大节，而治道之本根也。"⑤

2. 格物致知

朱熹认为，宇宙万物莫不包容于"理"中，而"理"蕴含于天地万物之中。欲穷"理"或者追求至善的境界，就必须先"格物"。朱子在《大

---

① 朱杰人，严佐之，刘永翔．朱子全书：第 6 册 [M]．上海：上海古籍出版社；合肥：安徽教育出版社，2002：311.

② 朱杰人，严佐之，刘永翔．朱子全书：第 24 册 [M]．上海：上海古籍出版社；合肥：安徽教育出版社，2002：3761.

③ 朱杰人，严佐之，刘永翔．朱子全书：第 14 册 [M]．上海：上海古籍出版社；合肥：安徽教育出版社，2002：443.

④ 朱杰人，严佐之，刘永翔．朱子全书：第 21 册 [M]．上海：上海古籍出版社；合肥：安徽教育出版社，2002：1086.

⑤ 朱杰人，严佐之，刘永翔．朱子全书：第 20 册 [M]．上海：上海古籍出版社；合肥：安徽教育出版社，2002：656.

学格物补传》中对此进行了纲领性的阐发："所谓致知在格物者，言欲致吾之知，在即物而穷其理也。盖人心之灵莫不有知，而天下之物莫不有理，惟于理有未穷，故而知有不尽也。是以《大学》始教，必使学者即凡天下之物，莫不因其已知之理而益穷之，以求至乎其极。至于用力之久，而一旦豁然贯通焉，则众物之表里精粗无不到，而吾心之全体大用无不明矣。"① 要格物穷理，需要对格物致知的内涵、关系、方式等有清晰的了解。

（1）"格物""致知"的内涵

"格物致知"最早出自《大学》："欲诚其意者，先致其知；致知在格物。物格而后知至，知至而后意诚。"② 朱熹以前已有对"格物致知"的多种解释，朱熹在继承前人思想的基础上，阐发了格物致知的内涵，拓展了对于格物致知的认识。朱熹认为："格，至也，物，尤事也。穷至事物之理，欲其极处无不到也。致，推极也。知，尤识也。推极吾之知识，欲其所知无不尽也。"③ "格"即是"至"，"物"即是"事"，"格物"即是"接物""即物"，而且要把格物和穷理联系起来，在"接物"的基础上"穷至事物之理"，格物即是要穷理。"致"即"推极"，"知"即"识"，"致知"即是"推极吾之知识"，把自己所知推向所有应到之物之事。这里一个"穷"，一个"极"字用得精妙，生动地展示了对"理"之把握之深度和广度，同时也看出朱子对于"理"之把握之决心和抱负，具有"理想性"。为了更好地理解"格物致知"的内涵，下面从格物的对象、格物的先后、格物的实质等方面④进行进一步的阐述。第一，格物的对象。相比前儒，朱熹扩大了格物致知对象的范围，"格"万事万物，上至太极，下至一草一木，"穷"万事万物之理。"天道流行，造化发育，凡有声色貌象

① 朱杰人，严佐之，刘永翔. 朱子全书：第 6 册 [M]. 上海：上海古籍出版社；合肥：安徽教育出版社，2002：20.
② 王国轩，等，译注. 大学·中庸 [M]. 北京：中华书局，2006：41.
③ 朱杰人，严佐之，刘永翔. 朱子全书：第 6 册 [M]. 上海：上海古籍出版社；合肥：安徽教育出版社，2002：17.
④ 因为"格物致知"是一件事的两面，所以对于"致知"就不单独展开分析了。

而盈天地之间者，皆物也。"① "上而无极、太极，下而至于一草、一木、一昆虫之微，亦各有理。"② 具体来说，"格致"有两个方面之理。一方面"格致"社会伦理。朱熹说："君臣父子兄弟夫妇朋友，皆人所能无者。但学者须要穷格得尽。事父母，则当尽其孝；处兄弟，则当尽其悌。如此之类，须是要见得尽。若有一毫不尽，便是穷理不至也。"③ 另一方面"格致"自然之理。朱熹说："虽一草木亦有理存焉。一草一木，岂不可格。如麻麦稻粱，甚时种，甚时收，地之肥，地之硗，厚薄不同，此宜植某物，亦皆有理。"④ "'凡一物上有一理，物之微者亦理。'又曰：'大而天地之所以高厚，小而一物之所以然，学者皆当理会。'"⑤ 格物穷理实是使人们穷知"事物当然之则"，然后形成一种对"当然之则"的自觉性。第二，格物的先后。朱熹虽然承认眼前所及都是物，格物的对象是万事万物之理，但他认为格物须有缓急先后之序。如他在《答陈齐仲》中提到的："格物之论，伊川意虽谓眼前无非是物，然其格之也，亦须有缓急先后之序，岂遽以为存心于一草木器用之间而忽然悬悟也哉？且如今为此学而不穷天理、明人伦、讲圣言、通世故，乃兀然存心于一草木、一器用之间，此是何学问？如此而望有所得，是炊沙而欲其成饭也。"⑥ 这即是说格物要有先后缓急顺序，不能兀然存心于一草一器之间而忽然悬悟，格物更多的是要穷天理、明人伦、通世故。由此看来，朱熹所格之物，无论是从重要性还是从先后顺序而言，都指向社会人伦之物。当朱熹具体论述如何格物时，我们也能看到这种倾向，他认为所格之"物"，"只晨起开目时，便有

① 朱杰人，严佐之，刘永翔. 朱子全书：第 6 册［M］. 上海：上海古籍出版社；合肥：安徽教育出版社，2002：526.
② 朱杰人，严佐之，刘永翔. 朱子全书：第 6 册［M］. 上海：上海古籍出版社；合肥：安徽教育出版社，2002：477.
③ 朱杰人，严佐之，刘永翔. 朱子全书：第 14 册［M］. 上海：上海古籍出版社；合肥：安徽教育出版社，2002：464.
④ 朱杰人，严佐之，刘永翔. 朱子全书：第 14 册［M］. 上海：上海古籍出版社；合肥：安徽教育出版社，2002：633.
⑤ 朱杰人，严佐之，刘永翔. 朱子全书：第 24 册［M］. 上海：上海古籍出版社；合肥：安徽教育出版社，2002：3493.
⑥ 朱杰人，严佐之，刘永翔. 朱子全书：第 22 册［M］. 上海：上海古籍出版社；合肥：安徽教育出版社，2002：1756.

四件在这里，不用外寻，仁义礼智是也"。① 第三，格物的实质。朱熹认为"格物"不是单纯的"接物"（或即物），他强调格物是要在"接物"中"求其理"并"究其极"。他在《答江德功》中曾说道："训'格物'以'接物'，则于究极之功有所未明。人莫不与物接，但或徒接而不求其理，或粗求而不究其极，是以虽与物接而不能知其理之所以然与其所当然也。"② 如果把"格物"当成单纯的"接物"（或即物），就会"悬空无所捉摸处""泛泛然竭其心思"。因此，朱熹强调要在"接物""即物"中"穷其理"以至"知其理"。此"物"不仅是指字面含义之事物，而且还指事物之理，此"理"是指天下之物的所以然之故与所当然之则。

（2）"格物"与"致知"的关系

"格物""致知"是相辅相成、相互联系的统一体。第一，"格物"是"致知"的前提和基础。"只是推极我所知，须要就那事物上理会。致知，是自我而言；格物，是就物而言。若不格物，何缘得知。而今人也有推极其知者，却只泛泛然竭其心思，都不就事物上穷究。如此，则终无所止。"③"格物"是从物方面说的，"致知"是从己方面说的，致知以格物为前提。没有"格物"就不得"知"，如有"知"就是"空知""假知"。第二，"致知"是"格物"的运用和升华。"格物，是物物上穷其理；致知，是吾心无所不知。格物，是零细说；致知，是全体说。"④"格物"是直接接触事物的认识方法，是广知与归纳；"致知"是对由"格物"所获得的认知加以总结和升华，没有"致知"，"格物"无从表现。第三，"格物""致知"是统一体。"致知、格物，只是一事，非是今日格物，明日又致知。格物，以理言也；致知，以心言也。"⑤"格物"是对事物的研究、

---

① 朱杰人，严佐之，刘永翔. 朱子全书：第 14 册［M］. 上海：上海古籍出版社；合肥：安徽教育出版社，2002：464.

② 朱杰人，严佐之，刘永翔. 朱子全书：第 22 册［M］. 上海：上海古籍出版社；合肥：安徽教育出版社，2002：2038.

③ 朱杰人，严佐之，刘永翔. 朱子全书：第 14 册［M］. 上海：上海古籍出版社；合肥：安徽教育出版社，2002：473.

④ 朱杰人，严佐之，刘永翔. 朱子全书：第 14 册［M］. 上海：上海古籍出版社；合肥：安徽教育出版社，2002：471.

⑤ 朱杰人，严佐之，刘永翔. 朱子全书：第 14 册［M］. 上海：上海古籍出版社；合肥：安徽教育出版社，2002：473.

分析、归纳，获得事物之理，穷尽事物之理，是就理而言的；"致知"是将事物之理推及，知无所不至，是就心而言的。二者是一个统一体，是一体两面的关系，"格物"是获得事物之"理"（知识）的过程，"致知"是将所获知识推演、应用的过程，它们在空间上是不能分离的，"致知、格物，只是一个"。① "盖致知便在格物中，非格之外别有致处也。"②

（3）格物致知的方式

在朱子看来，唯有"格物"方能"穷理"以至于"尊德性"，那么如何"格物穷理"呢？概括起来有如下几种方式。其一是因物而异。既然万事万物都有"理"，因而要认识、把握事物的"理"，只能通过"接物""即物"来把握它的"理"。事物不同，格物的方法就不同。"圣人只说'格物'二字，便是要人就事物上理会。且自一念之微，以至事事物物，若静若动，凡居处饮食言语，无不是事。"③ 具体而言，"如读书，便就文字上格；听人说话，便就说话上格；接物，便就接物上格。精粗大小，都要格它。久后会通，粗底便是精，小底便是大，这便是理之一本处"④。其二是主动多求。朱熹认为"格物"需要积极主动的态度，不能消极等待事物发生才去格。"格物须是到处求，'博学之，审问之，谨思之，明辨之'，皆格物之谓也。若只求诸己，亦恐见有错处，不可执一。"⑤ 格物需主动向外到处求，如果只在自己身上求"理"，恐见有错处。他说："不是要格那物来长我聪明见识了，方去理会，自是不得不理会。"⑥ 这就是说，任何人任何时候都要主动"格物致知"，不是等有经验教训再去格物。其三是由身去格。"格物"需要从自己身上去格，去体会，即先认识自己、把握好

---

① 朱杰人，严佐之，刘永翔 . 朱子全书：第 14 册 ［M］. 上海：上海古籍出版社；合肥：安徽教育出版社，2002：471.

② 朱杰人，严佐之，刘永翔 . 朱子全书：第 14 册 ［M］. 上海：上海古籍出版社；合肥：安徽教育出版社，2002：607.

③ 朱杰人，严佐之，刘永翔 . 朱子全书：第 14 册 ［M］. 上海：上海古籍出版社；合肥：安徽教育出版社，2002：467.

④ 朱杰人，严佐之，刘永翔 . 朱子全书：第 14 册 ［M］. 上海：上海古籍出版社；合肥：安徽教育出版社，2002：466.

⑤ 朱杰人，严佐之，刘永翔 . 朱子全书：第 14 册 ［M］. 上海：上海古籍出版社；合肥：安徽教育出版社，2002：634.

⑥ 朱杰人，严佐之，刘永翔 . 朱子全书：第 14 册 ［M］. 上海：上海古籍出版社；合肥：安徽教育出版社，2002：470.

自己，才能更好地去认识身外之物。"格物，须是从切己处理会。待自家者已定叠，然后渐渐推去，这便是能格物。"① 其四是"格其究竟"。"格其究竟"一方面即是说"格物"不仅要知其然还要知其所以然。"格物者，如言性，则当推其如何谓之性；如言心，则当推其如何谓之心，只此便是格物。"② "格物，是穷得这事当如此，那事当如彼。如为人君，便当止于仁；为人臣，便当止于敬。又更上一着，便要穷究得为人君，如何要止于仁；为人臣，如何要止于敬，乃是。"③ "格其究竟"另一方面即是说"格物"要彻底认识、把握事物，穷尽一切事物之理。"格物是'为人君止于仁，为人臣止于敬'之类。事事物物，各有个至极之处。所谓'止'者，即至极之处也。然须是极尽其理，方是可止之地。若得八分，犹有二分未尽，也不是。须是极尽，方得。"④ "言致，言格，是要见得到尽处。若理有未格处，是于知之体尚有未尽。格物不独是仁孝慈敬信五者，此只是大约说耳。且如说父子，须更有母在，更有夫妇在。凡万物万事之理皆要穷。但穷到底，无复余蕴，方是格物。"⑤ 这里，朱熹提到格物需要穷尽一切事物之理，而人的生命有限，宇宙事物不计其数，如何格得尽？对于这个问题将在后文展开讨论。

"格物致知"出自《大学》首章，"古之欲明明德于天下者，先治其国。欲治其国者，先齐其家。欲齐其家者，先修其身。欲修其身者，先正其心。欲正其心者，先诚其意。欲诚其意者，先致其知。致知在格物"。⑥ 朱熹把"格物""致知""诚意""正心""修身""齐家""治国""平天下"称为"大学之条目"，后人称为"八条目"。"八条目"是儒家实现

① 朱杰人，严佐之，刘永翔. 朱子全书：第14册 [M]. 上海：上海古籍出版社；合肥：安徽教育出版社，2002：463.
② 朱杰人，严佐之，刘永翔. 朱子全书：第14册 [M]. 上海：上海古籍出版社；合肥：安徽教育出版社，2002：463.
③ 朱杰人，严佐之，刘永翔. 朱子全书：第14册 [M]. 上海：上海古籍出版社；合肥：安徽教育出版社，2002：464.
④ 朱杰人，严佐之，刘永翔. 朱子全书：第14册 [M]. 上海：上海古籍出版社；合肥：安徽教育出版社，2002：472.
⑤ 朱杰人，严佐之，刘永翔. 朱子全书：第14册 [M]. 上海：上海古籍出版社；合肥：安徽教育出版社，2002：474-475.
⑥ 李学勤. 十三经注疏：礼记正义 [M]. 北京：北京大学出版社，1999：1592.

"内圣外王"人格理想的修为阶梯，"格物"居于首要的位置，可见地位之重要。"八条目"由"格物致知"始，将格得的外物之理推及至吾心，唤醒吾心之天理，以心中已知之理再去穷究推及世间之万理，日益积累，乃至于一旦豁然贯通，便无物不到，无心不明，以致理想境界"明明德"。这是一个由外而内，由个人道德推演至社会道德的完整逻辑链路，展现了朱熹的个人理想和社会理想的结合。

（三）教育方法

朱熹认为气质之性，有清有浊，有善有恶，"为学乃变化气质耳"，"为学"是一个人不断地变化气质的过程。也就是说道德教育即是"去其气质之偏，物欲之蔽，以复其性，以尽其伦"[①] 的过程，这需要通过诸多方式方法来实现。朱熹在继承前人经验的基础上，提出了一系列教育方式方法。他说："言教者，皆有不可易之法，不容自贬以殉学者之不能也。"[②] 对于这些方法，我们将从道德修养方法和道德教育施教方法两个方面进行阐释。在这两类方法中，朱熹尤为注重道德修养方法。

1. 修养方法

朱熹认为为学必须下苦功夫："为学须是痛切恳恻做功夫，使饥忘食，渴忘饮，始得。"[③] "须是策励此心，勇猛奋发，拔出心肝与他去做。"[④] 如此做功夫的原因，是因为"天理"与"人欲"之间此消彼长的关系，"天理人欲相胜之地，自家这里胜得一分，他那个便退得一分；自家这里退一分，他那个便进一分"[⑤]。人欲极其顽固，"去得一层，又有一层"，必须常抓不懈，不能怠慢。为此，朱熹提出了一系列"存理灭欲"的心性修养的

① 朱杰人，严佐之，刘永翔.朱子全书：第20册［M］.上海：上海古籍出版社；合肥：安徽教育出版社，2002：692.
② 朱杰人，严佐之，刘永翔.朱子全书：第6册［M］.上海：上海古籍出版社；合肥：安徽教育出版社，2002：440.
③ 朱杰人，严佐之，刘永翔.朱子全书：第14册［M］.上海：上海古籍出版社；合肥：安徽教育出版社，2002：282.
④ 朱杰人，严佐之，刘永翔.朱子全书：第14册［M］.上海：上海古籍出版社；合肥：安徽教育出版社，2002：284.
⑤ 朱杰人，严佐之，刘永翔.朱子全书：第16册［M］.上海：上海古籍出版社；合肥：安徽教育出版社，2002：1924.

方法（工夫）。

（1）居敬

在宋代理学家那里，"敬"是心性修养的一种特殊工夫，身心并重，内外交修，皆源于"敬"。程颐"敬义夹持"说得到朱熹的推崇，并成为朱子"居敬"说的主要思想来源。居敬又称"持敬"，朱熹非常重视，认为它是"圣门第一义""入德之门""立脚处""最要紧处""穷理之本""万事之根本"[①] 等。"'敬'字工夫，乃圣门第一义，彻头彻尾，不可顷刻间断。"[②] "'敬'之一字，万善根本，涵养省察、格物致知，种种功夫皆从此出。"[③] "'敬'之一字，真圣门之纲领，存养之要法。"[④] 由此可见，居敬在朱子的道德修养工夫中的重要地位。"不持敬，看道理便都散，不聚在这里。"[⑤] 居敬地位之重要，在于它具有唤醒人之本心的功能。"人之本心不明，一如睡人都昏了，不知有此身，须是唤醒方知。"[⑥] "但此事甚易，只如此提惺，莫令昏昧，一二日便可见效，且易而省力。只在念不念之间耳，何难而不为。"[⑦] "居敬"具有唤醒的功能，通过"收敛此心"，使人保持清醒状态。

居敬之含义，朱熹多有论及，综合起来有以下几个方面。第一，居敬使心专一，"主一无适"。朱熹认为居敬"莫把做一件事看，只是收拾自家精神，专一在此"[⑧]。他在《经筵讲义》中说："论其所以为敬之方，则其

---

① "敬者，一心之主宰，而万物之根本。"见朱杰人，严佐之，刘永翔. 朱子全书：第6册 [M]. 上海：上海古籍出版社；合肥：安徽教育出版社，2002：506.

② 朱杰人，严佐之，刘永翔. 朱子全书：第14册 [M]. 上海：上海古籍出版社；合肥：安徽教育出版社，2002：371.

③ 朱杰人，严佐之，刘永翔. 朱子全书：第22册 [M]. 上海：上海古籍出版社；合肥：安徽教育出版社，2002：2313.

④ 朱杰人，严佐之，刘永翔. 朱子全书：第14册 [M]. 上海：上海古籍出版社；合肥：安徽教育出版社，2002：371.

⑤ 朱杰人，严佐之，刘永翔. 朱子全书：第14册 [M]. 上海：上海古籍出版社；合肥：安徽教育出版社，2002：301.

⑥ 朱杰人，严佐之，刘永翔. 朱子全书：第14册 [M]. 上海：上海古籍出版社；合肥：安徽教育出版社，2002：359.

⑦ 朱杰人，严佐之，刘永翔. 朱子全书：第14册 [M]. 上海：上海古籍出版社；合肥：安徽教育出版社，2002：370.

⑧ 朱杰人，严佐之，刘永翔. 朱子全书：第14册 [M]. 上海：上海古籍出版社；合肥：安徽教育出版社，2002：378.

言又曰：'主一之谓敬，无适之谓一。'"① 在答门人余大雅问时又说：
"主一之谓敬，只是心专一，不以他念乱之。每遇事，与致诚专一做去，
即是主一之义。"② "主一无适"是指使心集中于一，不为他物所干涉，从
而使心常处于清明的状态，处于虚灵不昧的本然状态。"敬"不是一件事，
而是心无旁骛，专心致志的专一态度和方法。第二，居敬意味着敬畏。
"然敬有甚物？只如'畏'字相似。不是块然兀坐，耳无闻目无见，全不
省事之谓。只收敛身心，整齐纯一，不恁地放纵，便是敬。"③ "敬，只是
一个畏字。"④ "敬，只是收敛来。"⑤ "敬"是时刻收敛身心，使内心保持
敬畏，不敢放纵，随事检点，"内无妄思，外无妄动"，⑥ "起居语默在规矩
之内"，⑦ "涵养之则，凡非礼勿视听言动，礼仪三百，威仪三千，皆
是"⑧。可见，"敬"其实就是要克制自己的欲望而"敬"外在的规矩。第
三，居敬能贯动静。朱熹认为任何状态都是动静结合的，静而理感亦有
动，动而理安亦有静。居敬是能贯动静的："论敬字，须该贯动静看方得。
夫方其无事而存主不懈者，固敬也。及其应物而酬酢不乱者，亦敬也。"⑨
"静中之动，非敬孰能形之；动中之静，非敬孰能察之。"⑩ "未发之前是敬

① 朱杰人，严佐之，刘永翔. 朱子全书：第 20 册 [M]. 上海：上海古籍出版社；合肥：安
　徽教育出版社，2002：708.
② 朱杰人，严佐之，刘永翔. 朱子全书：第 16 册 [M]. 上海：上海古籍出版社；合肥：安
　徽教育出版社，2002：2326-2327.
③ 朱杰人，严佐之，刘永翔. 朱子全书：第 14 册 [M]. 上海：上海古籍出版社；合肥：安
　徽教育出版社，2002：369.
④ 朱杰人，严佐之，刘永翔. 朱子全书：第 14 册 [M]. 上海：上海古籍出版社；合肥：安
　徽教育出版社，2002：372.
⑤ 朱杰人，严佐之，刘永翔. 朱子全书：第 14 册 [M]. 上海：上海古籍出版社；合肥：安
　徽教育出版社，2002：372.
⑥ 朱杰人，严佐之，刘永翔. 朱子全书：第 14 册 [M]. 上海：上海古籍出版社；合肥：安
　徽教育出版社，2002：372.
⑦ 朱杰人，严佐之，刘永翔. 朱子全书：第 14 册 [M]. 上海：上海古籍出版社；合肥：安
　徽教育出版社，2002：368.
⑧ 朱杰人，严佐之，刘永翔. 朱子全书：第 14 册 [M]. 上海：上海古籍出版社；合肥：安
　徽教育出版社，2002：364.
⑨ 朱杰人，严佐之，刘永翔. 朱子全书：第 22 册 [M]. 上海：上海古籍出版社；合肥：安
　徽教育出版社，2002：2078.
⑩ 朱杰人，严佐之，刘永翔. 朱子全书：第 23 册 [M]. 上海：上海古籍出版社；合肥：安
　徽教育出版社，2002：3269.

也，固已主乎存养之实；已发之际是敬也，又常行于省察之间。"① 这即是说，"敬"在未发存养时，是内在的；在已发省察时，是外在的。居敬是内在的道德自觉和外在的道德行为的统一。

朱熹认为，自初学以至于达圣域，自始至终，内外动静之间，皆须敬字工夫，但并不是只此一种工夫便可达到。居敬虽是穷理之本，但仅仅只是解决了态度问题，要能够真正做到"明理"，还需下一番"穷理"的苦工夫。他说："主敬以立其本，穷理以进其知，使本立和知益明，知精而本益固。"② "居敬"和"穷理"是互相促进的："学者工夫，唯在居敬、穷理二事。" "能穷理，则居敬工夫日益进；能居敬，则穷理工夫日益密。"③ 居敬穷理两途是交养并进的。

（2）立志

朱熹对"志"的诠释，最早见于《论语集注》和《孟子集注》之中，但篇幅不多，没有作进一步的解释。在《朱子语类》较晚年的记载中却有较多关于朱子"立志"工夫的讨论，说明了朱子晚年关注点发生变化，工夫论不断精进。对此，钱穆先生说："朱子特拈立志一项，已在晚年。"④

对于"志"这一概念，朱子将其解释为"志者，心之所之也"⑤。"心之所之"是对"心"的运动方向的一种说明，指心所希望或欲求的方向，通俗来说就是心中的"目标"。在朱子这里，"志"指向的是"成圣成贤"。"学者大要立志。所谓志者，不道将这些意气去盖他人，只是直截要学尧、舜。"⑥ "凡人须以圣贤为己任。世人多以圣贤为高，而自视为卑，故不肯进。抑不知，使圣贤本自高，而己别是一样人，则早夜孜孜，别是

① 朱杰人，严佐之，刘永翔. 朱子全书：第 21 册 [M]. 上海：上海古籍出版社；合肥：安徽教育出版社，2002：1419.
② 朱杰人，严佐之，刘永翔. 朱子全书：第 24 册 [M]. 上海：上海古籍出版社；合肥：安徽教育出版社，2002：3625.
③ 朱杰人，严佐之，刘永翔. 朱子全书：第 14 册 [M]. 上海：上海古籍出版社；合肥：安徽教育出版社，2002：301.
④ 钱穆. 朱子学提纲 [M]. 北京：生活·读书·新知三联书店，2002：119.
⑤ 朱杰人，严佐之，刘永翔. 朱子全书：第 6 册 [M]. 上海：上海古籍出版社；合肥：安徽教育出版社，2002：436-437.
⑥ 朱杰人，严佐之，刘永翔. 朱子全书：第 14 册 [M]. 上海：上海古籍出版社；合肥：安徽教育出版社，2002：280.

分外事，不为亦可，为之亦可。然圣贤禀性与常人一同。既与常人一同，又安得不以圣贤为己任？"① 可见，朱子所说的"立志"，就是激励人们把"圣人"作为自己的理想人格，奋力追求。因为志之所向是圣贤之道，与现实有较大的距离，不能轻易实现，所以要实现其"志"，必定要付出相当的努力。朱子认为现实中存在"成德"之学无法坚持的情况，是因为"志不立"。"今之朋友，固有乐闻圣贤之学，而终不能去世俗之陋者，无他，只是志不立尔。"② "学者须是立志。今人所以悠悠者，只是把学问不曾做一件事看，遇事则且胡乱恁地打过了。此只是志不立。"③ "志气昏惰，教无所施也"。④ "立志"对成德、明德有重要作用。第一，志有引领作用。朱子说："这志如大将一般，指挥一出，三军皆随。只怕志不立，若能立志，气自由我使。"⑤ 志如大将一般，引领三军。志能导气，使之成为"正气""志气"。朱子又说："三军之勇在人，匹夫之志在己。故帅可夺而志不可夺，如可夺，则亦不足谓之志矣。"⑥ 这里，朱子将人"志"与军"帅"进行了类比，都起引领作用，只是一个在内，一个居外。"心志"的引领比外在的领导更加重要。第二，"志"能正心。"盖学莫先于立志，志道，则心存于正而不他。"⑦ 如果立大志，以"道"为志，心中自然清明不会被外物所惑。这里朱子说明了立志对存心的影响。第三，志能使人坚强、有毅力。"人出来恁地萎萎衰衰，恁地柔弱，亦只是志不立。志立自

① 朱杰人，严佐之，刘永翔. 朱子全书：第14册 [M]. 上海：上海古籍出版社；合肥：安徽教育出版社，2002：280.

② 朱杰人，严佐之，刘永翔. 朱子全书：第14册 [M]. 上海：上海古籍出版社；合肥：安徽教育出版社，2002：281.

③ 朱杰人，严佐之，刘永翔. 朱子全书：第14册 [M]. 上海：上海古籍出版社；合肥：安徽教育出版社，2002：281.

④ 朱杰人，严佐之，刘永翔. 朱子全书：第6册 [M]. 上海：上海古籍出版社；合肥：安徽教育出版社，2002：102.

⑤ 朱杰人，严佐之，刘永翔. 朱子全书：第14册 [M]. 上海：上海古籍出版社；合肥：安徽教育出版社，2002：944.

⑥ 朱杰人，严佐之，刘永翔. 朱子全书：第6册 [M]. 上海：上海古籍出版社；合肥：安徽教育出版社，2002：146.

⑦ 朱杰人，严佐之，刘永翔. 朱子全书：第6册 [M]. 上海：上海古籍出版社；合肥：安徽教育出版社，2002：121.

是奋发敢为，这气便生。"①"志乎此，则念念在此而为之不厌矣。"② 立志能让人坚强，奋发有为而持之以恒。"志"为人们的行动过程提供了持久的动力。

立志虽然很重要，但立志不能替代居敬，更不能忽视为格物所下的工夫。"只做立志，便虚了。圣人之说不如此，直是有用力处。且如孝于亲，忠于君，信于朋友之类，便是道。所谓志，只是如此知之而已，未有得于己也。及其行之尽于孝，尽于忠，尽于信，有以自得于己，则是孝之德，忠之德，信之德。"③ 立志还只停留于"知"的层面，更重要的还要将"志"付诸实践，转化为"行"，才能有"得"。比如还要读书："大率为学虽是立志，然书亦不可不读，须将经传本文熟复。"④

（3）存养

"存养"即是存心养性。朱熹认为每个人都有与生俱来的善性，但同时又有气质之偏和物欲之蔽，因此需要用"存养"的工夫，来发扬善性，发明本心。存养的关键则在于"养心"。正如英国学者卜道成所言："养心在他的学说中占据了很重要的位置。"⑤ 朱熹所言的存养之"心"不仅指"人心"，更指涉"道心"，而存养即是一个由"人心"向"道心"转化的过程。"人心"代表着私欲，"道心"代表着"义理"。正如朱熹所言："其觉于理者，道心也；其觉于欲者，人心也。"⑥ 为此，朱熹主张以道心统率人心，用道心节制人心的欲望，"以道心为主，则人心亦化而为道心

---

① 朱杰人，严佐之，刘永翔. 朱子全书：第 14 册［M］. 上海：上海古籍出版社；合肥：安徽教育出版社，2002：944-945.

② 朱杰人，严佐之，刘永翔. 朱子全书：第 6 册［M］. 上海：上海古籍出版社；合肥：安徽教育出版社，2002：75.

③ 朱杰人，严佐之，刘永翔. 朱子全书：第 15 册［M］. 上海：上海古籍出版社；合肥：安徽教育出版社，2002：1214-1215.

④ 朱杰人，严佐之，刘永翔. 朱子全书：第 15 册［M］. 上海：上海古籍出版社；合肥：安徽教育出版社，2002：3635.

⑤ 卜道成. 朱熹和他的前辈们：朱熹与宋代新儒学导论［M］. 谢晓东，译. 厦门：厦门大学出版社，2010：149.

⑥ 朱杰人，严佐之，刘永翔. 朱子全书：第 23 册［M］. 上海：上海古籍出版社；合肥：安徽教育出版社，2002：2680.

矣"。① 要存心养性，其法门则在于"静"（"静坐"）。"始学工夫，须是静坐。"② 静坐首先需要摒弃杂虑。朱子认为"静坐无闲杂思虑，则养得来便条畅"。③ 朱子回忆老师的教育时说："李先生说：'人心中大段恶念却易制伏，最是那不大段计利害、乍往乍来底念虑，相续不断，难为驱除。'今看得来，是如此。"④ "大段恶念"容易制伏，而"那不大段计利害、乍往乍来底念虑"却"相续不断，难为驱除"。"须是静坐，方能收敛。"⑤ 静坐能收敛此心，驱除杂虑。其次，静坐能澄明心体。"静坐非是要如坐禅入定，断绝思虑。只收敛此心，莫令走作闲思虑，则此心湛然无事，自然专一。及其有事，则随事而应；事已，则复湛然矣。"⑥ 静则心虚（虚灵明净），去除杂虑后，此心即复归湛然纯净。再次，静坐时心有主宰。"当静坐涵养时，正要体察思绎道理，只此便是涵养。不是说唤醒提撕，将道理去却那邪思妄念。只自家思量道理时，自然邪念不作。"⑦ 朱子称这种状态为"主宰"，即在心灵尚未应事接物、产生具体思虑的时候，始终维持知觉不昧的醒觉状态。"殊不知未感物时，若无主宰，则亦不能安其静，只此便自昏了天性，不待交物之引然后差也。"⑧ "未发时着理义不得……只一个主宰严肃，便有涵养工夫。"⑨ "虽是耳无闻，目无见，然须是常有

① 朱杰人，严佐之，刘永翔．朱子全书：第22册 [M]．上海：上海古籍出版社；合肥：安徽教育出版社，2002：2381．
② 朱杰人，严佐之，刘永翔．朱子全书：第14册 [M]．上海：上海古籍出版社；合肥：安徽教育出版社，2002：379．
③ 朱杰人，严佐之，刘永翔．朱子全书：第14册 [M]．上海：上海古籍出版社；合肥：安徽教育出版社，2002：379．
④ 朱杰人，严佐之，刘永翔．朱子全书：第17册 [M]．上海：上海古籍出版社；合肥：安徽教育出版社，2002：3417．
⑤ 朱杰人，严佐之，刘永翔．朱子全书：第14册 [M]．上海：上海古籍出版社；合肥：安徽教育出版社，2002：379．
⑥ 朱杰人，严佐之，刘永翔．朱子全书：第14册 [M]．上海：上海古籍出版社；合肥：安徽教育出版社，2002：379．
⑦ 朱杰人，严佐之，刘永翔．朱子全书：第14册 [M]．上海：上海古籍出版社；合肥：安徽教育出版社，2002：380．
⑧ 朱杰人，严佐之，刘永翔．朱子全书：第22册 [M]．上海：上海古籍出版社；合肥：安徽教育出版社，2002：1979．
⑨ 朱杰人，严佐之，刘永翔．朱子全书：第16册 [M]．上海：上海古籍出版社；合肥：安徽教育出版社，2002：2045．

个主宰执持底在这里，始得。不是一向放倒，又不是一向空寂了。"① 最后，静坐能"养卫精神。"② "心于未遇事时须静，及至临事方用，便有气力。如当静时不静，思虑散乱，及至临事，已先倦了。……闲时须是收敛定，做得事便有精神。"③ "静"不仅创造了反察自省的环境，还提供了一种认识世界及"自我"的机会，"静"让人以客观、冷静的心态观之于心灵内外，进而收敛身心，明德向善。

存养与察识紧密相连。在朱子新旧中和说中，存养与察识的先后顺序有变化。旧中和说认为未发是性，已发是心，存养察识的对象都是心，所以朱子认为对已发之心只从"察识端倪"入手，会导致缺少日常涵养工夫，行为举止急迫浮露，没有雍容气度。④ 为此，他提出了新中和说。新中和说未发之"中"是心体寂然不动的状态，是天命之性，"无过不及，不偏不倚，故谓之中"；已发之"和"是良心发用流行的状态，"无不中节，无所乖戾，故谓之和"⑤。未发之"中"是性，是心之体，已发之"和"是情，是心之用。心统性情，贯穿已发未发。随着心性论的改变，新中和说的修养工夫论也发生变化，主张在未发时涵养持敬，已发后察识端倪。

（4）省察

"省"是反省，"察"是检察。所谓"省察"就是在"将发之际"和"已发之后"对人心进行反省和检察，即"求放心"的工夫。由于气禀的局限和物欲的蒙蔽使精神昏昧，"省察"即是"省察"本心，揭去昏翳，使心中的"理"保持通明。朱熹认为道德修养始于点滴之行，对自我要有

---

① 朱杰人，严佐之，刘永翔. 朱子全书：第17册［M］. 上海：上海古籍出版社；合肥：安徽教育出版社，2002：3245.
② "逐日应接事物之中，须得一时辰宁静，以养卫精神。"见朱杰人，严佐之，刘永翔. 朱子全书：第14册［M］. 上海：上海古籍出版社；合肥：安徽教育出版社，2002：381.
③ 朱杰人，严佐之，刘永翔. 朱子全书：第14册［M］. 上海：上海古籍出版社；合肥：安徽教育出版社，2002：381.
④ 朱杰人，严佐之，刘永翔. 朱子全书：第23册［M］. 上海：上海古籍出版社；合肥：安徽教育出版社，2002：3131.
⑤ 朱杰人，严佐之，刘永翔. 朱子全书：第23册［M］. 上海：上海古籍出版社；合肥：安徽教育出版社，2002：3131.

一种"无时不省察"的意识，凡事都要"审个是非，择其是而行之"。①
要省察首先要自明，即省察自己的言行是否与道德上的要求相符合。"若
知不到，便都没分明"②，"须先知得，方行得"③。其次要自省，即省察自
己是否有过。一是省察自己是否有"犯义之过"，如酗博斗讼、举止逾违、
言不忠信等；二是省察自己是否有"犯约之过"，如德业不相劝、过失不
相规、礼俗不相成等；三是省察自己是否有"不修之过"，如交非其人、
动作无仪、用度不节等。④ 最后要自讼，即针对自己的过错和闪失，作恳
切的自我批评。"内自讼者，口不言而心自咎也。人有过而能自知者鲜矣，
知过而能自讼者为尤鲜。能自讼，则其悔悟深切而能改必矣。夫子自恐终
不得见而叹之。其警学者深矣！"⑤ "能自讼，则其悔悟深切而能改必
矣。"⑥ 能自讼说明悔悟深切因而能迁善改过。自讼是改过的前提和基础。
最后要改过，即"克己"。朱熹将私欲比作"心中盗贼"，而省察之功犹如
"捉贼"，"克己"是"杀贼"。"克己者，一似家中捉出个贼，打杀了便没
事。若有'克、伐、怨、欲'而但禁制之使不杀出来，犹关闭所谓贼者在
家中，只是不放出去外头作过，毕竟窝藏。"⑦ 他通过这个形象的比喻说
明，如果"捉贼"而不"杀贼"，对"私欲"心慈手软，窝藏在家，迟早
会造成祸害。克去己私，便能心清神明。"己私既克，天理自复。譬如尘
垢既去，则镜自明；瓦砾既扫，则室自清。"⑧

① 朱杰人，严佐之，刘永翔. 朱子全书：第14册 [M]. 上海：上海古籍出版社；合肥：安
徽教育出版社，2002：394.
② 朱杰人，严佐之，刘永翔. 朱子全书：第14册 [M]. 上海：上海古籍出版社；合肥：安
徽教育出版社，2002：461.
③ 朱杰人，严佐之，刘永翔. 朱子全书：第14册 [M]. 上海：上海古籍出版社；合肥：安
徽教育出版社，2002：457.
④ 郭齐，尹波，点校. 朱熹集 [M]. 成都：四川教育出版社，1996：2876.
⑤ 朱杰人，严佐之，刘永翔. 朱子全书：第6册 [M]. 上海：上海古籍出版社；合肥：安
徽教育出版社，2002：108.
⑥ 朱杰人，严佐之，刘永翔. 朱子全书：第6册 [M]. 上海：上海古籍出版社；合肥：安
徽教育出版社，2002：108.
⑦ 朱杰人，严佐之，刘永翔. 朱子全书：第15册 [M]. 上海：上海古籍出版社；合肥：安
徽教育出版社，2002：1541.
⑧ 朱杰人，严佐之，刘永翔. 朱子全书：第15册 [M]. 上海：上海古籍出版社；合肥：安
徽教育出版社，2002：1477.

（5）力行

朱熹在教育实践中非常重视"力行"，但由于知行关系密不可分，因而需要从二者关系中探讨"力行"。在知行关系上，关于知行的先后轻重问题，朱熹既继承了二程的思想又创造性发展了这一思想。朱熹说："论先后，知为先；论轻重，行为重。"① 又说："致知力行，论其先后，固然以致知为先，然论其轻重，则当以力行为重。"② 显而易见，在知行的先后次序问题上，朱熹认为知先行后；在知行的轻重问题上，朱熹认为行为重。当然"行为重"是在行知并重的前提下或基础上，若知与行再作比较，"当以力行为重"。下面具体阐述二者关系。其一，知与行二者是紧密结合、相互促进，不可偏废的。朱子提出了"知行相须"的观点，"知、行常相须，如目无足不行，足无目不见"。③ "须"通"需"。"知""行"如人之足目，鸟之两翼，车之两轮，不可偏废。④ "偏过一边，则一边受病"。⑤ 而且"知"与"行"互相激发，相互促进，"知之愈明，则行之愈笃；行之愈笃，则知之愈明"。⑥ 其二，在知行并重的前提下再作比较，"当以力行为重"。"凡日用之间，动止语默，皆是行处。"⑦ 一方面，践行才能出"真知"。"须是认得个仁，又将身体验之，方真个知得这担子重，真个是难。世间有两种：有一种全不知者，固全无摸索处；又有一种知得仁之道如此大，而不肯以身任之者。今自家全不曾担者，如何知得他重与

---

① 朱杰人，严佐之，刘永翔．朱子全书：第 14 册 [M]．上海：上海古籍出版社；合肥：安徽教育出版社，2002：298.

② 朱杰人，严佐之，刘永翔．朱子全书：第 22 册 [M]．上海：上海古籍出版社；合肥：安徽教育出版社，2002：2324 页。

③ 朱杰人，严佐之，刘永翔．朱子全书：第 14 册 [M]．上海：上海古籍出版社；合肥：安徽教育出版社，2002：298.

④ "二者不可废其一，如车两轮，如鸟两翼。"朱杰人，严佐之，刘永翔．朱子全书：第 14 册 [M]．上海：上海古籍出版社；合肥：安徽教育出版社，2002：300.

⑤ 朱杰人，严佐之，刘永翔．朱子全书：第 14 册 [M]．上海：上海古籍出版社；合肥：安徽教育出版社，2002：299.

⑥ 朱杰人，严佐之，刘永翔．朱子全书：第 14 册 [M]．上海：上海古籍出版社；合肥：安徽教育出版社，2002：457.

⑦ 朱杰人，严佐之，刘永翔．朱子全书：第 14 册 [M]．上海：上海古籍出版社；合肥：安徽教育出版社，2002：386.

不重？所以学不贵徒说，须要实去验而行之方知。"① "既亲历其域，则知之益明，非前日之意味。"② 只知不行，认识是肤浅的，是"知未至"和"知尚浅"；亲身践行之后，认识才能更清楚明晰，才能出"真知"。另一方面，"知"要由"行"来检验。"欲知知之真不真，意之诚不诚，只看做不做如何。真个如此做底，便是知至、意诚。"③ "'知之非艰，行之惟艰。'工夫全在行上。"④ 在学、知、行三者关系上，朱子认为三者重要性依次递进，"学之之博，未若知之之要；知之之要，未若行之之实"⑤。

2. 施教方法

朱熹一生中有四十多年的道德教育实践经历，对于如何依据教育的规律和学生的身心发展规律进行施教积累了丰富的经验，形成了很多有价值的教育方法，对我们今天的道德教育仍有重要的借鉴意义。

（1）循序渐进法

朱熹主张为学进德"不可求欲速之功"，而应当"学以渐而至""积少成多"。在他的思想和实践中，他根据循序渐进的原则，按照学生的年龄大小、心理特点及思维发展水平，把道德教育过程分为"童蒙""小学""大学"三个不同阶段，并根据各个阶段特点有针对性地安排不同的道德教育任务、内容、形式。

在童蒙教育即学前教育阶段，朱熹主张将教育的重点放在诸如吃饭、坐立、问答等生活的基本礼仪上，同时教之如数数、命名等基本常识。为此，他编撰了《蒙童须知》，对学前阶段儿童的日常行为规范从"衣服冠履""语言步趋""洒扫涓洁""读书写字""杂细事宜"等五个方面进行了详尽的阐述。在这个阶段，儿童主要通过记诵贤达的经典故事，明晓孝

① 朱杰人，严佐之，刘永翔. 朱子全书：第15册 [M]. 上海：上海古籍出版社；合肥：安徽教育出版社，2002：1295.
② 朱杰人，严佐之，刘永翔. 朱子全书：第14册 [M]. 上海：上海古籍出版社；合肥：安徽教育出版社，2002：298.
③ 朱杰人，严佐之，刘永翔. 朱子全书：第14册 [M]. 上海：上海古籍出版社；合肥：安徽教育出版社，2002：485.
④ 朱杰人，严佐之，刘永翔. 朱子全书：第14册 [M]. 上海：上海古籍出版社；合肥：安徽教育出版社，2002：387.
⑤ 朱杰人，严佐之，刘永翔. 朱子全书：第14册 [M]. 上海：上海古籍出版社；合肥：安徽教育出版社，2002：386.

悌、忠信、礼义、廉耻，养成良知。朱熹认为学校教育应划分为"小学"和"大学"两个阶段。"古之为教者，有小子之学，有大人之学。"① 八至十五为小学阶段。"人生八岁，则自王公以下，至于庶人子弟，皆入小学。"② 此阶段儿童年龄较小，物欲未染，智识未开，可塑性大，主要"教之以事、养之以成"，"如事君、事父、事兄、处友等事，只是教他依次规矩做去"。③ "教人以洒扫、应对、进退之节，爱亲、敬长、隆师、亲友之道。"④ 朱熹将小学阶段比喻为"打坯模"阶段，孩子只须懂得事物"所以然"之状况，不需要对之进行"为何所以然"的教育。同时，朱熹主张在小学阶段以多样化的内容和形式进行道德教育，如"诵诗读书，咏歌舞蹈"⑤，使儿童在娱乐游戏间不知不觉领会洒扫、应对、进退之节，爱亲、敬长、隆师、亲友之道。他把这种潜移默化的教育过程称作"习与知长，化与心成"。朱熹称十五岁以后为大学阶段。大学阶段则是"穷之以理、成之以德"，即不仅要知道事物的"所以然"，而且还要知道它"为何所以然"。"及其十有五年，则自天子之元子、众子，以至公卿大夫元子之适子，与凡民之俊秀，皆入大学。而教之以穷理、正心、修己、治人之道。"⑥ 与此相适应的教育方法主要是自学。他说："书用你自去读，道理用你自去究索。某只是做得个引路底人，做得个证明底人，有疑难处同商量而已。"⑦ 在教材方面，朱熹为《论语》《孟子》《大学》《中庸》作了新注释，编成《四书集注》，而且提供了四书阅读顺序的指引，"某要人先

① 朱杰人，严佐之，刘永翔．朱子全书：第 20 册 ［M］．上海：上海古籍出版社；合肥：安徽教育出版社，2002：691．
② 朱杰人，严佐之，刘永翔．朱子全书：第 20 册 ［M］．上海：上海古籍出版社；合肥：安徽教育出版社，2002：692．
③ 朱杰人，严佐之，刘永翔．朱子全书：第 14 册 ［M］．上海：上海古籍出版社；合肥：安徽教育出版社，2002：269．
④ 朱杰人，严佐之，刘永翔．朱子全书：第 24 册 ［M］．上海：上海古籍出版社；合肥：安徽教育出版社，2002：3672．
⑤ 朱杰人，严佐之，刘永翔．朱子全书：第 24 册 ［M］．上海：上海古籍出版社；合肥：安徽教育出版社，2002：3671．
⑥ 朱杰人，严佐之，刘永翔．朱子全书：第 24 册 ［M］．上海：上海古籍出版社；合肥：安徽教育出版社，2002：3672．
⑦ 朱杰人，严佐之，刘永翔．朱子全书：第 14 册 ［M］．上海：上海古籍出版社；合肥：安徽教育出版社，2002：387．

读《大学》，以定其规模；次读《论语》，以立其根本；次读《孟子》，以观其发越；次读《中庸》，以求古人之微妙处。《大学》一篇，有等级次第，总作一处易晓，宜先看；《论语》却实，但言语散见，初看亦难；《孟子》有感激兴发人心处；《中庸》亦难读，看三书后方宜读之。"①

（2）因材施教法

"因材施教"，就是依据教育对象的天赋、能力、兴趣等实际情况，有针对性地对其进行教育的方法。朱熹的因材施教法源于孔子。孔子认为"性相近也，习相远也"②，这为孔子开展差异化的教育提供了人性论依据。朱熹用"天命之性"和"气质之性"二分深化了孔子关于"性"与"习"的论述。人是理气结合的结果，每个人因气禀的差别而各有不同，呈现为善恶、愚笨、美丑等差别，这就为开展差异化的道德教育提供了必要性和哲学基础。朱熹认为可以通过后天的道德教育和学习消除人身上的瑕疵、恶习，改变气质之性，使人性复归于天理之善。"因材施教"的前提是教师必须了解学生，承认学生在性格、气质、情感等各个方面的差异，进而悉心研究并掌握学生的品格、才智、志向、兴趣和生活环境的具体情况，达到因材施教的目的。孔子认为人是分不同等次的："子曰：'中人以上，可以语上也；中人以下，不可以语上也。'言教人者，当随其高下而告语之，则其言易入而无躐等之弊也。"③孔子在这里给"人"作出了理论预设，教育就应该依据人的等次而具体展开。朱熹认为人因气质禀性不同而有圣、贤、中、下民四等人，故而又有"生而知之的圣人""学而知之的贤人""困而学之的中人""困而不学的下民"。④因而，教育应根据每个学生的特点，有差异化地进行。朱熹说："德行者，潜心体道，默契于中，笃志力行，不言而信者也。言语者，善为辞令者也……文学者，学于《诗》、《书》、《礼》、《乐》之文，而能言其意者也。盖夫子教人，使各因

<hr>

① 朱杰人，严佐之，刘永翔. 朱子全书：第 14 册［M］. 上海：上海古籍出版社；合肥：安徽教育出版社，2002：419.
② 杨伯峻. 论语译注［M］. 北京：中华书局，2015：263.
③ 朱杰人，严佐之，刘永翔. 朱子全书：第 6 册［M］. 上海：上海古籍出版社；合肥：安徽教育出版社，2002：115.
④ 朱杰人，严佐之，刘永翔. 朱子全书：第 6 册［M］. 上海：上海古籍出版社；合肥：安徽教育出版社，2002：871.

其所长以入于道。"① 教师应根据每个人的特点采取不同的教学方法，学习相应的内容。他又说："草木之生，播种封殖，人力已至而未能自化，所少者，雨露之滋耳。及此时而雨之，则其化速矣。教人之妙，亦由是也，若孔子之于颜、曾是已。"② 教育与人的成长关系就如同及时雨与草木之生的关系，依人特点，施以教育，人就能迅速成长。"圣人施教，各因其材，小以成小，大以成大，无弃人也。"③ 圣人施教，依据不同的教育对象施以不同的教育，都能使之成材。这里也蕴含着朱子有教无类的思想。

（3）情感陶冶法

情感陶冶法，即教育者自觉利用环境和自身的情感因素，以境陶情，潜移默化地对学生进行熏陶、感染和感化，进而使学生形成良好道德品质，促进其身心健康发展的方法。情感陶冶包括环境陶冶、人格感化和艺术陶冶等形式。首先，朱熹注重运用环境对儿童进行道德教育。环境陶冶，即通过创设良好的社会生活环境，使受教育者的身心受到熏陶和感染，使其养成良好的道德品质。朱熹认为，社会环境对儿童道德品质的形成有重要影响。他在《小学题辞》说，"世远人亡，经残教弛，蒙养弗端，长益浮靡"的不良社会环境，会产生"乡无善俗，世乏良材，利欲纷挐，异言喧豗"的消极影响，最终会导致"众人蚩蚩，物欲交蔽，乃颓其纲，安此暴弃"④。这里，他从反面说明世风日下、物欲横流的社会环境会遮蔽人的善良天性，让人产生各种欲望和恶，不利于培养儿童品性的培养。同时，他也认为家庭环境对儿童品性的形成有重要作用。良好的家庭环境促进儿童的成长和发展。朱熹以孟母三迁为例对此予以说明。孟母三迁最终找到可居的环境，有利于孟子的成长，"既长就学，遂成大儒"⑤。其次，朱熹强调运用人格感化力量对儿童进行道德教育。人格感化是教育者以自

---

① 朱杰人，严佐之，刘永翔. 朱子全书：第 6 册 [M]. 上海：上海古籍出版社；合肥：安徽教育出版社，2002：787.

② 朱杰人，严佐之，刘永翔. 朱子全书：第 6 册 [M]. 上海：上海古籍出版社；合肥：安徽教育出版社，2002：440.

③ 朱杰人，严佐之，刘永翔. 朱子全书：第 6 册 [M]. 上海：上海古籍出版社；合肥：安徽教育出版社，2002：440.

④ 朱熹. 高愈，注. 沈元起，译. 小学集注 [M]. 北京：中国华侨出版社，2012：4.

⑤ 朱熹. 高愈，注. 沈元起，译. 小学集注 [M]. 北京：中国华侨出版社，2012：13.

身的品行和情感为情境对学生进行的教育，即通过教育者的行为示范、高尚的人格来影响、感化和熏陶学生。朱熹以北宋学者胡瑗的事迹诠释了人格感化的力量。当胡瑗"及为苏湖二州教授"时，"严条约，以身先之"，即使"虽大暑"，也"必公服终日以见诸生，严师弟子之礼"。① 胡瑗即使大暑天，依然穿着整齐的制服，严格执行师生的礼节，以为学生做示范。胡瑗雅正谨饬，达到了"其言谈举止，遇之不问可知为先生弟子"的境界。② 最后，朱熹十分重视艺术熏陶对儿童道德教育的作用。艺术熏陶指借助音乐、诗歌和舞蹈等生动形象的艺术手段感染学生，让学生在潜移默化中受到教育。朱熹在小学阶段特别重视艺术的作用，认为只有"诵诗读书，咏歌舞蹈"③，才能达到"思罔或逾"的境界。④"教人，未见意趣"，那么人"必不乐学"⑤。歌诗舞蹈等艺术形式，对道德教育的开展很有裨益。

（四）理想人格和理论实质

朱熹把人分为圣人、贤人、中人等不同的层次，其中最高层次的理想人格即"圣人"。成圣是儒家学者追求的终极目标。朱熹对于理想人格之圣人有诸多标准和要求。在他的道德教育实践中，他力劝儒家学者们以成圣为己任，并且自己一生身体力行。理欲之辨是中国伦理思想史上的重大理论问题之一，讲的是天理（伦理道德）和人欲（过度的欲望）的关系。朱熹总结先秦以来诸家"理""欲"之争的得失，融会贯通儒家的"理""欲"观，提出了"存天理灭人欲"的主张。朱熹是理学中对这一问题研究的集大成者。"圣人""心与理一"，大公无私，成圣的过程其实就是"存天理灭人欲"的过程。"存天理灭人欲"是朱熹道德教育思想的理论实质和根本任务。

1. 理想人格：成圣

儒家教育是圣贤教育，成为圣贤是儒家学者追求的终极目标。朱子说

---

① 朱熹.高愈，注.沈元起，译.小学集注［M］.北京：中国华侨出版社，2012：188.
② 朱熹.高愈，注.沈元起，译.小学集注［M］.北京：中国华侨出版社，2012：188.
③ 朱熹.高愈，注.沈元起，译.小学集注［M］.北京：中国华侨出版社，2012：126.
④ 朱熹.高愈，注.沈元起，译.小学集注［M］.北京：中国华侨出版社，2012：126.
⑤ 朱熹.高愈，注.沈元起，译.小学集注［M］.北京：中国华侨出版社，2012：126.

"做到圣人，方是恰好。才不到此，即是自弃"。① 朱子把成圣设定为儒者追求的最高目标，也即朱子道德教育思想体系中的理想人格。朱子的圣人观既继承前人，又有创新，在儒学史上影响深远。

儒家学者努力的目标是成圣，这也就意味着在圣人与儒者间存在一个距离，而要拉近这个距离学者就要"学为圣人"。为此，需要对何为圣人有清晰的界定，从而使学者们有的放矢。朱子认为圣人分为先圣和后圣，尧舜生而知之，本于天命之性而为圣，是自然之圣；汤、武学而能之，学先圣之德而后觉为圣，是后继之圣。"尧、舜更无优劣，及至汤、武便别。孟子言'性之'、'反之'，自古无人如此说，只孟子分别出来，便知得尧、舜是生而知之，汤、武是学而能之。文王之德则似尧、舜，禹之德则似汤、武。要之皆是圣人。"② 无论是先圣还是后圣，都是圣人，都具有圣人的品质。朱子将仁德、才智和事功集于圣人一身。

（1）德性

朱子认为圣人"圣主于德"③，"德者，体也"④。在圣人德、才、功的三项标准中，德为主。德是圣人安身立命的根本。"'德'字从'心'者，以其得之于心也。如为孝，是心中得这个孝；为仁，是心中得这个仁。若只是外面恁地，中心不如此，便不是德。"⑤ "德"得之于心。得之于心究竟为何？究其本质，无他，理也。其一，圣人"心与理一"。"圣人之心，浑然一理，而泛应曲当，用各不同。⑥""心与理一，不是理在前面为一物，理便在心之中，心包蓄不住，随事而发。"⑦ 理一直蕴含在圣人心中，随事

① 李绂．朱子晚年全论［M］．段景莲，点校．北京：中华书局，2000：138.
② 朱熹，吕祖谦．朱子近思录［M］．严佐之，导读．上海：上海古籍出版社，2000：127.
③ 朱杰人，严佐之，刘永翔．朱子全书：第15册［M］．上海：上海古籍出版社；合肥：安徽教育出版社，2002：1334.
④ 朱杰人，严佐之，刘永翔．朱子全书：第14册［M］．上海：上海古籍出版社；合肥：安徽教育出版社，2002：845.
⑤ 朱杰人，严佐之，刘永翔．朱子全书：第14册［M］．上海：上海古籍出版社；合肥：安徽教育出版社，2002：788.
⑥ 朱杰人，严佐之，刘永翔．朱子全书：第6册［M］．上海：上海古籍出版社；合肥：安徽教育出版社，2002：96.
⑦ 朱杰人，严佐之，刘永翔．朱子全书：第14册［M］．上海：上海古籍出版社；合肥：安徽教育出版社，2002：219.

而发。"人之所以为学者，以吾之心未能若圣人之心故也。心未能若圣人之心，是以烛理未明，无所准则，随其所好，高者过，卑者不及，而不自知其为过且不及也。若吾之心即与天地圣人之心无异矣，则尚何学之为哉？故学者必因先达之言以求圣人之意，因圣人之意以达天地之理，求之自浅以及深，至之自近以及远，循循有序，而不可以欲速迫切之心求也。"① 这里从反面说明，学者未达圣人境界是因为"吾之心未能若圣人之心"，需要通过读书慢慢获悉"圣人之意"，进而达"天地之理"。其二，圣人具有仁爱的德性。圣人"心与理一"，"理"赋予人即是"性"，"性只是仁义礼智"。② 而"仁包四德"，位于四德之首。故圣人之德性是以"仁"为核心的。"仁者，爱之理，心之德也。"③ "仁"表现为"爱"，④ "爱亲、仁民、爱物，无非仁也"。⑤ 这种爱是对他人、对宇宙万物的无私之爱，是一种"廓然大公"的境界。因而，朱熹又常把"仁"与"公"联系在一起，"仁是爱底道理，公是仁底道理。故公则仁，仁则爱。"⑥ 大公无私才能达到"仁爱"的境界，也就是说要行"仁"必须清除私欲。一个真正做到大公无私的人也就是一个"圣人"。其三，圣人万善具备。"圣人万善皆备，有一毫之失，此不足为圣人。……故大舜无一毫厘不是，此所以为圣人。不然，又安足谓之舜哉！"⑦ 圣人具有人类所有的美德。

（2）才智

圣人在才智上的特点和要求，用一句话来概括，即"无所不通，无所

---

① 朱杰人，严佐之，刘永翔．朱子全书：第 22 册 [M]．上海：上海古籍出版社；合肥：安徽教育出版社，2002：1920．

② 朱杰人，严佐之，刘永翔．朱子全书：第 14 册 [M]．上海：上海古籍出版社；合肥：安徽教育出版社，2002：192．

③ 朱杰人，严佐之，刘永翔．朱子全书：第 6 册 [M]．上海：上海古籍出版社；合肥：安徽教育出版社，2002：68．

④ "仁者，爱之体；爱者，仁之用。"见朱杰人，严佐之，刘永翔．朱子全书：第 14 册 [M]．上海：海古籍出版社；合肥：安徽教育出版社，2002：692．

⑤ 朱杰人，严佐之，刘永翔．朱子全书：第 15 册 [M]．上海：上海古籍出版社；合肥：安徽教育出版社，2002：1821．

⑥ 朱杰人，严佐之，刘永翔．朱子全书：第 14 册 [M]．上海：上海古籍出版社；合肥：安徽教育出版社，2002：258．

⑦ 朱杰人，严佐之，刘永翔．朱子全书：第 14 册 [M]．上海：上海古籍出版社；合肥：安徽教育出版社，2002：398．

不能"。"自古无不晓事情底圣贤，亦无不通变底圣贤，亦无关门独坐底圣贤。圣贤无所不通，无所不能，那个事理会不得？"① 也就是说，朱熹认为圣人是全知全能的。圣人之为圣不仅仅在于他所具有的内在德性，实践层面的才干、能力也是必不可少的条件。对于圣人才智方面的具体标准或特点，朱熹也有诸多描述。第一，圣人是聪明多能的。据顾颉刚先生考证，金文中"圣（聖）"字意为"声入心通"或"入于耳而出于口"，即是聪明之义，而圣人就是指聪明人。② 可见，古人认为聪明乃圣之本义。朱熹圣人标准中的聪明之意在下面这段对话中表述得非常清楚。胡问："回'闻一知十'，是'明睿所照'，若孔子则如何？"曰："孔子又在明睿上去，耳顺心通，无所限际。古者论圣人，都说聪明，如尧'聪明文思'，'惟天生聪明时乂'，'亶聪明作元后'，'聪明睿智足以有临也'。圣人直是聪明！"③ 在这段对话中，朱熹以孔子和尧为例，说明"圣人直是聪明"，是"天生聪明"，并力赞之。圣人不仅聪明而且多能。"盖圣主于德，固不在多能，然圣人未有不多能者。"④ 朱熹将聪明多能作为圣人的一项标准或特点，是对圣人古义的继承，也是对圣人标准的扩充。第二，圣人做事恰到好处。"圣人事事做到恰好处。"⑤ "天地之化，滔滔无穷，如一炉金汁，镕化不息。圣人则为之铸泻成器，使入模范匡郭，不使过于中道也。'曲成万物而不遗'，此又是就事物之分量、形质，随其大小、阔狭、长短、方圆，无不各成就此物之理，无有遗阙。'范围天地'是极其大而言，'曲成万物'是极其小而言。'范围'如大德敦化，'曲成'如小德川流。"⑥ 圣人将天地万物安排得恰好，不论小大长短方圆，皆能随其规模而自成

① 朱杰人，严佐之，刘永翔 . 朱子全书：第 18 册 [M]. 上海：上海古籍出版社；合肥：安徽教育出版社，2002：3704.

② 《中国哲学》编辑部 . 中国哲学：第 1 辑 [M]. 北京：生活·读书·新知三联书店，1979：80-81.

③ 朱杰人，严佐之，刘永翔 . 朱子全书：第 15 册 [M]. 上海：上海古籍出版社；合肥：安徽教育出版社，2002：1030.

④ 朱杰人，严佐之，刘永翔 . 朱子全书：第 15 册 [M]. 上海：上海古籍出版社；合肥：安徽教育出版社，2002：1334.

⑤ 朱杰人，严佐之，刘永翔 . 朱子全书：第 14 册 [M]. 上海：上海古籍出版社；合肥：安徽教育出版社，2002：834.

⑥ 朱杰人，严佐之，刘永翔 . 朱子全书：第 16 册 [M]. 上海：上海古籍出版社；合肥：安徽教育出版社，2002：2520.

就。朱熹还对圣人做事恰到好处的原因进行了说明，即"圣人法天"。"天地则和这个都无，只是自然如此。圣人法天，做这许多节指出来。"① "圣人只是一个大本大原里发出，视自然明，听自然聪，色自然温，貌自然恭，在父子则为仁，在君臣则为义，从大本中流出，便成许多道理。只是这个一，便贯将去。"② 圣人遵循天理，"心与理一"，故行事自然而然，毫不勉强，恰到好处。第三，圣人能化劣为好。"圣人'穷理尽性以至于命'，便能赞化育。尧之子不肖，他便不传与子，传与舜。本是个不好底意思，却被他一转，转得好。"③ 圣人通过自己的才智能把不好的事转化为好事。"看见诸圣贤遭时之变，各行其道，是这般时节。其所以正救之者，是这般样子。这见得圣贤是甚么样大力量，恰似天地有阙嚣处，得圣贤出来补得教周全。补得周全后，过得稍久，又不免有阙，又得圣贤出来补。这见得圣贤是甚力量，直有阖辟乾坤之功。"④ 不管遇到什么境况，多大的困难，圣人都能化劣为好，具有巨大的力量。

（3）事功

朱熹认为德性与事功不可分，有圣人的德性，便有圣人的事业。他说："有禹、汤之德，便有禹、汤之业；有伊、周之德，便有伊、周之业。"⑤ 事功亦是圣人标准的重要一环。完善德性，建立事功意味着圣人要有所担当，"以天下为己任"。"天只生得许多人物，与你许多道理。然天却自做不得，所以生得圣人为之修道立教，以教化百姓，所谓'裁成天地之道，辅相天地之宜'是也。盖天做不得底，却须圣人为他做也。"⑥ 天做不得的，必须由圣人来做，可见圣人责任之重大，也说明圣人建立事功的

① 朱杰人，严佐之，刘永翔．朱子全书：第16册［M］．上海：上海古籍出版社；合肥：安徽教育出版社，2002：2485.
② 朱杰人，严佐之，刘永翔．朱子全书：第15册［M］．上海：上海古籍出版社；合肥：安徽教育出版社，2002：1585.
③ 朱杰人，严佐之，刘永翔．朱子全书：第16册［M］．上海：上海古籍出版社；合肥：安徽教育出版社，2002：1855.
④ 朱杰人，严佐之，刘永翔．朱子全书：第15册［M］．上海：上海古籍出版社；合肥：安徽教育出版社，2002：1803.
⑤ 朱杰人，严佐之，刘永翔．朱子全书：第16册［M］．上海：上海古籍出版社；合肥：安徽教育出版社，2002：1999.
⑥ 朱杰人，严佐之，刘永翔．朱子全书：第14册［M］．上海：上海古籍出版社；合肥：安徽教育出版社，2002：431.

必然性和必要性。朱熹对圣人建立的事功进行了细致的区分，即行道与传道。他说孔子虽不能得其位，但是"所以继往圣、开来学，其功反有贤于尧舜者"。① "夫子贤于尧舜，语事功也。"② 这里的事功就是指孔子能传尧舜之道。孔子虽然没有像尧舜一般，身居高位实现自己的抱负，但朱熹却认为，以事功而言，孔子并不逊于甚至还超过了尧舜。因为尧舜行道于当时，而孔子却能传道于后世。从尧舜与孔子事功谁更贤的比较之中可见朱熹极为重视传道于后世。"圣人贤于尧、舜处，却在于收拾累代圣人之典章、礼乐、制度、义理，以垂于世。"③ 圣人不仅能行道于当时，亦能传道于后世。由此可见，朱熹给圣人设定了极高的标准。朱熹不仅设计标准，而且终身践行着这种标准和要求，作为其终身志业之所在。

朱子从小立志做圣人，他说："某十数岁时读孟子言'圣人与我同类者'，喜不可言，以为圣人亦易做，今方觉得难。"④ 朱子年少时觉得"圣人易做"，不惑之年则"方觉得难"。⑤ 朱子又说："以某观之，做个圣贤千难万难。"⑥ 虽然做圣人难，但朱子仍劝导学者们必须以做圣人为己任。"凡人须以圣贤为己任……学者大要立志。所谓志者，不道将这些意气去盖他人，只是直截要学尧、舜。"⑦ "凡人须以圣贤为己任。世人多以圣贤为高，而己别是一样人，则早夜孜孜，别是分外事，不为亦可，为之亦可，然圣贤秉性与常人一同，既与常人一同，又安得不以圣贤为己任？"⑧

———————————

① 朱杰人，严佐之，刘永翔．朱子全书：第 6 册［M］．上海：上海古籍出版社；合肥：安徽教育出版社，2002：30．

② 朱杰人，严佐之，刘永翔．朱子全书：第 6 册［M］．上海：上海古籍出版社；合肥：安徽教育出版社，2002：286．

③ 朱杰人，严佐之，刘永翔．朱子全书：第 15 册［M］．上海：上海古籍出版社；合肥：安徽教育出版社，2002：1335．

④ 朱杰人，严佐之，刘永翔．朱子全书：第 17 册［M］．上海：上海古籍出版社；合肥：安徽教育出版社，2002：3427．

⑤ 钱穆先生认为，朱子言此时应在淳熙癸卯甲辰乙巳三年间，年五四至五六。钱穆．朱子新学案［M］．成都：巴蜀书社，1986：259．

⑥ 朱杰人，严佐之，刘永翔．朱子全书：第 18 册［M］．上海：上海古籍出版社；合肥：安徽教育出版社，2002：3647．

⑦ 朱杰人，严佐之，刘永翔．朱子全书：第 14 册［M］．上海：上海古籍出版社；合肥：安徽教育出版社，2002：280．

⑧ 朱杰人，严佐之，刘永翔．朱子全书：第 14 册［M］．上海：上海古籍出版社；合肥：安徽教育出版社，2002：280．

这里即是说，做圣人难但并非遥不可及，通过教育和修养，孜孜以求，可达圣人境界。

2. 理论实质：存天理灭人欲

"存天理灭人欲"说，朱熹认为这是自己总结前代儒家核心思想归纳出来的。《朱子语类》卷十二云："孔子所谓'克己复礼'；《中庸》所谓'致中和'、'尊德性'、'道学问'；《大学》所谓'明明德'；《书》曰：'人心惟危，道心惟微，惟精惟一，允执厥中'。圣贤千言万语，只是教人明天理，灭人欲。"① 这段话用一句话总结归纳了《论语》《中庸》《大学》《尚书》四书中的核心理论命题的实质："圣贤千言万语，只是教人明天理，灭人欲。"朱熹认为历代圣贤从不同角度，用不同语言形式表达出来的理想状态和境界，虽表达不一，但实质相同，皆为"明天理，灭人欲"。为此，朱熹进行了具体的分析。孔子提出"克己复礼"，认为："克己复礼为仁。一日克己复礼，天下归仁焉。为仁由己，而由人乎哉？"② 朱熹解释说，仁指本心之全德，战胜自己的私欲谓之克己，仁、礼都来源于天理。"克己复礼"其实就是战胜自己的私欲，回归天理，也就是"存天理灭人欲"。"明明德""致中和""尊德性"也皆是如此。

要"明天理，灭人欲"，首先要清楚"天理"与"人欲"的内涵。在朱熹这里，天理有多层含义。其一，天理是"三纲五常"，即封建道德伦理。"且所谓天理复是何物？仁、义、礼、智，岂不是天理？君臣、父子、兄弟、夫妇、朋友，岂不是天理？"③ "礼者，天理之节文。"④ "父子兄弟夫妇，皆是天理自然，人皆莫不自知爱敬。君臣虽亦是天理，然是义合。"⑤ 其二，"天理"是"心之本然"。"盖天理者，此心之本然，循之则

① 朱杰人，严佐之，刘永翔. 朱子全书：第14册 [M]. 上海：上海古籍出版社；合肥：安徽教育出版社，2002：367.

② 朱杰人，严佐之，刘永翔. 朱子全书：第6册 [M]. 上海：上海古籍出版社；合肥：安徽教育出版社，2002：167.

③ 朱杰人，严佐之，刘永翔. 朱子全书：第23册 [M]. 上海：上海古籍出版社；合肥：安徽教育出版社，2002：2837.

④ 朱杰人，严佐之，刘永翔. 朱子全书：第23册 [M]. 上海：上海古籍出版社；合肥：安徽教育出版社，2002：2837.

⑤ 朱杰人，严佐之，刘永翔. 朱子全书：第14册 [M]. 上海：上海古籍出版社；合肥：安徽教育出版社，2002：399.

其心公而且正"。① "心之本然"，也就是心未受气禀物欲所蔽的未发状态，循其本然心就能表现为公正，是没有私欲的本然状态。其三，"天理"是"善"。"天下之理，原其所自，未有不善。"② 天地万物都是禀受天理而生的，天理是纯粹的至善本体。人也是禀受天理而生，人性本善，善性即天理。与天理相对即是人欲，又作"私欲"，它在朱熹这里是一个专门的概念，是指不正当的"欲"，与一般的欲是有区别的。区别之一，人欲是人在后天活动中生出来的。"天理本多，人欲便也是天理里面做出来。……人生都是天理，人欲却是后来没巴鼻生底。"③ 这即是说，人欲并不像天理那样于心之本体中本有的、先验的，而是在后天活动中主体受物欲遮蔽而致生的。区别之二，人欲是不善，是"恶底心"。"物欲昏蔽，便是恶底心"。④ 区别之三，人欲是心的疾病。"人欲者，此心之疾疢，循之则其心私而且邪。"⑤ 人欲是人的疾病状态，表现为私且邪。在探讨"人欲"的问题时，朱熹对于二程的"人心即私欲"的观念，作了修正和补充，从而使对人欲的认识更为清晰。（1）人心不完全是人欲，二者不能等同。"'人心，人欲也'，此语有病。虽上智，不能无此。"⑥ 也就是说，人心有善有恶，上智的圣人亦具有人心。（2）"人欲"不同于"欲"。"欲"是指一般的正当要求，朱熹认为，"若是饥而欲食，渴而欲饮，则此欲亦岂能无"。⑦ 由此可以看出，朱熹并不否定人们维持生存的欲望，即肯定在一定限度内的合理的欲，他所讲的"灭人欲"是要灭掉人的无节度的欲望和贪欲。何

① 朱杰人，严佐之，刘永翔. 朱子全书：第 20 册 [M]. 上海：上海古籍出版社；合肥：安徽教育出版社，2002：639.
② 朱杰人，严佐之，刘永翔. 朱子全书：第 6 册 [M]. 上海：上海古籍出版社；合肥：安徽教育出版社，2002：306.
③ 朱杰人，严佐之，刘永翔. 朱子全书：第 14 册 [M]. 上海：上海古籍出版社；合肥：安徽教育出版社，2002：388.
④ 朱杰人，严佐之，刘永翔. 朱子全书：第 16 册 [M]. 上海：上海古籍出版社；合肥：安徽教育出版社，2002：2397.
⑤ 朱杰人，严佐之，刘永翔. 朱子全书：第 20 册 [M]. 上海：上海古籍出版社；合肥：安徽教育出版社，2002：639.
⑥ 朱杰人，严佐之，刘永翔. 朱子全书：第 16 册 [M]. 上海：上海古籍出版社；合肥：安徽教育出版社，2002：2664.
⑦ 朱杰人，严佐之，刘永翔. 朱子全书：第 17 册 [M]. 上海：上海古籍出版社；合肥：安徽教育出版社，2002：3172.

谓正当的"欲"？何谓无节度的"私欲"？朱子对此进行了具体举例说明。有人问朱熹："饮食之间，孰为天理，孰为人欲？"朱熹回答说："饮食者，天理也；要求美味，人欲也。"① 复有人问："饥食、渴饮、冬裘、夏葛，何以谓之天职？"朱熹回答说："这是天教我如此，饥便食，渴便饮，只得顺他。穷口腹之欲，便不是。盖天只教我饥则食，渴则饮，何曾教我穷口腹之欲。"② 饥食、渴饮、冬裘、夏葛，是正当之欲，是和天理一致的；美味等"口腹之欲"则是"人欲"，要去之、灭之。由此可知，天理人欲的界限只在于正常和超常的"度"上，要适度，不能过度。同时，他也反对佛教笼统地禁欲、无欲，"释氏欲驱除物累，至不分善恶，皆欲扫尽"。③

关于天理与人欲的关系，朱熹认为二者相互区别，又是相互联系的。一方面，天理与人欲是相对的。朱熹说"天理人欲常相对"。④"人之一心，天理存，则人欲亡；人欲胜，则天理灭。"⑤ 这里讲的相对存灭，二者是非此即彼的对立关系。另一方面，天理人欲又是互相依存的："有个天理，便有个人欲。盖缘这个天理须有个安顿处，才安顿得不恰好，便有人欲出来。"⑥ 天理的安顿处在于人心，人心对天理的安顿不恰好时人欲就出来了，所以人欲总依天理而在。总的来说，天理人欲"不是有两物，如两个石样，相挨相打，只是一人之心，合道理底是天理，徇情欲底是人欲，正当于其分界处理会"。所以，天理人欲都是一个人的心理活动，合于道理就是天理，徇于情欲便是人欲。朱熹最赞同胡五峰"天理人欲同行异情"的说法。

朱熹的"存天理，灭人欲"的思想是针对整个社会提出的，对皇帝也

---

① 朱杰人，严佐之，刘永翔. 朱子全书：第 14 册［M］. 上海：上海古籍出版社；合肥：安徽教育出版社，2002：389.
② 朱杰人，严佐之，刘永翔. 朱子全书：第 17 册［M］. 上海：上海古籍出版社；合肥：安徽教育出版社，2002：3250.
③ 朱杰人，严佐之，刘永翔. 朱子全书：第 18 册［M］. 上海：上海古籍出版社；合肥：安徽教育出版社，2002：3944.
④ 朱杰人，严佐之，刘永翔. 朱子全书：第 14 册［M］. 上海：上海古籍出版社；合肥：安徽教育出版社，2002：389.
⑤ 朱杰人，严佐之，刘永翔. 朱子全书：第 14 册［M］. 上海：上海古籍出版社；合肥：安徽教育出版社，2002：388.
⑥ 朱杰人，严佐之，刘永翔. 朱子全书：第 14 册［M］. 上海：上海古籍出版社；合肥：安徽教育出版社，2002：388.

不例外地要用"天理""人欲"理论来要求。"自天子至于庶人，无一人之不学"①，"人主之心正，则天下之事无一不出于正"②。他在《文集》卷十一《戊申封事》中劝告皇帝说："伏愿陛下自今以往，一念之萌，则必谨而察之，此为天理耶，为人欲耶？果天理也，则敬以扩之，而不使其少有壅阏；果人欲也，则敬以克之，而不使其少有凝滞。推而至于言语动作之间，用人处事之际，无不以是裁之。"③ 皇帝在自己的一思一念，一言一行间都要谨慎省察是天理还是人欲，天理则"扩之"，人欲则"克之"。论及至此，其实可以看出朱子之良苦用心，即矫正时弊。南宋偏安一隅，社会混乱，统治阶级腐败且不思进取，为此，朱熹希望全社会把"明天理，灭人欲"作为道德修养的核心问题来对待，人人存理克欲，以此拯救社会危机。

三　对朱熹道德教育思想的思考

朱熹在中国思想史上影响巨大，人们常称他为"朱子"，并赋予这个称号以与孔子、孟子称号同等的含义。他的门人黄榦曾这样评价过他："继往圣将微之绪，启前贤未发之机，辨诸儒之得失，辟异端之论谬，明天理、正人心，事业之大，又孰有加于此者。"④ 按照黄榦的说法，朱熹在儒家的道统中起着继往开来的作用。朱子思想虽影响巨大，但对它的争议自它形成之始就从未间断。

（一）朱熹之道德是否是儒学道德的异化？

要回答这个问题，需从朱熹思想的核心概念"理"说起。朱子认为，"理"是宇宙万事万物的本原，是现实世界的存在依据和价值本原。关于

---

① 朱杰人，严佐之，刘永翔. 朱子全书：第 20 册［M］. 上海：上海古籍出版社；合肥：安徽教育出版社，2002：692.

② 朱杰人，严佐之，刘永翔. 朱子全书：第 20 册［M］. 上海：上海古籍出版社；合肥：安徽教育出版社，2002：590.

③ 朱杰人，严佐之，刘永翔. 朱子全书：第 20 册［M］. 上海：上海古籍出版社；合肥：安徽教育出版社，2002：597.

④ 侯外庐，等. 宋明理学史［M］. 北京：人民出版社，1984：422.

理的学说是围绕着理气先后、理气动静、理一分殊等逻辑环节而展开的，成为朱子学的第一原理。作为万物本原的"理"，是一种先验的存在，他说："未有天地之先，毕竟也只是理。有此理，便有此天地；若无此理，便也无天地，无人无物，都无该载了。有理，便有气流行，发育万物。"①"理"在宇宙万物没有产生之时就已经存在，"理"孕育了宇宙万物。"理"赋予人即为性。仁义礼智信，性也。得之于心即为德。也就是说，个体修身所需要做的和能够做的就在于去找寻和秉承这个早已存在的"理"，化外"理"为内"德"。天理与人欲是此消彼长的关系。人的道德修养过程其实就是秉承天理，接受天理的改造，克制人欲的过程，是由外而内的过程。道德内涵被客观化、外在化，并被提升到一种规律性的形而上的高度。这与先秦儒学道德来源于人的现实生活的路径完全不同。先秦儒家之道德如"仁义礼智信"等，都是人的道德，是人在生活中所体现出来的，具有属人性和人的生命意义。人之生活过程实际上就是在倡导过一种道德生活，这种道德生活是对人之生命意义的充分肯定，蕴藏着儒家对人类生活的信心。而人的道德生活是通过将道德与人欲统一来实现的。先秦儒学从人的整体性出发，认为道德与人欲不是对立的，可以通过消除道德与人欲的分别，使人欲成为道德的欲望，那样道德就成为人所自然追求的欲望。这是因为人天生有向善的本能："人虽有动物性，而他的本愿总是向上的。人总是以好善恶恶，为善去恶为本愿，这是人人所首肯的。"②朱熹之道德，来源于外在先验之"理"，使原先属人的道德内涵非人化，将人的生活与生命意义的考量逐出道德领域。人之道德修养不再是体悟生命、实现人的生命内涵与价值的过程，而是秉承天理，接受天理的改造的过程。这样，道德从生活中来变成生活从道德中来，内在的要求转变为外在的改造，属人性转变为非人性。朱熹的理学道德观本于先秦儒学，又异于先秦儒学。当儒学之道德价值不再是人的道德价值，而是"理"规制出来的道德价值时，道德就脱离了活生生的人类生活，不再以人的生命为承载而被异化了。先秦儒学之道德在朱熹天理理论中被异化了。朱熹这一道

① 朱杰人，严佐之，刘永翔. 朱子全书：第 14 册［M］. 上海：上海古籍出版社；合肥：安徽教育出版社，2002：24.
② 牟宗三. 历史哲学［M］. 桂林：广西师范大学出版社，2007：5.

德源于"理"之先验性的理论预设，为压制人性埋下了伏笔。随着理学的发展，对于道德的解释不再来源于人鲜活的生活与生命，而是要从先验的"天理"中去求取。对于"天理"与道德的解释权也自然地从人与社会转移到了统治者手中。随着思想的客观化而来的就是制度的专制化。历史的发展往往事与愿违，朱熹面对南宋社会的混乱，另辟蹊径，以"天理"论为核心构建了道德教育的理论体系，其目的是拯救社会危机，矫正时弊，规谏统治者，但客观上却被统治者顺手利用，把道德修养的圣贤工夫转化成了政治奴役性的残杀工具，在此后的八百年里压制、摧残人性，禁锢人的发展，造成了"我不杀伯牙"但"伯牙为我而死"的局面。尽管如此，我们仍然不能否定朱熹救国救民之初心，不能否定其为社会进步付出的努力。

（二）物有多少，如何格得尽？

"如何格得尽"的问题是指涉格物致知对象的广度和深度问题。朱子曾说："若知一而不知二，知大而不知细，知高远而不知幽深，皆非知之至也。"① 可见，朱子致知之"知"既指广度又指深度。对于"格物致知"的理解，是回答这个问题的前提。"格物致知"出自《大学》，在朱熹之前，郑玄、李翱、司马光、程颐等都进行过诠释，朱熹继承并发展了这一思想，赋予了"格物致知"积极主动之意蕴，理顺了"格物"与"致知"的关系。"格物致知"是朱熹思想中最重要的范畴之一，是达到"尊德性"的至纯至善的境界的方法。"格物"意味着"接物"（"即物"）穷理，"致知"意味着"推极吾之知识"，把自己所知推向所有应到之物之事。"格物"之"物"不仅包括儒家伦理道德，也包括自然之理，穷理也就是要穷万事万物之理。"格物"是感性的、零散的、归纳的，"致知"是理性的、综合的、演绎的，它们同是"道问学"紧密相关的两个环节，但本质上是一个工夫。

如何格物穷理呢？"理"是万物之本体，万物皆蕴含着"理"，所以要

---

① 朱杰人，严佐之，刘永翔．朱子全书：第 14 册 [M].上海：上海古籍出版社；合肥：安徽教育出版社，2002：487.

穷"理"，须一物一物格之、穷尽之。朱熹说："须穷极事物之理到尽处，便有一个是，一个非，是底便行，非底便不行。"① 这就是说要一个一个地应接事物，然后逐渐推广，穷尽事物之理。所谓"格物，是逐物格将去；致知，则是推得渐广"。② "于这一物上穷得一分之理，即我之知亦知得一分；于物之理穷二分，即我之知亦知得二分；于物之理穷得愈多，则我之知愈广。"③ 这里就产生了一个问题：天下事物纷繁复杂、浩渺无穷，如何能够"格"得尽？朱子面对这一棘手的问题是这样回答的，朱熹说："所谓'不必尽穷天下之物'者，如十事已穷得八九，则其一二虽未穷得，将来凑会，都自见得。又如四旁已穷得，中央虽未穷得，毕竟是在中间了，将来贯通，自能见得。"④ "今日格一物，明日格一物，积习既多，自当脱然有贯通处。"⑤ "将来贯通""脱然贯通"指的是一种由具体的零碎的积累而上升到一般性的系统的总结，是由"博"返"约"的触发。"格物"并不是要"格"尽所有的物，而是当具体实践积累到一定程度时，脱然贯通而达到一种超越性的认识，就好像我们不需要去到全世界每一个角落，却能拥有对于世界的整体性认知一样。由此可知，朱熹是用类推的方法来解决如何能够"格"得尽的问题的。朱熹的这一回答有些勉强。因为朱子类推方法的使用是有前提的，要在"十事已穷得八九"的基础上进行。现实中的事物"无穷无尽"，如何"穷得八九"呢？用数学来计算一下，用"无数"乘以百分之八十或百分之九十，结果依然是个无穷。陆九渊说："天下之理无穷，若以吾平生所经历者言之，真所谓伐南山之竹，不足以受我辞。"⑥ 人的生命是有限的，格尽"物"或者"穷得八九"是不可能

① 朱杰人，严佐之，刘永翔. 朱子全书：第 14 册 [M]. 上海：上海古籍出版社；合肥：安徽教育出版社，2002：463.
② 朱杰人，严佐之，刘永翔. 朱子全书：第 14 册 [M]. 上海：上海古籍出版社；合肥：安徽教育出版社，2002：471.
③ 朱杰人，严佐之，刘永翔. 朱子全书：第 14 册 [M]. 上海：上海古籍出版社；合肥：安徽教育出版社，2002：607.
④ 朱杰人，严佐之，刘永翔. 朱子全书：第 14 册 [M]. 上海：上海古籍出版社；合肥：安徽教育出版社，2002：604.
⑤ 朱杰人，严佐之，刘永翔. 朱子全书：第 14 册 [M]. 上海：上海古籍出版社；合肥：安徽教育出版社，2002：604.
⑥ 陆九渊. 陆九渊集 [M]. 锺哲，点校. 北京：中华书局，2020：459.

实现的。这么追问下来，朱熹虽然用类推法勉强回答了问题，但仍存在漏洞。对于这个问题，笔者觉得不能钻牛角尖，不要拘泥于十之八九，还是十之六七，而是要回到朱熹生活的时代来综合考量它，理解朱子的用意。朱熹其实是针对当时受到佛老思想冲击后，儒家学者语高空寂、坐谈空妙①、学为虚谈等现象提出的，为了摆脱儒学发展的困境，他希望学者走出家门，积极主动地去"格物致知"，从而达到至纯至善的境界，贯通儒学中的内圣与外王。朱子考虑的主要不是格多少的问题，而是去不去格的问题。走出去，一物一物地来，一件一件地格，"自当脱然有贯通处"。如此，才能真正理解朱子之良苦用心。

（三）"人欲"是否真可灭？

这个问题问的是在一般性情况下"灭人欲"的实然状态。要回答这个问题，先要回到朱子学说的语境中来，搞清朱子"存理灭欲"主张的内容和实质。"理欲之辨"起源于义利之辨，《礼记·乐记》第一次把"天理""人欲"作为一对伦理道德范畴提出来，它们一直是思想史上争论的热门话题。朱子学的基本主张是"存天理，灭人欲"。朱熹认为"天理"与"人欲"二者既相互区别，又相互联系。一方面，"天理人欲常相对"，②"人之一心，天理存，则人欲亡；人欲胜，则天理灭"。③ 二者是非此即彼，此消彼长的对立关系。另一方面，天理人欲又是互相依存的，天理的安顿处在于人心。人心对天理的安顿不恰好时人欲就出来了。虽然二者相互依存而存在，但表现出来的是非此即彼的对立状态，"未有天理人欲夹杂者"。④ 为了具体展示理欲在人心中的对立和尖锐冲突状态，朱熹引用楚汉相争的故事进行说明："譬如刘、项相拒于荥阳成皋间，彼进得一步，则

① 钱穆．朱子新学案［M］．成都：巴蜀书社，1986：895.
② 朱杰人，严佐之，刘永翔．朱子全书：第14册［M］．上海：上海古籍出版社；合肥：安徽教育出版社，2002：389.
③ 朱杰人，严佐之，刘永翔．朱子全书：第14册［M］．上海：上海古籍出版社；合肥：安徽教育出版社，2002：388.
④ 朱杰人，严佐之，刘永翔．朱子全书：第14册［M］．上海：上海古籍出版社；合肥：安徽教育出版社，2002：388.

此退一步；此进一步，则彼退一步。"①"天理人欲，不容并立"②，这是朱熹"存理灭欲"思想的立论前提。要明天理，必须灭人欲，要"革尽人欲，复尽天理"。③要"革尽人欲"是革尽所有的欲望吗？朱熹把所有的欲望分为人欲和欲。"人欲"又称"私欲""私意之欲"，即不正当的无节制的欲望；"欲"指"公共之欲"，即符合"天理"之欲，公共的、正当的、不得不满足的欲望。朱子对此进行了进一步举例说明，就事而言，"如视听言动，人所同也。非礼勿视听言动，便是天理；非礼而视听言动，便是人欲"④；就饮食而言，"饮食者，天理也；要求美味，人欲也"⑤。可见"天理"与"人欲"的区别就是"度"的问题，是同一件事的不同程度。那"度"是什么？就事而言，"度"就是礼，循礼即是天理，非礼就是人欲。就饮食而言，本能即是天理，美味即是人欲。也就是说，朱子要革尽的是"人欲""私欲""私意之欲"，即不正当的无节制的欲望，不是所有的欲望。厘清了欲望的区分后，"存理灭欲"的问题实质变成了如何把握度的问题。就事而言，有标准，循礼而行，比较好把握。就饮食而言，是否美食没有固定标准，因人而异，很难把握。在理学流行的年代，没有标准就容易让人走极端。古代学者可能为了划清与人欲的界限，有好衣服不穿，或剪破再穿，有美食不吃，让其变了味再吃，这就出现了"伪"。就事而言，循礼而行，比较好把握，但人对美的向往是真实存在的，这是实然的情形，是人之常情。循礼而行意味着压制人的本性，这也会导致人欲以"伪"或是扭曲的形式出现。这就回答了"人欲是否真可灭"的问题，无法革尽人欲，所谓"革尽"也只是逼迫它以别样的形式出现。"存理灭欲"的直接社会后果，一方面使一些学者以天理自居而不屑于人欲，耻言

① 朱杰人，严佐之，刘永翔．朱子全书：第 14 册［M］．上海：上海古籍出版社；合肥：安徽教育出版社，2002：389.
② 朱杰人，严佐之，刘永翔．朱子全书：第 6 册［M］．上海：上海古籍出版社；合肥：安徽教育出版社，2002：310.
③ 朱杰人，严佐之，刘永翔．朱子全书：第 14 册［M］．上海：上海古籍出版社；合肥：安徽教育出版社，2002：390.
④ 朱杰人，严佐之，刘永翔．朱子全书：第 15 册［M］．上海：上海古籍出版社；合肥：安徽教育出版社，2002：1433.
⑤ 朱杰人，严佐之，刘永翔．朱子全书：第 14 册［M］．上海：上海古籍出版社；合肥：安徽教育出版社，2002：389.

人欲，欲除之而后快。这些人"平居无事只解打恭作揖，终日匡坐，同于泥塑。一旦有警则面面相觑，绝无人色"，① 实际上变成了脱离人的正常生活而扭曲僵化迂腐之人。另一方面，无数小人伪装成君子，在遵天理的口号之下行小人之行径。这根源于朱子设计的"存理灭欲"的应然状态与人之情欲的实然状态存在的巨大差距。

朱熹是宋代新儒学代表人物，理学集大成者，但也备受争议和批判，甚至谩骂，被认为是"封建卫道士""历史的罪人"等。对历史人物的评价不能抽象化或者站在今时今日之基点去苛求，而要回到当时的具体情境中去分析和思考。在朱熹生活的时代，他的学说不但未受到重视，反而遭到排斥，被称为伪学，他被称为伪师，学生被称为伪徒。朱熹为了矫正时弊，提出了自己的学说，是人类探索自身、宇宙的一次尝试，至于这种学说后来成为封建制度的官方正统的意识形态，已不是朱熹能掌控的事情，但也不能否认他以"天理"论为核心的道德教育理论，确实埋下了压抑人性的伏笔。回到现实，朱熹很多道德教育思想今天仍然有借鉴意义，如道德修养的工夫论、道德教育的阶段论等，应批判地吸收朱熹的道德教育思想以推动今天的道德教育。

---

① 萧公权. 中国政治思想史 [M]. 北京：新星出版社，2005；378.

第六论　陆九渊道德教育思想

陆九渊（1139—1193），字子静，号存斋，抚州金溪（今江西省金溪县）人，南宋时期思想家、教育家、宋明"心学"的开创者。因在外形如象的贵溪龙虎山建茅舍聚徒讲学，故自号象山翁，世称象山先生、陆象山。在他生前身后，世人对"心学"的解读久盛不衰，常说常新。他的心学，虽然涉及哲学、政治、道德和教育等诸多领域，但其核心还在于道德教育。正确解读陆九渊的心学和道德教育思想，不仅有益于将优秀传统道德教育资源发扬光大，而且有益于推动开展道德教育。

一　陆九渊道德教育思想形成的条件

时代是思想之母。南宋内忧与外患两股强大的动力，推动着新思想的诞生。陆九渊以"发明本心"为宗旨的道德教育思想，是时代发展的产物，也是陆九渊个人努力的结果。南宋时期战乱不断，但经济、文化发展水平达到了中国封建社会的顶峰。把握这个时代的特殊性，有助于深化对陆九渊道德教育思想的认识。

（一）社会背景

南宋时期，对外矛盾异常尖锐，前期遭北方金国入侵骚扰，后期遭到元军侵略。南宋统治者以纳贡称臣等屈辱条件换来半壁江山的安宁。对内而言，土地兼并现象严重，贪官污吏横行，苛捐杂税繁重，地主和农民的矛盾和斗争激化，农民起义频发，直指封建朝廷。虽然南宋社会危机重重，战事不断，但南宋存在的一百多年，总体上还是处于相对稳定的状态，这就为经济的发展创造了条件。南宋时期的经济繁荣程度达到了我国封建社会的顶峰。农业生产力水平不断提高，商业和海外贸易发达。一方面，相对稳定的政治时局和经济水平的提高促进了思想文化的发展，另一方面，社会的危机和矛盾将社会变革提上日程。正是这种变革的呼声使得宋代思想学术界出现了改造儒学、发展新理论的活跃局面。宋代的士人们纷纷从不同的角度探索救国救民的路径。陆九渊以"发明本心"为宗旨的道德教育思想就是在这样的社会背景下应运而生的。由于陆九渊和朱熹属于同时代的思想家，对于南宋的社会背景前文已经论述，此处不再展开。

（二）理论渊源

对于象山思想的溯源问题，一直存在争议。《宋元学案》对不同地域学人学派作不同学案时，非常注重溯源辨流，我们可以从《宋元学案》中找到一些根据。全祖望在《宋元学案》卷五十八《象山学案·序》中云："祖望谨案，象山之学'先立乎其大者'，本乎孟子，足以砭末俗口耳支离之学。……程门谢上蔡以后，王信伯、林竹轩、张无垢至于林艾轩，皆其前茅，及象山而大成。"[①] 根据这一论述，可以看出陆九渊与孟子、二程及其弟子有着学术理路上的前后相继关系。学术界也有陆学为禅学的说法，尤其以朱熹为首，他说："如陆氏之学，则在近年以中浮浅颇僻议论中，固自卓然非其俦匹……但宗旨本自禅学中来，不可掩讳。"[②] 由此可见，象山思想的渊源比较复杂，下面从象山思想对孟子、二程和禅学三个方面思想的继承与发展展开论述。

1. 对孟子思想的继承与发展

当被问到师承何处时，陆九渊回答"因读孟子而自得之于心也"[③]。他认为自己是孟子以来儒学正统的传人："窃不自揆，区区之学，自谓孟子之后至是而始一明也。"[④] 明代王阳明也认为："陆氏之学，孟氏之学也。"[⑤] 牟宗三评论说："试观象山论学书札，其所征引全是《孟子》语

---

① 黄宗羲．宋元学案：第 3 册［M］．杭州：浙江古籍出版社，2012：37.
② 郭齐，尹波，点校．朱熹集［M］．成都：四川教育出版社，1996：3306.
③ 陆九渊．陆九渊集［M］．钟哲，点校．北京：中华书局，2020：538.
④ 陆九渊．陆九渊集［M］．钟哲，点校．北京：中华书局，2020：152.
⑤ 王守仁．王阳明全集（上）［M］．吴光，等，编校．上海：上海古籍出版社，2012：207.

句，其全幅生命几全是一孟子生命。其读《孟子》之熟，可谓已到深造自得，左右逢源之境。孟子后真了解孟子者，象山第一人。"①

陆九渊以思孟儒学后承者自居，确实有他的根据。第一，陆学所讲的"本心"是对孟子"四心""四端"的继承与发展。陆九渊的学生杨简问他："'如何是本心？'答：'恻隐，仁之端也，羞恶，义之端也，辞让，礼之端也，是非，智之端也。此即是本心。'"② 孟子的"四心"主要指人内在的道德性，陆九渊强调"心即理"，"本心"不仅指人内在的道德性，还蕴含着世间之"理"，扩充了孟子"四心"范围。第二，以孟子的"性善论"为基础提出"心善论"。陆九渊把孟子的性善论引入他的心学体系，把"性"等同于"心"，"性善"就是"心善"，他认为"四端"只是人心的最基本存在，是善萌芽的根源。"孟子就四端上指示人，岂是人心只有这四端而已？"③ 第三，继承孟子"存心、养心、求放心"方法论，将其发展为"发明本心、存心去欲、剥落"的修养工夫论。孟子强调"求放心"，"求放心"即是通过后天教育不断扩充心中固有的"善"。陆九渊提出的"立志""辨志""易简工夫""剥落"等方法都是为了"发明本心"，扩充"本心"，是对孟子"存心、养心、求放心"的具体解读。第四，在义利关系上深受孟子思想的影响。孟子说："由仁义行，非行仁义"。④ 意思是说，不是把行仁义当作任务或是责任，而是由仁义去行，行仁义是发自内心自然的本来的愿望。陆九渊继承了这一思想："某观人不在言行上，不在功过上，直截是雕出心肝。"⑤ 他认为观察一个人不是看他的言行也不是看他的功过，而是看他的心，也就是内在动机。如果动机（或者说心）是名声、利益等外在的东西或是责任、义务等，那么即使人在"行"仁义道德，也不被认为是道德的。

2. 对程门理论的承袭与扬弃

对于陆学与程门理论的源流问题，学术界存在争议。笔者从三个方面

---

① 牟宗三. 从陆象山到刘蕺山［M］. 上海：上海古籍出版社，2001：101.
② 陆九渊. 陆九渊集［M］. 锺哲，点校. 北京：中华书局，2020：555.
③ 陆九渊. 陆九渊集［M］. 锺哲，点校. 北京：中华书局，2020：487.
④ 杨伯峻. 孟子译注［M］. 北京：中华书局. 2016：209.
⑤ 陆九渊. 陆九渊集［M］. 锺哲，点校. 北京：中华书局，2020：533.

尝试阐释。首先,陆九渊继承发展了程颢"心是理,理是心"① 的思想。程颢重内心体验而治理学,提出"心是理,理是心"的思想。程颢思想继承人张九成的思想即以"心即理"为本质内容。陆九渊承接了程门的心理同一观点,提出了"心即理"思想。其次,陆九渊扬弃了二程关于天人关系的理论。二程在论述天人关系时认为天理和人是不可等同的,天理具有绝对性和超越性,是统摄人和物的,天理为形而上的"道",人和物是形而下的"器"。陆九渊认同二程天理概念,但他认为,如果把"人"和"天"割裂开来看待,就会产生矛盾冲突。陆九渊扬弃了二程天人对立的思想,用"心即理"的命题,阐释了"天理"和"人道"可以相通的道理,重构了天人关系。人的生命就其本质而言是与宇宙的本质、与天理同一的存在,故陆九渊曰"天地人之才等耳"。② "儒者以人生天地之间,灵于万物,贵于万物,与天地并而为三极。"③ 这里,他把形而下之"器"的人提到与形而上之"道"的天理并立的位置,人的地位大大上升。"心即理"的命题的提出,实现了从天人对立到"天人合一"的转变,从此,"天理"和"人道"就紧密联系在一起了。最后,陆九渊发展了二程向心内求索的为学方法。二程在为学中,提倡"心勿忘""不须防检,不须求索",主张向内检索内心。陆九渊发展了这一方法,提出了"发明本心"的工夫论,如"易简工夫""剥落""减担""顿悟教学法"等。

3. 对禅学的吸收与借鉴

自陆学诞生以来,学术界即有陆学为禅学的说法,尤以朱熹为首,朱熹讥他为"狂禅",说:"如陆氏之学,则在近年以中浮浅颇僻议论中,固自卓然非其俦匹……但宗旨本自禅学中来,不可掩讳。"④ 陆九渊弟子吴君玉曾言:"天下皆说先生是禅学,独某见得先生是圣学。"⑤ 由此可见,把陆学当作禅学已成为当时学术界的共识。对此,陆九渊极力辩解,并从本质上对禅学和儒学做了区别和说明。他认为佛学终极目标在于"解脱",

---

① 程颢,程颐.二程集 [M].王孝鱼,点校.北京:中华书局,1981:139.
② 陆九渊.陆九渊集 [M].锺哲,点校.北京:中华书局,2020:530.
③ 陆九渊.陆九渊集 [M].锺哲,点校.北京:中华书局,2020:20.
④ 郭齐,尹波点校.朱熹集 [M].成都:四川教育出版社,1996:3306.
⑤ 陆九渊.陆九渊集 [M].锺哲,点校.北京:中华书局,2020:489.

摆脱痛苦，不再执着于尘世，是悟"空"，而儒学的目的在做人，实现人生价值，"做一个大人"，成圣成贤，是悟"有"。两宋理学时期，禅学盛行，学者思想上或多或少都会受到禅学思想的影响。对于这种现象，陆九渊也曾说道："道之不明不行，佛老之徒遍天下，其说皆足以动人，士大夫鲜不溺焉。"① 陆学在基本立场、价值取向等方面与禅学有极大不同，甚至是对立的，但在"心""理"关系、修养方法等方面仍然受到禅学思想的影响。从"心""理"关系看，陆学最核心思想"心即理"，与唐朝大照和尚曾说的"心是理，则是心外无理，理外无心"相似，前者强调心的作用，后者强调修行的"物我同一"境界。陆学中"宇宙便是吾心，吾心即是宇宙"与禅学"即心是佛""我心即河山也"有相通之处。陆学对"心"和"理"关系的论证过程也与禅学"佛"与"心"类似。禅宗本体论是"佛"与"心"的理论构建，"佛"是宇宙本体，"佛"塞宇宙，佛又在人们心中。陆学本体论是"心""理"关系建构，"理"塞宇宙，"理"又在人们心中，"心即理"。禅宗认为人"心"被世俗欲望蒙蔽，需要以佛法引导，从心中去找佛法本性来恢复本心。陆九渊认为通过易简工夫，"剥落"去除心弊，向自己的内心求索，发明本心，就可知天下之"理"。二者在论证方式上相似，但本质上是不同的。从修养方法上看，陆学"反思自得""反身而求"的易简工夫与禅学的"明心见性""顿悟成佛"的修身方法类似。六祖惠能曰："不识本心，学法无益。若识自本心，见自本性。"② "……一闻言下便悟，顿见真如本性……令学者顿悟菩提，各自观心，见自本性。"③ 陆九渊在阐发"发明本心"的时说："义理之在人心，实天之所与，而不可泯灭焉者也……诚能反而思之，则是非取舍盖有隐然而动，判然而明，决然而无疑者矣。"④ 天理非外铄，是人心中固有的，经由反思，判然而明。陆九渊教导杨简时不说破，用"断扇讼"启悟其"本心"。唐君毅曾说："此不说破者，即要人自悟者。然儒家亦有要人

① 陆九渊. 陆九渊集 [M]. 锺哲，点校. 北京：中华书局，2020：48.
② 惠能. 坛经 [M]. 郭鹏，校释. 北京：中华书局，2012：18.
③ 陈秋平，尚荣，译注. 金刚经·心经·坛经 [M]. 北京：中华书局，2016：215.
④ 陆九渊. 陆九渊集 [M]. 锺哲，点校. 北京：中华书局，2020：434.

自悟者，如此所悟与禅所悟不同，则不必是禅。"① 陆学和禅学都主张
"悟"，方法形式上相同，但"悟"的内容和本质是不同的。陆学对禅学在
论证过程、修养方法上有借鉴，但本质上完全不同，禅学是"遗物理"
"弃人事"的"出世"之学，陆学是肯定道德伦理、治国安民的"人世"
之学，所以说陆学不是禅学，但禅学对陆学有影响。

（三）个人经历

陆九渊道德教育思想的形成与他的家庭、人生际遇和个人的勤奋努力
紧密相关。深厚的家学传统、严谨务实的家风，为他的道德教育思想的形
成创造了良好的家庭氛围。个人勤奋努力，为他的道德教育思想的形成提
供了主观条件。长期的书院讲学活动为他的道德教育思想的形成提供了客
观条件和实践基础。

1. 少时求学

陆九渊出生在一个典型的宗法制大家庭，出生时家道中落，全家以经
营药店和农业为生。其父治家严谨务实，共有六个儿子，陆九渊最小。大
哥陆九思，曾乡试中举，主持家政；二哥陆九叙，善于治生，经营药店；
三哥陆九皋，乡举后授修职郎，称"庸斋先生"，从教私塾，"率其弟九
韶、九龄、九渊，相与讲论圣道"②；四哥陆九韶，学识渊博，精通易理，
又被世人称梭山先生；五哥陆九龄，中进士，曾任桂阳军、全州教授，世
称复斋先生，与陆九渊相为师友。《宋元学案》中全祖望曾说："三陆之
学，梭山启之，复斋昌之，象山成之。"③ 在这样的环境中生长生活，兄长
们在学术、家事与政治上的事迹和行为必然对陆九渊学术思想产生重要影
响。陆九渊自幼天资聪颖，好学多思，从小以父兄为师友，对诗书经史从
小耳濡目染。《年谱》记载，"先生三岁，幼不戏弄""四岁静重如大人"。
四岁时居然向父亲请教"天地何所穷际"的宏大宇宙论问题，没有得到答
案，竟然自己思索到废寝忘食的地步。八岁时已熟背《论语》，十三岁能

---

① 唐君毅. 中国哲学原论·原教篇 [M]. 北京：九州出版社，2021：199.
② 陆九渊. 陆九渊集 [M]. 锺哲，点校. 北京：中华书局，2020：597.
③ 黄宗羲. 宋元学案：第 3 册 [M]. 杭州：浙江古籍出版社，2012：37. 北京：中华书局，2013：1495.

注解《周易》。据记载，陆九渊在读到古籍对宇宙二字的注解时，心中有所感悟，幼年时的疑惑得以解答，提出了"宇宙便是吾心，吾心即是宇宙"① 的看法，他的心学思想体系由此发轫。陆九渊在自己勤奋学习的同时，四处拜访名师，求学论道。允怀和尚教陆九渊听佛经、悟佛理，许忻、张禹锡给予他启发。这种"学无常师却有师"的求学之路造就了陆九渊心学的包容性和开放性。

2. 中年为官

陆九渊于二十四岁和三十三岁两度中乡举。乾道八年（1172 年），三十四岁的陆九渊被赐同进士出身。此后，历任隆兴府靖安县（今江西省靖安县）主簿，建宁府崇安县（今福建省武夷山市）主簿、国子正，官至奉议郎知荆门军事。他在断断续续的官宦生涯中，运用他的学识和才能，提出自己的治国之策。淳熙十三年（1186 年），陆九渊在朝中提出任贤、使能、赏功、罚罪是医国"四君子汤"，得到孝宗赞许。绍熙二年（1191年）陆九渊受命赴任荆门知军，在任一年三个月的时间里，"除弊风、罢三引、蠲铜钱、建保伍、重法制、严边防、堵北泄、勤视农"，创下了著名的荆门八政。当时监狱里竟没有一个因犯，受到当地人的赞许。丞相周必大在给傅子渊的书信中说"荆门之政，于以验躬行之效"。② 他最终壮志未酬，病逝在荆门任上。他逝世后，许多人扶着他的灵柩痛哭，以致街道堵塞不通。

3. 一生讲学

陆九渊一生的主要活动，不在于仕途，而在于研究和讲学，他一生以讲学为乐趣，无论是在做官途中还是在深山静修，从未中断讲学，其思想在讲学过程中形成完善。乾道八年（1172 年），陆九渊在行都临安参加完殿试即讲学四十余天，后称"行都讲学"。"富阳讲学"收获弟子杨简。中进士后在家等朝廷任命期间，与兄弟们讲学传道解惑，开始"槐堂讲学"。在此期间，陆九渊主要讲"立志""辨志"的内容，"槐堂讲学"标志着陆九渊道德教育思想的形成。淳熙八年（1181 年），朱熹邀请陆九渊到白

① 陆九渊. 陆九渊集 ［M］. 锺哲，点校. 北京：中华书局，2020：551.
② 陆九渊. 陆九渊集 ［M］. 锺哲，点校. 北京：中华书局，2020：454.

鹿洞书院登坛讲学，即"白鹿洞讲学"。陆九渊以"君子喻于义，小人喻于利"为题发表演讲，他直抒见解，旁征博引，听讲诸生感动流涕，成为中国书院史上最有名的演讲。淳熙九年（1182年），陆九渊被授予国子正的实职，开始了五年"国子正"讲学。淳熙十三年（1186年），陆九渊辞去官职，回到乡里讲学，"既归，学者辐辏。时乡曲长老，亦俯首听诲。每诣城邑，环坐率二三百人，至不能容，徙寺观"。① 淳熙十四年（1187年），建精舍，后称象山书院，开始"象山讲学"，其道德教育思想也在此形成完整的体系。最后的"荆门讲学"是陆九渊在荆门为官期间进行的，在此期间他提出君王的"中道""五福""心正"等思想，由此把心学从理论上升到实践领域。这些讲学片段，勾勒了陆九渊一生潜心讲学的经历。1217年，因其学术成果显著，皇帝赐谥号"文安"。

二 陆九渊道德教育思想的理论体系

陆九渊一生致力于讲学，在长期丰富的教学实践活动中，以"心即理"为理论基础，以"做人"为目标，通过"易简工夫""发明本心"，形成了自己的道德教育理论体系。长期以来，陆九渊道德教育思想中那些带有普遍意义以及有现实价值的东西被遮蔽了，在新时代，挖掘陆九渊道德教育思想精华，并在一定原则基础上对其进行创造性转化、创新性发展，具有重要的理论和现实意义。

（一）理论基础

宋明理学各家各派中都有一个核心概念，在程朱那里是"理"，在周敦颐那里是"无极"，在邵雍那里是"太极"，在张载那里是"气"，而在陆九渊这里则是"心"。陆九渊的道德教育思想体系的核心命题是"心即理"，所有的论述都围绕着"心"这个主体而展开，心包容"道"，内涵"理"。"心即理"是陆九渊的道德教育思想体系的哲学基础，为其提供了本体论依据。陆九渊继承孟子的"四心说""性善论"，认为本心至善，但

---

① 陆九渊.陆九渊集［M］.锺哲，点校.北京：中华书局，2020：567.

心之灵易受声、色、货、利引诱而产生邪念，因此道德教育实有必要，这是陆九渊的道德教育思想的逻辑起点。

1. 哲学依据："心即理"

陆九渊是心学开创者，"心"是陆九渊道德教育思想的核心概念和基本范畴。"心即理"命题的提出把客体之"理"从外在世界拉回到主体之心中，并让它消融在主体之"心"中，实现了主体之"心"和客体之"理"的浑然一体，明确了人作为道德实践主体的不可回避性。搞清楚"心即理"命题的内涵对于理解陆九渊道德教育思想具有举足轻重的意义。

（1）"心"

"心"是陆学中最基本也是最高的范畴。陆九渊对于"心"内涵和功能有诸多论述。第一，"心"是人区别于万物的思维器官。"人非木石，安得无心？心于五官最尊大。"① 第二，"心"有善恶。他在《与李宰》一文中说道："心当论邪正，不可无也。"② 心只能论"邪"与"正"，不可说有无。第三，"心"能思。"心之官则思，思则得之，不思则不得也。"③ 第四，"心"是天赋予人的道德"本心"。"本心"这个概念，是陆九渊思想最富特色的地方，他的为学宗旨和基本精神都围绕"本心"展开。欲理解陆学的根本精神，识其"本心"最为关键。

"本心"这个词在孟子学说里曾出现，《孟子·告子上》曾指责贪得无厌之人说："是亦不可以已乎？此之谓失其本心。"④ 孟子没有正面讨论什么是"本心"，而是说"失其本心"。"失其本心"应是失其初心的意思，"本心"即指心的本初原始状态，朱子将之解释为"羞恶之心"⑤。可见，"本心"在孟子那里还不是一个独立的哲学概念。陆九渊发展了孟子思想，将孟子的语录重新编排串联，正面论述了"本心"的概念，他说："孟子曰'所不虑而知者，其良知也。所不学而能者，其良能也。'此天之所与我者，我固有之，非由外铄我也。故曰：'万物皆备于我矣，反身而诚，

---

①　陆九渊.陆九渊集［M］.锺哲，点校.北京：中华书局，2020：169.
②　陆九渊.陆九渊集［M］.锺哲，点校.北京：中华书局，2020：169.
③　陆九渊.陆九渊集［M］.锺哲，点校.北京：中华书局，2020：169.
④　杨伯峻，孟子译注［M］.北京：中华书局，2016：294.
⑤　朱熹.四书集注［M］.长沙：岳麓书社，1995：356.

乐莫大焉.'此吾之本心也。"① 对于"本心"的内涵,可以从下面几个方面理解。第一,"本心"是"仁义"道德。"道塞宇宙,非有所隐遁,在天曰阴阳,在地曰柔刚,在人曰仁义。故仁义者,人之本心也。"② 陆九渊直接宣称"仁义"就是"本心"。"仁义"作为道德属性,不仅是"仁""义"的问题,而且内含着人的"五常之德"。第二,"本心"是天赋予人类的,是人与生俱来固有的。"吾所谓心,天之所予我者也",③ "非由外铄我也"。第三,"本心"是至善的。在陆九渊看来,本心即孟子所谓"不虑而知""不学而能"的"良知""良能",是先天完满自足的。第四,"本心"是人类的普遍共性。"心只是一个心。某之心,吾友之心,上而千百载圣贤之心,下而千百载复有一圣贤,其心亦只如此。"④ "本心"是就人类的类本质而言的人人具有的普遍之心,本心并不会因为个体的差异、环境的变化而有所不同。不论圣凡、智愚,"本心"都内在其身,只有彰与不彰的问题,而没有加损的问题。第五,"本心"让人具备顷刻之间的判别能力。"念虑之正不正,在顷刻之间。念虑之不正者,顷刻而知之,即可以正。念虑之正者,顷刻而失之,即是不正。此事皆在其心。"⑤ 对于这种顷刻之间的判别力,有几个实例可以证明。其中之一是说陆九渊坐在那里,他的学生詹阜民陪他坐着,陆九渊突然站了起来,詹阜民也跟着站了起来,陆九渊对詹阜民说"还用按排否",⑥ 以此来说明本心乃人生而有之,并具备自我触发的能力。⑦ 有人认为这是一种禅家机锋式的启发,陆九渊用此来证明本心之先在。对于"本心",陆九渊有时也用"存心""是心""此心""人心""常心""公心""赤子之心"等来表达。

---

① 陆九渊. 陆九渊集 [M]. 锺哲,点校. 北京:中华书局,2020:5.
② 陆九渊. 陆九渊集 [M]. 锺哲,点校. 北京:中华书局,2020:10.
③ 陆九渊. 陆九渊集 [M]. 锺哲,点校. 北京:中华书局,2020:283.
④ 陆九渊. 陆九渊集 [M]. 锺哲,点校. 北京:中华书局,2020:511.
⑤ 陆九渊. 陆九渊集 [M]. 锺哲,点校. 北京:中华书局,2020:309.
⑥ 陆九渊. 陆九渊集 [M]. 锺哲,点校. 北京:中华书局,2020:537.
⑦ 另一案例为杨简问本心,陆对之以孟子四端,杨认为未得究竟义。陆以杨简所办之"买扇"案,说断讼时,是者知其为是,非者知其为非,杨简大觉。见陆九渊. 陆九渊集 [M]. 锺哲,点校. 北京:中华书局,2020:555-556。此种描述方式亦颇具禅宗公案之特点。

（2）"理"

"理"是陆学的一个重要范畴，是沟通主体之"心"与客观世界、社会人伦的桥梁和纽带。"理"有多重含义。第一，"理"是宇宙万物的最高原则和普遍规律。"此理在宇宙间，未尝有所隐遁。天地之所以为天地者，顺此理而无私焉耳。人与天地并立而为三极，安得自私而不顺此理哉？"① 天地人均须遵循此"理"。"此理塞宇宙，谁能逃之，顺之则吉，逆之则凶。"② "理"是宇宙间的最高原则，具有必然的决定性。"理"是普遍的，体现在宇宙万物运动的规律和秩序中。"天覆地载，春生夏长，秋敛冬肃，俱此理。"③ "古所谓宪章、法度、典则者，皆此理也。"④ 第二，"理"是仁义道德。"道塞宇宙，非有所隐遁，在天曰阴阳，在地曰刚柔，在人曰仁义。故仁义者，人之本心也。"⑤ 在陆九渊这里，"道"和"理"异名而同实，"道者，天下万世之公理"，⑥ 故"理塞宇宙"亦可称"道塞宇宙"。"爱其亲者，此理也；敬其兄者，此理也……可羞之事则羞之，可恶之事则恶之者，此理也；是知其为是，非知其为非，此理也；宜辞而辞，宜逊而逊者，此理也；敬此理也，义亦此理也；内此理也，外亦此理也。"⑦ 由此可见，仁义礼智、爱亲敬兄等道德观念，知善知恶、是非曲直等伦理道德判断能力都是"理"的内容。第三，"理"是客观的。"理"客观存在，不以人的意志为转移，并非出于人类的臆想。"此理塞宇宙，如何由人杜撰得？"⑧ "此理在宇宙间，固不以人之明不明、行不行而加损。"⑨ 第四，"理"是唯一且无限的。"天下事事物物只有一理，无有二理"，⑩ "乾坤同

① 陆九渊. 陆九渊集［M］. 锺哲，点校. 北京：中华书局，2020：161.
② 陆九渊. 陆九渊集［M］. 锺哲，点校. 北京：中华书局，2020：551.
③ 陆九渊. 陆九渊集［M］. 锺哲，点校. 北京：中华书局，2020：517.
④ 陆九渊. 陆九渊集［M］. 锺哲，点校. 北京：中华书局，2020：268.
⑤ 陆九渊. 陆九渊集［M］. 锺哲，点校. 北京：中华书局，2020：10.
⑥ 陆九渊. 陆九渊集［M］. 锺哲，点校. 北京：中华书局，2020：302.
⑦ 陆九渊. 陆九渊集［M］. 锺哲，点校. 北京：中华书局，2020：5.
⑧ 陆九渊. 陆九渊集［M］. 锺哲，点校. 北京：中华书局，2020：527.
⑨ 陆九渊. 陆九渊集［M］. 锺哲，点校. 北京：中华书局，2020：30.
⑩ 陆九渊. 陆九渊集［M］. 锺哲，点校. 北京：中华书局，2020：519.

一理也"，① "尧舜同一理也。"② "此理之大，岂有限量？"③ "理"是唯一的，具有时间的永恒性和空间的无限性。第五，"理"是实理。陆九渊认为，"理"是"实理"，并不空灵虚幻，就在人伦日用之间，"天秩、天叙、天命、天讨，皆是实理"。④ 他解释说："五典乃天叙，五礼乃天秩，五服所彰乃天命，五刑所用乃天讨。"⑤⑥ "宇宙间自有实理，所贵乎学者，为能明此理耳。此理苟明，则自有实行，有实事。"⑦ 明实理是有实行实事的前提，要践实行，做实事，首先就要明实理。

综上所述，陆九渊之"理"内涵丰富，但没有给"理"确定一个形而上或是形而下的性质，没有回答世界的本原问题。正是基于此，有学者认为，"象山不再关心宇宙本原或宇宙生成这样无限性的问题"。⑧ 他关心的是"做人"问题，特别是生命的存在价值和意义及其修养工夫的问题。

（3）"心即理"

由上面"心"与"理"的分析可知，"心"与"理"有相通之处。陆九渊在继承前人的基础上，提出了具有创造性的命题"心即理"，"人皆有是心，心皆具是理，心即理也"⑨。在陆九渊的思想里"心即理"命题有三层含义。第一，心具理或心包理。这个层面与程朱正统理学家所主张的"心与理一"类似。陆九渊说："此理甚明，具在人心。"⑩ 这里陆九渊所讲"心"是指个体实然之心，包含正邪两种状态。"正心"是纯然至善的本心。"邪心"是指"有所蒙蔽，有所移夺，有所陷溺"⑪ 的个体之心。

---

① 陆九渊.陆九渊集［M］.锺哲，点校.北京：中华书局，2020：183.
② 陆九渊.陆九渊集［M］.锺哲，点校.北京：中华书局，2020：183.
③ 陆九渊.陆九渊集［M］.锺哲，点校.北京：中华书局，2020：183.
④ 陆九渊.陆九渊集［M］.锺哲，点校.北京：中华书局，2020：531.
⑤ 陆九渊.陆九渊集［M］.锺哲，点校.北京：中华书局，2020：183.
⑥ 所谓的"天叙"是指父义、母慈、兄友、弟恭、子孝等五常之教；"天秩"是指公、侯、伯、子、男五等爵制；"天命"是指区别天子、诸侯、卿、大夫、士的标志；"天讨"是指墨、劓、剕、宫、大辟等刑罚制度。
⑦ 陆九渊.陆九渊集［M］.锺哲，点校.北京：中华书局，2020：207.
⑧ 参见彭永捷.朱陆之辩——朱熹陆九渊哲学比较研究［M］.北京：人民出版社，2002：103.
⑨ 陆九渊.陆九渊集［M］.锺哲，点校.北京：中华书局，2020：169.
⑩ 陆九渊.陆九渊集［M］.锺哲，点校.北京：中华书局，2020：7.
⑪ 陆九渊.陆九渊集［M］.锺哲，点校.北京：中华书局，2020：169.

不管个体之心处于何种状态，理都具心中。即使有蒙蔽、陷溺，理仍在心中，只要通过"正心"的工夫，发明"本心"，便能恢复至善之心。第二，心与理同。"盖心，一心也，理，一理也，至当归一，精义无二，此心此理，实不容有二。故夫子曰：'吾道一以贯之。'"① 主体之"心"和客体之"理"浑然一体，没有界限，主体之心就是本体之理。对理的主观化与心的客观化，使道德主体与本体合一。此处之"心"是指"无声无臭，无形无体"的道德之心或义理之心，是指本心。陆九渊"心即理"命题大多数情况下在这个层面使用。第三，心发而为理。"万物森然于方寸之间，满心而发，充塞宇宙，无非此理。"② 世间万事万物，无不由心而发。理在心中，向外发用体现为理。这里特别重要的是，虽然心发而为理，但理并不是为心所造作的，理是客观的，不以人的意志为转移。陈来对此有详细的论述："陆九渊承认宇宙之理的客观性，承认宇宙之理的客观存在不受人的思维和行为的影响。……陆九渊也承认理具有普遍必然性。人与天地万物都不能逃避理的制约……陆九渊并不认为天地之理是人心所生。……理的客观性、必然性、普遍性、可知性是陆九渊所不否认的。"③ "心即理""心具理"，心与理同，但"心"与"理"的位置在陆九渊看来不是同等的，"心"的地位是最根本的，他把"理"放置在人的心中，肯定"心"对"理"的优先地位，通过"心"来统摄"理"，"理之所在，故不外乎人（心）也"。④

　　仔细推敲"心即理"命题的三层含义，可以发现"心即理"命题包含理向心内化和心外化为理两个相互关联的过程。陆九渊认为如果只是向外求索，到死也会感到扰攘纷乱，只有收拾精神向内，自作主宰，才能实现"万物皆备于我"的精神自足与完满。"收得精神在内时，当恻隐即恻隐，当羞恶即羞恶。"⑤ 心通过外化而显现理的过程其实就是道德践履的过程。

　　陆九渊"心即理"命题一方面以理向心的内化而达到理与心的融合，

①　陆九渊．陆九渊集［M］．锺哲，点校．北京：中华书局，2020：5.
②　陆九渊．陆九渊集［M］．锺哲，点校．北京：中华书局，2020：487.
③　陈来．宋明理学［M］．北京：生活·读书·新知三联书店，2011：213.
④　陆九渊．陆九渊集［M］．锺哲，点校．北京：中华书局，2020：437.
⑤　陆九渊．陆九渊集［M］．锺哲，点校．北京：中华书局，2020：520.

使主体之心获得客观性的内容，从而把它从纯粹的主观性、片面性中解放出来。如果它仅仅停留在主观意志层面，"那简直就是处于转向作恶的待发点上的东西"①。陆九渊将主观之心注入客观的内容，把内在于主体的个体意识与外在的普遍的客观之理统一起来。② 这一命题把朱熹悬在虚无缥缈的超人世界中的"理"放置在人"心"中，凸显了人在宇宙、社会中的价值和意义，高扬人的主动性，使理落到实处，有了"心"的现实的依附。另一方面，内化于心的理又通过心的外发而显现，使主体的道德意识在道德实践中获取一般规范的客观形式。"心即理"命题实际解决的是道德的主体性与规范性的统一问题，其关键在于回答二者统一的基础的问题，即道德实践。理作为普遍的规范，总是表现为外在于个体存在的要求和标准。只有在道德实践过程中，道德个体在价值认同的共通性上，确立普遍之理的有效性，把它作为内心追求的价值目标，落实在行动之中，才能实现二者的统一。道德实践是落实"心即理"命题的重要一环。理内融于心，心外发为理，此即"心即理"。"心即理"命题的提出是一种直指心灵的伦理道德探问，具有很明确的现实关怀取向。

"心即理"命题中的"心具理"，理内化于心，是如何实现的呢？在陆九渊看来，这是天的作用，是天把客观之理赋予个体之心的。"义理之在人心，实天之所与而不可泯灭焉者也。"这里可以看出陆学中"天"的存在和最高位置，以天来保证心之理。侯外庐认为陆九渊的心理合一、同一论证是对儒家传统的"天人合一"观念的继承和发展。③ 蒙培元说："'心理合一'表现了理学'性而上学'的特点，是中国传统'天人合一论'的真正完成。"④

2. 逻辑起点：心性论

人性论所要解决的是人性善恶问题，是讨论人的本性是善还是恶、人的善恶来自何处、人如何才能从善弃恶等问题的。陆九渊非常重视这些问题，提出了自己独到的见解。

---

① 黑格尔. 法哲学原理 [M]. 范扬, 张企泰, 译. 北京: 商务印书馆, 1961: 143.
② 参见吴凡明. 陆九渊 "心即理" 思想的道德哲学意义 [J]. 江西社会科学, 2009, (12): 47.
③ 侯外庐, 等. 宋明理学史 [M]. 北京: 人民出版社, 1984: 562.
④ 蒙培元. 理学范畴系统 [M]. 北京: 人民出版社, 1998: 423.

（1）本心至善

陆九渊对人性谈得比较少，他的著作中没有专门讨论人性的部分。在人性问题上他继承了孟子性善论，把性善论置入他的"本心"中来进行解释，因而在他的文本中"性"与"心"常混用。孟子在论述人性善时阐述道："今人乍见孺子将入于井。皆有怵惕恻隐之心……由是观之。无恻隐之心。非人也。无羞恶之心非人也。无辞让之心。非人也。无是非之心。非人也。恻隐之心仁之端也。羞恶之心。义之端也。辞让之心。礼之端也。是非之心。智之端也。人之有是四端也。犹其有四体也。"① 陆九渊以此为基础，引其入"本心"。"孟子当来，只是发出人有四端，以明人性之善，不可自暴自弃。苟此心之存，则此理自明，当恻隐处自恻隐，当羞恶，当辞逊，是非在前，自能辨之。"② 他认为"本心"是人本来就有、不假外求的至善之心。"尽人受天地之中以生，其本心无有不善，吾未尝不以其本心望之，乃孟子'人皆可以为尧舜'，'齐王可以保民'之义。"③ 对于很少谈及性的原因，陆九渊有自己的解释。第一，鉴于"古之性说约，而性之存焉者类多；后之性说费，而性之存焉者类寡"的情况，他强调要以"笃敬之心，践履之实"④ 来论性，否则，还不如不论性。第二，陆九渊认为："在天者为性，在人者为心。"⑤ 在天者顺应即可，人不会有很大的作为，所以少谈性；在人者人大有作为，所以多谈心。第三，陆九渊的"心"的内涵很丰富，有些已包含"性"的内容。人心本善，善是与生俱来的。

（2）恶自偏失

人心本善，那么恶来自何处呢？陆九渊认为，人之所以分为善与恶，原因有二。"人之所以病道者：一资禀，二渐习。"⑥ 陆九渊把不能体认本心认为是"有病"。"资禀"不是智愚。智愚并非与善恶对应，愚者可能

① 杨伯峻. 孟子译注［M］. 北京：中华书局，2016：84.
② 陆九渊. 陆九渊集［M］. 锺哲，点校. 北京：中华书局，2020：458.
③ 陆九渊. 陆九渊集［M］. 锺哲，点校. 北京：中华书局，2020：174.
④ 陆九渊. 陆九渊集［M］. 锺哲，点校. 北京：中华书局，2020：402.
⑤ 陆九渊. 陆九渊集［M］. 锺哲，点校. 北京：中华书局，2020：511.
⑥ 陆九渊. 陆九渊集［M］. 锺哲，点校. 北京：中华书局，2020：515.

"耳目聪明，心意慧巧"，智者贤者可能"智虑短浅，精神昏昧"①。所谓"资禀"主要是指禀道之"多寡"。"人之得于道者，有多寡久暂之殊，而长短之代胜，得失之互居，此小大广狭浅深高卑优劣之所从分，而流辈等级之所由辨也。"② 他用比喻来说明禀道之"多寡"的问题："道譬则水，人之于道，譬则蹄涔、污沱、百川、江海也。海至大矣，而四海之广狭深浅，不必齐也。"③ "资禀"并没有说清恶的来源，所以他继续用"渐习"来阐释。所谓"渐习"就是说人受环境的熏染迷失了自己的本心。世俗之人为世风所驱使，沉溺于"声色臭味""富贵利达""文章技艺"，从而放逐了自己的本心。"声色""富贵""文章"都是人的欲望，陆九渊重点阐述了欲望对人心的戕害。"夫所以害吾心者何也？欲也。"④ "耳目之官不思而蔽于物，流浪展转，戕贼陷溺之端不可胜穷。最大害事……其实乃物欲之大者。"⑤ 他认为人之所以为恶，是由外物蒙蔽而失其本心："愚不肖者不及焉，则蔽于物欲而失其本心；贤者智者过之，则蔽于意见而失其本心。"⑥ 在此基础上，他进一步指出，愚者蔽于物欲，智者蔽于意见，本质是蔽于私意。"贤者智者之过失，亦未得其正。溺于声、色、货、利，狃于谲诈奸宄，牿于末节细行，流于高论浮说，其智愚贤不肖，固有间矣，若是心之未得其正，蔽于其私，而使此道之不明不行，则其为病一也。"⑦ 至此，他找到了人得"病""心未得其正"的根源——私欲。私与公、利与义相对，私意与利欲，是小体，不从其大体而从其小体，所以就变坏了，得"病"了。"私意与公理，利欲与道义，其势不两立。从其大体与从其小体，亦在人耳。"⑧ 由此去"病"的方法也不言自明了：追求公理与道义，从其大体。在陆九渊看来，人之为恶，"失其本心"的原因就是私欲。

---

① 陆九渊. 陆九渊集 [M]. 锺哲，点校. 北京：中华书局，2020：94.
② 陆九渊. 陆九渊集 [M]. 锺哲，点校. 北京：中华书局，2020：310.
③ 陆九渊. 陆九渊集 [M]. 锺哲，点校. 北京：中华书局，2020：313.
④ 陆九渊. 陆九渊集 [M]. 锺哲，点校. 北京：中华书局，2020：438.
⑤ 陆九渊. 陆九渊集 [M]. 锺哲，点校. 北京：中华书局，2020：78.
⑥ 陆九渊. 陆九渊集 [M]. 锺哲，点校. 北京：中华书局，2020：10.
⑦ 陆九渊. 陆九渊集 [M]. 锺哲，点校. 北京：中华书局，2020：169.
⑧ 陆九渊. 陆九渊集 [M]. 锺哲，点校. 北京：中华书局，2020：208.

经过层层分析，最后陆九渊得出结论："人性本善，其不善者迁于物也。"① "善却自本然，恶却是反了方有。"② 也就是说，善是人心所固有的，恶却是因为外物（物欲）而产生的，这就为道德教育提供了必要性和可能性。人得"病"，有恶，所以需要道德教育加以引导，使人复归"本心"；人性本善，所以道德教育引人向善就有了可能性。

（二）教育内容

陆九渊认为本心至善，恶自偏失，因而道德教育的任务就是"明理""立心"。而要"明理""立心"，就要求人们具备"仁""诚""中""自作主宰"这些基本的道德品质。

1. 仁

在陆九渊的思想里，"仁"这个概念，虽形式上并不如心、理等范畴重要，但仍有不可替代的地位。"仁"给陆九渊"心即理"的本体论注入了道德和情感的内涵，使他的道德教育思想得以丰富和完善起来。

"心""理""道"统一而为"仁"。在"仁"的问题上，陆九渊继承了孟子的思想，认为："仁，人心也，从心所欲不逾矩，此圣人之尽仁。"③ 孟子的仁即人心，故尽心实质上是尽仁。孔子说"从心所欲不逾矩"，就在于其心充实于仁，所以能从心所欲，行为却不会逾矩。陆九渊认为"尽心""尽为"是仁之写照，是否为"仁"的判断，就在于其为还是不为，尽心还是不尽心。在此基础上，陆九渊把"仁"与"心""理""道"联系起来："盖心，一心也；理，一理也。至当归一，精义无二，此心此理，实不容有二。故夫子曰：'吾道一以贯之。'孟子曰：'夫道一而已矣。'又曰：'道二，仁与不仁而已矣。'如是则为仁，反是则为不仁。仁即此心也，此理也。"④ "仁即此心此理"，而"道一以贯之"，"心""理""道""仁"四个范畴贯通了，"仁"的存在把普遍必然或超时空的"心""理"

---

① 陆九渊. 陆九渊集［M］. 锺哲，点校. 北京：中华书局，2020：480.
② 陆九渊. 陆九渊集［M］. 锺哲，点校. 北京：中华书局，2020：462.
③ 陆九渊. 陆九渊集［M］. 锺哲，点校. 北京：中华书局，2020：303.
④ 陆九渊. 陆九渊集［M］. 锺哲，点校. 北京：中华书局，2020：5.

"道"具体彰显为仁心的流淌，① 实现了哲学本体论与现实伦理道德的贯通，"仁"因此既具有道德形而上的本体意蕴，又体现为形而下的道德原则和规范。

在理论层面，陆九渊把"心""理""道""仁"四者统一，共同体现仁之本质。儒学之宗旨就在于践仁。陆九渊接续孟子，将孟子言仁义的安宅、正路与他所言本心和实理相连接，② 强调"实行"："言理则是实理，言事则是实事，德则实德，行则实行。"③ 在实践上陆九渊便由"仁心"而开出"仁政"，提出"民贵君轻""贵使民生""以仁变法"等政治主张，④ 勾勒出贵民爱民的仁政蓝图。"以禁民为非，去其不善不仁者，而成其善政仁化。"⑤ 陆九渊认为，唯有治人心、行仁道才是治国理政的根本所在。

2. 诚

"诚"是《中庸》的核心概念，作为伦理本体和道德本源的意蕴而提出。"诚者，天之道也；诚之者，人之道也。"⑥ "诚者，自成也；而道，自道也。诚者，物之始终，不诚无物。"⑦ "诚"既是天道，又是人道，自道自成，无须任何依托，贯穿于事物发展的始终。其实早在《孟子》中就出现过类似的说法："诚者，天之道也；思诚者，人之道也。"⑧ 陆九渊继承并发展了《孟子》《中庸》说法，以心来规定诚，把诚纳入心学体系之中。下面从"诚"的内涵、体用、实现路径分别论述。

第一，"诚"的内涵。陆九渊把"诚"与"心"联系起来，将客观之理的诚直接纳入主体之"心"，认为人之本心就是诚。他说："'万物皆备

---

① 向世陵. 陆九渊仁说的内涵与特质 [J]. 湖北大学学报（哲学社会科学版），2015，(06)：54.
② 向世陵. 陆九渊仁说的内涵与特质 [J]. 湖北大学学报（哲学社会科学版），2015，(06)：54.
③ 陆九渊. 陆九渊集 [M]. 锺哲，点校. 北京：中华书局，2020：6.
④ 崔罡，刘文鹏. "以心见仁"：陆九渊政治哲学思想初探 [J]. 东华理工大学学报（社会科学版），2020，(04)：309.
⑤ 陆九渊. 陆九渊集 [M]. 锺哲，点校. 北京：中华书局，2020：83.
⑥ 唐君毅. 中国哲学原论·原教篇 [M]. 北京：九州出版社，2021：478.
⑦ 颜培金，王谦，译注. 大学·中庸 [M]. 武汉：崇文书局，2023：117.
⑧ 杨伯峻. 孟子译注 [M]. 北京：中华书局，2016：214.

于我矣，反身而诚，乐莫大焉。'此吾之本心也。"① 心与诚实现了同步，"意诚则心自正，必然之事，非强致也。"② "意诚则心自正"，这是自然之事，必然之事，是主体内心的道德律令，非外在的强制。"诚者自成也，而道者自道也，何尝腾口说？"③ 每个人心中自有诚性，因而不必心外求诚，"反身而诚"，实现与天道合一。"诚者自成"中"自"字非常关键，既说明主体之主动，非外在强制，也说明向心内求，而不必假借他物。"曰诚，曰德，一本乎性，彼其所谓诚者，乃其所以为德者也，非于诚之外复有所谓德也。"④ "诚"与"德"皆本乎"性"，"诚"即是"德"，"诚"外无"德"，"诚""德"同一。在这里陆九渊又认为"诚"是德性。

　　第二，"诚"的体用。诚在《中庸》中既为"体"又为"用"。《中庸》二十五章曰："诚者非自成己而已也，所以成物也。成己，仁也；成物，知也。性之德也，合外内之道也，故时措之宜也。"⑤ 朱熹认为"成己"之"仁"为体，而"成物"之"知"是由仁所发，即是用，体用分开。陆九渊明确反对成己、成物以体用来截然划分，认为诚没有内外之分，亦无体用之别。他在给刘志甫的信中援引《中庸》关于"成己""成物"之说。⑥ 他认为"诚"不仅"成己"，而且"成物"，"成己""成物"不是两回事，而是同一过程的两个方面，在成己的同时成物。"成己成物一出于诚，彼其所以成己者，乃其所以成物者也，非与成己之外复有所谓成物也。"⑦ "成己""成物"是同一的，皆是"性之德"，符合内外之道，由诚之体必能达诚之用。"由乎言行之细而至于善世，由乎己之诚存而至于民之化德，则经纶天下之大经者，信乎其在于至诚，而知至诚者，信乎非聪明睿知达天德者有不能也。"⑧ 由"己之诚存"而至"民之德化"，用

---

① 陆九渊. 陆九渊集［M］. 锺哲，点校. 北京：中华书局，2020：5.
② 陆九渊. 陆九渊集［M］. 锺哲，点校. 北京：中华书局，2020：170.
③ 陆九渊. 陆九渊集［M］. 锺哲，点校. 北京：中华书局，2020：511.
④ 陆九渊. 陆九渊集［M］. 锺哲，点校. 北京：中华书局，2020：388.
⑤ 颜培金，王谦，译注. 大学·中庸［M］. 武汉：崇文书局，2023：117.
⑥ "诚者非自成己而已也，所以成物也。成己、仁也，成物、知也。性之德也，合内外之道也。"见（宋）陆九渊. 陆九渊集［M］. 锺哲，点校. 北京：中华书局，2020：155.
⑦ 陆九渊. 陆九渊集［M］. 锺哲，点校. 北京：中华书局，2020：388.
⑧ 陆九渊. 陆九渊集［M］. 锺哲，点校. 北京：中华书局，2020：389.

"存诚"感化万民而"经纶天下",此即儒家内圣外王的体现。陆九渊"诚"的体用说内嵌的是儒家"修身、齐家、治国、平天下"的逻辑理路。

第三,"诚"的实现路径。在陆九渊看来,"诚"是吾心之本有,不假外求,求"诚"即存诚。对于如何"存诚",陆九渊有多种表述,如:"诚身之道在于明善。"① "诚者自诚也,而道自道也。君子以自昭明德。"② "《易》曰:'闲邪存其诚。'孟子曰:'存其心。'"③ "明德""明善""存心""闲邪"等各种路径,究其本质,可以分为两类:"存心"与"闲邪"。前三种路径虽然表述方式不一,但内容实质一样,即存心,自觉扩充仁义礼智四端之本心,以仁德统摄心、主宰心,而不自暴自弃、自贼自侮,如出现这种情况,就要懂得自我反省,自求放心,求则必有所得。"诚者自诚也,而道自道也。君子以自昭明德。人之有是四端,而自谓不能者,自贼者也。暴谓自暴。弃谓自弃。侮谓自侮。反谓自反。得谓自得。福祸无不自己求之者。圣贤只道一个自字煞好。"④ 陆九渊认为存心存诚与否是君子和小人的根本区别。"闲邪存诚"即防止和远离异端邪说。人心本灵,但容易受到物欲、意见的蒙蔽而丧失本心,为此要去心蔽,明理立心,以仁德统摄、主宰心,把心与外物与邪说完全隔开,使其不受物欲、意见的蒙蔽和迷惑。明得此善、此德、此心,还需要固持,落实在人伦日用上,坚持不懈,持之以恒。⑤

陆九渊给予"诚"特别的关注,将"诚"纳入心学系统,把"诚"与"心"联结起来,天道之"诚"和人道之"诚"的统一有了落脚点,天道之"诚"体现在人的生命中便是人心之"诚"。他通过"吾之本心"规定诚,赋予"诚"以本体意义,同时"诚"又展现为现实之"德",有践履的路径,这样就实现了抽象和具体、主观和客观的统一。

3. 中

"中"概念最早出现于尧舜时代,尧舜让位时都交代:"天之历数在尔

① 陆九渊. 陆九渊集 [M]. 锺哲, 点校. 北京: 中华书局, 2020: 8.
② 陆九渊. 陆九渊集 [M]. 锺哲, 点校. 北京: 中华书局, 2020: 491.
③ 陆九渊. 陆九渊集 [M]. 锺哲, 点校. 北京: 中华书局, 2020: 4.
④ 陆九渊. 陆九渊集 [M]. 锺哲, 点校. 北京: 中华书局, 2020: 491.
⑤ 吴凡明. 陆九渊诚论的心学向度 [J]. 井冈山学院学报 (哲学社会科学), 2008, (03): 83-85.

躬，允执其中，四海困穷，天禄永终。"① 意谓掌管天下事务时要坚持把握住"中"。孔子把"允执其中"称作中庸，说："中庸之为德也，其至矣乎，民鲜久矣。"② 孔子解释为"执其两端，用其中于民"，③ 简称"执两用中"。中庸之道也被孔子称为君子之道，是儒家最高道德标准和处世之道。陆九渊继承前人的思想，提出自己对于"中"的理解。

"中"即理，是"天下之大本"。陆九渊认为，"太极"和"中"的实质都是"理"，三者乃异名而同实。"'极'字亦如此，太极、皇极，乃是实字，所指之实，岂容有二。充塞宇宙，无非此理，岂容以字义拘之乎？中即至理，何尝不兼至义？《大学》《文言》皆言'知至'，所谓至者，即此理也。语读《易》者曰能知太极，即是知至；语读《洪范》者曰能知皇极，即是知至；夫岂不可？盖同指此理。则曰极、曰中、曰至，其实一也。"④ 又说："极亦此理也，中亦此理也，五居九畴之中而曰皇极，岂非以其中命之乎？民受天地之中以生，而《诗》言'立我烝民，莫匪尔极'，岂非以其中命之乎？《中庸》曰：'中也者，天下之大本也，和也者，天下之达道也，致中和，天地位焉，万物育焉。'此理至矣，外此岂更复有太极哉？"⑤ "（太）极"和"中"即是理，是"天下之大本"，万物化生的根本，是世界的本原，这里从本体论的意义上定义了"中"。

"中"即德。"中之为德，言其无适而不宜也。黄，中色也。《坤》中在五，而有黄裳之义。……安得而不大吉哉？《离》中在而，而有黄离之义。离，丽也；黄丽者，所丽得中正也。……安往而不大吉哉？"⑥ 陆九渊在《黄裳元吉黄离元吉》中对《坤》卦和《离》卦进行论述，认为"中"为大吉之占，"中"作为道德，是至高无上的道德，是合乎天理的正道。

"执中"的路径。"盖人受天地之中以生，其本心无有不善"。⑦ 陆九渊认为虽然人都是禀受天地之中而生，本心皆善，但并非所有人都能"不

① 杨伯峻，论语译注［M］.北京：中华书局，2015：300.
② 杨伯峻，论语译注［M］.北京：中华书局，2015：94.
③ 颜培金，王谦，译注.大学·中庸［M］.武汉：崇文书局，2023：70.
④ 陆九渊.陆九渊集［M］.锺哲，点校.北京：中华书局，2020：33.
⑤ 陆九渊.陆九渊集［M］.锺哲，点校.北京：中华书局，2020：33.
⑥ 陆九渊.陆九渊集［M］.锺哲，点校.北京：中华书局，2020：390.
⑦ 陆九渊.陆九渊集［M］.锺哲，点校.北京：中华书局，2020：174.

勉而中"。只有圣人才能"不勉而中，不思而得，从容中道"①。圣人天性圆满，自然合于天道，合于人道，因而能"从容中道"。哪怕像颜子之类的贤人"犹未至于不思不勉，曰'三月不违仁'，则犹有时而违也"。② 所以对于众人来说，需要时时思勉，坚持不懈。

4. 自作主宰

陆九渊继承孟子之学，提出"收拾精神，自作主宰"的主张。他说："请尊兄今自立，正坐拱手，收拾精神，自作主宰。万物皆备于我，有何久阙。当恻隐时自然恻隐，当羞恶时自然羞恶，当宽裕温柔时自然宽裕温柔，当发强刚毅时自然发强刚毅。"③ 所谓"收拾精神"即把精神向内收，不要把精神花费在对外部事物包括古人传注的追求上面。本心至善，把内存于"心"的良知良能释放出来致用于外部世界，需要依赖于人自身的意志力，而不与任何外部的力量有关。所谓"自作主宰"即以自己的本心作为判断和实践的准则，而不依傍外在的权威，包括圣贤的经典。追随权威与经典，把精力花费到"寻行数墨"上去，只能使人舍本逐末。只要默坐、澄心，反身内求，让本心良心成为意识的主宰，自然就外物不能移，邪说不能惑，也就能当恻隐即恻隐，当羞恶即羞恶。为了强调本心的绝对权威，反对盲目追随经典、权威，他提出"六经皆我注脚"的口号。在他看来，六经只是记载了历史中过往良心运用的各种例证，只要发明本心，在良心的主宰下，即能实现与六经的会通。

陆九渊特别反对抛弃道德主体意识，"自暴自弃""自贼自侮"，"人之有是四端，而自谓不能者，自贼者也。暴谓自暴，弃为自弃，侮谓自侮，反谓自反，得谓自得。福祸无不自己求之者，圣贤道一个自字煞好"。④ 他认为"自"字十分重要。真正的道德实践，是以"自立"为前提的。万物皆备于我，没有什么欠缺。人只有反身内求，开发出自我本来涵具的资源，才能在成圣成贤的道路上达成目标。陆九渊认为道德行为不应是外在强制，而是道德主体的自觉行为。"收拾精神，自作主宰"的思

---

① 陆九渊. 陆九渊集 [M]. 锺哲，点校. 北京：中华书局，2020：196.
② 陆九渊. 陆九渊集 [M]. 锺哲，点校. 北京：中华书局，2020：196.
③ 陆九渊. 陆九渊集 [M]. 锺哲，点校. 北京：中华书局，2020：522.
④ 陆九渊. 陆九渊集 [M]. 锺哲，点校. 北京：中华书局，2020：491.

想强调道德主体的主动意识，彰显道德的内求路径。

（三）教育方法

陆九渊道德教育思想以"心即理"为核心命题，认为人心本善，一切知识、真理、伦理纲常都是人心所固有的，但由于人受"物欲""意见"的蒙蔽而失其本心，因而他主张通过"易简工夫"等来除去个人的私欲、缺点，反身向内，发明本心，提高人们的道德水平。同时，他一生致力于讲学，积累了大量的教育教学经验和方法，这些无论在当时还是现在都有可取之处。

1. 修养方法

道德修养问题历来受儒家学者重视。陆九渊的学问完全指向如何做人，他认为决定一个人的行为的不是外在的识见，而在于发明"本心"。"此心此理，我固有之，所谓'万物皆备于我'，昔之圣贤先得我心之所同然者耳。"① "义理之在人心，实天之所与，而不可泯灭焉者也。彼其受蔽于物而至于悖理违义，盖亦思焉耳。诚能反而思之，则是非取舍盖有隐然而动，判然而明，决然而无疑者矣。"② 宇宙万物之理自包含在"吾心"之中，"本心"完美无缺，但受到外物蒙蔽，因而认识的任务和修养的目的在于"发明本心"。他反对朱熹将"道问学"视为通向"理"的具体途径，认为这一提法过于支离破碎，而欲达到"诚明"之境③，只需转身向内，"切己自反，改过迁善"，"发明本心"，因为"汝耳自聪，目自明，事父自能孝，事兄自能弟，本无欠阙，不必他求，在自立而已"。④ 为此，陆九渊提出了以"易简工夫"为核心的修养方法和原则。

（1）先立乎其大者

"先立乎其大"思想出自孟子，陆九渊继承孟子思想，在其"人皆有是心，心皆具是理，心即理也"⑤ 的命题下提出"先立乎其大者"的教育

---

① 陆九渊. 陆九渊集［M］. 锺哲，点校. 北京：中华书局，2020：15.
② 陆九渊. 陆九渊集［M］. 锺哲，点校. 北京：中华书局，2020：434.
③ 陈来. 宋明理学［M］. 北京：生活·读书·新知三联书店，2011：218.
④ 陆九渊. 陆九渊集［M］. 锺哲，点校. 北京：中华书局，2020：461-462.
⑤ 陆九渊. 陆九渊集［M］. 锺哲，点校. 北京：中华书局，2020：169.

主张，坚持"一是即皆是，一明即皆明"①的整体性原则，反对朱熹的"支离"之法。所谓"先立乎其大"，就是确立对于本心的本体论信念，坚定顺从本心、明善去恶的意志，这是进行道德修养的前提。非先立此大者，不能立意志之善，不能成贤成圣；即使以规范相约束，也不能实现人生的价值。"先立其大者"乃为学端绪，对于无穷的学问，应尽早辨明端绪得失，早做决断。如果不知端绪，则可能殚精竭虑一生而本末皆失。陆九渊说："学问固无穷，然端绪得失，则当早辨；是非向背，可以立决……于其端绪知之不至，惮精毕力求之于末，沟浍皆盈，涸可立待，要之其终，本末俱失。"②"先立其大者"只是道德修养的第一步。"吾所发明为学端绪，乃是第一步，所谓升高自下，陟遐自迩，却不知所指何处为千里？若以为今日舍私小而就广大为千里，非也，此只可谓之第一步，不可遽谓千里。"③要达到"千里"之远的修养境界，还须不断努力。"先立乎其大"，坚定地树立向"道"之心，如何能做到呢？陆九渊认为首先在辨志。《语录》记载："傅子渊自槐堂归其家，陈正己问之，曰：'陆先生教人何先？'对曰：辨志。复问曰：'何辨？'曰：'义利之辨。'"④辨志即一个人自己切身去体会，去辨自己的志是求义还是趋利。"义也者，人之所固有也。果人之所固有，则夫人而喻焉可也。"⑤他认为义是道义，是人所固有，不是外界强加的。在辨志的过程中，把时文、虚说等遮蔽人心的东西全部剥落，回归本心，从其大体。陆九渊传承儒家思想，也把义利之辨用于区分君子与小人，君子求义，小人重利。

（2）易简工夫

易简工夫是陆九渊修养工夫论的核心思想，是对他自己为学方法的自许。陆九渊引《周易·系辞上》说："《易》赞《乾坤》之简易，曰：'易知易从，有亲有功，可久可大。'然则学无二事，无二道，根本苟立，保

① 陆九渊. 陆九渊集［M］. 锺哲，点校. 北京：中华书局，2020：536.
② 陆九渊. 陆九渊集［M］. 锺哲，点校. 北京：中华书局，2020：2-3.
③ 陆九渊. 陆九渊集［M］. 锺哲，点校. 北京：中华书局，2020：468.
④ 陆九渊. 陆九渊集［M］. 锺哲，点校. 北京：中华书局，2020：461.
⑤ 陆九渊. 陆九渊集［M］. 锺哲，点校. 北京：中华书局，2020：434.

养不替，自然日新，所谓可久可大者，不出简易而已。"① 这就是陆九渊的"易简工夫"或"简易工夫"。易简工夫即反身内求，扩充本心，不断保养，是自我反省、自我认识、自我完善的过程。易简工夫是陆九渊针对朱熹事事省察，事事求定理的工夫论提出来的，认为其"艰难其途，支离门户"。他强调"整体明了"原则，主张把修养过程视作一个直接把握事物整体的彻悟过程。易简工夫的提出根源于"心即理"命题。万事万物之理自在心中，人先天具有仁义之心（本心），本心"自然会知"，"苟此心之存，则此理自明，当恻隐处自恻隐，当羞恶，当辞逊，是非在前，自能辨之"。② 由此，"易简工夫"具有两个特点。其一，简单易行，非高难之事。"正理在人心，乃所谓固有，易而易知，简而易从，初非甚高难行之事。"③ 正理自在人心，先天固有，因而"简单易从"。"天下之理，将从其简且易者而学之乎？将从其繁且难者而学之乎？若繁且难者果足以为道，劳苦而为之可也，其实本不足以为道，学者何苦于繁难之说。简且易者，又易知易从，又信足以为道，学者何惮而不为简易之从乎？"④ 他反对"道在迩而求诸远，事在易而求诸难"。⑤ 但简易不等于容易，仍需要修养者付出极大的努力，"激厉奋迅，决破罗网，焚烧荆棘，荡夷污泽"⑥，最后才能"涣然冰释，怡然理顺"⑦。其二，自立为主，求教为辅。陆九渊并不否定求教，但主张以自立为主。他说，"祸福无不自己求之者"，"圣贤道一个'自'字煞好"，⑧"自得、自我、自道，不倚师友载籍"。⑨"自立自重，不可随人脚步，学人言语。"⑩ 他在多处表达了自立的重要性，读书、求教师友只是辅助、枝节。"圣贤垂训，师友切磋，但助鞭策耳"。⑪ 最根本的方

① 陆九渊. 陆九渊集 [M]. 锺哲，点校. 北京：中华书局，2020：75.
② 陆九渊. 陆九渊集 [M]. 锺哲，点校. 北京：中华书局，2020：458.
③ 陆九渊. 陆九渊集 [M]. 锺哲，点校. 北京：中华书局，2020：170.
④ 陆九渊. 陆九渊集 [M]. 锺哲，点校. 北京：中华书局，2020：487.
⑤ 陆九渊. 陆九渊集 [M]. 锺哲，点校. 北京：中华书局，2020：5.
⑥ 陆九渊. 陆九渊集 [M]. 锺哲，点校. 北京：中华书局，2020：519.
⑦ 陆九渊. 陆九渊集 [M]. 锺哲，点校. 北京：中华书局，2020：40.
⑧ 陆九渊. 陆九渊集 [M]. 锺哲，点校. 北京：中华书局，2020：491.
⑨ 陆九渊. 陆九渊集 [M]. 锺哲，点校. 北京：中华书局，2020：519.
⑩ 陆九渊. 陆九渊集 [M]. 锺哲，点校. 北京：中华书局，2020：528.
⑪ 陆九渊. 陆九渊集 [M]. 锺哲，点校. 北京：中华书局，2020：77.

法仍然是扩充本心，即使"不识一字，亦还我堂堂地做个人"①。

易简工夫简单易行，不假外求，自立自得，那具体如何落实呢？陆九渊认为应该落实在具体的日常生活中，由最切近的事悟起。"道理只是眼前道理，虽见到圣人田地，亦只是眼前道理。"② 即使是圣人也是如此。他说："圣人教人，只是就人日用处开端。"③ 为了让学生体悟"本心"，陆九渊从"日用处开端"进行示范。他曾以"断扇讼"这件日常之事使杨简悟透"本心"，又以他突然站起来詹阜民跟着站起来这一下意识的动作来启发詹阜民体会"本心"。"本心"即在日用处，随时随处可见。"简易工夫"人人可为，时时处处可为。他认为，通过"易简工夫"发明了"本心"之后，继之以涵养工夫，自然能够顺理而行，与天同一。"今吾友既得其本心矣，继此能养之而无害，则谁能御之？如木有根，苟得培浸而无伤戕，则枝叶当日畅茂。"④ 他反对空谈理论，泛泛博览，认为悬虚空寂是求之不得的。有的学者喜欢炫耀自己博学，陆九渊认为这样离道愈远，因为"君子之道，淡而不厌，淡味长，有滋味便是欲。人不爱淡，却只爱闹热"。⑤ 有的学者喜好空发议论，却不践履，陆九渊认为这是"最大害事"。"最大害事，名为讲学，其实乃物欲之大者，所谓邪说诬民，充塞仁义。"炫耀博学和空发议论，其实质都是"本心"被"物欲"所蒙蔽这样的人舍本逐末，离道越来越远。

（3）"剥落"

"剥落"工夫是陆九渊的另一个修养方法。"剥落"实际上是一种去恶存善的道德修养方法。他说："将以保吾心之良，必有以去吾心之害。"⑥ 剥落工夫提出的根源是"人心有病"或是"心蔽"。人心之中包含着本心，本心至善，但人心并不等于本心，比本心复杂，并且有可能造成对于本心的遮蔽。"道遍满天下，无些小空缺。四端万善，皆天之所予，不劳人妆

① 陆九渊．陆九渊集［M］．锺哲，点校．北京：中华书局，2020：514.
② 陆九渊．陆九渊集［M］．锺哲，点校．北京：中华书局，2020：457.
③ 陆九渊．陆九渊集［M］．锺哲，点校．北京：中华书局，2020：498.
④ 陆九渊．陆九渊集［M］．锺哲，点校．北京：中华书局，2020：107.
⑤ 陆九渊．陆九渊集［M］．锺哲，点校．北京：中华书局，2020：527.
⑥ 陆九渊．陆九渊集［M］．锺哲，点校．北京：中华书局，2020：438.

点。但是人自有病，与他间隔了。"① 做剥落工夫，即是除掉"心蔽"，发明本心的过程，也是心灵净化的过程。他说："人心有病，须是剥落。剥落得一番，即一番清明，后随起来，又剥落，又清明，须是剥落得净尽方是。"②

理解"剥落"工夫，需要从以下几个方面着手。其一，"剥落"就是格除"物欲"、扫却"邪见"。"物欲"和"邪见"是"心蔽"的两种表现，他们蒙蔽了"本心"，使"本心""陷溺"，使人心失去灵明，需要扫除。他说："夫所以害吾心者何也？欲也。欲之多，则心之存者必寡，欲之寡，则心之存者必多。故君子不患夫心之不存，而患夫欲之不寡，欲去则心自存矣。"③ 本心与物欲的多寡成反比例关系，此消彼长。寡欲去欲，摒弃物欲，必能存心、养心。"养心莫善于寡欲。"④ "有所蒙蔽，有所移夺，有所陷溺，则此心为之不灵，此理为之不明，是谓不得其正，其见乃邪见，其说乃邪说。一溺于此，不由讲学，无自而复。"⑤ "邪见""邪说"陷溺本心，必须扫除。其二，"剥落"是"减担"。这里他是针对朱熹的工夫论而言的。他认为朱熹的工夫论失之于"支离"，陷入烦琐哲学。为此，他对"格物"作出了自己的解释："圣人之言自明白，且如弟子入则孝，出则弟，是分明说与你入便孝，出便弟，何须得传注？学者疲于精神与此，是以担子越重。到某这里，只是与他减担，只此便是格物。"⑥ 做"剥落"工夫，不是增加知识以明理，而是做减法，减去复杂的求证，行简易工夫，发明本心，理自明。其三，"剥落"是"切己自反、改过迁善"的过程。做"剥落"工夫的关键在于反身向内，闻善则迁，知过则改。《年谱》淳熙十五年条记："或问：'先生之学自何处入？'先生曰：'不过切己自反，改过迁善。'"⑦ "切己自反，改过迁善"是陆九渊为学之方的入

① 陆九渊．陆九渊集［M］．锺哲，点校．北京：中华书局，2020：515.
② 陆九渊．陆九渊集［M］．锺哲，点校．北京：中华书局，2020：525.
③ 陆九渊．陆九渊集［M］．锺哲，点校．北京：中华书局，2020：438.
④ 陆九渊．陆九渊集［M］．锺哲，点校．北京：中华书局，2020：438.
⑤ 陆九渊．陆九渊集［M］．锺哲，点校．北京：中华书局，2020：169.
⑥ 陆九渊．陆九渊集［M］．锺哲，点校．北京：中华书局，2020：507.
⑦ 陆九渊．陆九渊集［M］．锺哲，点校．北京：中华书局，2020：571.

手处。对于"善","闻一善言，见一善行，如决江河，沛然莫之所御"。① 对于"过"，则须"幡然而改，奋然而兴，如出陷阱，如决网罗，如去荆棘，而舞蹈乎康庄，翱翔乎青冥，岂不快哉？"② 改过迁善，是自我反省的行为，是自我修养的需要，而非被他人强迫。"古之学者，本非为人，迁善改过，莫不由己。善在所当迁，吾自迁之，非为人而迁也。过在所当改，吾自改之，非为人而改也。故其闻过则喜，知过不讳，改过不惮。"③ 正因为迁善改过皆出于自己的需要，所以当别人指出自己的过失时自己就感到高兴，而不会回避和忌惮。其四，"剥落"以自我反省为主，师友帮助为辅。"人之患，在不知其非不知其过而已。"④ "知非""知过""剥落"私欲不仅要靠自我反省，也要借助师友的琢磨。他说："人之精爽，负于血气，其发露于五官者安得皆正？不得明师良友剖剥，如何得去其浮伪，而归于真实？又如何得能自省、自觉、自剥落？"⑤ 师友帮助是做"剥落"工夫的重要途径。

（4）优游读书

南宋社会当时风传陆氏之学近禅，主静坐而不主读书。这其实是对象山之学有误解。陆九渊早年确有不重读书的倾向，因而颇受朱熹指责。不过在"南康之会"前后陆九渊对读书的态度发生了变化，⑥ 主张"亲书册，就物事"⑦。面对别人的批评，他辩白说："人谓某不教人读书，如敏求前日来问某下手处，某教他读《旅獒》、《太甲》、《告子》'牛山之木以下'，何尝不读书来？只是比他人读得别些子。"⑧ 陆九渊认为他不是不重视读书，只是他读书的方法与别人不一样，因而产生了误解。陆九渊提出了一系列对于读书的看法和见解。第一，读书的目的：发明本心。他认为读书不在于记住书本上的文句，而在于发明本心，以自己的本心与古代圣贤的

---

① 陆九渊. 陆九渊集［M］. 锺哲，点校. 北京：中华书局，2020：21.
② 陆九渊. 陆九渊集［M］. 锺哲，点校. 北京：中华书局，2020：189.
③ 陆九渊. 陆九渊集［M］. 锺哲，点校. 北京：中华书局，2020：87-88.
④ 陆九渊. 陆九渊集［M］. 锺哲，点校. 北京：中华书局，2020：210.
⑤ 陆九渊. 陆九渊集［M］. 锺哲，点校. 北京：中华书局，2020：531.
⑥ 陈来. 朱子哲学研究［M］. 北京：人民出版社，1998：331.
⑦ 陆九渊. 陆九渊集［M］. 锺哲，点校. 北京：中华书局，2020：51.
⑧ 陆九渊. 陆九渊集［M］. 锺哲，点校. 北京：中华书局，2020：513.

本心相互印证，从而明白经书乃"圣人先得吾心之所同然"①。他提出了"六经注我，我注六经"的主张，"本心"古今皆同，人在读书的过程中实现同古代圣贤的思想和视界交流。读书必须在这一前提下去读，若不明心，"自作主宰"，读书只会"闻见愈杂，智识愈迷……好之愈笃，而自病愈深"②。第二，读书的方法：优游涵泳。其一，读书不必求快，而应优游读书。"读书之法，须是平平淡淡去看，子细玩味，不可草草。所谓优而柔之，厌而饫之，自然有涣然冰释，怡然理顺底道理。"③ 以平常之心读书，不急功近利，日日涵养，心则自然"日充日明"。其二，读书不必求多，而"以精熟为贵"。"书亦政不必遍而多读，读书最以精熟为贵。"④ 所谓精熟，意即要体会其中的意旨所在，"读书固不可不晓文义，然只以晓文义为是，只是儿童之学，须看意旨所在"。⑤ 其三，读书不必拘泥于未知处，而是从易晓处、从全局进行理解。"先生云：'学者读书，先于易晓处沉涵熟复，切已致思，则他难晓者涣然冰释矣。若先看难晓处，终不能达。'举一学者诗云：'读书切戒在荒忙，涵泳工夫兴味长。未晓莫妨权放过，切身须要急思量。自家主宰常精健，逐外精神徒损伤。寄语同游二三子，莫将言语坏天常'。"⑥ 这里即是说，读书要心平气和地读，遇到难处暂且搁置，从易晓处着手，优游而读，日积月累，"未晓处"就会"涣然冰释"。由此可见，读书是陶冶性情、涵养道德的过程。其四，读书不可"自任私知"，可借助师友的帮助。他说："自古圣人亦因往哲之言，师友之言，乃能有进，况非圣人，岂有自任私知而能进学者？"⑦ 陆九渊看到了师友帮助在道德修养中的重要性，认为师友的帮助，可以解疑释惑，有助于明理，提高道德修养。"万物皆备于我，只要明理。然理不解自明，须是隆师亲友。"第三，读书的态度：不可不信，亦不可必信。陆九渊强调

① 陆九渊.陆九渊集［M］.锺哲，点校.北京：中华书局，2020：7.
② 陆九渊.陆九渊集［M］.锺哲，点校.北京：中华书局，2020：430.
③ 陆九渊.陆九渊集［M］.锺哲，点校.北京：中华书局，2020：498.
④ 陆九渊.陆九渊集［M］.锺哲，点校.北京：中华书局，2020：211.
⑤ 陆九渊.陆九渊集［M］.锺哲，点校.北京：中华书局，2020：498.
⑥ 陆九渊.陆九渊集［M］.锺哲，点校.北京：中华书局，2020：471.
⑦ 陆九渊.陆九渊集［M］.锺哲，点校.北京：中华书局，2020：301.

读书的重要性，认为"人之不可以不学，犹鱼之不可以无水"①。读书之于人就如水之于鱼一样重要，人离不开读书。"学能变化气质。"② 读书涵养人的修养气质。他反对"束书不观，游谈无根"③。虽然读书重要，但陆九渊的态度是不可不信，亦不可必信，关键在"合于理"。他说："书不可以不信，亦不可以必信。使书而皆合于理，虽非圣人之《经》，尽取之可也。况夫圣人之《经》，又安得而不信哉？如皆不合于理，则虽二三策之寡，亦不可得而取之也，又可必信之乎？盖非不信之也，理之所在，不得而必信之也。"④ 读书进德不是以是否为经典作为标准，而是看是否"合于理"。第四，读书的意义：求道义。陆九渊批判当时社会的士人把读书作为追求功名利禄的工具，崇尚虚谈空论，失去了"本心"。他说："今天下士皆溺于科举之习，观其言，往往称道《诗》《书》《论》《孟》，综其实，特借以为科举之文耳。谁实为真知其道者？口诵孔孟之言，身蹈扬墨之行者，盖其高者也。"⑤ 士人们为了一己私利读书，搞坏了社会风气，害己误国。他赞扬古人追求道义的行为，"古人不求名声，不较胜负，不恃才智，不矜功能，通身纯是道义"。⑥

2. 施教方法

陆九渊是南宋时期富有个性的思想家和教育家。他厌恶训诂考证、笺注义疏体式的治经风气，反对著书，故传世的大都只是和师友论学的书札、讲学的语录和少量讲义，但他一生致力于讲学，无论是赴考途中，还是返乡期间，或是为官期间，都讲学不辍，积累了丰富的施教方法和经验。

（1）因材施教

陆九渊认为人与人不同，存在气质、才能等方面的差异。"人之资质不同，有沉滞者，有轻扬者。"⑦ 人的才能有高低，因而，教学应顾及学生的性格或个体情况，针对学生不同的情况采取不同的教法。他说："切磋

---

① 陆九渊. 陆九渊集［M］. 锺哲，点校. 北京：中华书局，2020：193.
② 陆九渊. 陆九渊集［M］. 锺哲，点校. 北京：中华书局，2020：528.
③ 陆九渊. 陆九渊集［M］. 锺哲，点校. 北京：中华书局，2020：483.
④ 陆九渊. 陆九渊集［M］. 锺哲，点校. 北京：中华书局，2020：440.
⑤ 陆九渊. 陆九渊集［M］. 锺哲，点校. 北京：中华书局，2020：170.
⑥ 陆九渊. 陆九渊集［M］. 锺哲，点校. 北京：中华书局，2020：209.
⑦ 陆九渊. 陆九渊集［M］. 锺哲，点校. 北京：中华书局，2020：518.

之道，有受得尽言者，有受不得者。彼有显过大恶，苟非能受尽言之人，不必件件指摘他，反无生意。"①"若其才则不同，学者当量力度德。"② 针对学生不同情况，"我这里有扶持，有保养，有摧抑，有摈挫"。③ 陆九渊关于差异性的言论虽不多，但他却善于知人识病，"但见其言论事节，便能知其心曲"。④ 在论及学生对待学习的心病时，他针对不同的问题类型给出了不同的解决方案（教法）。他认为学生学习的问题存在四种情况："虽知学路，而恣情纵欲，不肯为；畏其事大且难而不为；求而不得其路；未知路而自谓能知。"⑤ 针对这四种情况要区别对待，因材施教，不能泛然而谈。针对"恣情纵欲"而"不肯为"的，要帮助他们消除情欲的危害；针对"畏大畏难"而不为的，要帮助他们克服畏难情绪、排除实际困难；针对自觉求学但"不得其路"的，要帮助学习者寻找"学路"；针对"未知路而自谓能知"的，要帮助他们认清形势，端正学习态度，引领他们掌握"学路"。

（2）循序渐进

陆九渊虽然强调顿悟和灵识，但依然重视教学上的渐进性。他认为，治学必须遵循一定的规律，循序渐进，没有捷径可走。他说："为学有本末先后，其进有序，不可躐等。"⑥"《大学》言明明德之序，先于致知；孟子言摄身之道，在于明善。今善之未明，知之未至，而循诵习传，阴储密积，矗身以从事，喻诸登山而陷谷，愈入而愈深；适越而北辕，愈骛而愈远。"⑦ 无论是为学还是教学，都是有先后顺序的。先明善知理，然后再去从事践行。如果顺序颠倒，则将南辕北辙，离道越来越远。朱、陆虽然都主张循序渐进，有先有后，但二者之法是有区别的。陆九渊反对朱熹的"字求其训，句索其旨""铢分毫析"的读书方法，提倡"识其大体"，整体把握其精神要旨，从易知处着手，二者在以谁为先的问题上观点不同。

① 陆九渊. 陆九渊集 [M]. 锺哲，点校. 北京：中华书局，2020：544.
② 陆九渊. 陆九渊集 [M]. 锺哲，点校. 北京：中华书局，2020：522.
③ 陆九渊. 陆九渊集 [M]. 锺哲，点校. 北京：中华书局，2020：535.
④ 陆九渊. 陆九渊集 [M]. 锺哲，点校. 北京：中华书局，2020：174.
⑤ 陆九渊. 陆九渊集 [M]. 锺哲，点校. 北京：中华书局，2020：528.
⑥ 陆九渊. 陆九渊集 [M]. 锺哲，点校. 北京：中华书局，2020：111.
⑦ 陆九渊. 陆九渊集 [M]. 锺哲，点校. 北京：中华书局，2020：8.

陆九渊认为为学从易知处开始，循序渐进，日加涵泳，则会"涣然冰释"。如果急于求进，则往往欲速则不达，他以"昆仲为学"为例对此进行了说明："昆仲为学，不患无志，患在好进欲速，反以自病。闻说日来愈更收敛定帖，甚为之喜，若能定帖，自能量力随分，循循以进。傥是吾力之所不能及而强进焉，亦安能有进，徒取折伤困吝而已。"①

（3）注重践履

践履问题涉及知行关系。在中国古代哲学中，关于知行关系的讨论由来已久，不同的思想家有着各自不同的理解和观点。陆九渊十分注重道德践履，但他的践履是以讲明辨清为前提的，行是以知为前提的。他说："践道则精明。一不践道，便不精明，便失枝落节。"② 他还说："平生学问无他，只是一实。"③ 又说"做得工夫实，则所说即实事"。④ 陆九渊的践道不是空谈，而是落实到人们的日常生活起居之中，具有可操作性。他说："此道本日用常行，近日学者却把做一事张大虚声，名过于实，起不平之心，是以为道之学者，必为深排力抵。"⑤ 他还说："起居饮食，酬酢接对，辞气、容貌、颜色之间，当有日明日用之功。"⑥ 陆九渊主张从日用常行中去实践，去体认本心，以此来提高道德修养，将践道落到实处。他认为道德践履还是有分别的，要求人们向圣贤靠拢。他说："君子有君子践履，小人有小人践履，圣贤有圣贤践履，拘儒瞽生有拘儒瞽生践履。若果是圣贤践履，更有甚病？虽未至未纯，亦只要一向践履去，久则至于圣贤矣。"⑦

（四）理想人格："成圣成贤"

所谓理想人格，意指完美的人，是人们所希望达到的最高的道德境界。陆九渊在理想人格的设计上，继承孟子"人皆可以为尧舜"的论点，

---

① 陆九渊. 陆九渊集 [M]. 锺哲, 点校. 北京：中华书局，2020：100.
② 陆九渊. 陆九渊集 [M]. 锺哲, 点校. 北京：中华书局，2020：516.
③ 陆九渊. 陆九渊集 [M]. 锺哲, 点校. 北京：中华书局，2020：462.
④ 陆九渊. 陆九渊集 [M]. 锺哲, 点校. 北京：中华书局，2020：524.
⑤ 陆九渊. 陆九渊集 [M]. 锺哲, 点校. 北京：中华书局，2020：503.
⑥ 陆九渊. 陆九渊集 [M]. 锺哲, 点校. 北京：中华书局，2020：73.
⑦ 陆九渊. 陆九渊集 [M]. 锺哲, 点校. 北京：中华书局，2020：44.

肯定人人皆有成圣的可能，并将圣贤组合在一起，在性善论的基础上将
"成圣成贤"当作道德修养的最高境界。陆九渊对圣贤理想人格的设定关
涉圣人的标准、要求、实现路径等的阐释。

　　1. 圣贤的标准和要求

　　虽然陆九渊认为"人皆可以为尧舜"，但每个人在才力禀赋上是有差
异的，际遇也不同，因而真正能成为圣贤的只是极少数。圣贤之所以是圣
贤，是完美的人，是因为其与凡人有不同的标准和要求。第一，道德标
准：完人。孔子以"仁"为最高的道德品质和标准，孟子以仁、义、礼、
智为人的本性。陆九渊继承孟子思想，认为成圣贤要"明理""立心"，扩
充"本心"，把孟子所讲的仁、义、礼、智四善端充分发挥出来，这样才
能成为道德上的完人。第二，才智标准：能人。陆九渊心目中的"圣贤"
是无所不知、无所不能的，是与天地万物合而为一的顶天立地的"能人"。
陆九渊曾夸耀自己就是这样的人。"我无事时只似一个全无知无能的人，
及事至方出来又却似个无所不知、无所不能的人。"① 他还生动描述了"能
人"的形象，"仰首攀南斗，翻身倚北斗，举头天外望"② "内无所累，外
无所累，自然自在，才有一些子意便沉重了。彻骨彻髓，见得超然，于一
身自然轻清，自然灵"。③ 第三，价值标准：利天下的善人。圣人斩断了世
间的名利纠葛，遇事反求自身，重义轻利，不计较个人的利害得失。陆九
渊说："圣贤之所以为圣贤者，不容私而已。"④ "凡圣人之所为，无非以利
天下也。"⑤ 义利之辨是儒家自古以来区别圣人与世人、君子与小人的标
准。圣人心包万物，心系天下，陆九渊在十三岁时就抒发了这样的抱负：
"宇宙内事乃己分内事，己分内事乃宇宙内事。"⑥ 第四，心理标准：有独
立人格的大人。圣贤是有独特见解、独立精神的"大人"。"汝耳自聪，目
自明，事父自能孝，事兄自能弟，本无少缺，不必他求，在乎自立而

---

① 陆九渊. 陆九渊集［M］. 锺哲，点校. 北京：中华书局，2020：522.
② 陆九渊. 陆九渊集［M］. 锺哲，点校. 北京：中华书局，2020：525.
③ 陆九渊. 陆九渊集［M］. 锺哲，点校. 北京：中华书局，2020：534.
④ 陆九渊. 陆九渊集［M］. 锺哲，点校. 北京：中华书局，2020：223-224.
⑤ 陆九渊. 陆九渊集［M］. 锺哲，点校. 北京：中华书局，2020：333.
⑥ 陆九渊. 陆九渊集［M］. 锺哲，点校. 北京：中华书局，2020：551.

已。"① 圣贤不倚门傍户，有自己独立的人格，不随波逐流，人云亦云。"自立自重，不可随人脚跟，学人言语。"②

陆九渊圣贤理想人格的设计，包含对理想人格各方面的规定性和要求，在各方面要求中以道德标准为核心和根本。这一设计以"明理""立心"为起点，以利天下为目标，把儒家的德性主义传统与家国天下的实践精神贯通，体现了儒家"内圣外王"之道。

2. 成圣成贤的可能性

陆九渊赞同孟子"人皆可以为尧舜"的观点，认为尽管现实之人有这样那样的问题，不完美，甚至满肚子的"坏水"，但是其内心潜藏着至善的"本心"，此心与圣人之心一样，③ 因而人人皆有成为圣人的可能性和根据。人人都有本心，本心至善，即使受后天的蒙蔽而迷失本心，只要通过"存心、养心、求放心"等途径，也可使本心得以复明。陆九渊所言成圣成贤要求"明理"，明的不是外部世界中某种玄奥的存在，而是"明得眼前道理"，"可使妇人童子听之而喻"。④ "道理只是眼前道理，虽见到圣人田地，亦只是眼前道理。"⑤ 在陆九渊这里，心即理，心与理一，因而明理亦是立心。只要保全先天赋予人的仁义本心，不使它有所放失，有所陷溺，有所伤损，那么成圣之路并不遥远。⑥ 先天至善的本心，赋予每个人成圣成贤的可能性，并不等于实然，要成圣成贤还需要不断涵养扩充本心，使善端"日充月明"，方能"萌蘖之生而至于枝叶扶疏"。

3. 成圣成贤的路径

人人皆有善良灵明的本心，但常被外物所蔽，如何发明"本心"，成圣成贤呢？第一，立圣人之志。立志非常重要，是确立方向和目标的过

① 陆九渊. 陆九渊集 [M]. 锺哲，点校. 北京：中华书局，2020：471.
② 陆九渊. 陆九渊集 [M]. 锺哲，点校. 北京：中华书局，2020：528.
③ "圣人与我同类，此心此理谁能异之。"陆九渊. 陆九渊集 [M]. 锺哲，点校. 北京：中华书局，2020：195.
④ 陆九渊. 陆九渊集 [M]. 锺哲，点校. 北京：中华书局，2020：4.
⑤ 陆九渊. 陆九渊集 [M]. 锺哲，点校. 北京：中华书局，2020：457.
⑥ 孟子曰："仁、人心也，义、人路也。舍其路而弗由，放其心而不知求，哀哉！……诚使此心无所放失，无所陷溺，全天之所与而无伤焉，则千里之远，无异于亲膝下。"陆九渊. 陆九渊集 [M]. 锺哲，点校. 北京：中华书局，2020：222-223.

程。陆九渊说："人惟患无志，有志无有不成者。"① 志有小人之志和大人之志之分。小人之志是志于私利邪恶之类，大人之志是志于道义和圣贤之德之业。成圣必须立大志，笃志于圣贤事业。此志既立，便"外物不能移，邪说不能惑"②。坚定而向道的志向乃是一个人抵抗外部诱惑的有力武器。虽读圣贤书，但不立圣贤之志，那就只会"徇情纵欲，汩没而不能以自振"。③ 立志是一个自立自为的过程，成圣成贤是行为主体自觉选择的结果。第二，践行。有了目标和方向后，就需要将其落实到实践中。明理立心不是形而上式的玄虚空谈，而是实实在在地体现在现实的日用生活之中，从眼前之理开始，"存心去欲"，一层层"剥落"，涵养扩充本心，这样才能达圣贤境界。第三，读书学习。陆九渊虽极力称赞古之圣贤，但也承认他们并非无所不知。④ 圣贤的过人之处就在于注重学习，学而不厌。他说："古先圣贤，无不由学。伏羲尚矣，犹以天地万物为师……夫子生于晚周，麟游凤翥，出类拔萃，谓'天纵之将圣'，非溢辞也。然而自谓'我非生而知之者，好古敏以求之者也'……人生而不知学，学而不求师，其可乎哉？"⑤ 即便是伏羲和孔子，也是敏而好学、虚心求师的。第四，有过则改。人生在世，孰能无过，即便是圣人也不例外。"过者，虽古圣贤有所不免，而圣贤之所以为圣贤，惟其改之而已。"⑥ 圣贤与世人的差别就在于圣人有过就改。

① 陆九渊．陆九渊集［M］．锺哲，点校．北京：中华书局，2020：506.
② 陆九渊．陆九渊集［M］．锺哲，点校．北京：中华书局，2020：4.
③ "平时虽号为士人，虽读圣贤书，其实何曾笃志于圣贤事业？往往从俗浮沉，与时俯仰，徇情纵欲，汩没而不能以自振。"见陆九渊．陆九渊集［M］．锺哲，点校．北京：中华书局，2020：45.
④ "人情物理之变，何可胜穷，若其标末，虽古圣人不能尽知也。稷之不能审于八音，夔之不能详于五种，可以理揆。夫子之圣，自以少贱而多能，然不如老农，圃不如老圃，虽其老于论道，亦曰学而不厌，启助之益，需于后学。"陆九渊．陆九渊集［M］．锺哲，点校．北京：中华书局，2020：3.
⑤ 陆九渊．陆九渊集［M］．锺哲，点校．北京：中华书局，2020：15-16.
⑥ 陆九渊．陆九渊集［M］．锺哲，点校．北京：中华书局，2020：89.

三　对陆九渊道德教育思想的思考

陆九渊针对南宋科举制度破坏士人的独立人格、人们多流于浮论虚说的学风的情况，希望寻找一条有别于朱子"道问学"的为学之路，使儒学回归到关涉人之身心、道德上来。陆九渊创造性地提出了"心即理"命题，致力于发明本心，在消解"理"的客观性问题上向前迈了一大步，但在"理"的性质、"心"与"理"的关系等方面还存在矛盾，留待后学来解决。

（一）"心即理"与"性即理"的区别是什么？

朱熹强调"性即理"，陆九渊强调"心即理"，二者的区别在哪里？乍一看，两个命题的区别在于一个是"心"，一个是"性"。诚然，陆九渊之"心"与朱熹之"性"的区别当然存在。在陆九渊这里，就"心"的内涵而言，"心"包含"性"，因而"心即理"包含"性即理"，但比"性即理"内涵更丰富，因前文已经论证，在此就不赘述了。其实，这两个命题最大的区别不是"心"与"性"的差别，而是来自对"理"的理解，理究竟在天上，还是在心中？这个话题是 1175 年"鹅湖之会"中程陆交锋的焦点，这也道破了两个命题之间的最根本区别。朱熹之"理"也即"天理"，是宇宙万物的本体，是万物"所以然之故"和"所当然之则"，是先于天地、先于人类的超时空、超感觉的客观存在。朱熹之"理"是人伦之理，是必然的、客观的，独立于人脑之外，不以人的主观意志为转移。因而，仁义礼智等道德规范被看作天理的赋予，具有先验的性质，但同时也是超验的。它们"一旦被赋予超验的性质，则往往会蜕变为异己的、强制的力量"。① 这意味着每个个体"在选择与认同上的自主性与自由性是完全地给排除了的"，"理"作为外在、先在的刻板划一规范不关注人的具体存在、具体境遇、特有情感，德性的给定性不再局限于人性，而且遍及物

① 杨国荣．心学之思——王阳明哲学的阐释［M］．北京：生活·读书·新知三联书店，1997：78.

性，因而人的主体性和独特性遭到冷落①，人被淹没了。陆九渊之"理"与朱熹之"理"有相同之处，也认为"理"是宇宙万物的最高原则和规律，是人伦之理（仁义道德）。二者不同之处表现在以下几个方面。其一，陆九渊不像朱熹那样把"理"作为一个具有客观独立倾向的宇宙本体，或者说那种纯粹作为宇宙生成意义上的"理"不是陆九渊所关心的。其二，陆九渊的"理"主要是伦理道德意义上的"理"，是义理之理、价值之理。心是义理之心，理是义理之理，心和理在价值义理规定上是完全一致的。其三，陆九渊的"理"在心中，"心即理"。"理"不在天上，在人心中，心俱是理，心与理一，故可曰"万物皆备于我"，"万物森然于方寸之间，满心而发，充塞宇宙，无非此理"。② 这里说的是万物之理皆备于我，而不是说心是万物之本原、万物可以从心中派生出来。综上可知，陆九渊的"心即理"的命题中，理之客观必然性意义弱化了，特别是外在的自然界中必然之理与朱子有较大差异，他所言之理最终落在人伦之理上。"理"作为道德主体，是人自己体认追求的一种价值指向与道德境界，最能体现人的自主性与创造性。"理"在心中，只须反身向内求即可。"心即理"的命题的妙处在于，一方面把客观之理置于心中，凸显道德主体的主动性、创造性；另一方面理向心内化，使主体之心获得客观性的内容，把它从纯粹的主观性、片面性中解放出来。"心即理"这一命题是理解陆学的枢纽。

（二）"心即理"有矛盾吗？

陆九渊提出了重要的命题："心即理"。陆九渊一方面说"理塞宇宙"，将"理"置于客观世界最高范畴的地位，同时又通过"万物皆备于我"的说法，将宇宙万物之理天然地置于"心"中。"心即理"命题将客观之理与主体之心联结起来，认为心统摄理，心俱是理，心与理同、心与理一。这个命题一方面为人伦道德找到了一个权威来源，使主体之心摆脱了随意性和片面性，另一方面将客观之理安置于心中，凸显人的主体性和创造性，实现了主观和客观的统一。"心即理"命题的提出，实质上是站在儒

---

① 冯达文.宋明新儒学略论［M］.广州：广东人民出版社，1997：158-162.
② 陆九渊.陆九渊集［M］.锺哲，点校.北京：中华书局，2020：487.

家天人合一的哲学立场上，强调人道与天道的贯通，强调人以天理为根据，借此为人类道德修养提供动力和方向，它其实就是传统天人合一观念的另一类表达，它相较于朱熹客观外在之"天理"无疑向前迈进了一大步。牟宗三认为这是陆九渊超过孟子之处。① 但仔细推敲，这个命题仍然存在着矛盾。

第一，陆九渊虽然说心和理"归一""会一，"但心和理毕竟不是"一"，它们本属于不同领域，心依人而言，而理客观存在，并不依人而有。可见，陆九渊"心即理"命题仍然表现出"析心和理为二"的思想倾向。王阳明为了解决这个问题，强调"心外无理"，"心"赋予万物意义的绝对性。

第二，心统摄理，心外还有理吗？如果有，如何安置这种客观必然性？陆九渊说："此理在宇宙间，未尝有所隐遁，天地之所以为天地，顺此理而无私焉耳。人与天地并立而为三极，安能自私而不顺此理哉？"② 天地人三极并立，人外还有天地，天地间必然存在着客观必然性，也就是理，人必然受此理的支配。这样矛盾就出现了，心外还有理，那该如何安置理呢？有人说象山之学主要关涉人伦之理，自然之理不是其理论关注的重心。这其实是勉强作答，回避问题，没有解决心外之理安置的问题。

第三，既然"理"是客观的，那么如何能够"天然"地为主体之"心"所"固有"呢？陆九渊并没有回答这个问题。程朱之理都是客观之理，既包括自然之理，也包括人伦之理。但实际上人伦之理本是主观之理，自然能为主体之"心"把握。但在程朱这里却无法解决，这始终为人诟病。后续不少学者开始着手解决这一矛盾，重视"理"的主观性，消解"理"的客观性。吴澄③说心是"万理之所根"，④ 宋濂⑤说心是"万

① "象山之学亦超过孟子者。然此超过亦是孔孟之教之所涵，未能背离之也。此超过者何？曰即'心即理'之达其绝对普遍性而'充塞宇宙也。'"牟宗三. 从陆象山到刘蕺山 [M]. 上海：上海古籍出版社，2001：13.

② 陆九渊. 陆九渊集 [M]. 锺哲，点校. 北京：中华书局，2020：161.

③ 吴澄（1249—1333），字幼清，晚字伯清，临川郡崇仁县（今江西省乐安县鳌溪镇咸口村）人。元朝大儒，杰出的理学家、经学家、教育家。

④ 吴澄. 吴文正集：第48卷 [M]. 北京：全国图书馆文献缩微中心，2001：500.

⑤ 宋濂（1310—1381），初名寿，字景濂，号潜溪，别号龙门子、玄真遁叟等，汉族。祖籍金华潜溪，后迁居金华浦江（今浙江省浦江县）。元末明初著名政治家、文学家、史学家、思想家，学者称其为"太史公""宋龙门"。

理之原", ① 陈献章②说"君子一心, 万理完具", ③ 他们都强调"理"之生成与"心"之作用的紧密关系。在这一过程中,"理"的主观性逐渐被承认和认同, 道德信条慢慢回归到人的主观世界。一直到王阳明,"理(人伦之理)"才真正完成从客观到主观的演进, 主观之理获得了合法地位。至此, 道德信条不再需要客观世界的必然性来提供根据和权威, 人心的地位和作用进一步提升, 人们越来越相信人心的自然直觉拥有强大的道德力量。

(三)"尊德性"还是"道问学"?

"尊德性"与"道问学"最早出于儒家经典《礼记·中庸》:"苟不至德, 至道不凝焉。故君子尊德性而道问学, 致广大而尽精微, 极高明而道中庸, 温故而知新, 敦厚以崇礼。"④ 朱陆二人同为理学大师, 却有着不同的为学之方, 朱熹强调"道问学", 陆九渊强调"尊德性"。朱熹认为宇宙万物莫不包容于"理"中, 欲穷此"理"就必须先"格物", 以获取有关"天命知性"之知识, 从而实现知识向德性的转化。朱子这种"道问学"而后"尊德性"的经验主义认知过程, 确实有利于对知识的归纳和掌握, 对于养成严谨、务实、缜密的自然科学态度, 把握自然之理有重要意义。然而, 朱子所说之"理"不仅是自然之理, 也包括人伦之理。"格物穷理"对于人伦之理的把握是不够的。建立起有关道德行为、道德原则的系统道德知识, 并不等于一个人就有了道德意识, 就成了至善的道德个体。要实现知识向道德的转换, 真正成为至善至纯的道德人, 还需要依赖道德主体的自觉性, 将"格"到的道德知识付诸实践。⑤ 朱熹所提倡的"道问学"而后"尊德性"的为学之方, 注重用至善的道德知识和原则来规范人们的行为, 由"外"而向"内", 最终实现"人心"与"道心"的贯通与合

---

① 宋濂. 宋学士文集: 第 29 卷 [M]. 北京: 全国图书馆文献缩微中心, 1994: 244.
② 陈献章 (1428—1500), 字公甫, 别号石斋, 广东新会白沙里人, 故又称白沙先生, 明代哲学家、教育家。
③ 陈献章. 陈白沙集: 第 1 卷 [M]. 上海: 上海古籍出版社, 1991: 55.
④ 颜培金, 王谦, 译注. 大学·中庸 [M]. 武汉: 崇文书局, 2023: 123.
⑤ 葛兆光. 中国思想史: 第 2 卷 [M]. 上海: 复旦大学出版社, 2001: 234-240.

一，过多地关注了经验性的知识积累，客观地降低了对于道德"本心"的关注，忽略了人的主动性和自觉性，难免有虎头蛇尾之嫌。

陆九渊从"心即理"的本体论出发，认为心俱是理，理在心中，要明理就要启发包容一切德性之"本心"，并由此心推而向外，逐步地去认知外部经验世界，辨别和获取经验世界中的知识。① 他评价自己的理论为"易简"，而朱熹之学为"支离"，在"鹅湖之会"上以一句"易简工夫终久大，支离事业竟浮沉"挑战了朱熹的理论。陆九渊之评价虽带有讥讽贬低之意，但也有几分道理。朱熹为学之方确实倾向于精而细地求知，致力于格物穷理，强调外在规范的约束，而陆九渊之方则倾向于简而广的明心，重视道德主体的内驱力和判断能力。陆九渊这种由内而外的先验主义认识路线，一方面将对知识的获取建立在德性的体认和觉悟之上，主体感受到自我的意义和价值，趋向至善而与天下苍生相联，激发主体由爱自己拓展到热爱整个世界，② 因此"道问学"不再盲目而散乱，有利于道德教育意义的实现；另一方面，这种先德性而后知识的路径，很多时候使知识成为对德性的一种印证而流于被动的位置或被忽略。从今天的视角看，"尊德性"与"道问学"本是密不可分的，离开了"尊德性"的"道问学"，可能会演变为"假学""伪学"；而脱离了"道问学"的"尊德性"，则有可能异化为宗教式的"彼岸"冥想。在教育实践中，将朱陆二人的观点绝对割裂开来，纠结于二者孰优孰劣并没有多大的现实意义，我们所追求的是在比较二者的异同中，获得多样化的教育观念和不同的教育视角，从而激发道德主体的主动性和积极性。

---

① 徐复观. 中国思想史论集 [M]. 上海：上海书店出版社，2004：14.
② 黎晓铃，张品端. "尊德性"与"道问学"关系的再认识——以朱熹、陆九渊思想为考察对象 [J]. 朱子学研究，2022，(02)：67-68.

第七论　王阳明道德教育思想

　　王阳明（1472—1529），本名王守仁，幼名云，号阳明，字伯安，谥号文成，世人称之为王阳明，浙江省绍兴府余姚县（今浙江省余姚市）人，明朝杰出的思想家、文学家、军事家、教育家。王阳明精通儒、释、道三教，一生虽然政治生命坎坷，学术生命多舛，但无论是政绩，还是德行、学问都异常突出，是公认的中国历史上能真正做到"立德、立功、立言"的"三不朽"人物。特别是在"立言"上，他讲学书院，授徒、传道、解惑，著书立说，为拯救明朝的社会与道德双重危机，破除世人"心中贼"而不遗余力、艰辛探索，形成了完整的道德教育理论体系，将儒家的道德教育推向新的高峰。他的思想一经问世就产生了很大的影响，在当时形成了一股声势浩大的学术思潮。深入探究其理论，对于深刻理解"两个结合"具有重要理论和现实意义。

一　王阳明道德教育思想形成的条件

　　社会存在决定社会意识，社会意识反映社会存在。任何一种思想的产生和传播都离不开特定的历史条件。王阳明生于明朝成化年间，处于明朝逐渐走向衰落的时期，一方面政治上权臣当道，社会矛盾尖锐，另一方面商品经济的发展促使市民阶级崛起和社会风气转变，这为王阳明道德教育思想的形成提供了历史契机和社会基础。王阳明积极回应社会的需要，基于多年道德教育实践经验和人生磨砺，融合先儒关于道德教育的理论精华，形成了自己的道德教育体系。

（一）社会背景

明朝自土木之变以来由盛转衰，国力总体呈现下滑趋势，尽管出现了短暂的弘治中兴和嘉靖中兴，但抵不过昏君倦政怠政等引发的社会危机，国力每况愈下，宦官专权，政治腐败，功利之风盛行，学术僵化支离，对此王阳明深感忧愤，多方摸索和探求，以求救世良方。

政治上内忧外患，积重难返，主要表现在以下几点。第一，宦官专权。明初废除自秦汉延续千年的丞相制，分权于六部，实行封藩制，设置东、西厂和锦衣卫并使其直接对皇帝负责，以此加强中央集权，这些成为明中期政治危机的隐患和祸根。《明史》记载："盖明世宦官出使、专征、监军、分镇、刺臣民隐事诸大，皆自永乐间始。"① 明英宗时，开始形成宦官专权的局面。宦官窃权专政、结党营私、罔上诬下、打击异己、享乐敛财，致纲纪废弛，政治黑暗腐败，阁臣争权，朋党混争。第二，藩王叛乱。削藩的不彻底和藩禁政策日益严苛，造成藩王与朝廷的紧张态势。藩王出于对自身利益的保护发动叛乱，明朝共发生四次藩王叛乱，是造成政治混乱局面的因素之一。坐食岁禄的宗室对人民的剥削和恶行，激化了明中期的阶级矛盾。第三，农民起义。大量的土地兼并、繁重的赋税徭役、频繁的自然灾害，使大量的农民流离失所，困苦不堪。在明朝短短 276 年的历史中，竟发生了 1011 次自然灾害，发生次数占整个封建社会的五分之一。② 王阳明对此进行过描述："今灾害日兴，盗贼日炽，财力日竭，天下之民困苦已极。"③ 走投无路的农民转而揭竿起义，社会因而动荡不安。《明史》记载："流寇蔓延，几危宗社。"④ 明朝爆发的农民起义数量之多，地域之广，历史少见。第四，边患不断。流离失所的饥民占据一隅，便沦为盗贼，南方、北方及西北方的边患问题严重，复杂严峻的边患形势，严重冲击了明朝统治。面对如此乱象，王阳明悲叹："今天下波颓风靡，为

① 南炳文，汤纲. 明史：上 [M]. 上海：上海人民出版社，2021：264.
② 邓云特. 中国救荒史 [M]. 北京：商务印书馆，1998：40-41.
③ 王守仁. 王阳明全集：上 [M]. 吴光，等，编校. 上海：上海古籍出版社，2012：247.
④ 张廷玉，等. 明史 [M]. 北京：中华书局出版社，1974：4534.

日已久，何异于病革临绝之时。"①

经济上，商品经济迅速发展，功利主义初见端倪。"如果明前期社会经济的发展主要还是耕织结合的传统经济的发展，那么明中期社会经济发展的主要标志则是商品经济的空前发展，在中国古代经济发展史上开创出一个崭新的局面。"② 明朝中叶，政府实行重农抑商的政策，东南"禁海"、西北"禁茶"、内地"禁矿""禁盐"。商品经济冲破了当时朝廷政策的阻碍，呈现与政治相反的蓬勃发展之势，为中国资本主义生产关系的萌芽奠定了基础。商品经济的发展得益于生产力的提高。明朝中叶，一方面水利灌溉、肥料的使用以及生产工具的改进等精耕细作方式的运用使粮食产量远超前代，经济作物种植面积扩大；另一方面冶铁、铸铁业的发展也带动了手工业水平的提高，越来越多的农副产品和手工业产品进入市场进行商品交换。大规模的商品交换促进了商业和城市经济的繁荣，这在江南沿海地区最为明显。明朝社会土地兼并的加剧客观上为商品经济的发展创造了条件。土地兼并，一方面导致土地资本的集中，另一方面动摇了自给自足的小农经济绝对优势地位，使自耕农丧失土地而成为流民，客观上为商品经济进一步发展提供了资金、市场和劳动力等生产要素，一种新质的生产关系逐渐在腐朽的封建制母体中孕育。商品经济的发展对人们的思想和价值观念产生深刻的影响。传统的纲常伦理关系逐渐被功利之风和金钱利害关系侵蚀，人们多重利轻义，财富的多少成为衡量人价值的标准，"圣人之学日远日晦，而功利之习愈趋愈下"。③ 如何改变堕落的风俗，拯救人心，重塑信仰成为当时的社会课题。

文化上，士风不正，思想僵化。明朝中叶，作为官方意识形态的程朱理学历经百年发展日益僵化，读书人将其奉为圭臬，当成谋求功名利禄的工具，社会道德每况愈下。程朱理学引发的主要学术弊端有以下几点。其一，思想僵化。八股取士，既定的考试规范和考试内容，杜绝自由发挥，用纲常伦理禁锢和束缚思想，导致创新思维鲜见，士人暮气沉沉，学术衰

---

① 王守仁. 王阳明全集：中 [M]. 吴光，等，编校. 上海：上海古籍出版社，2012：672.
② 张显清. 张显清文集 [M]. 上海：上海辞书出版社，2005：106.
③ 王守仁. 王阳明全集：上 [M]. 吴光，等，编校. 上海：上海古籍出版社，2012：49.

败，思想僵化。其二，学术空疏。科举考试的内容限制，使士子们沉溺于华丽词章，雕琢文字，毫无真情实感，表里不一的学风日盛。其三，知行脱节。士子们空谈性命天理，满口仁义道德，实际却徇私舞弊，相互倾轧，对经世致用之学和社会动荡漠不关心，言行不一，使世风日伪。王阳明感叹说："天下之大乱，由虚文胜而实行衰也。"① 王阳明希望通过"变士风"和"明学术"改变思想僵化、学术功利的现状，他说："今夫天下之不治，由于士风之衰薄；而士风之衰薄，由于学术之不明；学术之不明，由于无豪杰之士者为之倡焉耳。"②

（二）思想渊源

黄宗羲《明儒学案·姚江学案》记载，王阳明学术思想的形成和发展过程，以"龙场悟道"为界，分为前后"三变"两个时期。前"三变"即由"始泛滥于词章"到"遍读考亭之书"，笃信朱熹理学的格物之说，再到出入于佛老之学，归本于孔孟圣人之道。后"三变"即由"龙场悟道"之后大悟"格物致知"之旨，"以默坐澄心为学的"到"专提致良知三字"，再到居越讲学，"所操益熟，所得益化"。《明儒学案·姚江学案》的记载比较清晰地勾勒了王阳明思想的渊源。

1. 对孔孟儒学的继承与发展

王阳明远承孔孟思想，对孔孟思想的承继关系主要体现在三个方面。第一，王阳明继承发展了孟子的"良知良能"思想。孟子提出了有关"良知良能"的观点，他说："人之所不学而能，其良能也；其不虑而知者，其良知也。"③ "良能""不学而能"，表示其先验性；"良知""不虑而知"，表示其直觉性。孟子所说的"良知良能"是指先天具备的、不经后天习得而固有的道德情感和道德判断能力。王阳明发展了孟子"良知"学说，首先，厘清了"心"与"良知"的关系，"心者身之主也，而心之虚灵明觉，即所谓本然之良知也"，④ 提出了"良知"是"心"之本体的观

---

① 王守仁. 王阳明全集：上 [M]. 吴光，等，编校. 上海：上海古籍出版社，2012：7.
② 王守仁. 王阳明全集：中 [M]. 吴光，等，编校. 上海：上海古籍出版社，2012：730.
③ 杨伯峻. 孟子译注 [M]. 北京：中华书局. 2016：340.
④ 王守仁. 王阳明全集：下 [M]. 吴光，等，编校. 上海：上海古籍出版社，2012：1064.

点。其次，将"天理"与"良知"联系起来，认为："天理在人心，亘古亘今，无有终始，天理即良知。"① "良知是天理之昭明灵觉处，故良知即是天理。"② 他认为"良知"即"天理"，是人先天具有的，可以判断善恶是非，约束人的道德行为，这样他就赋予了"良知"道德自觉性和判断能力。最后，在"良知"说的基础上提出了"致良知"。"良知"是人之天性，但是它由于社会私欲弊病被蒙蔽了，"去欲"，存善去恶，恢复"良知"的过程即是"致良知"。第二，王阳明着重论述了孟子的"是非之心"，赋予心之良知道德评判能力。孟子提出"四端"说，"恻隐之心，仁之端也；羞恶之心，义之端也；辞让之心，礼之端也；是非之心，智之端也。人之有是四端也，犹其有四体也"。③ "端"即是根源，人的道德情感、是非判断根源于心中的良知。王阳明重点阐发了"是非之心"，将其作为道德评判的标准。第三，王阳明吸收借鉴了孔孟"圣人"学说。孔子认为"我非生而知之者"，圣贤可以通过后天的"不耻下问""学而不厌"达到。孟子提出"人皆可以为尧舜"的思想。王阳明吸收孔孟观点，提出了"成色分两"说阐明圣人之为圣的本质。"学者学为圣人，不过是去人欲存天理耳。"④ "所以谓之圣，只论精一，不论多寡。只要此心纯乎天理处同，便同谓之圣。若是力量气魄，如何尽同得！后儒只在分两上较量，所以流入功利。"⑤ 王阳明通过"成色分两"说对圣人的本质有了全新的理解和把握。只在"精一"，不在"多寡"，此即"人皆可以为尧舜"的真实意涵，也为自我通往圣明境界寻求到一条途径，即"致良知"，去恶存善。

2. 对程朱理学的批判与借鉴

程朱理学是王阳明道德教育思想理论的主要来源，王阳明对程朱理学的批判与借鉴体现在以下几点。第一，王阳明批判改造朱熹"格物致知"学说。朱熹的"格物致知"即要格物穷理，其中的"物"是指世上的一切事物，也包括封建伦理纲常。王阳明认为朱熹的"格物致知"实际是假物

① 王守仁. 王阳明全集：上［M］. 吴光，等，编校. 上海：上海古籍出版社，2012：19.
② 王守仁. 王阳明全集：上［M］. 吴光，等，编校. 上海：上海古籍出版社，2012：63.
③ 杨伯峻. 孟子译注［M］. 北京：中华书局. 2016：84.
④ 王守仁. 王阳明全集：上［M］. 吴光，等，编校. 上海：上海古籍出版社，2012：25.
⑤ 王守仁. 王阳明全集：上［M］. 吴光，等，编校. 上海：上海古籍出版社，2012：27.

求理,容易造成"知"与"行"脱节,引发社会弊病。他另辟新径,认为"格物致知"中的"物"指"意之所在之事","格物"即格心,去恶存善,致良知,提倡遵从自己内心的良知进行实践,使知行合一。第二,王阳明对程朱理学"知先行后"思想进行补充和创新。程朱主张"知先行后","穷理"在先,"力行"在后,从学习道德知识入手,待主体明辨是非善恶后,再进行道德践履,竭力反对"只说践履,不务穷理"。王阳明批判程朱的"知先行后"说是"向外求理","心理二分",割裂了知行关系。王阳明对症下药,提出了"知行合一"说,主张"向内求理",提倡在心体上用功,使内在体认的"知"与外在践履的"行"合一。第三,王阳明继承发展了程颢"天地万物一体之仁"的思想。程颢认为:"仁者以天地万物为一体,莫非己也。认得为己,何所不至?若不有诸己,自不与己相干。如手足不仁,气已不贯,皆不属己,故博施济众,乃圣之功用。"① 有仁德的人以仁德之心对待万物,视天地万物为一体,爱人爱物如同爱己。受程颢的影响,王阳明在《拔本塞源》中阐发了"天地万物为一体"的思想:"圣人之心,以天地万物为一体,其视天下之人,无外内远近:凡有血气,皆其昆弟赤子之亲,莫不欲安全而教养之,以遂其万物一体之念。"② 王阳明的"天地万物一体之仁"思想,充满了对现实的不满和批判,他希望复归"心学纯明"的理想社会。

3. 对象山心学的扬弃与发展

作为宋明时期"心学"的开山祖师,陆九渊提出了"心即理"的核心命题,认为心俱是理,心与理一,本心至善,但由于私欲和意见而被蒙蔽了。他主张反身内求,通过简易工夫"发明本心"。"发明本心"是为学的第一要务。"苟此心之存,则此理自明。当恻隐时即恻隐,当羞恶时即羞恶,当辞让时即辞让,是非在前,自能辨之。"③ 王阳明认为,陆九渊以心为本,主张无论古今,还是东西南北,都同此心同此理,没有就"心即理"这一学说本身展开很细致的论述;陆九渊强调向内用功,发明本心,强本轻末,忽略了心体的发用。王阳明学生问他,陆九渊的学问如何,王

---

① 程颢,程颐. 二程集 [M]. 王孝鱼,点校. 北京:中华书局,1981:15.
② 王守仁. 王阳明全集:上 [M]. 吴光,等,编校. 上海:上海古籍出版社,2012:47.
③ 陆九渊. 陆九渊集 [M]. 锺哲,点校. 北京:中华书局,2020:458.

阳明回答说：大段也是，只是粗了。王阳明认为陆九渊的学问比较粗糙。王阳明对陆九渊的观点加以借鉴与发展，在"心即理"的基础上提出了"致良知"的思想。"心之良知是谓圣。圣人之学，惟是致此良知而已。"[1]

4. 对佛老思想的吸收与借鉴

王阳明曾出入佛老，并有意寻访佛道，寻求来自佛道的超然自得的体验。正是在与佛老交互学习中，王阳明发现无论是"洞中静坐"还是"忘己忘物，与虚空同体"，这些仙家的"虚"和佛家的"无"都是些"离世"的论调，除了让人精神恍惚外，没有经世致用的东西，他最后对佛老之法很失望。不过，他认为不应该对佛道一味地排斥，而应该在保证儒家德性的主体性前提下，借鉴吸收佛道合理的修养方法和哲学思想，佛道只能为"用"，不能为"体"。王阳明由于幼年格竹，积劳成疾，曾借助道家的修养方法，筑室阳明洞，静坐，施行导引术，在静坐中修心养性。在修养论方面，王阳明提倡佛家"荡相遣执"，去除对儒家义理的过分拘执，追求一种洒脱的情怀和境界。对于佛老精髓的研习和体验，为王阳明后来建立起融合儒、释、道三家的学说奠定了基础。

（三）个人经历

知行合一是儒家为学之道的一贯主张，人生即学问，学问即人生，学问的背后有独特的人生经历与体验。王阳明的一生波澜壮阔、跌宕起伏，从进谏下狱，龙场悟道，到平定叛贼，他经历了别人未曾经历之事，促使他"开出"不同凡响的"思想之花"。王阳明堪称传奇的人生经历，为他的道德教育思想的形成提供了主观条件。

1. 少时不凡

王阳明出身于书香门第，父亲王华是明宪宗成化年间的进士，官至南京兵部尚书。王明明母亲早逝，父亲忙于政务无暇顾及他，使他养成了放荡不羁的性格，曾以"狂者"自居。他少时聪明好学，才华出众，曾在五岁时即景写诗，十二岁进入私塾学习。他向塾师提出："登第恐未为第一

等事，或读书学圣贤耳。"① 可见，王阳明从小便立志做圣人。他为了实现圣人目标，不断尝试各种路径：曾到山海关、居庸关考察地形，学习骑射；后又学习朱子格物致知学说，并亲身格竹七日，直到积劳成疾；王阳明广泛阅读，希望达到"致知"的境界，但终无所获，由此产生了对朱子格物致知理论的怀疑；后又出入于佛老，只为寻求圣人之道；最后茅塞顿开，归正于圣贤之学。

2. 龙场悟道

王阳明归正于圣贤之学的成圣之路充满荆棘。王阳明入仕期间，皇帝荒淫无道，宦官专权，朝纲混乱。王阳明上书仗义执言，却被宦官权臣陷害，枉受杖责之刑、牢狱之灾，被贬谪为贵州龙场驿驿丞。正德三年（1508 年），王阳明三十七岁，赴任途中遭到皇帝宠信刘瑾的追杀，历经九死一生到达龙场。"龙场在贵州西北万山丛棘中，蛇虺魍魉，蛊毒瘴疠，与居夷人缺舌难语，可通语者，皆中土亡命。"② 龙场当时是荒蛮之地，生存异常艰难。面对此情此景，王阳明用"圣人之道"的信念克服生活中的困境，每日在自己修的石棺中静坐存养。一夜中忽顿悟格物致知之旨，找到属于自己的成圣之道。龙场悟道，为王阳明道德教育思想的形成提供了方法论依据。

3. 为仕讲学

王阳明重视讲学论道，认为讲学是他平生最富有意义的生活。不论是在龙场的艰苦环境中，还是在平定叛乱之后，王阳明都不忘创办学院，为当地居民讲述圣人之道。王阳明一生共办过三个书院，最早便是在修文龙场创办的龙冈书院。王阳明为此专门制定书院教规——《教条示龙场诸生》，以保障讲学、传播文化。龙冈书院风靡一时，听讲者有时多达百人，促进了当地教育和文化的发展。王阳明能文能武，胸怀天下苍生，数次平定内乱外患，立下赫赫战功。他传奇的一生，集立德立功立言于一身，是真正的"三不朽"。

---

① 王守仁. 王阳明全集：下 ［M］. 吴光，等，编校. 上海：上海古籍出版社，2012：1001.
② 王守仁. 王阳明全集：下 ［M］. 吴光，等，编校. 上海：上海古籍出版社，2012：1006.

二 王阳明道德教育思想的理论体系

王阳明是在儒佛道三教相互交融、碰撞的文化背景下成长起来的，经历了出入佛老而后"归本孔孟"的思想历程。王阳明为扭转颓废世风，拯救社会道德危机，在继承前人思想的基础上，结合自己多年亲身教育教学经历，形成了道德教育思想体系。他的道德教育思想体系以"心即理"为理论基础，"致良知"为实践进路，"学为圣人"为目标，揭示出一条不同于程朱格物致知说的向内求圣之路。

（一）理论基础：心即理

在中国哲学史中，对"心"与"性"的关系问题的讨论可谓源远流长，从孟子的"即心见性"到陆九渊的"心即理"命题的提出，可见这一关系在中国思想史中的重要程度。在"心""性"关系上，王阳明认为："心之本体即是性，性即是理，性元不动，理元不动。"① 也就是说，在王阳明这里，"性"即"理"，"性"与"理"相同，"心""性"关系即"心""理"关系。王阳明承继陆九渊的"心即理"思想，针对朱熹的"析心与理为二"的"即物穷理"，深入阐发了"心即理"命题。"心即理"是阳明学的第一命题，也是王阳明道德教育思想的立论基础。理解"心即理"命题须结合"心外无物""心外无理"一起讨论。

1. "心即理"

"心即理"是阳明心学的逻辑基础，也是阳明心学与程朱理学的分水岭。王阳明从自身的经历出发，抛弃了朱子"即物穷理"，从"吾心"出发，把理从天上放置到人心中，认为："心即理也。此心无私欲之蔽，即是天理，不须外面添一分。"② 下面对"心即理"进行剖析。

（1）心

对于"心"的拷问，古来圣贤、百家流派从未停止过。孟子言"心之官

---

① 王守仁. 王阳明全集：上［M］. 吴光，等，编校. 上海：上海古籍出版社，2012：22.
② 王守仁. 王阳明全集：上［M］. 吴光，等，编校. 上海：上海古籍出版社，2012：2.

则思"，认为心是思维器官。佛家所言"佛心"，指禅心、悟道。王阳明关于"心"的论述非常丰富，主要有以下三层含义。第一，心是宇宙万物的主宰。王阳明说："我的灵明，便是天地鬼神的主宰。天没有我的灵明，谁去仰他高？地没有我的灵明，谁去俯他深？鬼神没有我的灵明，谁去辩他吉凶灾祥？天地鬼神万物离却我的灵明，便没有天地鬼神万物了。"① 当然，心也是身之主宰。"心者身之主宰，目虽视，而所以视者心也；耳虽听，而所以听者心也；口与四肢虽言、动，而所以言、动者心也。故欲修身在于体当自家心体，常令廓然大公，无有些子不正处。主宰一正，则发窍于目，自无非礼之视；发窍于耳，自无非礼之所；发窍于口与四肢，自无非礼之言动：此便是修身在正其心。"② 身体的耳眼鼻喉四肢等感官活动由心所主宰。"心不是一块血肉，凡知觉处便是心，如耳目之知视听，手足之知痛痒，此知觉便是心也。"③ 阳明反对把心当作人体器官，强调心的知觉作用。第二，心是宇宙万物的本原。"身之主宰便是心，心之所发便是意，意之本体便是知，意之所在便是物。"④ 王阳明认为，心通过"意"为中介化生万物，天地万物都是由心决定和创造的。"虽至于位天地，育万物，未有出于吾心之外也。"⑤ 第三，至善是心之本体。"至善者，心之本体也。心之本体，那有不善？"⑥ "天理"即为心之本体，所谓"定者心之本体，天理也"。⑦ "至善只是此心纯乎天理之极便是。"⑧ 天理是万善之源。

（2）理

王阳明对"心"的界定离不开"理"，可以说"无理不成心"。"理"的内涵包括以下几方面。第一，理为心之条理。阳明说："天命之性具于

① 此处前半句讨论灵明之心。先生曰："你看这个天地中间，甚么是天地的心？"对曰："尝闻人是天地的心。"曰："人又甚么叫做心？"对曰："只是一个灵明。"见王守仁．王阳明全集［M］．吴光，等，编校．上海：上海古籍出版社，2012：2.
② 王守仁．王阳明全集：上［M］．吴光，等，编校．上海：上海古籍出版社，2012：104.
③ 王守仁．王阳明全集：上［M］．吴光，等，编校．上海：上海古籍出版社，2012：106.
④ 王守仁．王阳明全集：上［M］．吴光，等，编校．上海：上海古籍出版社，2012：5.
⑤ 王守仁．王阳明全集：上［M］．吴光，等，编校．上海：上海古籍出版社，2012：202.
⑥ 王守仁．王阳明全集：上［M］．吴光，等，编校．上海：上海古籍出版社，2012：104.
⑦ 王守仁．王阳明全集：上［M］．吴光，等，编校．上海：上海古籍出版社，2012：15.
⑧ 王守仁．王阳明全集：上［M］．吴光，等，编校．上海：上海古籍出版社，2012：3.

吾心，其浑然全体之中，而条理节目，森然毕具，是故谓之天理。"① "天理"是天赋予人"心"的"性"，浑然全体，条理节目无不具有，即理为心之条理。"理也者，心之条理也。是理也，发之于亲则为孝，发之于君则为忠，发之于朋友则为信。千变万化，至不可穷竭，而莫非发于吾之一心。"② "天理"是心之本体，道德之源，理之发用体现为孝忠信等道德规范。第二，理为气之条理。"天理"作为道德之源，如何发之于亲、君、友呢？王阳明认为通过"气"来实现。他说："理者，气之条理，气者，理之运用；无条理则不能运用，无运用则亦无以见其所谓条理者矣。"③ "天理"是心之本体，但天理必须发用落实，发用便表现为条理，"天理"是"气"运行或身上的条理，而"气"是"天理"之发用流行，无"气"之运用，条理就不可见，但是没有"天理"的宰制，就不会有"气"之运用，或者就不会出现"气"之滥用。因此，"天理"与"气"的关系以"理"为主导和规范，二者相互依赖。第三，礼为天理之条理。王阳明说："天理之条理谓之礼。是礼也，其发见于外，则有五常百行。"④ "礼"也是"天理"的发用流行，是"大理"的具体体现，也就是说天理表现为维护封建统治的三纲五常等级制度。他强调"天理"乃天命之性，具于吾心，是真诚之性，是真情实意。"孝亲之心真切处才是天理。如真心去定省问安，虽不到床前，却也是孝。若无真切之心，虽日日定省问安，也只与扮戏相似，却不是孝。此便见心之真切，才为天理。"⑤ 孝亲一定要出于真心，真实无伪，否则不是天理，"天理"的落实需要"诚意"。

（3）心即理

"心即理"命题是王阳明道德教育思想的核心命题，即心包万理，理在心中，心与理一。如前述"理"是条理，是道德，不是实际的事物，那么"理"在何处呢？王阳明学生徐爱就发出如此疑问："如事父之孝，事君之

① 王守仁.王阳明全集：上［M］.吴光，等，编校.上海：上海古籍出版社，2012：224.
② 王守仁.王阳明全集：上［M］.吴光，等，编校.上海：上海古籍出版社，2012：233.
③ 王守仁.王阳明全集：上［M］.吴光，等，编校.上海：上海古籍出版社，2012：54.
④ 王守仁.王阳明全集：上［M］.吴光，等，编校.上海：上海古籍出版社，2012：224.
⑤ 王守仁.王阳明全集：下［M］.吴光，等，编校.上海：上海古籍出版社，2012：967.

忠，交友之信，治民之仁，其间有许多理在，恐亦不可不察。"① 徐爱的意思是说，孝、忠、仁等"理"在事父、事君、交友、治民上都呈现出来了，都在"心"外，怎么说"心外无理"呢？王阳明用反问进行回答。他说："此说之蔽久矣，岂一语所能悟？今姑就所问者言之：且如事父，不成去父上求个孝的理？事君，不成去君上求个忠的理？交友、治民，不成去友上、民上求个信与仁的理？都只在此心。心即理也。"② "事父"的时候，难道去父亲身上找孝的理？"事君"的时候，难道在君主身上去找忠的理？"交友"时难道在朋友身上去找信的理？"治民"时难道在民众身上去找仁的理？其实孝、忠、信、仁之理都在心中，"心即理"。如果认为孝、忠、信、仁之"理"依附于人身，那么人之肉身消亡之后，这些"理"就有随之消亡的风险。事实是，人的肉身消亡之后，孝父之理、忠君之理依然存在。由此可见，"理"不在人身，而在人心，在"吾心之良知"③，所以"心即理"。从"理"与"心"的特性来看，二者归一是最好的归宿和结合。"理"是善体，但无定性，无动静，无声无臭，不可名状，因而此善体的发用流行需要载体。"心"是天、渊④，以其广袤的胸怀无所不包，可以容纳万事万物万理，由于私欲障碍失其本体。"理"之于"心"不仅仅寄宿于"心"，同时是纯化"心"之本体，因为纯化而使"理"与"心"归于一，成为"道心"⑤。"理""心"归一，至善之"理"找到归宿，广

---

① 王守仁．王阳明全集：上 [M]．吴光，等，编校．上海：上海古籍出版社，2012：2．

② 王守仁．王阳明全集：上 [M]．吴光，等，编校．上海：上海古籍出版社，2012：2．

③ "朱子所谓'格物'云者，在即物而穷其理也。即物穷理，是就事事物物上求其所谓定理者也，是以吾心而求理于事事物物之中，析'心'与'理'而为二矣。夫求理于事事物物者，如求孝之理于其亲之谓也。求孝之理于其亲，则孝之理其果在于吾之心邪？抑果在于亲之身邪？假而果在于亲之身，则亲没之后，吾心遂无孝之理欤？见孺子之入井，必有恻隐之理，是恻隐之理，果在于孺子之身欤？抑在于吾心之良知欤？其或不可以从之于井欤？其或可以手而援之欤？是皆所谓理也，是果在于孺子之身欤？抑果出于吾心之良知欤？以是例之，万事万物之理，莫不皆然。是可以知析'心'与'理'为二之非矣。"王守仁．王阳明全集：上 [M]．吴光，等，编校．上海：上海古籍出版社，2012：39．

④ "人心是天、渊。心之本体，无所不该，原只是一个天。只为私欲障碍，则天之本体失了。"见王守仁．王阳明全集：上 [M]．吴光，等，编校．上海：上海古籍出版社，2012：84．

⑤ "心一也。未杂于人谓之道心，杂以人伪谓之人心。人心之得其正者即道心，道心之失其正者即人心，初非有二心也。"见王守仁．王阳明全集：上 [M]．吴光，等，编校．上海：上海古籍出版社，2012：6．

衷之心得到善体，这一原理是开启阳明学的钥匙。

2. 心外无物

王阳明在阐释"心即理"这一命题的同时，还提出"心外无理""心外无物"的说法，用以补充和完善"心即理"的内涵。在"心""理"关系上，王阳明有时用"心即理"，有时也用"心外无理"来表达自己的看法，二者类似，前文已述，不再赘述。在"心""物"关系上，王阳明认为"心外无物"，但从不讲心即物，二者不是对等的关系，他把物置于心的主宰之下，表现为精神与物质的关系。

"心外无物"中"物"是什么呢？王阳明认为"物者，事也。凡意之所发必有其事，意所在之事谓之物"①。训物为事，这并不是王阳明的独创。佛教华严宗之"事理"说，朱熹"物，犹事也"，都是这样解释物字。相区别的是朱熹的"物"是"理"借助"气"派生的，而王阳明的"物"是心借助"意"派生的。"身之主宰便是心，心之所发便是意，意之本体便是知，意之所在便是物。"② 在分析"物"这个概念后，须对"心外无物"，也就是"心""物"关系进行具体阐释。

第一，"心""物"是派生关系。心是宇宙万物的本原，"心"以"意"为中介派生"物"，"意之所在便是物"。"如意在于事亲，即事亲便是一物；意于事君，即事君便是一物；意在于仁民爱物，即仁民爱物便是一物；意在于视听言动，即视听言动便是一物。所以某说无心外之理，无心外之物。"③ 也就是说，物之有无是由"意"是否意识到决定，而"意"源于心，由"心"所发，因而心外无物、心外无理。第二，宇宙万物因"心"而有。在王阳明与友"南镇赏花"的故事中，当友人质疑花开花落与人心无关时，他回道："你未看此花时，此花与汝心同归于寂。你来看此花时，则此花颜色一时明白起来，便知此花不在你的心外。"④ 你未看此"花"时，花"归于寂"，你来看时花颜色"明白起来"，由此，花的价值和意义与"心"相关联，被"心"感知花才有意义与价值。在王阳

---

① 王守仁．王阳明全集：中［M］．吴光，等，编校．上海：上海古籍出版社，2012：802.

② 王守仁．王阳明全集：上［M］．吴光，等，编校．上海：上海古籍出版社，2012：5.

③ 王守仁．王阳明全集：上［M］．吴光，等，编校．上海：上海古籍出版社，2012：5.

④ 王守仁．王阳明全集：上［M］．吴光，等，编校．上海：上海古籍出版社，2012：94.

明看来，宇宙万事万物万理只有与人心发生联系，被心觉知，才显示其意义与价值，否则皆是虚无。王阳明这个观点与贝克莱"存在即是被感知"类似。根据这个逻辑，自然"心外无物"。第三，"心"是宇宙万物的精华。王阳明说："今夫茫茫堪舆，苍然然，其气之最粗者欤？稍精则为日月、星宿、风雨、山川；又稍精则为雷电、鬼怪、草木、花卉；又精而为鸟兽、鱼鳖、昆虫之属；至精而为人，至灵至明而为心。故无万象，则无天地；无吾心，则无万象矣。故万象者，吾心之所为也；天地者，万象之所为也；天地万象，吾心之糟粕也。……此可见心外无理，心外无物。"①宇宙万物，芸芸众生，万物皆气，气之表现形式不同，再精者为心，此是顶点，因而"心"是宇宙的精华，而宇宙万物万象不过是"心"之糟粕。王阳明将心视为宇宙进化过程中的最高成果和精华，精华之"心"主宰、统摄宇宙万物，所以"心即理"，心外无理，心外无物。

（二）教育内容

王阳明为了应对明朝中期的社会道德危机，以"狂者胸次"的非凡气概"大破常格"，对已失去活力的程朱理学进行猛烈抨击，构建了内涵丰富的道德教育理论体系，是当时思想界的一大革命。他的道德教育理论以"心即理"为理论基础，以"致良知"和"知行合一"为核心内容，向内反省探求，希冀能有"开悟"而"成就"人才。

1. "致良知"

"致良知"学说是王阳明经过"学三变"的思想革新和"教三变"的价值转向而得出来的，是他晚年提出的成熟思想，也是王阳明最重要、流传最广的思想，他宣称："吾平生讲学，是致良知三字。"②"致良知"思想内涵丰富，"良知"是本体，"致良知"是工夫，下面从"良知"和"致良知"两个层面展开论述。

（1）"良知"

"良知"一词最早出现在《孟子》一书中，是"不虑而知"③"不学而

---

① 束景南，查明昊. 王阳明全集补编：简体版 [M]. 上海：上海古籍出版社，2018：209.
② 王守仁. 王阳明全集：上 [M]. 吴光，等，编校. 上海：上海古籍出版社，2012：818.
③ "所不虑而知者，良知也。"见杨伯峻. 孟子译注 [M]. 北京：中华书局. 2016：340.

能”的先天道德法则和意识。王阳明将孟子的“良知”说进行发展扩充，赋予其宇宙本体、至善的真理、唯一的真知、判断是非的标准等内涵。

第一，“良知”是心之本体。① 王阳明把良知与孟子的“四心”说结合起来，认为良知和心的关系是：良知是心的本体，是心的“虚灵明觉”的状态。首先，良知本体是人人皆有的，是不学而能的。天下四方，不论圣贤凡夫，不论古今，人人心中都保有良知。“良知之在人心，无间于圣愚，天下古今所同也。”② 良知“不学而能”，“不虑而知”。“知是心之本体。心自然会知：见父自然知孝，见兄自然知弟，见孺子入井自然知恻隐，此便是良知，不假外求。”③ 良知内在于人心，人人皆有，具有普遍性意义，由此王阳明为天下之人指明一条向内求去恶为善的简易可为的达圣之路。其次，“良知”即“天理”。在王阳明看来，天、理、性、心等概念是一个统合不可分的整体。“知是理之灵处，就其主宰处说，便谓之心；就其禀赋处说，便谓之性。孩提之童，无不知爱其亲，无不知敬其兄，只是这个灵能不为私欲遮隔，充拓得尽，便完；完是他本体，便与天地合德。”④ 这里的“知”就是“良知”。心即理，良知就是天理，皆来自天。王阳明说：“天理在人心，亘古亘今，无有终始；天理即是良知，千思万虑是致良知。”⑤ 又说：“良知是天理之昭明灵觉处，故良知即是天理。”⑥ “天理”是仁、义、礼、智等道德原则和规范，是先验的传统伦理道德的升华和至善的道德。“良知”即“天理”，天理与良知合一，使普遍性的天理存于人心，实现了作为道德主体的人和天理之内在的相通，普遍法则的天理转化为个体的内在力量，大大加强了道德修养实践的主动性和可能性。最后，良知是至善的。“良知”是先天的理性原则，是先验的道德本体存在，具有普遍性、至上性和至善性。“天命之性，粹然至善，其

---

① “良知者，心之本体，所谓恒照者也。”见王守仁. 王阳明全集：上 ［M］. 吴光，等，编校. 上海：上海古籍出版社，2012：54.
② 王守仁. 王阳明全集：上 ［M］. 吴光，等，编校. 上海：上海古籍出版社，2012：69.
③ 王守仁. 王阳明全集：上 ［M］. 吴光，等，编校. 上海：上海古籍出版社，2012：6.
④ 王守仁. 王阳明全集：上 ［M］. 吴光，等，编校. 上海：上海古籍出版社，2012：30.
⑤ 王守仁. 王阳明全集：上 ［M］. 吴光，等，编校. 上海：上海古籍出版社，2012：96.
⑥ 王守仁. 王阳明全集：上 ［M］. 吴光，等，编校. 上海：上海古籍出版社，2012：161.

灵昭不昧者，此其至善之发见，是乃明德之本体，即所谓良知也。"① "良知只是一个天理自然明觉发见处，只是一个真诚恻怛，便是他本体。"② "良知"即明德，是良知本体固有的、不可泯灭的本然之"明"，是真诚恻怛的灵觉。

第二，"良知"是"是非之心"。③ 良知是人天生所具有的禀性。首先，作为"是非之心"的良知是一种道德准则与标准。良知作为天理，本身就是人们心中的道德原则，就是是非、善恶的标准，是"试金石、指南针"，合之为是，不合则为非。"尔那一点良知，是尔自家底准则。尔意念着处，他是便知是，非便知非，更瞒他一些不得。尔只不要欺他，实实落落依着他做去，善便存，恶便去……这些子看得透彻，随他千言万语，是非诚伪，到前便明。合得的便是，合不得的便非。如佛家说心印相似，真是个试金石、指南针。"④ 其次，良知具有判断是非善恶的能力。"良知发用之思，自然明白简易，良知亦自能知得。若是私意安排之思，自是纷纭劳扰，良知亦自会分别得。盖思之是非邪正，良知无有不自知者。"⑤ 是非、善恶、诚伪在良知面前皆无所遁形，因为良知本身就具有知是非、知善恶、辨真伪的能力，这种能力不仅是先验的，而且是自明的。"凡意念之发，吾心之良知无有不自知者。与善欤，惟吾心之良知自知之；其不善欤，亦惟吾心之良知自知之；是皆无所与于他人者也。"⑥ 良知知善恶、辨真伪的能力本自具足，无须借助他人。最后，良知是一种智慧。良知能见微知著、未雨绸缪、随机应变。"夫良知之于节目时变，犹规矩尺度之于方圆长短也。节目时变不可预定，犹方圆长短之不可胜穷也。故规矩诚立，则不可欺以方圆，而天下之方圆不可胜用矣；尺度诚陈，则不可欺以长短，而天下之长短不可胜用矣；良知诚致，则不可欺以节目时变，而天

① 王守仁. 王阳明全集：中 [M]. 吴光，等，编校. 上海：上海古籍出版社，2012：799-800.
② 王守仁. 王阳明全集：上 [M]. 吴光，等，编校. 上海：上海古籍出版社，2012：74.
③ "良知只是个是非之心，是非只是个好恶，只好恶就尽了是非，只是非就尽了万事万变。"见王守仁. 王阳明全集：上 [M]. 吴光，等，编校. 上海：上海古籍出版社，2012：97.
④ 王守仁. 王阳明全集：上 [M]. 吴光，等，编校. 上海：上海古籍出版社，2012：82.
⑤ 王守仁. 王阳明全集：上 [M]. 吴光，等，编校. 上海：上海古籍出版社，2012：63.
⑥ 王守仁. 王阳明全集：中 [M]. 吴光，等，编校. 上海：上海古籍出版社，2012：802.

下之节目时变不可胜应矣。毫厘千里之谬，不于吾心良知一念之微而察之，亦将何所用其学乎？"① 良知如《易》理，其本质就是变化，变动不居。"良知即是易，其为道也屡迁，变动不居，周流六虚，上下无常，刚柔相易，不可为典要，惟变所适。此知如何捉摸得？见得透时便是圣人。"② 良知是一种大智慧，能参透便是圣人了。

第三，良知是造化的精灵。王阳明不仅认为良知是心之本体，道德的本体，万善之源，还将其提升到宇宙万物本原的高度。"良知是造化的精灵。这些精灵，生天生地，成鬼成帝，皆从此出，真是与物无对。人若复得他完完全全，无少亏欠，自不觉手舞足蹈，不知天地间更有何乐可代。"③ 在这里，王阳明将良知看作宇宙的本原，是一切事物存在的根据，只要保有和扩充良知，就能达到万物一体之境，从而将良知由道德秩序系统扩充为宇宙秩序的系统。正是在这个意义上，他说道："人的良知，就是草木瓦石的良知。若草木瓦石无人的良知，不可以为草木瓦石矣。岂惟草木瓦石为然，天地无人的良知，亦不可为天地矣。"④ 正是有了人的灵明，人与万物交互作用，世界才能繁荣。王阳明将道德主体和精神活动绝对化，使良知的内涵由个体修身拓展到宇宙的运行法则，凸显出内在德性的统领所用。

由以上分析可知，王阳明的"良知"范畴是一个融本体论、道德修养论、认识论与人性论为一体的纯主观精神的集合体，它既是至善的真理、判断是非的标准，又是宇宙世界的本体，它仍然是以仁、义、礼、智、信等传统伦理道德准则为基本内涵。⑤ 那么，人们如何保有和扩充良知呢？唯一工夫便是"致良知"。

（2）致良知

良知本自具足，并不意味着良知是现成可取、不需要努力即可实现

---

① 王守仁. 王阳明全集：上 [M]. 吴光，等，编校. 上海：上海古籍出版社，2012：44.

② 王守仁. 王阳明全集：上 [M]. 吴光，等，编校. 上海：上海古籍出版社，2012：110.

③ 王守仁. 王阳明全集：上 [M]. 吴光，等，编校. 上海：上海古籍出版社，2012：91—92.

④ 王守仁. 王阳明全集：上 [M]. 吴光，等，编校. 上海：上海古籍出版社，2012：94.

⑤ 参见方国根. 王阳明评传——心学巨擘 [M]. 南宁：广西教育出版社，1996：55-72、115-126.

的。良知的发见流行，要诉诸"致良知"的工夫。"致良知"作为一个命题，由"致"与"良知"组成。王阳明在《大学问》中对"致"解释为："致者，至也。如云'丧致乎哀'之致，《易》言'知至至之'。知至者，知也；至之者，致也。致知云者，非若后儒所谓充扩其知识之谓也，致吾心之良知焉耳。"① 这里，"致"有两层含义：一是以"至"训"致"，"至"为良知的一种圆满、极致的状态，"知至至之"；二是以"至"为"扩充"，常人之良知被私欲遮蔽，要恢复并扩充它，使之达到"极其至矣"。对此，陈来认为："致与极相通，是指经过一个过程而达到顶点。用于良知，即指扩充良知至其全体。"② 他概括王阳明致良知的要点为"扩充""至极""实行"。③ 牟宗三认为："'致'字亦含有'复'字义。但'复'必须在'致'中复。"④ 他将致良知的过程表述为"一心之朗现，一心之伸展，一心之遍润"。⑤ 由此可见，"致"内蕴"恢复""扩充"至极""实行"之义。致良知就是恢复、扩充良知，充分实现良知的发见流行，让良知始终贯穿于人的实践活动。"恢复""扩充""至极""实行"不是致良知的四个步骤或是四个阶段，它们融合在一起，你中有我，我中有你。

从先验的角度看，良知本体是天之所命而人所固有，纯乎天理，虚灵明觉而无有染污，但从实然的角度看，良知为私欲习气所遮蔽阻隔而归于沉寂枯败。"良知本来自明。气质不美者，渣滓多，障蔽厚，不易开明。"⑥ 因而，致良知即是要遏制私欲、扩充人心、恢复天理。"良知只在声、色、货、利上用功，能致得良知精精明明，毫发无蔽。"⑦ 王阳明认为只要能克治声、色、货、利等私欲，良知即能不受蒙蔽而精明。而要克治声、色、货、利等私欲，需从良心发见处做工夫。"因其良心发现之微，猛省提撕，使心不昧，则是做工夫底本领……若不察良心发见处，即渺渺茫茫，恐无

① 王阳明. 传习录 [M]. 叶圣陶，点校. 北京：中国友谊出版公司，2021：264.
② 陈来. 有无之境：王阳明哲学的精神 [M]. 北京：北京大学出版社，2013：166.
③ 陈来. 有无之境：王阳明哲学的精神 [M]. 北京：北京大学出版社，2013：168.
④ 牟宗三. 从陆象山到刘蕺山 [M]. 上海：上海古籍出版社，2001：146.
⑤ 牟宗三. 牟宗三先生全集：第5卷 [M]. 台北：联经出版事业有限公司，2003：50.
⑥ 王守仁. 王阳明全集：上 [M]. 吴光，等，编校. 上海：上海古籍出版社，2012：59.
⑦ 王守仁. 王阳明全集：上 [M]. 吴光，等，编校. 上海：上海古籍出版社，2012：97.

下手处也。"① 王阳明认为格物是致良知的根本工夫。"吾教人致良知，在格物上用功，却是有根本的学问，日长进一日，愈久愈觉得精明。"② 格物就是格意念，就是为善去恶。③ 善念便去做，恶念即不为，格不正以归于正。"如意在于为善，便就这件事去为；意在于去恶，便就这件事上去不为。去恶是格不正以归于正，为善则不善正了，亦是格不正以归于正也。如此，则吾心之良知无私欲遮蔽了，得以致其极，而意之所发，好善去恶，无有不诚矣。"④ 如此，心之良知便没有私欲遮蔽，便能明觉精明。省察克治之功也能扫除廓清私欲。"省察克治之功，则无时而可间，如去盗贼，须有个扫除廓清之意。无事时将好色、好货、好名等私，逐一追究搜寻出来，定要拔去病根，永不复起，方始为快。常如猫之捕鼠，一眼看着，一耳听着，才有一念萌动，即与克去，斩钉截铁，不可姑容，与他方便，不可窝藏，不可放他出路，方是真实用功，方能扫除廓清。"⑤ 省察克治之功需坚持，日日用功，久久为功。"真实切己用功不已，则于此心天理之精微日见一日，私欲之细微亦日见一日。若不用克己工夫，终日只是说话而已，天理终不自见，私欲亦终不自见。"⑥ 去除私欲，复良知本体的过程也是扩充良知本体的过程。要实现良知的全体大用，必须去除私欲，复良知本体，同时扩而充之，使良知充塞流行，从一节之知扩充至全体之知，从一时朗现存养至时时朗现。复良知本体是渐进至极的过程，由一节之知扩充至全体至极，由一日之知扩充至底。"我辈致知，只是各随分限所及。今日良知见在如此，只随今日所知扩充到底；明日良知又有开悟，便从明日所知扩充到底。如此方是精一功夫。"⑦ 自童子以至于圣人，人人都有扩充存养的工夫，"只是各随分限所及"。哪怕是童子也可从洒扫应对

① 王守仁. 王阳明全集：上 [M]. 吴光，等，编校. 上海：上海古籍出版社，2012：119.
② 王守仁. 王阳明全集：上 [M]. 吴光，等，编校. 上海：上海古籍出版社，2012：87.
③ 来自王阳明的四句教："无善无恶心之体，有善有恶意之动，知善知恶是良知，为善去恶是格物"。见王守仁. 王阳明全集：上 [M]. 吴光，等，编校. 上海：上海古籍出版社，2012：103.
④ 王守仁. 王阳明全集：上 [M]. 吴光，等，编校. 上海：上海古籍出版社，2012：105.
⑤ 王守仁. 王阳明全集：上 [M]. 吴光，等，编校. 上海：上海古籍出版社，2012：14.
⑥ 王守仁. 王阳明全集：上 [M]. 吴光，等，编校. 上海：上海古籍出版社，2012：18.
⑦ 王守仁. 王阳明全集：上 [M]. 吴光，等，编校. 上海：上海古籍出版社，2012：84.

开始。洒扫应对，敬畏师长，就是童子致良知的工夫。"洒扫应对就是一件物，童子良知只到此，便教去洒扫应对，就是致他这一点良知了。又如童子知畏先生长者，此亦是他良知处。故虽嬉戏中见了先生长者，便去作揖恭敬，是他能格物以致敬师长之良知了。童子自有童子的格物致知。"① 可见，致良知贯穿于人的日常实践活动之中。他说"尔只不要欺他，实实落落依着他做去，善便存，恶便去，何等稳当。此便是致知②的实功。"③ 致良知重在落实，重在依良知而行。"以是而言，可以知'致知'之必在于行，而不行之不可以为'致知'也明矣。"④ 王阳明在指出人人皆有"良知"，并且人人皆有"致良知"可能性、必要性以及扩充存养的工夫的同时，也论及致良知的现实难度。他说，"'致知'二字，是千古圣学之秘……此是孔门正法眼藏"，⑤ "道之全体，圣人亦难以语人，须是学者自修自悟"，⑥ "自家痛痒，自家须会知得……他人总难与力，亦更无别法可设也"。⑦ 致良知是千古圣学之法门，一般人很难做到，因为它需要自修自知自悟，"他人总难与力"，而且是一个永无止境的过程。

2. 知行合一

"知行之辨"是中国思想史上长期论争的一个焦点。"知行"首次见于《尚书》"说命中"的"非知之艰，行之惟艰"中，这即是说知并不难，难的是如何践行，也就是"知易行难"之义，它表明知与行之间存在着矛盾，并不是直接合一的。此后的很多思想家对知行关系提出了自己的看法。1509 年，为了补偏救弊，纠正当时"知先行后"说所造成的知行脱节问题，王阳明在贵州龙场首次提出"知行合一"说，他说："我如今且去讲习讨论做知的工夫，待知得真了方去做行的工夫，故遂终身不行，亦遂终身不知。此不是小病痛，其来已非一日矣。某今说个知行合一，正是对

① 王守仁. 王阳明全集：上 [M]. 吴光，等，编校. 上海：上海古籍出版社，2012：105.
② 在王阳明这里，致知就是致吾心内在的良知，即致良知。
③ 王守仁. 王阳明全集：上 [M]. 吴光，等，编校. 上海：上海古籍出版社，2012：81.
④ 王守仁. 王阳明全集：上 [M]. 吴光，等，编校. 上海：上海古籍出版社，2012：44.
⑤ 王守仁. 王阳明全集：上 [M]. 吴光，等，编校. 上海：上海古籍出版社，2012：169.
⑥ 王守仁. 王阳明全集：上 [M]. 吴光，等，编校. 上海：上海古籍出版社，2012：21.
⑦ 王守仁. 王阳明全集：上 [M]. 吴光，等，编校. 上海：上海古籍出版社，2012：50.

病的药。"①

　　王阳明之"知行合一"说中"知""行"不同于朱熹所说的"知""行"，而是对其赋予了新的内涵。在王阳明这里，"知"有两种含义。一是经验的见闻之知，即人通过感官从外界事物中所获得的道德知识以及由此产生的认知、观念等，如"见好色属知，好好色属行。……闻恶臭属知，恶恶臭属行"。② 看好色属于"知"，喜好色是属于"行"。二是作为心之本体的良知，是至善的，是亘古亘今、无动无静的存在。"知是心之本体，心自然会知：见父自然知孝，见兄自然知弟，见孺子入井自然知恻隐，此便是良知，不假外求。"③ 此处心之本体的"知"即是良知本体。对于这两种"知"的关系，王阳明认为良知作为心之本体，不为经验见闻所限，但是经验见闻无不是良知的发用流行。"良知不因见闻而有，而见闻莫非良知之用。故良知不滞于见闻，而亦不离于见闻。孔子云：'吾有知乎哉？无知也。'良知之外，则无知矣。"④ 上一句中的"心自然会知"中的"知"是指气质之心的知觉活动，是以良知为根本的，也是良知之用，故而见闻之知、"心自然会知"之"知"、见父知孝、见兄知悌皆是良知之用，是良知作为本体在气质之心的知觉活动中的呈现。"天地万物，俱在我良知的发用流行中，何尝又有一物超于良知之外，能作得障碍？"⑤ 对于"行"的含义，儒家经典理论中一般认为是道德修养、道德践履或实行的意思，如《中庸》中有"博学、审问、慎思、明辨、笃行"之说。王阳明将"行"的概念进一步扩大，认为"行"不仅指人的行为、实践活动，还包括人的意念、情感、思维等心理活动。良知发动所产生的意念、情感等，都可以称之为"行"，而不一定非要有客观外在的行为和实践活动。"我今说个'知行合一'，正要人晓得一念发动处，便即是行了。"⑥ 意念的发动就是行，就是行之始。"夫人必有欲食之心，然后知食。欲食之心

---

① 王守仁. 王阳明全集：上 [M]. 吴光，等，编校. 上海：上海古籍出版社，2012：4.
② 王守仁. 王阳明全集：上 [M]. 吴光，等，编校. 上海：上海古籍出版社，2012：3.
③ 王守仁. 王阳明全集：上 [M]. 吴光，等，编校. 上海：上海古籍出版社，2012：6.
④ 王守仁. 王阳明全集：下 [M]. 吴光，等，编校. 上海：上海古籍出版社，2012：1069.
⑤ 王守仁. 王阳明全集：上 [M]. 吴光，等，编校. 上海：上海古籍出版社，2012：93.
⑥ 王守仁. 王阳明全集：上 [M]. 吴光，等，编校. 上海：上海古籍出版社，2012：84.

即是意，即是行之始矣。"① 王阳明之"行"将人的主观意念和行为实践看作一体，由此引来诸多争议，但他提出这一观点，实为纠正当时程朱理学知行脱节问题。

在对"知行合一"思想论证时，王阳明首先从本体论的角度出发，认为"知"和"行"的本体是同一的。《传习录》记载，徐爱因未会先生"知行合一"之训，以问于先生："如今人尽有知得父当孝、兄当弟者，却不能孝、不能弟，便是知与行分明是两件。"先生曰："此已被私欲隔断，不是知行的本体了。未有知而不行者。知而不行，只是未知。圣贤教人知行，正是安复那本体，不是着你只恁地便罢。"② "知行如何分得开？此便是知行的本体，不曾有私意隔断的。"③ "某今说个知行合一，正是对病的药。又不是某凿空杜撰，知行本体原是如此。"④ 这些论述表明，"知"和"行"的本体本来就是合一的，"私意隔断"导致知行分离，圣贤教人知行，就是要恢复合一的本体。那知行本体究竟是什么？知行本体即是"良知"，也就是"天理"。由此王阳明指出了程朱理学知行脱节的原因：向心外求理。"外心以求理，此知行之所以二也。求理于吾心，此圣门知行合一之教，吾子又何疑乎？"⑤ 王阳明认为向心内求理，由良知本体来统帅和主导，就能知行合一。其次，从实践论的角度，知行工夫同一，也就是"知"和"行"的实现过程是同一的。"知行原是两个字说一个工夫。这一个工夫须著此两个字，方说得完全无弊病。"⑥ 王阳明认为，知行是两个字说一个工夫，知中有行，行中有知，二者是同一个过程，不可分离。"知之真切笃实处即是行，行之明觉精察处即是知。知行工夫，本不可离，只为后世学者分作两截用功，失却知行本体，故有合并进之说。"⑦ 知之真切笃实处就是行，行之明觉精察处就是知，知行工夫本是一体，不可分离。后世学者将其分作两截用功，实际上是失去了知行的本体（"良

---

① 王守仁. 王阳明全集：上 [M]. 吴光，等，编校. 上海：上海古籍出版社，2012：36.
② 王守仁. 王阳明全集：上 [M]. 吴光，等，编校. 上海：上海古籍出版社，2012：3.
③ 王守仁. 王阳明全集：上 [M]. 吴光，等，编校. 上海：上海古籍出版社，2012：4.
④ 王守仁. 王阳明全集：上 [M]. 吴光，等，编校. 上海：上海古籍出版社，2012：4.
⑤ 王守仁. 王阳明全集：上 [M]. 吴光，等，编校. 上海：上海古籍出版社，2012：37.
⑥ 王守仁. 王阳明全集：上 [M]. 吴光，等，编校. 上海：上海古籍出版社，2012：177.
⑦ 王守仁. 王阳明全集：上 [M]. 吴光，等，编校. 上海：上海古籍出版社，2012：37.

知")。知行工夫没有先后次序,是合一并进的。"若行而不能精察明觉,便是冥行,便是'学而不思则罔',所以必须说个知;知而不能真切笃实,便是妄想,便是'思而不学则殆',所以必须说个行;元来只是一个工夫。"① 可见,无论是从"知"和"行"的本然状态来看,还是从"知"和"行"的实现过程来看,二者都是一体的,你中有我,我中有你,不可分离。

上面从本体和工夫层面论证了知行的本来合一、应该合一、必须合一,但这仍是一个比较笼统的表述,没有具体论述二者具体如何合一。对于知行合一的具体表述,王阳明提出了三个命题:"知是行的主意,行是知的工夫";②"知是行之始,行是知之成";"知之真切笃实处即是行,行之明觉精察处即是知"。"知是行的主意,行是知的工夫"命题中"主意"和"工夫"是王阳明用以解释两种修养工夫之合一关系的常用语词。"知"是"行"的指导思想,按照"知"的要求去"行"是达到"良知"的工夫。王阳明把"知是行的主意,行是知的工夫"与"知是行之始,行是知之成"两个命题叠加在一起来解释知行合一关系。"知是行之始",即"知"是"行"的开始,是"行"的第一阶段;"行是知之成"则是说"行"是"知"的践履和完成,"知"必须经过实践的检验才能算是真正的"知"。这两个命题一方面说明"知""行"相互依赖,不可分割,另一方面"主意""工夫""始""成"这种表述形式暗含着"知先行后"的时间次序。而"知先行后"正是王阳明在工夫论中所反对的,这里存在着一个时间先后的漏洞。仔细推敲王阳明的理论,它其实也是可以自圆其说的。因为王阳明所述的知行过程是循环往复的,是由知到行,再由行到知的过程,此中没有起点,也没有终点,反过来也可以说:"行是知之始,知是行之成。"王阳明在《答顾东桥书》中说:"夫人必有欲食之心然后知食。欲食之心即是意,即是行之始矣。食味之美恶,必待入口而后知,岂有不待入口而已先知食味之美恶者邪?……必有欲行之心,然后知路。欲行之心即是意,即是行之始矣。"③ 欲食之心,欲行之心即是意,是行之

① 王守仁. 王阳明全集:上 [M]. 吴光,等,编校. 上海:上海古籍出版社,2012:176.
② "某尝说知是行的主意,行是知的工夫;知是行之始,行是知之成。"见王守仁. 王阳明全集:上 [M]. 吴光,等,编校. 上海:上海古籍出版社,2012:4.
③ 王守仁. 王阳明全集:上 [M]. 吴光,等,编校. 上海:上海古籍出版社,2012:36.

始，然后"知食""知路"，食味之美恶必待入口而后知，这里王阳明举例论证了"行是知之始，知是行之成"。由此可见，知行关系是辩证的，相即不相离，相互依赖，互相转化，知行关系的实现过程是不间断的连续过程。不管怎么说，王阳明对这两个命题与知行关系的论证还是不甚满意，在回答弟子顾东桥对知行合一说的疑惑时，他提出了更为融通的知行合一的表述："知之真切笃实处即是行，行之明觉精察处即是知。"在《答友人问》①《与周道通书》②中也使用了这一表述。可见，王阳明对于这一表述还是比较满意的，从此便不再以"主意""工夫""始""成"来论说知行的关系。知行互即互入，互诠互释，融洽无间，这一表述就不会产生知行的先后、主次之分的问题。知行的特点也得到了具体的说明：行要真切笃实，知要明觉精察。知做到了真切笃实即是真知，与行为一，如不能做到即是妄想；行做到了明觉精察即是真行，与知为一，如不能做到即是冥行。也就是说要做到真知真行，知行合一，知行都必须具备明觉精察和真切笃实的特点。而明觉精察和真切笃实皆指向心体本有的一种状态和特点，"知天地之化育，心体原是如此。乾知大始，心体亦原是如此"。③由此可见，王阳明所讲的知行是侧重于心上的工夫而言，而不是外部客观的行为和实践。这也是王夫之批评王阳明销行归知的原因之一。

王阳明赋予了"知"与"行"一个特定的新的意义，提出了知行合一的学说，但囿于对"知"与"行"两个词的认识惯性，人们并不认可他的

---

① "行之明觉精察处即是知，知之真切笃实处便是行。若行而不能精察明觉，便是冥行，便是'学而不思则罔'，所以必须说个知；知而不能真切笃实，便是妄想，便是'思而不学则殆'，所以必须说个行；元来只是一个工夫。"见王守仁．王阳明全集：上 [M]．吴光，等，编校．上海：上海古籍出版社，2012：176．

② "知行合一之说专为近世学者不知行为两事，必欲先用知之功而后行，遂致终身不行，故不得已为此补偏救弊之言。学者不能著体履，而又牵制缠绕于言语之间，愈失愈远矣。行之明觉精察处即是知，知之真切笃实处即是行。足下但以此语思之，当自见，无徒为此纷纷也。"见王守仁．王阳明全集：上 [M]．吴光，等，编校．上海：上海古籍出版社，2012：990．

③ "若知时，其心不能真切笃实，则其知便不能明觉精察。不是知之时只要明觉精察，更不要真切笃实也；行之时，其心不能明觉精察，则其行便不能真切笃实。不是行之时只要真切笃实，更不要明觉精察也。知天地之化育，心体原是如此。'乾知大始'，心体亦原是如此。"见王守仁．王阳明全集：上 [M]．吴光，等，编校．上海：上海古籍出版社，2012：177．

解释，他对自己的建构也不满意。直到提出"致良知"，王阳明才十分满意，说："'致良知'是学问大头脑，是圣门教人第一义。"①

（三）教育方法

王阳明非常重视教育、教化的作用，以为天下之不治，在于学之不明。为此，他"每念斯民之陷溺，则为之戚然痛心"，有如"见其父子兄弟之坠溺于深渊者，呼号匍匐，裸跣颠顿，扳悬崖壁而下拯之"。② 他希望通过教育、教化实现理想社会。"天下之人皆知自致其良知，以相安相养，去其自私自利之蔽，一洗谗妒胜忿之习，以济于大同。"③ 在他一生的教育、教化实践中，提出了很多有效的修身方法和教育方法，对于今天的道德教育仍然有借鉴意义。

1. 修养方法

王阳明继承和发展了儒家传统"内省"的道德修养的方法，在心上做工夫，攻克"心中之贼"。他说："各人尽着自己力量精神，只在此心纯天理上用功，即人人自有，个个圆成，便能大以成大，小以成小，不假外慕，无不具足，此便是实实落落明善诚身的事。"④ 这即是说，不需要向身外去追求，只需要在心上做工夫，使之纯乎天理，便能明善诚身。他提出了静坐体悟、事上磨炼、省察克治等修养方法。

（1）静坐体悟

静坐作为一种修行方法，最初见于佛道两家，道家名为"心斋""坐忘"，佛家称之为"禅定""禅坐"。宋明理学家比较重视这一方法。王阳明早年笃信程朱理学，在工夫论方面受程朱影响，把静坐看作一种为学之方。钱德洪⑤给了王阳明学说之"静坐"极高的地位，将之作为一个独立

---

① 王守仁. 王阳明全集：上 [M]. 吴光，等，编校. 上海：上海古籍出版社，2012：62.
② 王守仁. 王阳明全集：上 [M]. 吴光，等，编校. 上海：上海古籍出版社，2012：70.
③ 王守仁. 王阳明全集：上 [M]. 吴光，等，编校. 上海：上海古籍出版社，2012：71.
④ 王守仁. 王阳明全集：上 [M]. 吴光，等，编校. 上海：上海古籍出版社，2012：28.
⑤ 钱德洪（1496—1574），字德洪，改字洪甫，号绪山，人称绪山先生，浙江余姚（现由宁波市代管）。明朝中后期哲学家、思想家、教育家。他于嘉靖二年（1523 年）师事王守仁，与王畿疏通王学大旨，一时称为教授师，是王阳明之后儒家心学的重要代表人物之一。

的教学阶段，认为它是王阳明之教三变中的一变。① 这种区分是否合理，"静坐"在王阳明学说中地位如何？对此见仁见智。陈来先生有过细致而独到的批评。② 虽然对王阳明静坐之方法评价不一，静坐在王阳明的思想体系中也不如后来的"致良知"那样"开口即得本心"③，但仍不失为从本体开出的重要方法。

考察王阳明全部著述，直接言及静坐工夫的语录有 11 则，其中《传习录》有 9 则，《遗录》有 2 则。下面结合这 11 则文字来讨论王阳明的静坐工夫。第一，静坐的定位：初学阶段收放心的工夫。"日间工夫，觉纷扰则静坐；觉懒看书则且看书，是亦因病而药。"④ 这即是说，作为工夫的静坐是调整内心纷扰的一种方法，是"因病而药"，而不是作为根本的工夫。"初学时心猿意马，拴缚不定，其所思虑多是人欲一边，故且教之静坐、息思虑。"⑤ 静坐工夫只是初学阶段收拾身心的一种方法。第二，静坐的本质存在误区。关于静坐工夫存在的误区，结合王阳明和陈九川⑥的对话来阐述。

九川问："近年因厌泛滥之学，每要静坐，求屏息念虑。非惟不能，愈觉扰扰，如何？"先生曰："念如何可息？只是要正。"曰："当

---

① 钱德洪在《刻文录叙说》中谈道，先生之学凡三变，其为教也亦三变：少之时，驰骋于词章；已而出入二氏；继乃居夷处困，豁然有得于圣贤之旨，是三变而至道也。居贵阳时，首与学者为"知行合一"之说；自滁阳后，多教学者静坐；江右以来，始单提"致良知"三字，直指本体，令学者言下有悟。是教亦三变也。钱德洪.《刻文录叙说》[M]//王守仁. 王阳明全集：下 [M]. 吴光，等，编校. 上海：上海古籍出版社，2012：1305.

② 他认为德洪把王阳明在从庐陵到巡抚南赣汀漳之间这八年的思想统归之于默坐收敛、涵养未发是不适当的，指出其在辰州主静至江西良知之间存在一个诚意格物之教的阶段，但直至庚辰辛巳"致良知"宗旨的提出，方才标志阳明学问进入一个新的境界。详见陈来. 有无之境——王阳明哲学的精神 [M]. 北京：北京大学出版社，2006：300-302.

③ 王畿. 王畿集 [M]. 吴震，编校. 南京：凤凰出版社，2007：33.

④ 王守仁. 王阳明全集：上 [M]. 吴光，等，编校. 上海：上海古籍出版社，2012：10.

⑤ 王守仁. 王阳明全集：上 [M]. 吴光，等，编校. 上海：上海古籍出版社，2012：14.

⑥ 陈九川（1494—1562），字惟濬，号竹亭，又号明水，是明朝中期的理学家和诗人。他是阳明心学的江右成员之一，于 1514 年考中进士，历任太常博士、礼部仪制司郎中等职。他因直言进谏和改革旧制得罪权贵，多次被诬陷入狱，最终在 1562 年辞官归家，以读书和讲学为生，著有《明水先生集》等作品。

自有无念时否？"先生曰："实无无念时。"曰："如此却如何言静？"曰："静未尝不动，动未尝不静。戒谨恐惧即是念，何分动静？"曰："周子何以言定之以中正仁义而主静？"曰："无欲故静，是'静亦定，动亦定'的'定'字，主其本体也。戒惧之念是活泼泼地。此是天机不息处，所谓'维天之命，于穆不已'，一息便是死。非本体之念，即是私念。"①

其一，静坐不是"无念"。人的念虑是不可停息的，也没有"无念"之时。所谓"屏息念虑"不是"无念"，而是要屏息"私念"，也就是正心、正念，获得"本体之念"，这里揭示了静坐工夫的本质。如果以无念为目标，不仅无功，反而适得其反。其二，静坐不是"不动"。静坐之"静"并非不动，屏息念虑之念即是动，戒谨恐惧亦是动，真正的"静"是"静亦定，动亦定"的"定"，其本质就是求心之本体。其三，静坐不是"不闻"。真正的"静"不是没有知觉闻见，而是虽闻见外物但不追逐外物。② 因此，不必执着于静坐的环境，如果以"厌外物之心"去山林静坐以求"不闻见"，反而养成了"骄惰之气"。③

第三，静坐的流弊。这里以王阳明与友人一段问答来分析。

一友静坐有见，驰问先生。答曰："吾昔居滁时，见诸生多务知解，口耳异同，无益于得，姑教之静坐。一时窥见光景，颇收近效。久之，渐有喜静厌动，流入枯槁之病。或务为玄解妙觉，动人听闻。故迩来只说致良知。良知明白，随你去静处体悟也好，随你去事上磨炼也好，良知本体原是无动无静的。此便是学问头脑。我这个话头自

---

① 王守仁. 王阳明全集: 上 [M]. 吴光，等，编校. 上海: 上海古籍出版社，2012: 80.
② 又问："用功收心时，有声有色在前，如常闻见，恐不是专一。"曰："如何欲不闻见？除是槁木死灰，耳聋目盲则可。只是虽闻见而不流去，便是。"曰："昔有人静坐，其子隔壁读书，不知其勤惰，程子称其甚敬。何如？"曰："伊川恐亦是讥他。"见王守仁. 王阳明全集: 上 [M]. 吴光，等，编校. 上海: 上海古籍出版社，2012: 80.
③ "刘君亮要在山中静坐。先生曰：'汝若以厌外物之心去求之静，是反养成一个骄惰之气了。汝若不厌外物，复于静处涵养，却好。'"见王守仁. 王阳明全集: 上 [M]. 吴光，等，编校. 上海: 上海古籍出版社，2012: 91.

滁州到今，亦较过几番，只是致良知三字无病。医经折肱，方能察人病理。"①

王阳明在此明确指出，当初教人静坐乃是因病给药，对静坐不能因为"有见"而将其作为根本，一旦执着于此，一方面会"渐有喜静厌动，流入枯槁之病"，另一方面会"务为玄解妙觉，动人听闻"。所以王阳明就不再教人静坐，而只说"致良知"工夫。致良知是真正的"本体工夫"，不论是"静处体悟"，还是"事上磨炼"，都能有益于圣学。这里也记载了王阳明教法从滁州的静坐之教到江右的致良知之教的转变以及转变的原因。

在王阳明看来，静坐只是初学阶段收放心的工夫，不是本体工夫，但不可否认作为工夫的静坐是有益的。如果把它当作根本的工夫，就会产生许多流弊。静坐工夫不是物我两忘，也不是无事无为，而是与"事上磨炼"和"省察克治"之功相结合，正心去欲，体悟本心，这与禅家之入定、道家之心斋坐忘的静坐工夫是完全不同的。

（2）事上磨炼

与"静处体悟"相对，王阳明更加重视"事上磨炼"。"事上磨炼"之"事"涵盖范围甚广，人的情绪、命运、状态等领域皆是用功的场合。"事上磨炼"既可避免单纯的静坐澄心所带来的"沉空守寂"，流入枯槁之病，又可避免光说不做的无意义之举。"人须在事上磨炼做功夫，乃有益。若只好静，遇事便乱，终无长进。"② 人须在事上磨炼，才有长进，"方立得住"③。"事上磨炼"功夫从以下三个方面展开。第一，"事上磨炼"功夫以良知为依据和指南。"盖日用之间，见闻酬酢，莫非良知之发用流行。"④ 生活中的行为、见闻，皆为良知之发用流行。良知为人所固有，虚灵明觉。"事上磨炼"就是在"随事随物"中致良知。良知是人们道德认

---

① 王守仁．王阳明全集：上［M］．吴光，等，编校．上海：上海古籍出版社，2012：92.

② 王守仁．王阳明全集：上［M］．吴光，等，编校．上海：上海古籍出版社，2012：81.

③ "人须在事上磨，方立得住；方能静亦定，动亦定。"见王守仁．王阳明全集：上［M］．吴光，等，编校．上海：上海古籍出版社，2012：11.

④ 王守仁．王阳明全集：上［M］．吴光，等，编校．上海：上海古籍出版社，2012：62.

识与道德实践的依据和指南。"实实落落依着他做去，善便存，恶便去"，①
以良知为准则，跨越蒙蔽良知本体的理障，从而存善去恶。第二，"事上
磨炼"功夫落实在日常生活中。"事"上功夫不能悬空，而是落实在日常
生活中，通过声、色、货、利这些日常事务，去体验"良知"，磨炼自己。
王阳明在江西时，属下有一个小官吏，"久听讲先生之学"，觉得"甚好"，
苦于公务繁忙，不得为学。他听到后说："我何尝教尔离了簿书讼狱悬空
去讲学？尔既有官司之事，便从官司的事上为学，才是真格物。"② 所谓
"格物"即是"无事时存养"，"有事时省察"。"有事时省察"也就是在
"事上磨炼"，体认良知。在这里，王阳明以小官吏的案例说明"事上磨
炼"其实就在手头的工作中，就在日常生活中。在儿童教育中，王阳明提
出"每日工夫，先考德"，要求每天清晨，检查儿童在家里、在街坊中的
"言行心术""爱亲敬长""步趋礼节""忠信笃敬"等做得如何。这即是
在日常生活中磨炼儿童，引导其体认良知。第三，"事上磨炼"功夫实质
是正心去私欲，也即是"调停适中"。"事上磨炼"之"事"在现实生活
中表现为人情事变，但本质是人的欲望的萌动。王阳明对"欲"作出了两
重区分：一是本心自然地发动流行，此"欲"无执无滞，即为"良知之
用"；二是本心被蒙蔽，执着于外物之"欲"，此"欲"为私欲。"事上磨
炼"功夫即去私欲。这在王阳明与陆澄③的一段对话中进行了具体论证。
"澄在鸿胪寺仓居，忽家信至，言儿病危，澄心甚忧闷不能堪。先生曰：
'此时正宜用功。若此时放过，闲时讲学何用？人正要在此等时磨炼。父
之爱子，自是至情，然天理亦自有个中和处，过即是私意。人于此处多认
做天理当忧，则一向忧苦，不知已是"有所忧患，不得其正"。大抵七情
所感，多只是过，少不及者。才过便非心之本体，必须调停适中始得。就
如父母之丧，人子岂不欲一哭便死，方快于心？然却曰"毁不灭性"，非

① 王守仁.王阳明全集：上［M］.吴光，等，编校.上海：上海古籍出版社，2012：81.
② 王守仁.王阳明全集：上［M］.吴光，等，编校.上海：上海古籍出版社，2012：83.
③ 陆澄（425—494），字彦渊，一作彦深，南朝宋齐吴郡吴县（今江苏省苏州市）人，南朝
宋齐时期官员、文学家、藏书家。其主要成就为记录与王阳明问答。

圣人强制之也，天理本体自有分限，不可过也。'"① 陆澄在鸿胪寺小住时，收到儿子病危的家信，万分忧愁，不堪忍受。王阳明劝导他说，现在正是用功的时候，人就是要在遇事时磨炼心性意志。这里王阳明指出了用功的时机。学问的用处，全在于此。父亲爱儿子，儿子病危，做父亲的伤心，这是人之常情，是良知之用，是天理，但伤心也应有个度，天理也有个中和处，过分了就是私心私欲。"七情顺其自然之流行，皆是良知之用"。② 一般说来，七情的流露往往是过分的情况多，而不够的情况少。稍有过分，就已不是心的本体。因此，"事上磨炼"功夫就是"调停适中"，使之"不过"，恢复心之本体。

（3）省察克治

在王阳明看来，静坐为初级阶段的修身工夫，省察克治为高级阶段的修身工夫。他在《传习录》中，为了克服静坐工夫的流弊，提出了省察克治之功。他说："教人为学，不可执一偏。初学时心猿意马，拴缚不定，其所思虑多是人欲一边，故且教之静坐、息思虑。久之，俟其心意稍定，只悬空静守，如槁木死灰，亦无用，须教他省察克治。省察克治之功，则无时而可间。如去盗贼，须有个扫除廓清之意。无事时，将好色好货好名等私逐一追究搜寻出来，定要拔去病根，永不复起，方始为快。常如猫之捕鼠，一眼看着，一耳听着，才有一念萌动，即与克去，斩钉截铁。不可姑容与他方便，不可窝藏，不可放他出路，方是真实用功，方能扫除廓清。"③ 在这里，他将省察克治的时机、本质和特点阐述得非常清晰。从时机上看，省察克治"无时而可间"，体现在日常生活的时时事事之中。这种修身工夫既符合《孟子》说的"反求诸己"，也符合《中庸》强调的"日用平常"，是在日常生活中时时事事进行内心的自省。从本质上看，省察克治是去私欲，"将好色好货好名等私"，逐一搜寻出来拔去。从特点上看，省察克治具有彻底性。他在继承传统"克己内省"的道德修养方法的基础上，强调克私要完全彻底。"斩钉截铁""不可姑容""扫除廓清"

① 王守仁．王阳明全集：上［M］．吴光，等，编校．上海：上海古籍出版社，2012：15-16.
② 王守仁．王阳明全集：上［M］．吴光，等，编校．上海：上海古籍出版社，2012：97.
③ 王守仁．王阳明全集：上［M］．吴光，等，编校．上海：上海古籍出版社，2012：14.

"拔去病根"这些词语表达了去除私欲的决心和态度，坚决彻底，不能存有一丝一毫。"克己须要扫除廓清，一毫不存方是。有一毫在，则众恶相引而来。"① 那在具体事物上如何省察克治呢？王阳明在与属下小官吏对话的案例中进行了具体阐述。他说："如问一词讼，不可因其应对无状，起个怒心；不可因他言语圆转，生个喜心；不可恶其嘱托，加意治之；不可因其请求，屈意从之；不可因自己事务烦冗，随意苟且断之；不可因旁人谮毁罗织，随人意思处之；这许多意思皆私，只尔自知，须精细省察克治，惟恐此心有一毫偏倚，杜人是非，这便是格物致知。簿书讼狱之间，无非实学。若离了事物为学，却是着空。"② 当你听讼判案时，不能因为对方的应对无礼而生愤怒之心，不能因为对方言语婉转而生欢喜之心，不能因为厌恶对方的请托而存心整治他，不能因为对方的哀求而心软放过他，不能因为自己事务烦冗而随意结案，不能因为别人的诋毁和陷害，而随人意思处理。这里所列举的一切情况都是私意，唯有你自己明白。面对这些情况，你必须克己内省，正心去私，使此心不偏不倚，这即是省察克治。省察克治之工夫须落实在日常生活和工作之中。

2. 施教方法

王阳明不但注重道德自我修养，而且十分重视道德教育的作用。针对"圣学晦而邪说横"③，"功利之毒沦浃于人之心髓而习以成性"④ 的情况，王阳明以昌明"圣学"为己任，所到之处，办"社学"、创"书院"，广收门徒，聚众讲学，颁教条、致良知，开启民心，教育民众。在这个过程中，他不断积累经验，形成了"因人而施""学不躐等"等一系列教育方法和原则，值得我们在实行道德教育时借鉴参考。

（1）因材施教

因材施教是儒家推崇的教育方法，王阳明继承了这一方法，将其运用于道德教育实践中。他说："因人而施者，定法矣。……自尧、舜而来未

---

① 王守仁．王阳明全集：上［M］．吴光，等，编校．上海：上海古籍出版社，2012：18.
② 王守仁．王阳明全集：上［M］．吴光，等，编校．上海：上海古籍出版社，2012：83.
③ 王守仁．王阳明全集：上［M］．吴光，等，编校．上海：上海古籍出版社，2012：48.
④ 王守仁．王阳明全集：上［M］．吴光，等，编校．上海：上海古籍出版社，2012：49.

之有改，而谓无定乎?"① 王阳明一生讲学不辍，门生、弟子甚多，既有来自社会底层的贩夫走卒、引车卖浆之流，也有来自上流社会的官僚士绅、达官显贵之辈；既有聪明才俊，又有笨拙鲁愚之人；甚至还有狂狷者泰州王艮②，聋哑人泰和杨茂③。针对学生在年龄、阅历、资质、喜好等方面的差异，王阳明采取"因人而异，因材施教"的教学方法，以期"各成其材矣，而同归于善"④。他曾用良医治病的比喻形象阐述了因材施教的观点："夫良医之治病，随其疾之虚实、强弱、寒热、内外，而斟酌加减。调理补泄之要，在去病而已。初无一定之方，不问证候之如何，而必使人人服之也。君子养心之学，亦何以异于是!"⑤ 因材施教，首先，要"随人分限所及"，意即根据每个学生的身心发展程度和领悟能力，量力施教。这就好比给小树苗浇水，只能慢慢浇，如果小时候用大桶水灌溉就会把树木淹死。⑥ 其次，要根据学生的喜好，开启学生心智。针对孩童喜欢玩乐而害怕约束这一习性特征，顺其天性而为，多鼓励引导，孩童学习的积极性就会提高。如果用鞭挞绳缚等方式强迫其学习，学生必失去对学习的兴趣，就如冰霜之摧残草木之萌芽。⑦ 为此，王阳明主张运用寓教于乐的方式教育，对孩童"诱之歌诗以发其志意，导之习礼以肃其威仪，讽之读书以开其知觉"。⑧ 最后，要扬长避短，意即发挥学生的个人优势和特长，克服或

---

① 王守仁. 王阳明全集：上 [M]. 吴光，等，编校. 上海：上海古籍出版社，2012：196.

② 王艮（1483—1541），字汝止，号心斋，明代哲学家，东台安丰场（今东台市安丰镇）人。38 岁时远赴江西往游王阳明之门，下拜执弟子礼，后来转而治学，创立传承阳明心学的泰州学派，初名银，王守仁替他改名为艮。

③ 杨茂，江西泰和人。明正德十五年（1520）六月，聋哑人杨茂等在门口等候，以求拜见阳明先生，入门后，彼此以文字对答的形式进行特殊交流，杨茂顿首俯拜。《王阳明全集》卷二十四《外集六》有文《谕泰和杨茂》，描述彼此交流过程。

④ 王守仁. 王阳明全集：上 [M]. 吴光，等，编校. 上海：上海古籍出版社，2012：196.

⑤ 王守仁. 王阳明全集：上 [M]. 吴光，等，编校. 上海：上海古籍出版社，2012：162.

⑥ "与人论学亦须随人分限所及。如树有这些萌芽，只把这些水去灌溉。萌芽再长，便又加水。自拱把以至合抱，灌溉之功皆是随分限所及。若些小萌芽，有一桶水在，尽要倾上，便浸坏他了。"王守仁. 王阳明全集：上 [M]. 吴光，等，编校. 上海：上海古籍出版社，2012：84.

⑦ "童子之情，乐嬉游而惮拘检。如草木之始萌芽，舒畅之则条达，摧挠之则衰痿。今教童子，必使其趋向鼓舞，中心喜悦，则其进自不能已。譬之时雨春风沾被卉木，莫不萌动发越，自然日长月化；若冰霜剥落，则生意萧索，日就枯槁矣。"王守仁. 王阳明全集：上 [M]. 吴光，等，编校. 上海：上海古籍出版社，2012：77.

⑧ 王守仁. 王阳明全集：上 [M]. 吴光，等，编校. 上海：上海古籍出版社，2012：76.

回避缺点或不利条件。他说："圣人教人，不是个束缚他通做一般，只如狂者便从狂处成就他，狷者便从狷处成就他。"① 这即是说，圣人教人不是把所有的人都教育成一样的人，而是根据每个人的不同特点和优势给予不同的指导和启发，成就不同的个体。

（2）循序渐进

王阳明认为教学应该根据每个学生的身心特点和禀赋能力，量力施教，"须从本原上用力，渐渐盈科而进"，② "不可躐等"③。王阳明用婴儿成长的例子来说明为学是一种"日渐式"见长，而非"跳跃式"跨越，④ 教学也是如此。婴儿在母腹时，只是纯气，没有知识，出生后能啼，然后能笑、能识人、能立、能行、能持、能负，最后到"天下事无不可能"，这些都是日积月累起来的，人是一步一步成长起来的，并非一蹴而就。王阳明又用种树的例子说明，只要脚踏实地，循序渐进，不忘栽培之功，树木自然枝繁叶茂。"立志用功，如种树然。方其根芽，犹未有干；及其有干，尚未有枝。枝而后叶，叶而后花、实。初种根时，只管栽培灌溉，勿作枝想，勿作叶想，勿作花想，勿作实想。悬想何益？但不忘栽培之功，怕没有枝叶花实？"⑤ 着眼于当下，循序渐进，日积月累，自能功成。为此，王阳明告诫学生，切不可拔苗助长，好高骛远。

（3）环境熏陶

王阳明还注重社会环境的德育效果。他主张通过发《告谕》、制《乡约》等方式，对广大群众进行道德教化。在任官南赣时期，他首倡"十家牌法"，订立了著名的《南赣乡约》。在《十家牌法告谕各府父老子弟》中，就明确要"防奸革弊""敦厚风俗"。《南赣乡约》中写明"孝尔父母，敬尔兄长，教训尔乡子孙，和顺尔乡里，死丧相助，患难相恤，善相

① 王守仁. 王阳明全集：上 [M]. 吴光，等，编校. 上海：上海古籍出版社，2012：91.
② 王守仁. 王阳明全集：上 [M]. 吴光，等，编校. 上海：上海古籍出版社，2012：13.
③ 王守仁. 王阳明全集：上 [M]. 吴光，等，编校. 上海：上海古籍出版社，2012：56.
④ "婴儿在母腹时，只是纯气，有何知识？出胎后方始能啼，既而后能笑，又既而能识认其父母兄弟，又既而后能立、能行、能持、能负，卒乃天下事无不可能。皆是精气日足，则筋力日强，聪明日开，不是出胎日便讲求推寻得来。"王守仁. 王阳明全集：上 [M]. 吴光，等，编校. 上海：上海古籍出版社，2012：13.
⑤ 王守仁. 王阳明全集：上 [M]. 吴光，等，编校. 上海：上海古籍出版社，2012：13.

劝勉，恶相告戒，息讼罢争，讲信修睦"等，以引导民众趋善避恶，使其行为符合儒家的伦理规范。从《南赣乡约》和"十家牌法"的推行实际效果来考察，它们确实起到了"移风易俗"的积极效果，"民风不善"的状况得到改变。瑞金县"近被政教，甄陶稍识，礼度趋正，休风日有渐矣。习俗之交，存乎其人也"①，大庚县"俗尚朴淳，事简民怡，为先贤过化之邦，有中州清淑之气"，赣县"人心大约淳正，急公输纳，守礼畏法……子弟有游惰争讼者，父兄闻而严惩之，乡党见而耻辱之"。② 随着《南赣乡约》的推行，其影响远超南赣地区，已渗入整个明朝中后期社会中，其影响着人们的思想行为和价值观念，对今天仍有借鉴意义。

（四）理想人格：成圣

历代儒家学者都把成圣成贤作为人生最高追求，其思想往往围绕"如何成圣"这一目标展开，因此儒学被称为"希圣之学"③。作为心学的集大成者，王阳明亦是如此，他以"良知"为核心建构了"成圣之道"。虽然王阳明也推崇"君子""大人""狂者"等人格，但认为"圣人"才是最完满的，才是终极的理想人格。"圣人以下，未能率性，于道未免有过不及。"④ 王阳明对成圣持一种乐观的态度，为成圣祛魅，认为"满街都是圣人"，这与孟子说的"人皆可以为尧舜"思想是一脉相承的。王阳明的圣人是本体、境界、工夫三者的统一体。

1. 圣人之本体：良知

"良知"是王阳明思想的核心和精髓，是他历经"百死千难"的磨炼后提出的，他说："吾'良知'二字，自龙场以后，便已不出此意，只是点此二字不出，于学者言，费却多少辞说。今幸见出此意，一语之下，洞见全体，真是痛快，不觉手舞足蹈。"⑤ 王阳明成圣之路中最关键的一步就是将个体的良知和圣人的本质关联起来，提出"心之良知是谓圣"⑥，认为

① 赵勋. 瑞金县志：第 8 卷［C］. 同治戊辰重刊本：38.
② 黄德溥. 赣县志［C］. 同治十一年刻本页，1991：85.
③ 钱穆. 朱子新学案. 成都：巴蜀书社，1986：7.
④ 王守仁. 王阳明全集：上［M］. 吴光，等，编校. 上海：上海古籍出版社，2012：33.
⑤ 王守仁. 王阳明全集：下［M］. 吴光，等，编校. 上海：上海古籍出版社，2012：963.
⑥ 王守仁. 王阳明全集：上［M］. 吴光，等，编校. 上海：上海古籍出版社，2012：181.

"圣人之道，吾性自足"①，确定了向内用功的求圣之路，将成圣的依据安置在人的内心，扭转了程朱理学支离务外的为学倾向。这即是说，为圣人就是不断彰显和践履人本心之"良知"，彰显了"良知"就可以做到"吾性自足"。良知构成了成圣的前提和依据。良知作为"天理"先验地存在于人的内心，"不学而能""不虑而知"，不假外求，即使是盗贼，心中也知是知非②，而且"天下古今之所同"。③ 由此，王阳明继承了孟子"人皆可以为尧舜"的观点，提出"个个人心有仲尼"。④ 无论是"圣人"还是"愚人"，都具有良知，因此，每个人都有成圣的可能。王阳明"人皆可以成尧舜"的主张，开创了明代世俗化和大众化的圣人观，将儒家的圣人观拉下了高居"庙堂"的"神坛"。高高在上的圣人被拉回到广大民众之中，王阳明说："你们拿一个圣人去与人讲学，人见圣人来，都怕走了，如何讲得行！须做得个愚夫愚妇，方可与人讲学。"⑤ 圣人的"超越"不是脱离民众，而是要深入民众之中，与民众打成一片，将成圣植根于人民大众之中。这种圣人观的转向，是对孔子的"若圣与仁，则吾岂敢"⑥ 和朱子的"圣人难为"思想的重大冲击，是理论的重大创新，无论是对中国思想史还是对中国社会的发展都具有重要影响。在王阳明的后学之中，出现了来自社会底层的"圣人"，如出身灶丁的王艮、制陶工韩贞、以砍柴为业的朱恕等。

　　虽然人人都具有成圣的内在根据和基础，但这只是具备了成圣的可能性，也即是说每个人都是潜在的圣人，是应然状态和本体状态，不是实然和现实状态。"人胸中各有个圣人，只自信不及，都自埋倒了。"⑦ "人胸中各有个圣人"，有成圣的可能，但如果自己不自信能够成为圣人，便是自

---

① 王守仁．王阳明全集：下［M］．吴光，等，编校．上海：上海古籍出版社，2012：1007.
② "良知在人，随你如何，不能泯灭，虽盗贼亦自知不当为盗，唤他做贼，他还忸怩。"见王守仁．王阳明全集：上［M］．吴光，等，编校．上海：上海古籍出版社，2012：81.
③ "良知之在人心，无间于圣愚，天下古今之所同也。"见王守仁．王阳明全集：上［M］．吴光，等，编校．上海：上海古籍出版社，2012：69.
④ 王守仁．王阳明全集：中［M］．吴光，等，编校．上海：上海古籍出版社，2012：652.
⑤ 王守仁．王阳明全集：上［M］．吴光，等，编校．上海：上海古籍出版社，2012：102.
⑥ 杨伯峻．论语译注［M］．北京：中华书局，2015：112.
⑦ 王守仁．王阳明全集：上［M］．吴光，等，编校．上海：上海古籍出版社，2012：81.

己把可贵的良知埋没了。人人虽具有先验的良知本体，但普通人内在良知本体受其物欲习心遮蔽，如浮云蔽日，须用克私去蔽工夫方能拨云见日。① 从普通人到圣人，还有很长的路要走，要通过"致良知"的工夫，复归良知本体。

2. 圣人之本质："心纯乎天理"

王阳明针对当时流行的将知识才能看作成圣标准而导致学者一味地追求外在名物度数、知识多寡的情况，提出从"纯度"的视角去把握圣人的本质，认为"心纯乎天理"即为圣人，而与才力的大小并不相干。这种将单一化的内在德性规定为圣人的标准的设计，颠覆了传统的看法，大大降低了圣人的标准。王阳明的"纯度"说又称为"成色分两"说、"精一"说。在《传习录》中有两段对话集中体现了这一思想。

希渊问："圣人可学而至，然伯夷、伊尹于孔子才力终不同，其同谓之圣者安在？"先生曰："圣人之所以为圣，只是其心纯乎天理，而无人欲之杂。犹精金之所以为精，但以其成色足而无铜铅之杂也。人到纯乎天理方是圣，金到足色方是精。然圣人之才力亦有大小不同，犹金之分两有轻重。尧、舜犹万镒，文王、孔子为九千镒，禹、汤、武王犹七八千镒，伯夷、伊尹犹四五千镒。才力不同而纯乎天理则同，皆可谓之圣人。犹分两虽不同，而足色则同，皆可谓之精金。……盖所以为精金者，在足色而不在分两；所以为圣者，在纯乎天理而不在才力也。"②

德章曰："闻先生以精金喻圣，以分两喻圣人之分量，以锻炼喻学者之工夫，最为深切。惟谓尧、舜为万镒，孔子为九千镒，疑未安。"先生曰："此又是躯壳上起念，故替圣人争分两。……所以谓之圣，只论精一，不论多寡。只要此心纯乎天理处同，便同谓之圣。若是力量气魄，如何尽同得！后儒只在分两上较量，所以流入功利。"③

① 汪帮琼. 道德实践的超越性与历史性：王阳明知行合一论的再理解 [J]. 晋阳学刊，2004，（02）：58-61.
② 王守仁. 王阳明全集：上 [M]. 吴光，等，编校. 上海：上海古籍出版社，2012：24.
③ 王守仁. 王阳明全集：上 [M]. 吴光，等，编校. 上海：上海古籍出版社，2012：27.

在这里，王阳明详细阐述了自己的圣人观。希渊提出自己的疑问：伯夷、伊尹与孔子的才力不同，却为何都被称为圣人？针对弟子所问，王阳明认为圣人的本质在于其心纯乎天理，无人欲之杂，而不在于才力的大小、知识的多寡。这就好比金子之所以称为金子，在于其成色之足，没有铜铅等杂质，而不在于其分两轻重一样。伯夷、伊尹与孔子虽才力大小不同，但其心都纯乎天理，因而都可以说是圣人。圣人的本质，只在"精一"，不在"多寡"。如果以数量上的"多识多能"去把握圣人的本质，就会使人们"流入功利"，一味地追求外在的名物度数、知识多寡，"徒弊精竭力，从册子上钻研，名物上考索，形迹上比拟"，① 而不去做内心合乎天理的工夫，那社会最终会陷入"知识愈广而人欲愈滋，人力愈多而天理愈蔽"的困境。② 王阳明处心积虑地重新定义圣人的标准，以"成色"论圣人，可他的学生却仍然纠结于为何将尧舜划为万镒，而孔子却为九千镒的问题。这无疑是在为圣人之分量作争辩，仍是用才力、"分两"标准定义圣人，可见原有的圣人观对人影响之深。王阳明通过"成色分两"说，对圣人的本质有了全新的理解和把握，也为追求圣贤境界寻求到一条新的路径。这条道路要求人们不执着于外在知识的多寡、分两的轻重，而转向使内心道德合乎天理，用王阳明自己的话语来说，是一种"功夫"："合本体的，是功夫，做得功夫的，方识本体。"③ 本体功夫是合一圆融的关系，"心纯乎天理"即是良知。这条道路实际就是体认和扩充良知之路。

3. 圣人之境界：万物一体

"心之良知是谓圣"回答了"成圣何以可能"的问题，是成圣的本体；"心纯乎天理"回答了成圣的路径和标准问题，是成圣的功夫；"万物一体"则回答了"圣人气象如何"的问题，是圣人境界。由本体到功夫到境界，是良知从潜在到现实的展开过程，也是由"小我"到"大我"的自我实现的过程。④ "万物一体"是王阳明晚年居越讲学的重要内容，"盖环坐

---

① 王守仁. 王阳明全集：上［M］. 吴光，等，编校. 上海：上海古籍出版社，2012：25.
② 王守仁. 王阳明全集：上［M］. 吴光，等，编校. 上海：上海古籍出版社，2012：25.
③ 王守仁. 王阳明全集：下［M］. 吴光，等，编校. 上海：上海古籍出版社，2012：961.
④ 薛勇民，赵宁. 从"心之良知是谓圣"到"万物一体"——小议王阳明的圣人观［J］. 晋阳学刊，2015，（04）：136.

而听者三百余人。先生临之，只发《大学》万物同体之旨，使人各求本性，致极良知以止于至善"。^① 王阳明认为"万物一体"是现实的圣人应当达到的理想境界："圣人求尽其心，以天地万物为一体也。"^②。王阳明在《大学问》开篇又说："大人者，以天地万物为一体者也，其视天下犹一家，中国犹一人焉。若夫间形骸而分尔我者，小人矣。"^③ 他还说："仁者以天地万物为一体"。^④ 可见，圣人、仁者、"大人"虽表述不一，但含义类似。

"万物一体"的"大我"境界是在关怀万物中实现自我的过程，是由"亲民"到"爱物"层层推进的过程，凸显了儒者的责任和担当。王阳明在晚年口授的《大学问》中说："明明德者，立其天地万物一体之体也。亲民者，达其天地万物一体之用也。故明明德必在于亲民，而亲民乃所以明其明德也。是故亲吾之父，以及人之父，以及天下人之父，而后吾之仁实与吾之父、人之父与天下人之父而为一体矣；实与之为一体，而后孝之明德始明矣！亲吾之兄，以及人之兄，以及天下人之兄，而后吾之仁实与吾之兄、人之兄与天下人之兄而为一体矣；实与之为一体，而后弟之明德始明矣！君臣也，夫妇也，朋友也，以至于山川鬼神鸟兽草木也，莫不实有以亲之，以达吾一体之仁，然后吾之明德始无不明，而真能以天地万物为一体矣。夫是之谓明明德于天下，是之谓家齐国治而天下平，是之谓尽性。"^⑤ 这里，"明德"与"亲民"交互作用，由亲亲而仁民而爱物，以天地万物为一体，体现了儒者"以天下为己任"的责任意识和担当精神。首先，"亲""仁""爱"体现为恻隐之心。人的良知与天地万物一体相关，"人的良知，就是草、木、瓦、石的良知"^⑥。良知能够与万物相互感通，见万物处于困苦之中必然会心生恻隐、顾惜之心。"见孺子之入井，而必有怵惕恻隐之心焉……见鸟兽之哀鸣觳觫，而必有不忍之心焉……见草木

① 王守仁．王阳明全集：下 [M]．吴光，等，编校．上海：上海古籍出版社，2012：1060．
② 王守仁．王阳明全集：上 [M]．吴光，等，编校．上海：上海古籍出版社，2012：217．
③ 王守仁．王阳明全集：中 [M]．吴光，等，编校．上海：上海古籍出版社，2012：798．
④ 王守仁．王阳明全集：上 [M]．吴光，等，编校．上海：上海古籍出版社，2012：229．
⑤ 王守仁．王阳明全集：中 [M]．吴光，等，编校．上海：上海古籍出版社，2012：799．
⑥ 王守仁．王阳明全集：上 [M]．吴光，等，编校．上海：上海古籍出版社，2012：94．

之摧折而必有悯恤之心焉……见瓦石之毁坏而必有顾惜之心焉"。① 这四心是道德情感的自然流露，是良知的发用，彰显着一体之仁。其次，"亲""仁""爱"体现为拯救万物于困苦的责任和担当。"每念斯民之陷溺，则为之戚然痛心，忘其身之不肖，而思以此救之……呜呼！是奚足恤哉？吾方疾痛之切体，而暇计人之非笑乎！"② 面对现实中的苦难，应拯救万物于困苦之中，"视人犹己""视物如己"，不使一物失所，如"使有一物失所，便是吾仁有未尽处"。③ 王阳明圣人境界的设计，是深刻反思宋代以来流行佛老空谈心性而导致的社会责任缺失问题后给出的补偏救弊的措施，是修身与治国平天下的统一、"内圣"与"外王"的统一，体现了天人合一的理念和"以天下为己任"的责任意识。

三 对王阳明道德教育思想的思考

王阳明道德教育思想在中国思想史上影响广泛且深远，黄宗羲在《姚江学案·前言》中对王阳明的思想和学术有这样的概括和评判，其云："自姚江指点出'良知人人现在，一反观而自得'，便人人有个作圣之路。故无姚江，则古来之学脉绝矣。"④ 但从未有一种学说或理论是完美无缺的，阳明学自然也不例外。针对王阳明思想的批评和质疑自其思想提出之始就已存在。

（一）圣人有过还是无过？

在"圣人"有过还是无过的问题上，宋明儒内部存在两种截然相反的意见，程朱一脉力主"圣人无过"，认为圣人是完满的存在，而陆王特别是王阳明明确提出"圣人有过"。王阳明说："人孰无过？改之为贵。蘧伯玉，大贤也，惟曰'欲寡其过而未能'。成汤、孔子，大圣也，亦惟曰

---

① 王守仁. 王阳明全集：中 [M]. 吴光，等，编校. 上海：上海古籍出版社，2012：799.
② 王守仁. 王阳明全集：上 [M]. 吴光，等，编校. 上海：上海古籍出版社，2012：70.
③ 王守仁. 王阳明全集：上 [M]. 吴光，等，编校. 上海：上海古籍出版社，2012：22.
④ 黄宗羲. 黄宗羲全集：第 7 册 [M]. 杭州：浙江古籍出版社，2005：197.

'改过不吝，可以无大过'而已。"① 王阳明肯认"圣人有过"，这与圣人之心纯乎天理，也即德性完满存在着矛盾。那王阳明如何解决这一矛盾呢？一方面，王阳明认为圣人"有过"不是做违德违法的事，而是未尽心。他说："吾之父子亲矣，而天下有未亲者焉，吾心未尽也。吾之君臣义矣，而天下有未义者焉，吾心未尽也。吾之夫妇别矣，长幼序矣，朋友信矣，而天下有未别、未序、未信者焉，吾心未尽也。吾之一家饱暖逸乐矣，而天下有未饱暖逸乐者焉，其能以亲乎？义乎？别、序、信乎？吾心未尽也。……心尽而家以齐，国以治，天下以平。故圣人之学不出乎尽心。"② 这里的"尽心"其实是责任和担当。儒者以天下为己任，天下之大，具有无限性，而人之力量有限，因而尽心的过程只能趋向无限而不能达到无限，尽心未有竟时。可见，圣人有过是一种常态，其实也可以说无过，因为这里论及的不是是非对错，而是责任的大小和担当的意愿。另一方面，王阳明认为有过、知过、改过是同时发生的，"圣人有过"与"圣人无过"同时存在。良知是心之本体，人先天固有的，但易被私欲蒙蔽，"如今一说话之间，虽只讲天理，不知心中倏忽之间，已有多少私欲"。③复归良知本体就要致良知。良知具有不学而知、不学而能的判断是非善恶的能力，"一有私欲，即便知觉"。④ "随他多少邪思妄念，这里一觉，都自消融。"⑤ 邪思妄念即是私欲，念念皆过，妄念一起，良知便能自知，然后妄念自消。在逻辑上，妄念起，良知知，妄念消是三个前后相继的阶段，但在时间上妄念起，良知知，妄念消是同时发生的，没有时间先后顺序。"良知一觉，即罔然消阻"。⑥ "一……即""罔然"等词语表达了"同时同步"之义，念起（有过）、心知（知过）、妄消（改过）没有时间差。就此而言，王阳明"圣人有过"与"圣人无过"是不冲突的。⑦

---

① 王守仁.王阳明全集：上 [M].吴光，等，编校.上海：上海古籍出版社，2012：147.
② 王守仁.王阳明全集：上 [M].吴光，等，编校.上海：上海古籍出版社，2012：217.
③ 王守仁.王阳明全集：上 [M].吴光，等，编校.上海：上海古籍出版社，2012：22.
④ 王守仁.王阳明全集：上 [M].吴光，等，编校.上海：上海古籍出版社，2012：220.
⑤ 王守仁.王阳明全集：上 [M].吴光，等，编校.上海：上海古籍出版社，2012：82.
⑥ 王守仁.王阳明全集：上 [M].吴光，等，编校.上海：上海古籍出版社，2012：56.
⑦ 杨谦."有过"，还是"无过"？——王阳明圣人有过无过辨析 [J].中国哲学史，2022，(02)：70-76.

综上，王阳明认为圣人之心与常人之心一样，也会犯错，而圣人异于常人之处就在于圣人"时时自见己过而改之，是以能无过"。① 圣人与常人一样有过，但圣人妄念起，心即知，妄自消，因此总体表现为无过。

（二）良知自知能知的理论预设是否会带来实践中道德评判的困境？

致良知是王阳明一生学问的立言宗旨，王阳明的思想以良知为中心而展开。良知是人人固有的，不仅是是非善恶的准则，而且还具有判断是非善恶的能力，也就是说良知自然会知，自然能知，而且良知之知是无所不知，是有绝对普遍性的。由此可以看出，王阳明将人之行为的道德性全部交给每个人自身的良知来保障，个人行为动机的鉴别和判定也依赖个人的良知，人的行为是非善恶的判定主要看行为动机是出自良知还是出自人欲。在理论层面，良知本自具足，"能分辨良知和人欲并克服人欲"的预设可以保证行为的道德性。但在实践层面，这却可能带来很大的问题。一旦出现将出于人欲的动机误认为是出于良知，或者人自信是出于良知的情况时，"认欲作理"②，仍然依靠良知去纠正，这就必然进入了死循环而问题得不到解决。明末心学殿军刘蕺山将王学的流弊归为两点："今天下争言良知矣，及其弊也，猖狂者参之以情识，而一是皆良；超洁者荡之以玄虚，而夷良于贼，亦用知者之过也。"③ 所谓"猖狂者参之以情识"，是指王门后学主张顺性自然，顺自己良知而行，然而却混淆了良知与情识，每每误将情识认作良知，打破世俗名教，言论怪异，行为恣肆猖狂。这种流弊即是我们前面所说的"认欲作理"的现实情况。出现这种流弊是王学的本身问题还是用知者在践行过程中自己的问题呢？刘蕺山认为是"用知者

---

① 人皆曰人非尧舜，安能无过？此亦相沿之说，未足以知尧舜之心。若尧舜之心而自以为无过，即非所以为圣人矣。其相授受之言曰：'人心惟危，道心惟微，惟精惟一，允执厥中。'彼其自以为人心之惟危也，则其心亦与人同耳。危即过也，惟其兢兢业业，尝加'精一'之功，是以能'允执厥中'而免于过。古之圣贤时时自见己过而改之，是以能无过，非其心果与人异也。"见王守仁．王阳明全集：上 [M]．吴光，等，编校．上海：上海古籍出版社，2012：147.

② 陈立胜．入圣之机：王阳明致良知工夫论研究 [M]．北京：生活·读书·新知三联书店，2019：333.

③ 刘宗周．刘宗周全集（第二册）[M]．杭州：浙江古籍出版社，2007：278.

之过"。牟宗三也认为,"是人病,非法病"。① 虽说两位学者都认为是人病,但"人病"的根源是"法",法虽无病,然此法却易导致人病,在这个意义上,我们不妨说这仍是法病。这个"法病"就在于良知缺乏可公度性和客观性。良知的不可公度性一方面表现为道德评价主体的主观性。在良知本自具足、"能分辨良知和人欲并克服人欲"的理论预设中,良知既是道德准则,又是判断人们行为是否符合道德准则的主体,执行者和监督者合一,理论上是完满的,但在实践中如果出现"认欲作理"的情况就会陷入死循环。在鉴别人的行为动机是出自良知,还是出自私欲上,没有可以公度的客观标准。另一方面表现为道德评价标准的主观性。"此致良知之论,乃教人自见其是非,而自是是非非。于是我自己之是非,可为他人所不得而是非;而我又可自本其是非,以是非天下人。"② 是非标准内在于每个人的良知中,良知自知、独知,你的是非我的是,你的非非我的非,这会导致道德评价标准因人而异,无法进行道德评判。

王阳明良知学说过于主观化和内在化的倾向,在实践中易造成把情识误认为良知而难以纠正,或者导致假借良知为自己有违道德的行为寻找借口的弊病,而外人对此很难作出有效的道德评价。那如何解决这些问题呢?刘蕺山曾提出系统观点,"第一步先将良知之显教归于'意根最微'之密教也","第二步将心体之显教复摄归于性体之密教也"。③ 刘蕺山是想通过强调心体的客观性、超越性而解决"认欲作理"的问题。关于良知的客观性、超越性的思想,其实王阳明也提到过,"良知是天理之昭明灵觉处,故良知即是天理"。④"良知即天道"。⑤ 不过,王阳明主要在心上言良知,而不在性上言良知。强调良知的客观性、超越性是否就能消除弊病呢?一个人知道良知是天理,但当他把实际上是出自人欲的动机误认为出自天理或者自信是出自天理时,这只是观念的转换,仍然无法纠正"认欲作理"的问题,也就是说强调良知的客观性、超越性不能消除弊病。消除

---

① 牟宗三. 从陆象山到刘蕺山 [M]. 上海:上海古籍出版社,2001:451.
② 唐君毅. 中国哲学原论·原教篇 [M]. 北京:九州出版社,2021:354.
③ 牟宗三. 从陆象山到刘蕺山 [M]. 上海:上海古籍出版社,2001:367.
④ 王守仁. 王阳明全集:上 [M]. 吴光,等,编校. 上海:上海古籍出版社,2012:63.
⑤ 王守仁. 王阳明全集:上 [M]. 吴光,等,编校. 上海:上海古籍出版社,2012:226.

弊病的关键在于良知的客观化，即将作为是非判断的标准的良知外化为客观的原则或标准。① 在传统社会中，这种外在的客观的原则或标准就是礼。"礼"通常指各种典章制度、礼节仪式和行为规范。儒学自孔子始就非常重视外在规范的意义与作用，孔子提出"克己复礼为仁"，强调"非礼勿视，非礼勿听，非礼勿言，非礼勿动"。② 孟子认为"无礼义，则上下乱"。③ 朱子不仅重视礼，而且对"礼"进行了细分，"凡礼有本有文，自其施于家者言之，则名分之守，爱敬之实，其本也。冠昏丧祭仪章度数者，其文也"。④ 王阳明也谈礼，但主要侧重于礼之"理"与"礼根于心"的一面，对作为规范、秩序的意义之'礼'关注较少。现代社会中，不同的领域有不同的道德规范，在公共生活中有社会公德，在职业生活中有职业道德，在婚姻家庭中有家庭美德。

（三）王阳明提出"良知即天道"有何意义？

王阳明不仅认为良知是是非善恶的准则，具有判断是非善恶的能力，还认为"良知即天道"。⑤ 良知即天道的论述引起学者们的质疑和争议。钱穆先生批评道："阳明在人生方面言之，若亲切易简，当下可使人用力向前，此乃其长处。但要把心来包罗宇宙万物，又嫌唐大不实，在理论方面太单薄，牢笼不住。此则王学之所短。"⑥ 而牟宗三先生则肯定突破道德领域把握良知的做法："王阳明明明说'心外无物'，明明说：'无声无臭独知时，此是乾坤万有基。'乾坤万有不能离开良知而存在，而这些偏执者却使良知萎缩，只限于人类的道德界，那么天地万物的存在交给谁呢？这是不通的。"⑦ 学者们争议的焦点就在于良知关涉的领域，仅关涉道德领域还是包罗宇宙万物。其实，王阳明曾引用《易经》对良知与天道的关系作

---

① 参见潘勇. 从道德实践角度看王阳明"良知"学存在的问题 [J]. 理论界，2023，（04）：36-42.
② 杨伯峻. 论语译注 [M]. 北京：中华书局，2015：178.
③ 杨伯峻. 孟子译注 [M]. 北京：中华书局，2016：366-367.
④ 朱熹. 朱子家礼宋本汇校 [M]. 上海：上海古籍出版社，2020：1.
⑤ 王守仁. 王阳明全集：上 [M]. 吴光，等，编校. 上海：上海古籍出版社，2012：226.
⑥ 钱穆. 中国学术思想史论丛：5 [M]. 北京：生活·读书·新知三联书店，2009：280.
⑦ 牟宗三. 中国哲学十九讲 [M]. 长春：吉林出版集团有限责任公司，2015：377.

出更为清晰的表述："'先天而天弗违'，天即良知也；'后天而奉天时'，良知即天也。"① 《易经》中的这两句话本来只是指自然现象，王阳明将之与良知结合起来。"天即良知"意味着天不是漫无目的和毫无意志的，它赋予万物意义和价值。"良知即天"意味着良知可以从天的角度来理解，无赋予良知客观的内容。由此，良知不仅关涉道德领域，还与宇宙万物休戚与共，凸显人的责任和使命。王阳明将良知上升到天道具有重要的意义。第一，体现了良知个体性和普遍性的统一。良知人人固有，自知独知，具有个体性。而将良知上升到天道，又赋予良知普遍性和绝对性。良知是二者的统一体。第二，解决了良知的动力和准则的来源问题。② 将良知上升到天道，找到了良知的动力来源——天道。他说："天地气机，元无一息之停。然有个主宰，故不先不后，不急不缓，虽千变万化，而主宰常定，人得此而生。若主宰定时，与天运一般不息，虽酬酢万变，常是从容自在，所谓'天君泰然，百体从令'。若无主宰，便只是这气奔放，如何不忙？"③ 这里"元无一息之停"说明了良知之动力来源，体现了天地化育万物、生生不息的力量。第三，揭示了良知的运作方式。天运"从容自在"，人的良知禀受自天，也具备如此特征。良知像天道一样虽使万物生生不息，但自然而然，没有压力和负担，这是一种幸福而理想的状态，使人心生向往之情。

① 王守仁. 王阳明全集：上［M］. 吴光，等，编校. 上海：上海古籍出版社，2012：97.

② 傅锡洪. 王阳明的良知天道一体论及其内蕴的幸福观［J］. 东南大学学报（哲学社会科学版），2023，（04）：20-25.

③ 王守仁. 王阳明全集：上［M］. 吴光，等，编校. 上海：上海古籍出版社，2012：27.

参考文献

（一）古代典籍

1. 班固. 汉书 ［M］. 北京：中华书局，2016.

2. 班固. 汉书 ［M］. 南京：凤凰出版社，2011.

3. 陈淳. 北溪字义 ［M］. 熊国祯，点校. 北京：中华书局出版社，2009.

4. 陈鼓应. 老子今注今译：修订本 ［M］. 北京：商务印书馆，2016.

5. 程颢，程颐. 二程集 ［M］. 王孝鱼，点校. 北京：中华书局，1981.

6. 董仲舒. 春秋繁露 ［M］. 张世亮，钟肇鹏，周桂钿，译. 北京：中华书局 2012.

7. 方勇，李波，译注. 荀子 ［M］. 北京：中华书局，2011.

8. 高诱，译注. 吕氏春秋 ［M］. 上海：上海古籍出版社，1996.

9. 顾炎武. 天下郡国利病书 ［M］. 上海：上海科学技术文献出版社，2002.

10. 郭齐，尹波点校. 朱熹集 ［M］. 成都：四川教育出版社，1996.

11. 郭庆藩. 王孝鱼点校. 庄子集释 ［M］. 北京：中华书局，2013.

12. 韩非. 韩非子 ［M］. 开封：河南大学出版社，2008.

13. 何休，解诂，徐彦，疏. 春秋公羊传注疏 ［M］. 上海：上海古籍出版社，2014.

14. 胡平生，张萌，译注. 礼记 ［M］. 北京：中华书局，2017.

15. 黄榦. 黄勉斋先生文集 ［M］. 北京：中华书局，1985.

16. 黄宗羲. 黄宗羲全集 ［M］. 杭州：浙江古籍出版社，2005.

17. 黄宗羲. 明儒学案 ［M］. 北京：中华书局，2008.

18. 黄宗羲. 宋元学案 [M]. 北京：中华书局，2013.

19. 惠能. 坛经 [M]. 长春：吉林文史出版社，2010.

20. 贾谊. 新编诸子集成 [M]. 阎振益，钟夏，校注. 北京：中华书局，2000.

21. 康有为. 春秋董氏学 [M]. 桂林：广西师范大学出版社，2016.

22. 黎靖德. 朱子语类 [M]. 北京：中华书局出版社，1986.

23. 梁大伟，编译. 论语 [M]. 沈阳：万象出版公司，2018.

24. 刘宝楠. 论语正义 [M]. 北京：中华书局出版社，1990.

25. 刘利译. 左传 [M]. 北京：中华书局 2007.

26. 刘向. 战国策 [M]. 上海：上海古籍出版社，1998.

27. 刘宗周. 刘宗周全集 [M]. 杭州：浙江古籍出版社，2007.

28. 陆九渊. 陆九渊集 [M]. 锺哲，点校. 北京：中华书局，2020.

29. 骈宇骞，王建宇，牟虹，等，译. 孙子兵法 [M]. 北京：中华书局，2006.

30. 屈守元. 韩诗外传笺疏 [M]，成都：巴蜀书社，2011.

31. 司马光. 资治通鉴 [M]. 北京：中华书局，2013.

32. 司马迁. 史记 [M]. 北京：中华书局，1997.

33. 苏舆. 春秋繁露义证 [M]. 钟哲，点校. 北京：中华书局，2019.

34. 王国轩，译注. 大学·中庸 [M]. 北京：中华书局，2006.

35. 王世舜，王翠叶，译注. 尚书 [M]. 北京：中华书局，2012.

36. 王守仁. 吴光等编校. 王阳明全集 [M]. 上海：上海古籍出版社，2012.

37. 王秀梅，译注. 诗经 [M]. 北京：中华书局，2015.

38. 杨伯峻. 论语译注 [M]. 北京：中华书局，2015.

39. 杨伯峻. 孟子译注 [M]. 北京：中华书局，2016.

40. 袁长江. 董仲舒集 [M]. 北京：学苑出版社，2003.

41. 曾振宇，注. 春秋繁露新注 [M]，北京：商务印书馆，2010.

42. 张风娟. 大学·中庸·礼记 [M]. 呼和浩特：内蒙古人民出版社，2007.

43. 张觉. 荀子译注 [M]. 上海：上海古籍出版社，2012.

44. 郑玄，注. 孔颖达，疏. 礼记正义 [M]. 北京：北京大学出版社，2000.

45. 朱杰人，严佐之，刘永翔. 朱子全书 [M]. 上海：上海古籍出版；合肥：安徽教育出版社，2002.

46. 朱熹，吕祖谦. 朱子近思录 [M]. 上海：上海古籍出版社，2000.

47. 朱熹. 晦庵先生朱文公文集 [M]. 上海：上海古籍出版社，2010.

48. 朱熹. 四书集注 [M]. 长沙：岳麓书社，1995.

49. 朱熹. 四书章句集注 [M]. 北京：中华书局，1983.

50. 朱熹. 四书章句集注 [M]. 北京：中华书局出版社，1986.

51. 朱熹. 朱子家礼宋本汇校 [M]. 上海：上海古籍出版社，2020.

（二）学术著作

1. 包兆会. 庄子生存论美学研究 [M]. 南京：南京大学出版社，2004.

2. 曹础基. 庄子浅注 [M]. 北京：中华书局，2007.

3. 陈来. 回归传统——儒学的哲思 [M]. 北京：北京师范大学出版社，2011.

4. 陈来. 仁学本体论 [M]. 北京：生活·读书·新知三联书店，2014.

5. 陈来. 宋明理学 [M]. 北京：生活·读书·新知三联书店，2011.

6. 陈来. 宋明理学 [M]. 上海：华东师范大学出版社，2004.

7. 陈来. 有无之境——王阳明哲学的精神 [M]. 上海：三联书店，2009.

8. 陈来. 朱子哲学研究 [M]. 北京：生活·读书·新知三联书店，2011.

9. 陈立胜. 入圣之机：王阳明致良知工夫论研究 [M]. 北京：生活·读书·新知三联书店，2019.

10. 陈荣捷. 朱学论集 [C]. 上海：华东师范大学出版社，2007.

11. 陈荣捷. 朱子新探索 [M]. 上海：华东师范大学出版社，2007.

12. 陈钟凡. 两宋思想述评 [M]. 北京：东方出版社，1996.

13. 崔大华. 南宋陆学 [M]. 中国社会科学出版社, 1984.

14. 崔大华. 庄学研究 [M]. 北京: 人民出版社, 1992.

15. 邓尔麟. 钱穆与七房桥世界 [M]. 北京: 社会科学文献出版社, 1995.

16. 邓红. 董仲舒的春秋公羊学 [M]. 北京: 中国工人出版社, 2001.

17. 杜维明. 思想·文献·历史: 思孟学派新探 [M]. 北京: 北京大学出版社, 2008.

18. 范康寿. 中国哲学史通论 [M]. 武汉: 武汉大学出版社, 2008.

19. 冯达文, 郭齐勇. 新编中国哲学史 [M]. 北京: 人民出版社, 2004.

20. 冯达文. 宋明新儒学略论 [M]. 广州: 广东人民出版社, 1997.

21. 冯达文. 寻找心灵的故乡 [M]. 北京: 中华书局, 2015.

22. 冯契. 中国古代哲学的逻辑发展 [M]. 上海: 华东师范大学出版社, 2016.

23. 冯友兰. 洛学与传统文化 [M]. 北京: 求实出版社, 1989.

24. 冯友兰. 中国哲学简史 [M]. 北京: 北京大学出版社, 2013.

25. 冯友兰. 中国哲学史 [M]. 上海: 华东师范大学出版社, 2000.

26. 冯友兰. 中国哲学史新编 [M]. 北京: 人民出版社, 1984.

27. 复旦大学中国哲学教研室. 中国古代哲学 [M]. 上海: 上海古籍出版社, 2006.

28. 傅武光. 孔孟老庄思想的平等精神. 台北: 文津出版社, 1990.

29. 高全喜. 理心之间 [M]. 北京: 生活·读书·新知三联书店, 1992.

30. 葛兆光. 道教与中国文化 [M]. 上海: 上海出版社, 1987.

31. 葛兆光. 中国思想史 [M]. 上海: 复旦大学出版社, 2001.

32. 郭齐家, 顾春. 陆九渊教育思想研究 [M]. 江西: 江西教育出版社, 1996.

33. 郭齐勇. 中国哲学史 [M]. 北京: 高等教育出版社, 2006.

34. 郭晓东. 识仁与定性 [M]. 上海: 复旦大学出版社, 2006.

35. 韩林合. 虚己以游世: 《庄子》哲学研究 [M]. 北京: 北京大学

出版社. 2006.

36. 何怀宏. 良心论——传统良知的社会转化 ［M］. 上海：上海三联书店，1994.

37. 何俊. 南宋儒学建构 ［M］. 上海：上海人民出版社，2004.

38. 何益鑫. 竹简《性自命出》章句讲疏 ［M］. 上海：上海三联书店，2020.

39. 侯外庐，等. 宋明理学史 ［M］. 北京：人民出版社，1984.

40. 侯外庐，等. 中国思想通史 ［M］. 北京：人民出版社，2011.

41. 侯外庐，邱汉生，张岂之. 宋明理学史：修订版 ［M］. 西安：西北大学出版社，2018.

42. 侯外庐. 中国古代社会史论 ［M］. 石家庄：河北教育出版社，2000.

43. 侯外庐. 中国思想史纲 ［M］. 上海：上海书店出版社，2004.

44. 胡道静. 十家论庄 ［M］. 上海：上海人民出版社，2004.

45. 胡适. 先秦哲学史 ［M］. 上海：学林出版社，1983.

46. 胡适. 中国哲学史大纲 ［M］. 上海：上海古籍出版社，1997.

47. 华友根. 董仲舒思想研究 ［M］. 上海：上海社会科学出版社 1992.

48. 黄朴民. 天人合一：董仲舒与两汉儒学思潮研究 ［M］. 长沙：岳麓书院，2013.

49. 黄钊. 中国德育思想史论 ［M］. 北京：中国社会科学出版社，2011.

50. 姜国柱，朱葵菊. 中国历史上的人性论 ［M］. 杭州：中国社会科学出版社，1989.

51. 康有为. 康有为全集：第6集 ［M］. 北京：中国人民大学版社，2007.

52. 孔令宏. 宋代理学与道家、道教 ［M］. 北京：中华书局，2006.

53. 劳思光. 新编中国哲学史 ［M］. 桂林：广西师范大学出版社，2005.

54. 乐爱国. 朱子格物致知论研究 ［M］. 长沙：岳麓书社，2010.

55. 李德全，蒋礼文. 新时期学校德育目标分层研究 ［M］. 北京：科学出版社，2012.

56. 李熊威. 董仲舒与西汉学术 [M]. 台北：台湾文史出版社，1978.

57. 李永富. 易学视野下的二程理学建构 [M]. 成都：西南交通大学出版社，2021.

58. 李泽厚. 说儒学四期 [M]. 上海：上海译文出版社，2012.

59. 李振纲. 大生命视域下的庄子哲学 [M]. 北京：人民出版社，2013.

60. 梁启超. 先秦政治思想史 [M]. 天津：天津古籍出版社，2004.

61. 梁漱溟. 中国文化要义 [M]. 上海：上海人民出版社，2005.

62. 梁漱溟. 中国文化要义 [M]. 上海：学林出版，1987.

63. 林继平. 陆象山研究 [M]. 台北：台湾商务印书馆，1986.

64. 林月惠. 良知学的转折：聂双江与罗念庵思想之研究 [M]. 台北：台湾大学出版中心，2005.

65. 刘红星. 先秦与古希腊：中西文化之源 [M]. 上海：海古籍出版社，1999.

66. 刘荣贤. 庄子外杂篇研究. 台北：联经出版事业公司，2004.

67. 刘笑敢. 庄子哲学及其演变：修订版 [M]. 北京：中国人民大学出版社，2010.

68. 刘玉敏. 心学源流——张九成心学与浙东学派 [M]. 北京：人民出版社，2015.

69. 吕思勉. 理学纲要 [M]. 上海：上海三联书店，2014.

70. 吕思勉. 先秦学术概论 [M]. 昆明：云南人民出版社，2005.

71. 罗国杰. 伦理学 [M]. 北京：人民出版社，2014.

72. 罗国杰. 中国伦理思想史 [M]. 北京：中国人民大学出版社，2008.

73. 蒙培元. 理学范畴系统 [M]. 北京：人民出版社，1989.

74. 蒙培元. 理学范畴系统 [M]. 北京：人民出版社，1998.

75. 蒙培元. 朱熹哲学十论 [M]. 北京：人民出版社，2010.

76. 牟宗三. 从陆象山到刘蕺 [M]. 上海：上海古籍出版社，2001.

77. 牟宗三. 历史哲学 [M]. 桂林：广西师范大学出版社，2007.

78. 牟宗三. 心体与性体 ［M］. 长春：吉林出版集团有限责任公司，2010.

79. 牟宗三. 中国哲学十九讲 ［M］. 长春：吉林出版集团有限责任公司，2015.

80. 牟宗三. 中国哲学十九讲 ［M］. 上海：上海古籍出版社，2005.

81. 潘富恩，徐洪兴. 中国理学 ［M］. 上海：东方出版中心，2002.

82. 彭永捷. 宋陆之辩——宋熹陆九渊哲学比较研究 ［M］. 北京：人民出版社，2002.

83. 祁润兴. 陆九渊评传 ［M］. 南京：南京大学出版社，1998.

84. 钱穆. 宋明理学概述 ［M］. 北京：九州出版社，2020.

85. 钱穆. 阳明学述要 ［M］. 北京：九州出版社，2015.

86. 钱穆. 中国学术思想史论丛：5 ［M］. 北京：生活·读书·新知三联书店，2009.

87. 钱穆. 中国学术思想史论丛 ［M］. 合肥：安徽教育出版社，2004.

88. 钱穆. 朱子新学案 ［M］. 四川：巴蜀书社，1986.

89. 钱穆. 朱子学提纲 ［M］. 北京：生活·读书·新知三联书店，2002.

90. 钱穆. 庄老通辩. 北京：生活·读书·新知三联书店，2002.

91. 邱桨踢. 庄子哲学体系论 ［M］. 台北：文津出版，1999.

92. 束景南. 朱熹研究 ［M］. 北京：人民出版社，2008.

93. 束景南. 朱子大传 ［M］. 北京：商务印书馆，2003.

94. 束景南. 朱子大传 ［M］. 上海：复旦大学出版社，2016.

95. 谭维智. 庄子道德教育减法思想研究 ［M］. 华东师范大学出版社，2011.

96. 谭宇权. 庄子哲学评论 ［M］. 台北：文津出版社，1998.

97. 唐君毅. 中国哲学原论 ［M］. 北京：中国社会科学出版社，2006.

98. 童书业. 先秦七子思想研究 ［M］. 北京：中华书局，2006.

99. 汪高鑫. 董仲舒与汉代历史思想研究 ［M］. 北京：商务印书馆，2012.

100. 王博. 庄子哲学 ［M］. 北京：北京大学出版社，2004.

101. 王心田. 陆九渊知军著作研究 [M]. 湖北：武汉大学出版社，1999.

102. 王新山，王玉婷，纪武昌. 中国古代思想政治教育史论 [M]. 武汉：武汉大学出版社，2016.

103. 王永祥. 董仲舒评传 [M]. 南京：南京大学出版社，2011.

104. 韦政通. 儒家与现代中国 [M]. 上海：上海人民出版社，1990.

105. 韦政通. 中国思想史 [M]. 长春：吉林出版集团有限责任公司，2009.

106. 魏彦红. 董仲舒与儒学研究：第 1—12 辑 [M]. 成都：巴蜀书社，2015-2021.

107. 吴汝钧. 老庄哲学的现代论析 [M]. 台北：文津出版社，1998.

108. 吴怡. 逍遥的庄子 [M]. 桂林：广西师范大学出版社，2006.

109. 吴震. 宋代新儒学的精神世界：以朱子学为中心 [M]. 华东师范大学出版社，2009.

110. 萧公权. 中国政治思想史 [M]. 北京：新星出版社，2005.

111. 辛冠洁等. 日本学者论中国哲学史 [M]. 北京：中华书局，1986.

112. 熊十力. 体用论 [M]. 北京：中华书局，1994.

113. 徐复观. 两汉思想史 [M]. 上海：华东师范大学出版社 2001.

114. 徐复观. 中国人性论史 [M]. 北京：九州出版社，2014.

115. 徐复观. 中国人性论史·先秦篇 [M]. 北京：商务印书馆，1987.

116. 徐复观. 中国人性论. [M]. 上海：上海三联书店，2002.

117. 徐复观. 中国思想史论集 [M]. 上海：上海书店，2004.

118. 杨国荣. 王学通论 [M]. 上海：华东师范大学出版社，2009.

119. 杨国荣. 心学之思——王阳明哲学的阐释 [M]. 北京：生活·读书·新知三联书店，1997.

120. 杨国荣. 心学之思——王阳明哲学的阐释 [M]. 上海：华东师范大学出版社，2009.

121. 杨泽波. 孟子评注 [M]. 南京：南京大学出版社，1998.

122. 杨泽波. 孟子性善论研究 [M]. 北京：中国人民大学出版社，2010.

123. 叶海烟. 老庄哲学新论 [M]. 台北：台湾文津出版社，1997.

124. 曾长秋，周含华. 中国德育通史简编 [M]. 长沙：湖南人民出版社，2011.

125. 曾亦，郭晓东. 春秋公羊学史 [M]. 上海：华东师范大学出版社 2017.

126. 张岱年. 中国伦理思想研究 [M]. 南京：江苏教育出版社，2005.

127. 张岱年. 中国哲学大纲 [M]. 北京：中华书局，2017.

128. 张岱年. 中国哲学大纲 [M]. 南京：江苏教育出版社，2005.

129. 张立文. 心学之路——陆九渊思想研究 [M]. 北京：人民出版社，2008.

130. 张立文. 朱熹评传 [M]. 南京：南京大学出版社，1998.

131. 张立文. 朱熹思想研究 [M]. 北京：中国社会科学出版社，2001.

132. 张茂泽. 道论 [M]. 北京：人民出版社，2016.

133. 张茂泽. 中国思想史方法论集 [M]. 北京：光明日报出版社，2020.

134. 张岂之. 儒学理学实学新学 [M]. 西安：陕西人民教育出版社，1994.

135. 张岂之. 中国思想史 [M]. 西安：西北大学出版社，1989.

136. 张岂之. 中国思想史修订版 [M]. 西安：西北大学出版社，2012.

137. 张岂之. 中国思想学说史 [M]. 桂林：广西师范大学出版社，2007.

138. 张世欣. 中国古代思想道德教育史 [M]. 杭州：浙江大学出版社，2010.

139. 张松辉. 庄子考辨 [M]. 长沙：岳麓书社，1997.

140. 赵士林. 心学与美学 [M]. 北京：中国社会科学出版，1992.

141. 钟泰. 中国哲学史 [M]. 北京：东方出版社，2008.

142. 周辅成. 论董仲舒思想 [M]. 上海：上海人民出版社 1961.

143. 朱汉民. 宋明理学通论 [M]. 湖南：湖南教育出版社，2000.

144. 朱汉明，萧永明. 旷世大儒——朱熹 [M]. 河北：河北人民出版社，2001.

（三）外文译著

1. 班杜拉. 思想和行为的社会基础：社会认知论 [M]. 林颖，译. 上海：华东师范大学出版社，2001.

2. 包弼德. 历史上的理学 [M]. 王昌伟，译. 杭州：浙江大学出版社，2010.

3. 包弼德. 斯文：唐宋思想的转型 [M]. 刘宁，译. 南京：江苏人民出版社，2001.

4. 本杰明·史华兹. 古代中国的思想世界 [M]. 程刚，译. 南京：江苏人民出版社，2004.

5. 卜道成. 朱熹和他的前辈们：朱熹与宋代新儒学导论 [M]. 谢晓东，译. 厦门：厦门大学出版社，2010.

6. 耿宁. 人生第一等事：王阳明及其后学论"致良知" [M]. 倪梁康，译. 北京：商务印书馆，2014.

7. 郝大维，安乐哲. 通过孔子而思 [M]. 何金俐，译. 北京：北京大学出版社，2005.

8. 赫伯特·芬格莱特. 孔子：即凡而圣 [M]. 彭国翔，张华，译. 南京：江苏人民出版社，2002.

9. 杰里·本特利，郝伯特·齐格勒. 新全球史（第三版）[M]. 魏凤莲，译. 北京：北京大学出版社，2007.

10. 井上彻. 中国的宗族与国家礼制：从宗法主义角度所作的分析 [M]. 钱杭，译. 上海：上海书店出版社，2008.

11. 克利福德·格尔茨. 文化的解释 [M]. 韩莉，译. 南京：译林出版社，1999.

12. 刘子健. 中国转向内在——两宋之际的文化内向 [M]. 赵冬梅，

译. 南京：江苏人民出版社，2001.

13. 罗哲海. 轴心时期的儒家伦理 ［M］. 陈咏明，瞿德瑜，译. 郑州：大象出版社，2009.

14. 欧文·拉兹洛. 系统哲学引论：一种当代思想的新范式 ［M］. 钱兆华，等，译. 北京：商务印书馆，1998.

15. 秦加懿. 朱熹的宗教思想 ［M］. 曹剑波，译. 厦门：厦门大学出版社，2010.

16. 苏霍姆林斯基. 给教师的建议 ［M］. 杜殿坤，编译. 北京：教育科学出版社，1984.

17. 田浩. 功利主义儒家 ［M］. 姜长苏，译. 南京：江苏人民出版社，2012.

18. 吾妻重二. 朱熹〈家礼〉实证研究 ［M］. 吴震，等，编译. 上海：华东师范大学出版社，2012.

19. 雅思贝尔斯. 历史的起源与目标 ［M］. 魏楚雄，俞新天，译. 北京：华夏出版社，1989.

20. 余纪元. 德性之镜：孔子与亚里士多德的伦理学 ［M］. 林航，译. 北京：中国人民大学出版社，2007.

（四）期刊论文

1. 白奚. 援仁入礼仁礼互动——对"克己复礼为仁"的再考察 ［J］. 中国哲学史，2008，（01）.

2. 蔡方鹿，王英杰. 王阳明经世致用思想探讨 ［J］. 孔子研究，2013，（06）.

3. 蔡家和. 论牟宗三判明道为"心即理"之学 ［J］. 孔学堂，2020，（02）.

4. 常国良，李勉媛. "性相近，习相近"——心理学视野下孔子的人性论 ［J］. 安徽大学学报（哲学社会科学版），2003，（01）.

5. 陈来. 仁学本体论 ［J］. 文史哲，2014，（04）.

6. 陈来. 儒家的政治思想与美德政治观 ［J］. 中国哲学史，2020，（01）.

7. 陈桐生. 孔子人性论 [J]. 中国文化研究，2010，（05）.

8. 陈晓杰. 王阳明良知说的道德动力问题 [J]. 现代哲学，2019，（06）.

9. 陈延斌，麦玮琪. 王守仁修己思想及其时代价值 [J]. 中国哲学史，2020，（05）.

10. 陈玉森. 董仲舒"性三品"说质疑 [J]. 哲学研究，1980，（02）.

11. 程丽田. 朱熹的道德观与职业道德 [J]. 朱子学刊，2004，（01）.

12. 崔华前. 朱熹的德教方法及其现代价值 [J]. 国家教育行政学院学报，2006，（05）.

13. 崔华前. 庄子的德育方法及其现代价值 [J]. 黑河学刊，2004，（04）.

14. 崔宜明. 德性论与规范论 [J]. 伦理学（人大复印资料），2003，（06）.

15. 戴兆国. 德性伦理何以可能 [J]. 伦理学（人大复印资料），2002，（06）.

16. 刁生虎. 境与心灵的自由 [J]. 南都学坛（人文社会科学学刊），2002，（02）.

17. 董平. 象山"心即理"说的本体论诠释 [J]. 孔子研究，1999，（02）.

18. 冯国栋. 道统、功夫与学派之间——"心学"义再研 [J]. 哲学研究，2013，（07）.

19. 傅锡洪. 王阳明的良知天道一体论及其内蕴的幸福观 [J]. 东南大学学报（哲学社会科学版），2023，（04）.

20. 干春松. 从天道普遍性来建构大一统秩序的政治原则——董仲舒"天"观念疏解 [J]. 哲学动态，2021，（01）.

21. 高春花. 论老庄道家的道德教化方法及其文化渊源 [J]. 河北大学学报 2002，（02）.

22. 高正乐. 王阳明"知行合一"命题的内涵与局限 [J]. 中国哲学史，2020，（06）.

23. 龚晓康. "此心光明"：王阳明的生死觉化与良知体证 [J]. 中国

哲学史，2020，(03).

24. 郭杰. 孔孟"孝"论的历史渊源和伦理内涵 [J]. 中国文化研究，2019，(04).

25. 郭鲁兵. 孔子的道德理论及其特点 [J]. 湖南大学学报（社会科学版），2009，(04).

26. 郭齐家. 宋明理学道德教育思想散论 [J]. 北京师范大学学报，1984，(03).

27. 郭沂. 从"欲"到"德"——中国人性论的起源与早期发展 [J]. 齐鲁学刊，2005，(02).

28. 韩强. 陆九渊、王阳明的心性论 [J]. 太原师范学院学报，2020，(03).

29. 韩星. 王道通三——董仲舒的王道观与政治理想 [J]. 江汉论坛，2014，(10).

30. 韩燕丽. 儒家伦理学能否解读为严格意义上的美德伦理学？[J]. 现代哲学，2023，(06).

31. 韩养民. 西汉的"分田劫假"与土地兼并 [J]. 西北大学学报（哲学版），1981，(01).

32. 韩玉胜. 王阳明"致良知"思想的伦理省察 [J]. 广西社会科学，2014，(08).

33. 何俊. 陆象山的"六经注我"与我注"六经" [J]. 中国哲学史，2021，(05).

34. 何俊. 象山心学中本心与认知格局的关系 [J]. 复旦学报（社会科学版），2021，(02).

35. 何晓明. 孟子"天"论剖析 [J]. 齐鲁学刊，1995，(01).

36. 胡小琴. 论王阳明"知行合一"的哲学特质 [J]. 求索，2013，(09).

37. 黄开国. 析董仲舒人性论的名性以中 [J]. 社会科学战线，2011，(06).

38. 黄玉顺. 董仲舒思想系统的结构性还原《天人三策》的政治哲学解读 [J]. 四川大学学报（哲学社会科学版），2020，(05).

39. 蒋国保. "性即理"与"心即理"本义辨析 [J]. 江南大学学报（人文社会科学版），2011，（05）.

40. 金春峰. 论董仲舒思想的特点及其历史作用 [J]. 中国社会科学，1980，（06）.

41. 金乐，邓和秋. 朱熹德育思想方法与启示 [J]. 求索，2009，（10）.

42. 寇东亮. "德性伦理"研究述评 [J]. 哲学动态，2003，（06）.

43. 赖美琴. 董仲舒政治哲学阐析 [J]. 复旦学报（社会科学版），2000，（06）.

44. 李金山. 孔、孟、墨三家仁爱观比议 [J]. 理论学刊，2006，（10）.

45. 李明辉. 儒家、康德与德行伦理学 [J]. 哲学研究，2012，（10）.

46. 李世平. 孟子性善的内在理路 [J]. 哲学研究，2021，（03）.

47. 李霞. 庄子研究四十五年 [J]. 哲学动态，1995，（06）.

48. 李现红. 董仲舒"天人三策在，不废万年传" [J]. 哲学分析，2015（05）.

49. 李祥俊. 从内圣外王看儒家理想人格的两种类型及其衍变 [J]. 南京大学学报（哲学·人文科学·社会科学），2023，（01）.

50. 李祥俊. 儒家的仁爱秩序与自爱问题析论 [J]. 孔子研究，2023，（06）.

51. 李英华. 论老庄的"道德本体论"及其现代意义 [J]. 北京工业大学学报，2003，（01）.

52. 林乐昌. 张载心学论纲 [J]. 哲学研究，2020，（06）.

53. 刘厚琴. 教化在汉代伦理与制度整合中的作用 [J]. 开封大学学报，2008，22，（04）.

54. 刘俊英. 庄子和谐观对现代人的启示 [J]. 烟台大学学报，2006，（01）.

55. 刘佩芝，冯会明. 朱熹的德育思想及其启示 [J]. 江西社会科学，2004，（12）.

56. 刘湘溶，易学尧. 论儒家道德理论的建构逻辑及其当代启示 [J]. 湖南大学学报（社会科学版），2019，（06）.

57. 刘学智. "三纲五常" 的历史地位及其作用重估 [J]. 孔子研究, 2011, (02).

58. 刘学智. "三纲五常" 的历史地位及其作用重估 [J]. 孔子研究, 2011, (02).

59. 刘颖. 孔子道德教育思想及其启示 [J]. 中国教育学刊, 2003, (04).

60. 刘余莉. 西方美德伦理的当代复兴 [J]. 伦理学 (人大复印资料), 2003, (06).

61. 刘增光. 从良知学到孝经学——阳明心学发展的一个侧面 [J]. 中国哲学史, 2013, (01).

62. 刘宗贤. 程颢 "识仁" 思想及其与陆王心学的关系 [J]. 文史哲, 1994, (01).

63. 陆建华, 夏当英. 南北朝礼学盛因探析 [J]. 孔子研究, 2000, (03).

64. 吕锡琛, 龙振军. 道家的道德教化思想简论 [J]. 船山学刊, 1996, (02).

65. 吕锡琛. 道家养德调心的意义治疗思想蠡测 [J]. 道德与文明, 2002, (05).

66. 吕锡琛. 论道家的道德教育方法 [J]. 道德与文明, 1996, (05).

67. 罗秉祥. 儒礼之宗教意涵——以朱子〈家礼.为中心 [J]. 兰州大学学报 (社会科学版), 2008, (02).

68. 毛长娟. 略论朱熹的德育思想及其意义 [J]. 中州大学学报, 2004, (04).

69. 蒙培元. 陆王心性论概说 [J]. 浙江学刊, 1989, (05).

70. 牟坚. 朱子对 "克己复礼" 的诠释与辨析——论朱子对 "以理易礼" 说的批评 [J]. 中国哲学史, 2009, (01).

71. 潘勇. 从道德实践角度看王阳明 "良知" 学存在的问题 [J]. 理论界, 2023, (04).

72. 彭耀光. 程颐 "格物致知" 思想新探 [J]. 中国哲学史, 2008 (01).

73. 朴成浩. 王阳明知行论及其在道德教育上的意义 [J]. 王学研究, 2020, (03).

74. 汝秀梅. 孔子道德教育思想探析 [J]. 黑龙江高教研究, 2006, (05).

75. 邵显侠. 论孟子的道德情感主义 [J]. 中国哲学史, 2012, (04).

76. 沈道海. 孔子的道德教育思想及其启示 [J]. 教育探索, 2008, (12).

77. 孙以楷. 朱子理学——礼学的本体提升与普世效应 [J]. 朱子学研究, 2008.

78. 孙英. 品德与德性: 概念辩难 [J]. 伦理学 (人大复印资料), 2002, (06).

79. 汤一介. 董仲舒的哲学思想及其历史评价 [J]. 北京大学学报 (人文科学), 1963, (03).

80. 唐海艳. 孔子道德教育思想的研究 [J]. 教育探索, 2014, (05).

81. 涂爱荣. 试论朱熹德育方法中的五个"相结合"原则 [J]. 道德与文明, 2006, (02).

82. 涂爱荣. 朱熹德育方法的特点微探 [J]. 社科纵横, 2007, (05).

83. 万勇华. 庄子自由观论析 [J]. 南京林业大学学报, 2006, (01).

84. 王富红. 朱熹教育思想对现代教育的启示 [J]. 贵州大学学报, 2004, (05).

85. 王国胜. 庄子的理想人格及其对后世的影响 [J]. 理论探索, 2006, (01).

86. 王鑫. 孟子的义利之辨: 一种形而上式的理解 [J]. 哲学研究, 2022, (01).

87. 王曰美. 仁爱思想与孔子的主体意识 [J]. 道德与文明, 2009, (05).

88. 温克勤. 略论朱熹的道德本体论思想及借鉴启示意义 [J]. 天津社会科学 2009, (06).

89. 吴红兵. "尊道贵德"——老庄德育观浅探 [J]. 理论月刊, 2000, (04).

90. 吴震. 王阳明的良知学系统建构 [J]. 学术月刊, 2021, (01).

91. 武东生. 孔子的道德修养论作为"为己之学"的意义 [J]. 南开学报（哲学社会科学版）, 2004, (04).

92. 向世陵. 兼爱、博爱、一气与一理 [J]. 中国哲学史, 2012, (02).

93. 萧成勇. 孔子仁学及其当代德育的思想价值新论 [J]. 湖南师范大学教育科学学报, 2009, (05).

94. 肖群忠. 中国伦理思想史研究的回顾与展望 [J]. 道德与文明, 2011, (01).

95. 谢遐龄. 论陆九渊心学的思想史地位 [J]. 中州学刊, 2020, (05).

96. 徐洪兴. 唐宋间的孟子升格运动 [J]. 中国社会科学, 1993, (05).

97. 徐永文. 朱熹道德教育思想的探析 [J]. 朱子学刊, 2004, (01).

98. 许朝阳. 阳明良知学的两种型态及其对恶的处理 [J]. 周易研究, 2013, (04).

99. 许建良. 庄子道德实践思想论 [J]. 零陵学院学报, 2004, (05).

100. 颜炳罡. 论孔子的仁礼合一说 [J]. 山东大学学报（哲学社会科学版）, 2001, (02).

101. 晏玉荣. 试论孔子以礼克己的思想 [J]. 郑州大学学报（哲学社会科学版）, 2015, (02).

102. 杨国荣. 本体与工夫——从王阳明到黄宗羲 [J]. 浙江学刊, 2000, (05).

103. 杨国荣. 何为理学——宋明理学内在的哲学取向 [J]. 武汉大学学报（哲学社会科学）, 2019, (02).

104. 杨国荣. 王阳明的心学与浙学 [J]. 哲学分析, 2020, (03).

105. 杨启亮. 先秦道家德育思想辨析. 教育科学, 1995, (01).

106. 杨泽波. 跨越气论的"卡夫丁峡谷"——儒家生生伦理学关于自然之天（气）与仁性关系的思考 [J]. 学术月刊, 2017, (12).

107. 杨柱才. 陆九渊心学的两个根本观念 [J]. 江西社会科学, 2000, (05).

108. 于孔宝. 论稷下之学与战国文化中心 [J]. 中国史研究, 1998, (02).

109. 于述胜, 李晓美. 孟子"道性善"的方法论意义 [J]. 教育研究, 2022, (04).

110. 于述胜. 道家教育智慧的现代启示 [J]. 陕西师范大学学报, 2004, (01).

111. 余进江. 矛盾、妥协与进取——孔子尊圣与孟子的道统建构 [J]. 现代哲学, 2017, (02).

112. 余仕麟. 中国古代道德教育思想的历史演变及其思想精华 [J]. 西南民族学院学报 (哲学社会科学版), 2001, (01).

113. 曾振宇. "法天而行": 董仲舒天论新识 [J]. 孔子研究, 2000, (05).

114. 詹向红, 张体云. 朱熹诚信思想论 [J]. 朱子学刊, 2005, (01).

115. 张曼迪. "兼"与"交": 墨家"兼爱"思想新探——兼与儒家"仁爱"思想比较 [J]. 哲学研究, 2023, (04).

116. 张品端、龚文华. 朱熹"敬"思想的意蕴及时代意义 [J]. 江淮论坛, 2022, (05).

117. 张岂之. 论中华文化的"会通"精神 [J]. 中国文化研究, 2011, (02).

118. 张闰沫. 庄子的自由理念 [J]. 辽宁师范大学学报, 2004, (04).

119. 张世欣. 试论"法自然"的道家德育思想 [J]. 浙江师大学报, 1996, (05).

120. 张学智. 王阳明心学的精神与智慧 [J]. 哲学动态, 2019, (11).

121. 赵法生. 孔子的天命观与超越形态 [J]. 清华大学学报 (哲学社会科学版), 2011, (06).

122. 赵法生. 孔子人性论的三个向度 [J]. 哲学研究, 2010 (08).

123. 赵智善. 第四次工业革命时代下的共同体与阳明学的应用价值——以人性教育领域为中心 [J]. 王学研究, 2020, (03).

124. 郑万耕. 程朱理学的体用一源说 [J]. 孔子研究, 2002, (04).

125. 周炽成. "心学"源流考 [J]. 哲学研究, 2012, (08).

126. 周炽成. 陆九渊之冤——陆学在宋代非心学 [J]. 广东社会科学, 2014, (05).

127. 朱承. 义利之辨与儒家公共性思想的展开 [J]. 哲学动态, 2019, (05).

128. 朱贻庭. 道家伦理文化及其现代价值 [J]. 学术月刊, 1997, (04).

129. 邹顺康. 朱熹道德思想简论 [J]. 道德与文明, 2009, (04).

图书在版编目（CIP）数据

传统中国道德教育七论 / 虞花荣著. -- 北京：社
会科学文献出版社，2024. 8. -- ISBN 978-7-5228-4182-
3

Ⅰ. D648

中国国家版本馆 CIP 数据核字第 202461NG92 号

传统中国道德教育七论

著　　者／虞花荣

出 版 人／冀祥德
组稿编辑／曹义恒
责任编辑／刘同辉
责任印制／王京美

出　　版／社会科学文献出版社 · 马克思主义分社（010）59367126
　　　　　地址：北京市北三环中路甲 29 号院华龙大厦　邮编：100029
　　　　　网址：www.ssap.com.cn
发　　行／社会科学文献出版社（010）59367028
印　　装／三河市尚艺印装有限公司

规　　格／开　本：787mm×1092mm　1/16
　　　　　印　张：20.25　字　数：321 千字
版　　次／2024 年 8 月第 1 版　2024 年 8 月第 1 次印刷
书　　号／ISBN 978-7-5228-4182-3
定　　价／138.00 元

读者服务电话：4008918866